国家社会科学基金项目（批准号：12XYY014）

汉语时空隐喻表达式的历时研究

何 亮◎著

中国社会科学出版社

图书在版编目(CIP)数据

汉语时空隐喻表达式的历时研究 / 何亮著 . —北京：中国社会科学出版社，2019.9

ISBN 978-7-5203-4691-7

Ⅰ.①汉… Ⅱ.①何… Ⅲ.①汉语-语法-研究 Ⅳ.①H14

中国版本图书馆 CIP 数据核字(2019)第 136317 号

出 版 人	赵剑英
责任编辑	任　明
责任校对	李　剑
责任印制	郝美娜
出　版	中国社会科学出版社
社　址	北京鼓楼西大街甲 158 号
邮　编	100720
网　址	http://www.csspw.cn
发 行 部	010-84083685
门 市 部	010-84029450
经　销	新华书店及其他书店
印刷装订	北京君升印刷有限公司
版　次	2019 年 9 月第 1 版
印　次	2019 年 9 月第 1 次印刷
开　本	710×1000　1/16
印　张	22
插　页	2
字　数	371 千字
定　价	110.00 元

凡购买中国社会科学出版社图书，如有质量问题请与本社营销中心联系调换
电话：010-84083683
版权所有　侵权必究

摘　　要

本书以认知语言学相关理论为基础,以概念隐喻理论为核心,试图对汉语时空隐喻的表达式进行历时的系统的研究。

本书由五部分构成,主要内容可以概括如下。

第一章考察汉语空间方位的空—时隐喻表达的发展。第一节首先描写方所成分的空—时隐喻发展。包括方向类、位置类、自指类方所成分的空—时隐喻历时考察。重点考察"前/后""上/下"类方所表达式由空间域进入时间域的历时发展,归纳方所成分空—时隐喻的空间域认知框架与时间认知结构的联系。第二节主要对汉语部位词的空—时语义发展进行考察,归纳汉语史上发生过空间—时间概念隐喻的五类部位词语发展过程中的特点,讨论形成不同空—时隐喻层级的原因。第三节考察空间指代语词的空—时语义演变。在考察近指类和远指类空间指代词的空—时隐喻发展后,认为空间指代词空间>时间的语义演变由隐喻机制引起。第四节重点讨论"前""后"的时间指向及时间认知方式的古今异同。

第二章阐述汉语空间位移的空—时隐喻表达的发展。首先对汉语发生过空—时隐喻的位移动词分类,分为"定位""达至""经由""来往""进退""出入""升降""迎送""方式"几类。第二节详细考察每类位移词语的空—时表达的历时发展。在此基础上,第三节讨论汉语位移动词与汉语时间隐喻认知的关系,涉及位移动词反映的空—时隐喻类型,位移动词语义特征与空—时隐喻认知方式的关联。第四节讨论位移动词空—时隐喻语义演变的路径及方式。

第三章考察汉语空间距离的空—时隐喻表达的发展。第一节主要考察以两端之间的空间距离来隐喻时间的表达形式的发展。第二节则讨论以躯体动作表达时间的表达式的发展,该类表达式主要是以人体动作的幅度大小来转喻时间,也与隐喻密切相关。

第四章讨论时空隐喻表达式历时发展中的词汇化问题。第一节首先厘清词汇化、语法化、隐喻、转喻的关系。一些表达式进入时间范畴，既是语法化，同时也是词汇化的过程。时空隐喻表达式的词汇化属于历时的范畴，也包含共时的因素。第二节考察与空间位移有关的主谓式、偏正式、动宾式、缩略式、并列式表时短语的词汇化。第三节分析"时间成分+方位成分"类时间词语的形成与发展，认为这一表达式与隐喻、与汉语方所范畴的确立以及词语的双音化趋势有关。

第五章在前面几章的基础上探讨汉语时空隐喻的意象图式表征系统及认知策略。第一节分析汉语时空隐喻的意象图式表征系统及其表达体系。首先归纳出汉语以空间为直接基础的时间概念隐喻，这一空—时隐喻系统中存在"时间是空间存在""时间是空间移动""时间是位移事件"三个根本概念隐喻；然后归纳汉语时空隐喻系统的11种意象图式。第二节结合汉语史和方言考察汉语"来去"式时间语词的隐喻认知问题。认为古今"来去式"时间认知方式并无不同，而以"时间移动"为主，二者形成整体相合关系。

关键词：汉语；时空隐喻；历时发展；表达形式；认知心理

序

20世纪80年代以来，认知语言学作为一种新的解释语言现象的方法，引起广泛关注。自莱考夫和约翰逊的名著《我们赖以生存的隐喻》（Lakoff & Johnson 1980）出版以来，隐喻研究取得不少重要成果，其中空间隐喻更是引起国内外语言学研究者的强烈兴趣。目前，认知语言学在中国已蔚为大观。隐喻在认知中占有重要地位，是认知语言学研究的一个重要内容。

何亮的《汉语时空隐喻表达式的历时研究》是一部以认知语言学相关理论为背景，以概念隐喻理论为核心，对汉语时空隐喻的表达问题进行系统研究的专著。该书考察汉语以空间方位、空间位移、空间距离隐喻时间的表达式的历时发展。并在此基础上，讨论汉语时空隐喻的意象图式表征系统及认知策略，有很多深入的观察、独到的分析和精彩的解释。我个人认为这本著作有以下几个特点。

一是材料丰富翔实，考察细致全面，理论与事实有机结合。例如作者详尽考察汉语方所词语、位移动词的历时发展，为后面讨论汉语时空隐喻的意象图式表征系统及认知策略打下坚实的基础。

二是努力做到汉语史、汉语方言、共同语三者的有机结合。作者认为必须把汉语史、汉语方言、共同语三者结合起来全面考察，注意从历时发展的角度来观察时空隐喻表达式，才能对汉语时空隐喻的问题得出更为全面深入的认识。他的这一做法无疑是值得肯定的。

三是研究中注意借鉴和采用新理论和新方法，并融入自己的一些思考。例如对汉语空—时隐喻系统性的思考、对"前/后""上/下"的时间指向及时间认知方式的研究、部位词语在向空间及时间的概念隐喻发展过程中体现的层级、位移动词与空—时隐喻认知方式的关联、"来去"式时间语词的隐喻认知等等问题，作者都提出了自己的观点。这些思考或许不尽正确，但这种基于语言事实的理论思考无疑是值得高度肯定的。

当然，本书也有一些不足。譬如作者虽也注意到从跨语言比较和类型学的角度来讨论汉语的空时隐喻问题，但其比较的范围和解释的深度还有待拓展。此外，词汇化研究中对时间概念范畴编码形式的形成过程的研究尚需深化。这些问题，相信何亮在今后的研究中会逐步加以解决的。

何亮为人忠厚质朴，尊师重道；治学勤勉，好学深思。他工作认真负责，多次荣获重庆师范大学优秀教师称号。我认为他是一位品学兼优的后辈学者，很乐意为他的专著《汉语时空隐喻表达式的历时研究》作序。

吴福祥
2018 岁杪于京城齐贤斋

目 录

绪论 ……………………………………………………………… (1)
  一 相关理论介绍 ………………………………………………… (1)
  二 时空隐喻研究概况 …………………………………………… (11)
  三 相关问题的说明 ……………………………………………… (17)
第一章 汉语空间方位的空—时隐喻表达的发展 ……………… (20)
  第一节 方所成分的空—时隐喻发展 ……………………… (23)
    一 方向类方所成分 …………………………………………… (23)
    二 位置类方所成分 …………………………………………… (49)
    三 自指类方所成分 …………………………………………… (71)
  第二节 汉语部位词的空—时语义发展 …………………… (76)
    一 部位词空间概念隐喻及时间概念隐喻的考察 …………… (77)
    二 部位词空—时隐喻转喻的特点 …………………………… (102)
  第三节 空间指代语词的空—时语义演变 ………………… (106)
    一 近指空间指代词 …………………………………………… (107)
    二 远指空间指代词 …………………………………………… (114)
    三 其他空间指代词 …………………………………………… (115)
    四 指代词空间>时间语义演变的原因 ………………………… (116)
  第四节 "前""后"的时间指向及时间认知方式 …………… (118)
    一 讨论的缘起 ………………………………………………… (118)
    二 "前""后"的时间指向 ……………………………………… (120)
    三 "前""后"时间隐喻的实现 ………………………………… (126)
    四 "前""后"时间认知方式的古今异同 ……………………… (128)
    五 小结 ………………………………………………………… (130)
  第五节 方所词空—时隐喻的跨语言现象 ………………… (131)

第二章　汉语空间位移的空—时隐喻表达的发展 ……（135）
第一节　关于位移动词的分类 ……（135）
第二节　空间位移类时空隐喻表达式考察 ……（142）
  一　位移词语的空—时表达考察 ……（142）
  二　位移起点性介词的空—时表达考察 ……（215）
  三　小结 ……（218）
第三节　汉语位移动词与汉语时间隐喻认知 ……（219）
  一　位移动词反映的空—时隐喻类型考察 ……（220）
  二　位移动词语义特征与空—时隐喻认知方式的关联 ……（224）
  三　余论 ……（227）
第四节　位移动词空—时隐喻语义演变的路径和方式 ……（229）
  一　位移动词空—时语义演变的路径 ……（229）
  二　位移动词发生空—时隐喻的方式 ……（236）

第三章　汉语空间距离的空—时隐喻表达的发展 ……（238）
第一节　以两端之间的空间距离来隐喻时间 ……（238）
  一　两处相隔＞两时相隔 ……（238）
  二　两处之间的距离＞两时之间隔 ……（240）
  三　空间距离大＞时间相隔久 ……（244）
  四　空间距离小＞时间相隔短 ……（250）
第二节　以躯体动作幅度表达时间 ……（256）
  一　脚部、手部运动 ……（256）
  二　头部运动 ……（257）
  三　眼部运动 ……（258）
  四　其他所需极少时间的活动 ……（259）

第四章　时空隐喻表达式的词汇化 ……（262）
第一节　相关概念的讨论 ……（262）
  一　关于合成词与短语的判定 ……（262）
  二　关于词汇化与语法化 ……（263）
第二节　位移动词类短语的词汇化 ……（271）
  一　位移动词类短语词汇化的主要类型 ……（271）
  二　小结 ……（285）
第三节　"时间成分+方位成分"时间词语的形成与发展 ……（287）

一　"时间成分+方位成分"时间词及其产生的原因 …………（288）
　　二　"时间成分+方位成分"方位成分的泛化及其原因 ………（291）
第五章　汉语时空隐喻的意象图式表征系统及认知策略 …………（294）
　第一节　汉语时空隐喻的意象图式表征系统及其表达体系 ……（294）
　　一　汉语以空间为直接基础的时间概念隐喻 ………………（295）
　　二　汉语时空隐喻的意象图式表征 …………………………（298）
　　三　小结 ………………………………………………………（306）
　第二节　汉语"来去"式时间语词的隐喻认知问题 ……………（307）
　　一　方言中"来""去""往"构成的时间语词 ………………（309）
　　二　"来去"类时间语词的句法语义结构与认知方式的
　　　　关系 ………………………………………………………（312）
　　三　关于古今"来去"式时间认知方式的异同 ………………（315）
　　四　结论 ………………………………………………………（317）
结语 …………………………………………………………………（319）
参考文献 ……………………………………………………………（325）
后记 …………………………………………………………………（337）

绪　论

认知语言学是近 30 年来发展起来的新兴语言学流派。近年来，国内研究者以认知语言学的理论为指导，从新的角度重新审视汉语的语言事实，在各个方面都取得了显著成绩。本书以认知语言学相关理论为基础，以概念隐喻理论为核心，试图对汉语时空隐喻的表达问题进行系统研究。

一　相关理论介绍

1. 关于认知语言学

国内关于认知语言学理论的介绍性论著很多。这里仅根据张敏、赵艳芳、束定芳、蓝纯、李福印等人的相关论述，简单介绍认知语言学的内涵、研究对象、研究热点、研究方法，以及存在的问题。

（1）内涵及研究对象

认知语言学作为语言学的一个分支，20 世纪 70 年代末开始出现，在 80—90 年代获得迅速发展，成为具有广泛影响力的语言研究范式。人们公认的认知语言学的创始人主要有：Ronald Langacker，Leonard Talmy，George Lakoff，Rene Dirven 等。

据李福印（2008：13）介绍，广为人知的认知语言学的两个定义来自 Lakoff 和 Dirven 的论述：

Lakoff（1990：40）："认知语言学可以由两个共识来定义。称为概括性共识和认知共识。"

Dirven（2005：17—18）："认知语言学可以定义为分析语言和其他认知域以及和其他认知机制之间关系的一种语言理论。"

赵艳芳（2001：8—11）指出：认知语言学中讲的"认知"仅限于人们学习、运用语言有关的认知，但不是传统上所说的对语言系统规则掌握的认知。"认知语言学理论采取了与此不同的两种语言认知观：经验观

(the experiential view) 和凸显观 (the prominence view)。经验观主张语言研究不仅要建立逻辑规则和客观定义，还应注重对实际经验的研究，从人的真实感知经验中推测人类思维中概念内容的特点。……为了探索经验的秘密，我们必须超越语言的逻辑分析，来研究语言非客观的意义及隐喻意义。"认知语言学是"基于人们对世界的经验和对世界进行感知和概念化的方法来研究语言的学科"。"认知语言学研究人对世界的感知、经验、观察事物方式如何影响人们对语言的使用，特别是在同样符合语言规范的条件下如何选择不同的词与句子来表达非客观的意义……总之，认知语言学把语言看作一种认知活动，是以认知为出发点，研究语言形式和意义及其规律的科学。"对语言认知的研究则包括两个方面："一方面是语言概念形成中的认知，即人是怎样运用语言符号对事物进行概念化的；这涉及基本范畴与认知图式、意象与隐喻认知模式等。另一方面是语言使用和理解的认知过程，即人是怎样运用语言结构实现其交际功能的，这涉及语义结构中的凸显与选择。"

李福印（2008：14）认为"认知语言学"就是研究语言的，没必要弄得神乎其神，非要定义为跨领域的学问，而且"新兴"的之类带有强烈主观判断的时间参数没必要写进定义，是否都是以身体经验和认知为出发点，是否以概念结构和意义研究为中心，也值得商榷。在 Lakoff 和 Dirven 等人的研究基础上，李福印（2008：14）提出了一个简短的定义："认知语言学是一门研究语言的普遍原则和人的认知规律之间关系的语言学流派。"

上述几个定义都较为清晰地阐明了认知语言学的特征和研究对象。

（2）主要研究领域和研究热点

李福印（2008：15—16）根据 Dirven（2005）的论述，将认知语言学的主要研究领域划分为五大块，五大领域及其内部分支主要是：

a. 基于格式塔心理学的研究（Talmy 的认知语义学、认知语法、构式语法）；

b. 基于现象学的研究（原型理论、词汇网络理论、概念隐喻、体验现实主义、概念转喻）；

c. 认知语篇研究（心理空间与概念合成理论、认知诗学、衔接的认知语篇研究）；

d. 认知社会语言学（认知词汇变化研究、认知意识形态研究、文化认知模型研究)；

e. 认知心理语言学（意象图式的心理真实性、基于使用的语言习得模型、词汇网络的发展）。

李福印（2008：40）对第八、九、十届认知语言学国际会议论文做了统计，统计数据表明：隐喻、概念、概念化、范畴、原型、空间、时间、意象图式等传统热点研究领域20多年来学者们对其热情不减。新的热点不断涌现，研究领域有继续扩展的趋势。认知语言学开始向语篇分析、二语习得、文化和社会、体验哲学等学科扩展，转喻研究的热点也是层出不穷。

国内关于认知语言学的研究成果能在很大程度上说明认知语言学的热点问题。据束定芳（2011：IX）统计，1988—2008年六种刊物及中国知网（CNKI）上中国认知语言学研究分布及主题如表1所示。①

表1 （单位：篇）

研究主题	期刊论文	博士学位论文	硕士学位论文
认知语法	49	48	560
认知语义	30	50	14
隐喻、转喻	79	20	1615
认知语用	34	10	153
概述	38	3	0
构式语法	23	6	28
语法化	5	4	20
心理空间/概念合成	7	0	183
对比研究	16	14	174
语言类型学	5	2	15
书评	53	0	0
应用	14	14	1000
总计	353	171	3762

---

① 按：束定芳统计的刊物仅为《中国语文》《外国语》《当代语言学》《外语教学与研究》《现代外语》《语言教学与研究》。如扩大考察面，实际数量远远大于表1。

国内几乎所有的认知语言学方面的概述性专著都会谈及隐喻、转喻、概念化、范畴、原型、空间、时间、意象图式等方面,涉及以上几方面的论文也是层出不穷。即以"隐喻"为例,笔者检索中国知网(CNKI)1995—2015年核心刊物篇名包含"隐喻"的文章,共2123篇。

(3) 研究方法

认知语言学以内心体验的认知心理作为解释和说明语言形式产生的理论基础。赵艳芳(2001:14)概括目前采用的方法主要有三种:

a. 将认知科学的研究成果和理论运用于语言研究,发现语言结构与认知结构共同的规律;

b. 采用自然观察和内省的方法,观察直接反映认知活动的语言现象,然后找出有规律的东西,分析其内在的认知取向;

c. 采取抽样调查的方法,即在对一些变量进行控制的情况下就某一调查项目选择不同年龄、不同文化程度、不同职业的应答者,在尽量自然的环境下进行一定的询问、答卷、叙述等,以便获得语言背后的认知活动。这三种方法是相辅相成,互相补充的。

李福印(2008:36—38)对几次认知语言学大会论文进行统计,指出除内省和理论分析之外,目前认知语言学最热门的研究方法为语料库和对比研究。具体表现为三届会议中语料库和对比研究始终稳居第一、第二位。但是,实证性研究方法依然偏少,认知语言学的研究方法需要进一步加强。例如,使用最多的语料库方法在三届会议论文中所占比例仍偏低(分别为1.8%、4.1%、2.8%)。李福印(2008:38)指出,海外有学者认为占主导地位的内省加理论分析法存在很大的不足。例如,在内省的方法中,语料并不是从现实生活的话语中提取,而是由研究者自己造出。研究者之间的个体差异势必在较大程度上影响研究结果。因此,很多认知科学家对该方法表示质疑。

(4) 存在的问题

国内语言学界对认知语言学的方法论不乏质疑之声。例如,袁毓林(1994)《关于认知语言学的理论思考》、姚振武(2007)《"认知语言学"思考》,对一些认知语言学者研究汉语语法的论著中所体现出来的认知语言学观点提出商榷,如对戴浩一的"时间顺序原则""时间范围原则"提出质疑。姚振武(2007)还对"整体—部分原则""转喻""认知框架""显著度""临摹原则""抽象原则"等提出全面质疑,指出认知语言学存在左右逢源、任意解释的二元论的语言观。

李福印（2008：40）指出认知语言学除研究方法亟须加强外，还有一个问题是针对英语为目的语言的研究占绝对多数，其他语言没有得到足够的关注。

此外，束定芳（2011：XVII）指出国内认知语言学研究存在低层次重复介绍多具体语言现象少、参与国际学术交流少、在国外产生影响的研究少、研究的话题多方法论研究少等问题。

2. 关于概念隐喻理论

（1）概念隐喻理论的核心内容

概念隐喻理论是认知语言学最重要的理论之一。George Lakoff（2012）在 *Contemporary Theory of Metaphors* 一文中对此有全面系统的论述。蓝纯（2005：112）概括 Johnson（1987、1991），Kovecses（1986、1990），Lakoff（1987、1990、1993、1994），Lakoff & Turner（1989），Turner（1991、1993），Yu（1995、1996）等的主要观点为五点。李福印（2008：132—133）据 Lakoff 的观点把概念隐喻理论的核心内容概括为八条。综合 Lakoff（2012：199）《隐喻的现代理论》及蓝纯、李福印的表述，我们把概念隐喻的主要内容概括为以下几点。

a. 隐喻在本质上是认知的，是概念性而非语言的。隐喻无处不在，是我们理解抽象概念和进行抽象推理的主要工具，是一种通过语言表现出来的思维方式。绝大部分常规概念隐喻系统是潜意识的、自动的。隐喻使我们能够用较具体的或至少是结构性程度较高的主观事物，来理解相对抽象的或无内部结构的主观事物。"简言之，隐喻的根源完全不是语言，而是用一个心理域（mental domain）来理解另一个心理域的方式。隐喻的一般理论产生于对这种跨映射特点的描述。因此，像时间、状态、变化、因果、目的等日常抽象概念都是隐喻性的（metaphorical）。"（Lakoff，2012：199）

b. 隐喻是跨概念域的系统映射。隐喻由两个域构成：一个结构相对清晰的源域（source domain）和一个结构相对模糊的目标域（target domain）。隐喻就是将源域的图式结构映射到目标域之上，使人们通过源域的结构来构建和理解目标域。但这种映射是不对称的，是部分的。源域的意象图式结构以与目标域的内部结构相一致的方式投射到目标域。因此，概念隐喻是源域对目标域的单向作用。这称为"隐喻映射遵循恒定原则"。①

c. 隐喻是系统性的。一个隐喻概念（metaphorical concept）会产生许多彼此关联的语言表达，而不同的隐喻概念又共同构成了一个协调一致的网络体系。隐喻性语言（metaphorical language）是概念隐喻的外在表现。Lakoff（2012：199）认为"在当代隐喻理论中，隐喻是'概念体系中的跨域映射'；'隐喻表达'（metaphorical expressions）是这种跨域映射的外在表现，即隐喻性的单词、短语或句子。而在传统理论中，'隐喻'就是'隐喻表达'"。②

d. 隐喻映射（metaphorical projection）不是随意产生的，它建立于人体、人的日常经验及知识的基础之上。"一个隐喻映射一旦建立起来、为大多数语言使用者所接受，就会反过来将自身的结构强加于真实生活之上，从而以各种各样的方式被实现。"（蓝纯，2005：112）

e. 概念隐喻既是人类共有的，又有其文化特性。一些隐喻映射是具有共性的（universal），另外一些是广泛存在的（wide-spread），还有一些似乎是某种文化特有的（culture-specific）。（李福印，2008：132—133）

Lakoff 和 Johnson 在 1980 年的《我们赖以生存的隐喻》一书中曾把隐喻分为三类：方向性隐喻、本体性隐喻和结构性隐喻。但他们在该书的 2003 年版中指出，把隐喻分为三类的做法是人为的。所有的隐喻都是结构性的（因为他们都是把一些结构映射到另一些结构上）；所有的隐喻都是本体性的（因为他们都会创造目标域的实体）；同时许多隐喻都是方向性的（因为他们都会映射方向性的意象图式）。（李福印，2008：141—142）

（2）概念隐喻理论存在的问题

李福印（2008：133—140）结合国外研究成果，从 14 个角度归纳了

---

① 按：后来 Dirk 等人（2012：214）又提出靶域优先（target domain overrides）原则："恒定性原则"的一个必然结果是，靶域中固有的意象图式不能被破坏，而且靶域的固有意象图式会自动地对被映射的方面进行限制……我们知道，一个行动发生过后就不再留存。在有给予动作的源域中，在给予动作之后领事（recipient）会拥有给予的物体。但这一点无法被映射到靶域，因为靶域的内部结构表明动作之后不存在这样的物体。在"恒定性原则"中，靶域具有优先地位。

② Lakoff（2012：207）指出当代隐喻理论家一般使用"隐喻"一词来指代概念映射（conceptual mapping），而用"隐喻表达"（metaphorical expression）来指代与映射一致的语言表达（如"死胡同"）。作为一种现象，隐喻涉及概念映射和具体的语言表达两个方面，所以我们采用了这样的术语。概念映射和隐喻表达的区分具有重要的意义。

概念隐喻理论存在的问题。例如他指出以下几点。

a. 概念隐喻理论赖以建立的语料不是来自大型语料库检索，它的系统性、科学性和真实性常常受到质疑。

b. 概念隐喻在历时研究方面的问题是概念隐喻理论最大的问题所在。李福印指出 Lakoff 的语料都是共时性的，是静态的，研究的是 conventional metaphor，即一些固化在语言表达中的死喻。他认为如果确实存在跨概念域的映射，那么这些映射不可能是瞬间完成的，人们一定能够在词源上找到充足的证据。例如，跨域映射发生之前两个概念域的结构是什么样子？跨域映射后又有何改变？跨域映射先在概念层产生还是先在语言表达层产生？

c. 如果隐喻是思维问题，不是语言问题，那么为什么语言层面的问题就不能是思维问题？是先有语言层面的语言隐喻（linguistic metaphor）还是先有思维层面的概念隐喻（conceptual metaphor）？

同时，李福印还认为莱氏理论没有鉴别隐喻表达及非隐喻表达的标准，没有严格区分多义词与隐喻表达的机制。Lakoff 的隐喻是两个概念域之间的系统的对应关系，是对系统的多义现象的一种解释，并且 Lakoff 谈论的是"conventional language"（"规约性语言"或称"惯用语"），即大多是已经固化了的隐喻。人们通常所指的隐喻实际上是 Lakoff 的隐喻概念之下众多的语言隐喻（linguistic metaphor）（或称"隐喻表达"，metaphorical expressions）的一小部分。

3. 隐喻与转喻的关系

（1）关于转喻

李福印（2008：146—149）概括转喻的定义主要有以下几种。

Lakoff 和 Johnson（1980：35）指出：转喻主要具有一种指代功能，即它允许我们用一种实体代替另一实体。

Croft（1993：348）对转喻的定义是：转喻映射发生在单一的认知域矩阵中，不涉及跨域或跨矩阵映射。他认为概念转喻是次认知域（secondary domain）和主认知域（primary domain，主认知域即一个认知域矩阵，由许多次认知域构成）之间的凸显关系。

Barcelona（2002）对转喻的定义为：转喻是从一个概念域（源域），向另一个概念域（目标域）的映射。源域和目标域属于同一功能域，它们之间的语用功能联系使目标域在心理上被激活。

Radden 和 Kovecses（1999：21）认为转喻是在同一理想化认知模式中，一个概念实体（转喻喻体）为另一个概念实体（目标实体）提供心理通道的认知过程。

从上述各家的观点看，转喻和隐喻一样都是人们认知世界的手段和工具，与隐喻不同的是，转喻的源域和目标域同属于一个层面的认知域。

李福印（2008：153—163）对西方的关于转喻类别的研究成果做过详细介绍。如 Seto（1999：98）根据转喻出现的领域将转喻分为空间转喻、时间转喻和抽象转喻。众多概念转喻的分类中，Radden 和 Kovecses（1999：24—43）根据理想化认知模式中转喻喻体和转喻目标之间的关系，将转喻分为两大类：整体与其部分之间的转喻和整体中不同部分之间的转喻。Yves Peirsman 和 Dirk Geeraerts（2006）利用原型理论从概念邻近性的角度将概念转喻阐释为原型范畴（metonymy as a prototypical category），他们认为部分和整体关系（part-whole relation）是转喻范畴的原型。围绕此原型，转喻本体和喻体之间的邻近性（contiguity）从接触力度（strength of contact）维度、有界性（boundedness）维度、认知域（domain）维度这三个维度实现转喻范畴的扩展。

Yves Peirsman 和 Dirk Geeraerts 所说的认知域维度的扩展与我们的研究关系最大，其主要观点如下。

首先，时间域中的转喻本体、喻体其时间上的接触力度随着转喻的扩展而逐渐减少。时间上的部分与整体关系中的时间性接触力度最强，这和空间域中的部分与整体关系类似；扩展到容器关系时，时间和其指代的实体之间的时间性接触力度如同容器和容纳物间的接触；最后，先行事件及其后续结果之间仅有时间上的相继关系，接触力度较弱。例如部分—整体：时间上的部分与整体，德语 morgen 本义是"明天的早上"，可指"整个明天"。汉语"春秋"指整年。容纳：时间域实体，9—11（指"9—11 事件"）will never be forgotten；21 世纪（生活在 21 世纪的人们）将面临来自自然界的更大挑战。接触：先行事件与后续结果，德语 mittag（"中午"）可指"下午"。

其次，转喻可进一步扩展到时空域，既涉及到时间域中的行为、事件和过程，也涉及空间域中的参与者（spatial participants），此时接触力度维度和有界性维度都起到一定的作用。分事件和整个事件之间的转喻关系符合有界的部分和整体关系。

再次，转喻扩展到功能性集合（assemblies）、聚集（collections）域。机构和其要素、实体和其特征之间已不是单纯意义上的整体与部分的关系，机构、实体可分别视为要素、特征构成的功能性的集合。（以上参见李福印，2008：160—164）

（2）转喻与隐喻的区别

关于概念转喻与概念隐喻的区别，李福印（2008：151-152）、束定芳（2011）均有所概括。据李福印的介绍，国外代表性认知语言学学者主要观点有以下几种。

Lakoff 和 Turner（1989）指出转喻和隐喻的区别是，转喻映射发生在单一认知域中，不涉及跨域映射。

Croft（1993）认为概念隐喻是个属于同一个认知矩阵的两个认知域间的映射。概念转喻是同一认知域矩阵中的认知域的凸显或映射。

Dirven（2002）指出概念隐喻具有表达功能（expressive function），映射发生后，只留下目标域，源域消失。概念转喻具有指称功能（referential function），源域和目标域都保留完整。

Feyaerts（2000）认为概念隐喻的概念关系的功能是联想推理（imagistic reasoning）；概念关系的本质是相似性（similarity）。概念转喻的观念关系的功能是指称转换（referential shift），概念关系的本质是邻近性（contiguity）。

Barcelona（2002）指出概念隐喻是对称的双域映射，源域和目标域属于不同类别的认知域（different taxonomic domains）或没有紧密的语用功能联系（not linked by a pragmatic function）。概念转喻是不对称的双域，源域和目标域属于同一功能认知域（the same functional domain）并且有语用功能联系（linked by a pragmatic function）。

Panther（2006）提出概念隐喻具有象似关系（iconic relation）。概念转喻具有指示关系（indexical relation），是一种意义的扩展（elaboration）。

Goossens（1990）认为隐喻和转喻是相互联系融合的，归纳出四种隐转喻类型。李福印（2008：151—152）介绍了其中的两类隐转喻：基于转喻的隐喻（metaphor from metonymy，如 I had reached boiling point，该隐喻以转喻为基础）和隐喻中的转喻（metonymy within metaphor，如 she caught the minister's ear and persuaded him to accept her plan）。

张辉、杨波（2009）在总结国内外研究的基础上，概括区分隐喻和转喻的四条标准：①就功能而言，隐喻通常用于述谓，转喻通常用于指称。②就映现的基础而言，隐喻基于相似性，转喻基于邻近性。③就映现的范围而言，隐喻的源域和靶域分别属于不同的更高级的认知域，转喻的源域和靶域属于同一认知域。④就映现的方向而言，隐喻映现往往是单向的，转喻映现则是可逆的。但他也指出上述四条标准不是绝对的，即隐喻和转喻都可以用于指称和述谓；相似性和邻近性联系紧密，相似性甚至可能成为邻近性的一种；认知域的界限本来就是模糊的，并且认知域存在着层次性问题，等等。他认为在这四条标准中，邻近性/相似性和映现的范围似乎更为重要。他认为作为基本的认知模式，转喻和隐喻地位相当，而且转喻甚至比隐喻更为基础。当人们把隐喻和转喻都视为认知域间的映现时，可以把相似性视为邻近性的一类，由此可以说隐喻是转喻的一个类别。

我们基本赞同张辉等人的观点。关于转喻、隐喻和词汇化的关系我们后面还会结合具体现象做进一步讨论。

4. 关于意象图式

截至 2018 年 8 月，以篇名包含"意象图式"为条件检索中国知网，得到 455 条结果，其中包括硕博学位论文 106 篇，期刊所载论文 300 余篇。以"意象图式"作为关键词检索中国知网，得到 1133 条结果，其中硕博论文 342 篇。主要是对意象图式理论的介绍，运用意象图式的相关理论来解释英语及汉语中的语言现象。例如对一词多义现象的分析、对位移动词、空间概念、介词、方位词（如"前后上下"）的语义扩展及表达式的解析，对特殊句式（如"使"字句、"把"字句、"连"字句）的意象图式分析，意象图式理论在词汇教学中的运用，等等。可见，关于意象图式的研究已成为语言研究领域的一个热点。

关于意象图式，Raymond W. Gibbs, Jr. 和 Herbert L. Colston（邵军航、杨波，2012：266）在《意象图式的认知心理现实及其相互转换》中指出：

认知语义学的一个重要主张是，在我们的知识中，有相当大一部分不是静止的（static）、命题式（propositional）和句子式的（sentential），而是植根于各种模式的知觉互动（perceptual interactions）、身体活动和对物体的操纵（manipulations of object），并由此获得结构，这些模式是被称为"意象图式"的经验完形（experiential gestalt）；意象图式产生于运动感知行为，如操纵物体、确定空间方向、感知时间先后、根据目的而调整感知焦点（perceptual focus）等。

据张敏（1998：109）、李福印（2008：190），意象图式的特征可概括如下。

图式是一种抽象结构。它来源于人体在外部空间世界中的活动，具有体验性，是在身体经验的基础上形成的基本认知结构。意象图式是联系感觉与理性的桥梁。人们的行为、感觉、知觉活动中存在着模式和常规，意象图式正是上述活动中一再出现的模式、形状和规律。它能联系起大量具有一再出现的相同结构的经验。

二 时空隐喻研究概况

George Lakoff 和 Mark Johnson（2006：9）指出隐喻是一种思维方式。隐喻的实质是借由一类事物去理解并体验另一类事物。人们用以思维与行为的日常概念系统（ordinary conceptual system）其本质是譬喻性的。时间是看不见摸不着的东西，我们能感知它的存在、它的流逝，却无法做出直接的表达，因而时间概念往往需要借助隐喻的手法来加以表征。方位主义（localism）认为，空间关系及其词语是最基本的，这可能是因为人的最初感知是从感知自身运动和空间环境开始的。（赵艳芳，2001：48）从本质上讲，时间观念必须通过空间概念才能有效表达。

1. 国外研究概况

Lakoff 在其名作 *Metaphors We Live By* 一书中有不少篇幅涉及时间概念隐喻。例如"时间是金钱"→（蕴涵）"时间是有限资源"→（蕴涵）"时间是珍贵物品""时间是移动物""时间的空间化"等。后来一大批研究者对时间的概念隐喻进行深入研究，发现空间是时间隐喻的最重要源域。"空间"作为时间隐喻表征的原型，有其认知依据。

"空间"是时间隐喻表征的原型，那么时间概念体系是如何通过空间概念构建的呢？境外学界对时间的概念隐喻及认知问题进行了深入的研究。

Lakoff（1993）提出了空间隐喻时间的两种映射方式，即一般所说的"时间在动的隐喻"（the moving time metaphor）和"自己在动的隐喻"（the moving ego metaphor）。后来 George Lakoff（2012：215—216）在 *Contemporary theory of metaphors*（《隐喻的现代理论》）中有更详细的表述。其

主要观点如下。

人们通过事物（即物体、场所）和运动来理解时间。"时间逝去是运动"（TIME PASSING IS MOTION）隐喻就是这样。时间是事物，时间的逝去是运动。现在时间与观察者同处一个场所。未来位于观察者的前面；过去位于观察者的后面。一物在动，另一物则是静止的；静止的物体是指示中心（deictic center）。因为运动是连续的、一维的，时间的逝去也是连续的、一维的。

"时间逝去是运动"（TIME PASSING IS MOTION）隐喻的两个具体情况。

（1）情况（special case）1：TIME PASSING IS MOTION OF AN OBJECT（即"时间逝去是物体的运动"）

这种情况中观察者固定不动，时间为相对于观察者的移动物体。时间的朝向同其运动的方向。如果时间2位于时间1后，那么时间2相对于时间1而言处于未来。经过观察者的时间是现在时间。

（2）情况2：TIME PASSING IS MOTION OVER A LANDSCAPE（即"时间逝去是在空间中的运动"）

这种情况中时间是固定的场所，观察者相对于时间而运动。时间有范围（extension），且可以度量。一个时间段就如同一个空间，可以看作一个有边界的区域。

在 *Contemporary Theory of Metaphors* 中，Lakoff（2012：218）指出一个句子的两个不同部分可以同时利用两个不同的隐喻映射。如在短语"within the coming weeks"中，"within"利用了时间是具有大小和范围的静止空间的隐喻，而"coming"则利用了时间是移动物体的隐喻。这两个时间隐喻凸显了靶域的不同方面。"the coming weeks"将这些"星期"理解为一个相对于观察者移动的整体，而"within"将这个整体理解为有界空间并关注该空间的内部。

Núñez 和 Sweetser（2006）还指出，除了上述"时间的运动"隐喻两个下位类型外，思维和语言中其实还存在另一种情况：以某个时间单位为参照点，反映几个时间单位的顺序，即"时间序列"隐喻（Sequence of time in a path）（Moore, 2002; Núñez & sweetser, 2006）。在时间序列隐喻中，重点关注时间单位的先后顺序，无须考虑时间是否运动，不涉及观察者即"现在"时间，也无所谓"将来""过去"时间。在语言形式上，用"before-after"（在……之前—在……之后）和"in front of-behind"（前—后）等介词，或用动词 follow（跟随）和 come（来）等表达若干个时间单位的先后。（张燕，2013：15）

Núñez 和 sweetser（2006）指出：有些研究者没有弄清是以什么为参照点来判定"前—后"关系，他们误将以时间为参照点的"时间序列"表达理解成以观察者（即现在）为参照点的"过去—将来"时间表达，从而将 posteriority（后发生的时间，指一个时间单位晚于另一个时间单位）误解为 futurity（未来：指晚于现在的时间），将 anteriority（先发生的时间，指一个时间早于另一个时间）误解为 past（过去，指早于现在的时间）。例如 Christmas follows Thanksgiving（圣诞节跟随着感恩节），有人将 follow 着眼于"later than"（晚于）关系并把它等同于 futurity（将来），从而声称英语是"背朝未来"型语言。这显然是错误的，因为它实际只表示两个时间单位的序列，而与"将来—过去"时间无关。（参张燕，2013：16）

如上所述，Clark、Lakoff 和 Johnson 等人指出时间概念隐喻主要有"时间的运动""时间的指向"两种基本隐喻类型。Radden 则将"空间—时间的拓扑模式"引入时间隐喻研究，认为空间的六个特征经改造后传递给了时间。张燕（2013：93）据此绘制了"时间是空间"隐喻关系图（见图1）。

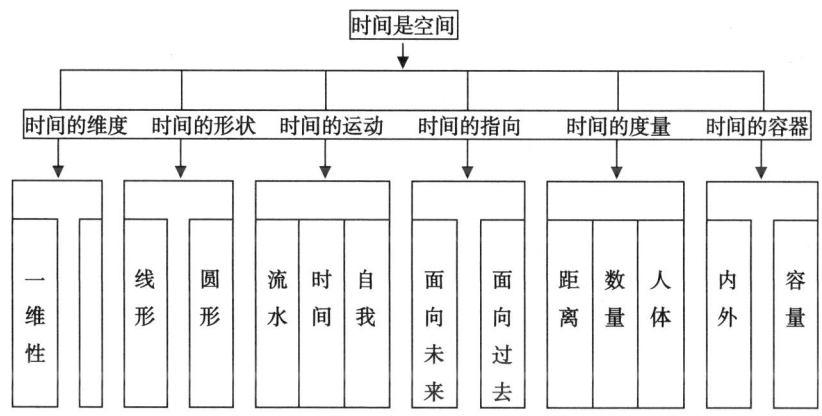

图1 "时间是空间"隐喻关系

国外学者中 Ning Yu 较早系统地运用 Lakoff 等人的概念隐喻对汉语时间系统进行研究，据张建理（2003）概括，Ning Yu 认为汉语对时间有两种认知方式：

(1) 人静时动型，时间从右向左迎着静止的观察者扑面而来；(2) 时间是固定的方位，观察者面向将来移动，时间流动是穿越地域的运动。

Ning Yu 认为从方向上来看，观察者和时间总是相向而对，且将来时间在观察者前方，如果按惯例设定时间由右向左移动，那么观察者总是面向将来，背对过去；从概念上看，前表示将来，后表示过去。

2. 国内研究概况

国内学者对汉语的时空隐喻研究也取得了一定的成果。检索中国知网，论文题包含"时空隐喻"的硕士论文有 7 篇，期刊论文有 33 篇。其他涉及时空隐喻问题的文章更多。

周榕（2000：1）是较早探索汉语时间隐喻表征的学者，他较为全面地探索了时间隐喻表征的基本建构维度，归纳出人们通常是将"空间""易逝物""动体"等 11 个语义域概念投射于时间本体来实现对时间的隐喻表征的，而"空间"是这些时间隐喻表征的原型。李宇明（1999）、邱斌（2007：3—4）等提出用空间概念来隐喻时间有"时间如流""时间是旅程""时间是容器"等三种方式。吴云（2003）、朴珉秀（2005）等对汉语的空间隐喻现象进行研究，其中涉及如何用空间来隐喻时间，也涉及以空间隐喻时间形成的时间表达式。国内更多的研究者从汉语具体词汇语法现象出发，讨论汉语时间认知隐喻现象，深入剖析其中蕴含的认知因素，如张建理、史佩信等对时间表达式中"前、后、上、下、来、去"的分析。

张建理（2003）在 Ning Yu 理论的基础上，通过对汉语时间系统中的"前""后"认知和表达的考察，提出了时间左视认知和时间右视认知的概念：在右视中，前后分别为将来和过去；在左视中，前后分别为过去和将来。他关于时间左视认知和时间右视认知的解释无疑具有相当的普遍性。不过他关于时间左视认知和时间右视认知的解释难以用在中古汉语"来、去"类语言现象上。史佩信较为全面地解释了汉语中"来去式"时间表达形式。史佩信（2004）考察了汉语中包含"来""去"的表示时间的词语，但对于汉语史上出现的语言现象解释力也嫌不足。

前面所说的 Lakoff（1993）提出的空间隐喻时间的两种映射方式汉语学界常概括为"时静人动"型和"人静时动"型认知方式。例如，史佩信（2004）认为在汉语"来去式"中，可以分为两种隐喻方式。

第一种隐喻方式是时间移动式。在这种隐喻方式中，未来的日子不断地向我们奔来，过去的日子不停地离我们远去。例如"将来""来年""去年""去岁""去冬""去日""往年""往日"等采用这种认知方式。

第二种隐喻方式是物质世界移动式。例如"自今以往"等。在这种隐喻方式中，是物质世界在时间轴上移动，而说话人与时间轴的相对位置是不动的。而物质世界移动的方向，与时间轴本身的方向正好是相反的，也就是说，如果时间轴的方向是左指的，那么物质世界移动的方向就是右指的。

徐丹（2008）认为 Clark 的"自我移动"（moving ego）和"时间移动"（moving time）不能解释汉语里所有与前、后相关的时间词，特别是解释不了为什么大部分的"后"可以用在未然语境，而"后来"则不能。他认为古人用"来"时，既暗含"前"又暗含"后"，所以前、后和来、去配合时会出现诸如"自今以来"和"自今以往"同表"以后"的情况。"后来"从词组词汇化为一个双音节词，意义上由人的移动转变为时间的移动，即相对于说话者，汉语里的时间移动既可以由前向后（如"前年"），也可以由后向前（如"后来"）。①

杨晓红、张志杰（2010）综合国内外的相关研究，指出无论是实验室还是真实情境中的研究都表明，在时间源中存在着与空间中"自我移动"和"物体移动"参照相对应的两种隐喻系统。但是由于不同民族、文化、社会的影响，不同语言、文化背景下的人们对两种隐喻的选择可能存在不同偏好。国外的研究表明，无论是在实验室还是在真实情境中，使用"时间移动"的被试比使用"自我移动"的被试要花费更长的时间。因此，说英语的人可能存在一个使用"自我移动"的偏好，研究者认为这是由于"自我移动"的时间表述只涉及一个事件和一个观察者两者之间的关系，而"时间移动"的阐述除了两个事件外，还有一个观察者在时间线上，涉及到三者的关系，因此"时间移动"隐喻对人们来说可能更困难。但是据赖姿吟（2002）的相关研究，在以说汉语的人为被试进行的研究中，却得到了相反的结果，说汉语的人似乎更倾向于使用"时间移动"的隐喻。伍丽梅、莫雷、王瑞明等

---

① 按：实际上"后来"只表示某一参照时间之后的时间，只不过人们谈论的往往是已经发生过的事，使得"后来"显得好像不能用在未然语境。后面我们有详细讨论。

(2005)通过信号检测理论进行的研究也表明说汉语的人主要以"时间移动"视角来表征时间语言。

以汉语史为研究对象，研究汉语时间语词的表达形式及认知、文化内涵，也取得了一些成果。例如，王海棻（2004）收集大量记时词语，对记时词语的构成成分及记时方式做了全面论述，阐述了古代记时方法与社会文化的密切关系。邓飞（2013）对商代甲金文的时间表达式做了深入研究。涉及时间表达式的硕博论文还有吴金花（2006）对中古汉语时间介词的研究、胡琴（2006）对先秦时间名词隐喻的研究、王娟（2004）对甲骨文时间范畴的研究等。吴芳（2009）的博士论文以殷商卜辞和先秦文献中的时间词为研究对象，从认知文化的角度阐释了先秦时间词语的形成与发展。杜翔（2002）、何亮（2007）、梁银峰（2009）的论文从不同方面研究了时间语词的来源及汉语时间表达认知方式的发展问题。

有些研究成果涉及到时空隐喻表达式。例如，对时间词语的词汇化语法化研究。陈昌来、张长永（2009、2010、2011）的系列论文讨论了表时双音词"×来"的词汇化及语法化问题，观察敏锐，分析深入；匡鹏飞（2010）对"从来"的词汇化问题也做了深入研究；丁喜霞（2008）则探讨了"最近"的词汇化过程。这些词语的词汇化语法化过程本身就是从空间到时间的隐喻映射过程。

《现代汉语方言大词典》《汉语方言大词典》等大型辞书都收录了大量有关时间概念的语词，许多时间语词也与时空隐喻有关。

综上所述，汉语时间认知及其表达式的研究已经取得了丰硕的成果，然而也存在一些问题。

3. 目前国内关于时空隐喻研究的不足

从已有的研究看，虽然人们对汉语的时空隐喻问题做了系统的分析，有的研究还非常深入，但仍存在一些不足。

其一，目前国内全面讨论汉语中时空隐喻问题，以及运用意象图式理论对汉语相关语言现象做全面、深入讨论的并不多见。已有的研究中，不少是蜻蜓点水般举例性说明时间的隐喻表征，如"时间是流水"之类；也有一些分析具体时间表达式中蕴含的认知因素，这些研究多缺乏全局的考量。运用意象图式理论于时空隐喻方面也是如此。在谈及时空隐喻中的意象图式时，一般都只论及"上下图式""前后图式""容器图式"等，如张敏（1998：111）、岳好平等（2011）。① 也就是说从宏观上对汉语时间隐喻空间化问题进行探讨的成果不少，但多失于笼统。例如，人们普遍意识到时间观念必须通过空间、视觉概念才能有效表达，然而汉语的空间观念是如何对时间观念进行有效表达的，空间域的哪些结构特性有效映射到时间域，时空隐喻由哪些意象图式加以表征，人们尚缺少系统论述。对汉语表时系统的形成与发展缺少全面深入的研究，对汉语时间表达式的分析或流于空泛，或随意性太强，缺乏普遍的解释力。

其二，研究内容不均衡。偏重少数几个位移动词或少数方位词进入表时系统的研究。例如，对汉语时空隐喻的"来去式""前后式"研究相当充分，研究者们从"时动人静""人静时动"两种认知角度以及观察的视角进行了深入探讨，但除此之外的时空隐喻表达式则较少措意，更缺少对汉语时空隐喻表达系统的全面探讨。对其他成分特别是位移动词、空间方位词进入表时系统的发展演变鲜有论述，对表时结构也缺乏关注。

其三，正如李福印（2008：137）所言，Lakoff理论最大的问题在于缺乏对两个概念域映射的历时研究。具体说，就是跨域映射发生之前两个概念域的结构是怎样的，跨域映射之后又有什么变化。对相关词语词汇化语法化的内在机制研究不够，如方位成分进入表时系统并进一步语法化的研究就相对较少。

此外，现有的研究往往彼此区隔。不管是现代汉语还是汉语史，对汉语时间语词、时间认知的研究总体上壁垒森严，既未能充分吸收彼此的研究成果，也未能充分利用方言研究的成果，缺乏全局的、发展的、系统的研究。我们认为目前对汉语时间表达的认知分析大都建立在普通话语言事实基础上，无视汉语史、现代汉语方言丰富的材料，这不能说不是一个遗憾。我们觉得，必须把汉语史、汉语方言、共同语三者结合起来全面考察，注意从历时发展的角度来观察时空隐喻表达式，才能对汉语时空隐喻的问题得出更为全面深入的认识。

三 相关问题的说明

本书拟以汉语空间隐喻时间而形成的时间表达形式为研究对象，对相

---

① 例如岳好平、汪虹都较详细分析了前后图式、容器图式和上下图式，指出英汉语空间概念表征时间概念的意义建构过程具有很大相似性。

关表时语词、表时结构进行纵横结合的综合研究。我们所说的"时空隐喻表达式"指"空—时"跨域映射的外在表现，即隐喻性的词、短语或句子。时空隐喻在词语、短语、句子等语言不同层面均有所体现。词语是稳定的常态的形式，一些词语本身就能体现时空隐喻；但是，词或短语表达时间概念，很多时候是通过句子体现出来的，因而对这些词语空—时隐喻表达功能的考察，实质上也就包含了对句子的空—时表达功能的考察。因此我们把研究的重点放在词语上面，特别是这些词语入句表达时间概念上面。这些词或短语不少已经是规约性表述。需要说明的是，我们认为"死喻"或规约性表述同样体现了隐喻，或者说是隐喻的结果，因此也是我们讨论的对象。

本书主要框架结构如下。

（1）绪论部分，介绍相关理论、研究概况。

（2）考察汉语空间方位的空—时隐喻表达的发展。考察方位成分进入表时系统的发展，如"上、下、前、后、际"等；空间部位词的空—时语义发展；考察空间指代成分的空—时语义演变，如"此、彼、尔、斯、这、那"等。

（3）考察汉语空间位移的空—时隐喻表达的发展。考察位移词语时空隐喻表达式的历史发展（如"来、往、去、还、入、侵、越"等）；归纳汉语位移动词与汉语时间隐喻认知的关系，探讨位移动词空—时隐喻语义演变的路径。

（4）考察汉语空间距离的时间隐喻表达的实现。如以两端之间的空间距离隐喻时间、以身体动作幅度表达时间等。

（5）关于汉语时空隐喻表达式的词汇化的讨论。重点讨论位移动词类短语的词汇化以及"时间成分+方位成分"类时间词语的形成与发展。讨论相关词语词汇化的认知心理因素及转喻与隐喻的关系。

（6）在上述各章内容的基础上讨论汉语时空隐喻表达系统，建构汉语时空隐喻的意象图式表征系统及其表达体系。

我们赞同这样的观点："理想的描写应当是在相关理论的指导下来梳理和归纳某些相关的语言事实，通过科学的解释，在貌似互不相干的材料之间归纳出贯穿其中的内在统一性特征；理想的解释是在充分描写语言事实的基础上，对相关的现象及内在关系提出合理的解释，并且最终得到形式的验证。"（陈忠，2006：5）

因此本书力图吸收国内外研究成果，引进认知语言学、语言类型学、词汇化语法化学说的理论和方法，在对语言事实进行全面准确描写的基础上，对汉语时空隐喻表达形式所呈现的语言现象、对隐藏在语言背后的内在规律做出合理的理论阐释，使语言事实描写与理论研究相结合。力图做到共时研究与历时研究相结合。立足汉语史，充分借鉴现代汉语及方言的相关研究成果，使三者有机结合，深入探讨汉语时间表达系统的发展规律，研究相关的语言理论问题。笔者希望本书的研究达到以下目的。

（1）对汉语时空隐喻表达式进行历时的研究，勾画汉语时间表达系统的发展轨迹，有助于认识汉语词汇系统的发展与演变，有助于推动汉语常用词词汇化的研究。

（2）有助于深化隐喻、转喻理论的研究。本书以汉语空间概念及时间概念的表达式的发展为视角，能从一个方面厘清隐喻与转喻的关系。通过具体的语言成分运用于空间域和时间域的历时考察，能帮助人们回答跨域映射先在概念层产生还是先在语言表达层产生等问题。

（3）全面考察汉语史及汉语方言的相关用例，从发展的角度阐释汉语时间语词的构成理据，有助于进一步深化对汉语时间隐喻方式的认识，有助于认识人类表达时间概念的基本规律。

第一章

汉语空间方位的空—时隐喻表达的发展

实体物质总是存在于一定的空间，有其空间位置。人们往往借助方所成分对物体的空间位置进行描述，也会使用空间指代成分对空间位置进行指称。这些方所成分及空间指代成分也往往从空间隐喻为时间，用于表达时间概念。时间是以空间为直接基础的一种普遍性的概念隐喻。虽然实体物质具有千姿百态的三维形状特征，但空间的形状系统映射到时间域，舍弃了空间形状的具体特征。齐沪扬（1998：1）指出："对时间和空间的认识是人类所共有的，这种认识也一定会反映到语言的表达上。人类思维的一致性和语言表达的民族性，会使各种语言中的时间系统和空间系统之间既表现出相同的一面，又表现出相异的一面来。"

本章主要考察方所成分以及空间指代成分由空间进入表时系统的发展。

全国科学技术名词审定委员会审定公布的《语言学名词》（2011：57）对方位词的定义为："表示方向、位置关系的名词。例如'前''以上''东边'。主要加在别的词语后边，组成方位短语。"这个定义具有代表性。《现代汉语八百词》（吕叔湘，2010：13—14）列出的方位词有：上/下/前/后/里/内/外/旁/左/右/东/南/西/北；上/下/前/后/里/外/旁/左/右/东/南/西/北+边（面/头）；之（以）+上/下/前/后/内/中/外/东/南/西/北；面前/跟前/头里/背后/底下/中间/当中/内中/旁边。①

廖秋忠（1992：163—180）曾较全面地列举过现代汉语方位词，如：上（边/面/头/方/部）；下（边/面/头/方/部）、底下；前（边/面/头/方）、面前、跟前、头里；后（边/面/头/方）、背后；左（边/面）；右（边/面）；里（边/面/头）、内（部）、内中；外（边/面/头/部）；中、

---

① 排除"左头、右头、以中"。

中心、中间、间、际；周围、四围、四周、四周围；旁（边）、旁、侧。他早在20世纪80年代前就指出，有一类表示物体或几何形状的部位的体词，它们也具有一般方位词表示方位的功能，与参考点构成短语时也能作为"在""向"等方位介词的宾语，而且它们所表达的位置与语境参考点的关系都是包含关系。这些词包括"端、棱、顶、底、角、头、面、表、脊、背、心、腹、腰、脚、尾"等。它们虽然对参考点的搭配要求比一般的方位词要严格得多，却不像许多部位名词如"麓""滨"等一般只限于指某些特定物体的特定部位。把它们看成方位词的一个小类似乎是可行的。

储泽祥的观点与他相近。在《现代汉语方所系统研究》中，储泽祥（2003：7—17）把一般所说的方位词称作方位标，而把"旁、边、方、处、脚、心、腰"等方所标记形式称作"准方位标"。他根据方所的形式标记特征，把方所标分为方位标、命名标、准方位标，他把其中单音的"上、下、左、右、前、后、里、外、内、中、间、东、西、南、北"以及在它们前加"之""以"派生的双音词如"之上""以前"等归为方位标，把"旁、边、面、侧、方、处、角、隅、头、端"等以及由人或物体的某一部分引申而成的"心、顶、脚、根（跟）、际、沿、首、尾、尖、梢、口、底、腰、背"等归为准方位标。

方所成分必然涉及参考点（物）。齐沪扬（1998：3—6）根据参考点的差异，把现代汉语的方位词分为下面三类：东南西北（共同认可，无须参考点）；前后上下左右（三维空间中真正指示方向的方位词，三个参考点[①]都可以作为依据）；里外内中间旁（只能以第三参考点作为依据）。

方经民（2000：644—657）认为方位参照可定义为："叙述者选择观察点，利用方位词跟相关的方向参照点、位置参照点的关系确定空间、时间的方位辖域。"

周烈婷（2000：665）则把参考物按照参考功能分成两种：一种是"远参考物"，即目的物所处空间跟参考物只是相对关系，跟参考物的维向没有关系，如"在……旁""在……附近""在……左边（右边）"等；另一种是"近参考物"，即目的物所处空间跟参考物的某个（些）维

---

① 齐沪扬（1998：2）指出参考点可以是显性的，也可以是隐性的。参考点可以分为第一参考点（说话人说话时的位置），第二参考点（说话人说话时涉及到的物体或处所的位置），第三参考点（说话人说话时因语言环境而添置的位置）。

向有密切关系,如"在……上"和"在……里"。

我们拟采取廖秋忠及储泽祥的观点,把一般意义上的方位标和准方位标统称为"方所成分"。同时吸收齐沪扬对方位词的分类观点。我们所说的方所成分范围比他们的都大,指本身能表示或作为标记表示空间方向、空间处所或相对位置、相对部位的词语。包括一般所说的方位词(如前、后、上、下等)以及准方位词(如杪、侧、际等)。方所成分主要来自几个概念框架:身体、山、河流、建筑、触目可见的自然物。空间实体物质的位置与方向往往是由参照物加方位标或者事物加上部分准方位标加以体现。① 因为"东、南、西、北"空间的绝对性和方向的永恒性,它们无法发生从空间到时间的映射,因而它们不在我们的考察范围之内。我们拟分组逐个考察这些方所成分最初的空间意义,描写这些方所成分是如何从空间域进入时间域,力图对汉语史上的方所词涉及空间和时间的发展演变进行详细考察。以上这些方所成分除了后置于其他成分后作为方位标或准方位标,往往也能前置于其他成分或独用,这时实际上也内含方向或表示相对位置的用法,我们也一起考察。

确定方所成分成员的办法主要有两个:一是从现代汉语出发,将现在还在使用的方位词、准方位词纳入考察对象,由此逆推,考察它们在上古汉语—中古汉语—近代汉语—现代汉语的变化;二是考察历代文献,参考历代字典辞书,将不同时代存在的属于方位词准方位词的方所成分析出,纳入我们的考察。

具体做法是以各个方所词语为线索,考察它们的历史发展,同时兼顾各个时代方位词语的兴衰。排除与时间无关的"东南西北"及"左右"类等方所词,② 根据汉语史的语言实际,结合齐沪扬的分类,我们把发生过时空隐喻的方所成分分为以下几类分别考察。

(1) 方向类。这类方所成分在三维空间中能真正指示方向,具有方向性。典型成员如:上、上+边/面/头/方/部;下、下+边/面/头/方/部、

---

① 据储泽祥(2003:15),准方位标指介于方位标和命名标之间的方所标记形式。
② 汉语史上出现过"黄昏左右""月末左右""黄昏左侧""今春左侧"等用法。何亮(2012)曾讨论过"左右""左侧"用于时间表达的问题,认为这些"左右""左侧"虽用在名词或数量词之后表示时间,既有给时间定位的描述时间功能,也有表达数量概念的功能,但其核心是表达概数。因而这些"左右""左侧"与时间的一维性与方向性无关,这些用法并没有违反时间的认知隐喻映射机制。

底下；前、前+边/面/头/方、面前、跟前；后、后+边/面/头/方、背后。

（2）位置类。这类方所成分只能以第三参考点作为依据，主要提示事物的位置。代表性成员有"里、外、内、中、间、旁、边"等，还包括部位词。这类方所成分的特点是在汉语史上成员较多。

（3）自指类。这类方所成分跟在 NP 后（一般是处所词），前面的处所词 NP 本身就已表示空间方所概念，后面的方所成分×对前面的 NP 起标志作用，"NP+X"构成方所结构。代表性成分有"处、所、次"等。

部位词是位置类方所成分的重要来源，其空—时语义发展有较为特殊的一面，故我们列为一节进行专门讨论。

第一节　方所成分的空—时隐喻发展

一　方向类方所成分

(一)"前""后"由空间域进入时间域的历时考察

1. 前

（1）"前"用于空间

齐沪扬（1998：2）认为"方向"指句子中的某个事物面对的方向所显示出来的空间特点。廖秋忠（1992：167—168）曾指出，"前"所指的方向主要由三个标准来定：参考点面对的方向、参考点头对着的方向、参考点运动时对着的方向。另外，参考点如无明显的上述标准时，可以用以下两个标准来定：观察者面对参考点的方向；正常情况下接近参考点的这一面。

甘露（1999）指出甲骨文有 10 个单纯方位词，未见"前"的用例。但在先秦"前"已广泛用于空间概念，表示位移或者方向和位置。从其使用看，"前"可单用，也可出现于"前×""×前"的结构中。

出现在动态场景中，"前"表示位移，表示向着参考点的头或面部朝向的方向行进，前去，使……朝向前面。"前"一般独用。如：

①孔子下车而前，见谒者曰："鲁人孔丘，闻将军高义，敬再拜谒者。"（《庄子·盗跖》）

②进矛戟者前其镦。（《礼记·曲礼上》）

出现在静态场景中，"前"构成一个方位场景，表示静止的方向和位置。如：

③公以戈击之，首队于前。(《左传·襄公十八年》)

④申犀稽首于王之马前曰："毋畏知死而不敢废王命，王弃言焉。"(《左传·宣公十五年》)

⑤前车已覆，后未知更，何觉时？(《荀子·成相》)

判定方向和位置时需要参照点，同时还要以面对的方向作为判断的标准。动态场景与静态场景中的"前"都有参照点（显性的或是隐性的）。例①的参照点即为"车"。廖秋忠（1992：167—168）曾指出，以某些人造器物为参考点时，人们似乎先将它们"生命化"，先决定它们的面或头、背或尾等部位，然后再来决定"前""后"所指的方位。例②的参考点为"进矛戟者"，所指方向为"进矛戟者"面向之方向。例③"前"指参照点"公"面对的方向。例④"前"指王之马头面对的方向。例⑤参照点隐含，方位是以车面向之前方。

参照物如果是成行或成列的多个事物时，在这些事物面向的或是物体头部位置的为前。

⑥龟为前列，先知也。(《礼记·礼器》)

孔颖达疏："此谓布庭实之时，龟在众物之前而为列先。""前列"即行列的前面。

除各种临时组合外，在一些词汇化了的词语中，"前"也表示空间概念。如：

前军先头部队、前队先头部队、前候车辕的颈部、前禽在前面逃逸的禽兽、前绥车前供登车用的挽绳、前门正门、前阵先头部队、前驺古代官吏出行时在前开路的侍役等。

与"前""之前"常用于空间概念不同，"以前"一般不用于表示空间方位，但先秦也可见到极少数的用例，如：

⑦先王之葬居中，以昭穆为左右。凡诸侯居左右以前，卿、大夫、士居后，各以其族。(《周礼·春官宗伯第三·冢人》)

"×前"结构中，×一般就是参照物。例多不举。人们往往以自身部位为参照，表示自身前方的方向和位置。如"面前""跟前""眼前"。

总的说来，在"前"构成的方位场景中，参考点是基底，而"前"是侧面。基底和侧面都处于静止状态，形成静态关系场景。一般说来，"前×"的参照点就是观察者所在位置，"×前"的参照点就是×。无论是"前×"还是"×前"，×都是离散的三维的典型名词。反映到句法关系上，

"前"可以作宾语、状语、定语、中心语,既可单用,也可出现于"前×""×前"结构中。

需要特别指出的是,"前+空间方所词语"构成的表达式,如"前面""前头""前方""前途""前路""前程"等,往往兼具空间和时间特性,这类词语我们将专题进行讨论。

(2)"前"用于时间

"前"由空间域映射到时间域,其空间域的结构特性也保留下来。如前所述,空间域中参考点面对的方向(或头对着的方向)为前。由空间到时间,参照时间(或观察者)的面对的方向与潜在的时间也有同样的面向,参照时间与被观察的时间之间也呈相对静止状态。如果参照时间(或观察者)位于现在,则过去为前,将来为后。

假如,参照物面向之方向有两个事物(均呈相对静止状态),这两个事物与参照物有同样的面向,则距离远者为"前",距离近者为"后"。如果观察者要对同方向的两个时间或发生过的两个事件进行比较,则离其较远者为前,离其较近者为后。张建理(2003)指出这一"空—时"语义转换关系为:"前"为"(较)早""(较)先","后"为"(较)晚""(较)迟"。"前"在时间域的句法结构也与空间域的用法相对应:"前"也可以作宾语、定语、中心语。从其使用看,"前"可单用,也可出现于"前×""×前"的结构中。①

A. "前""前×"

动态场景中表示位移的"前",映射到时间域则成为静态场景,表示时间的位置"在……之前"。如:

①始灭昉于此乎?前此矣。(《公羊传·隐公二年》。前此:在此之前)

"前"从静态场景中的空间域映射到时间域则较为复杂。

单用"前"及"前×"时,参照点一般是说话时或某一正在谈论的时间或事件。如:

②有功于前,有败于后,不为损刑。有善于前,有过于后,不为亏法。(《商君书·赏刑第十七》)

③宣伯聘于齐,以修前好。(《左传·成公十一年》)

---

① 按:"前"有提前、事前之义,如前知预见未来、前虑事前的考虑。

静态场景例②的参照点是当刑之时,"前"表示时间在先的,相当于"先前的"。按,秦汉时"前"独用宾语表示"先前",并不多见。例③参照点是聘于齐之时,"前"为聘于齐之前。

定中式"前×"结构中,"前+方所成分"这一类,如"前+边/面/头/方/部/首"等我们将专题讨论。当"前×"的×为具体名词时,"前"可能是空间概念,也可能是时间概念,表示以前、过去。如"前路"可能是"以前走过的道路",也可能表示"面前"的道路,这种情况我们后面将详细讨论。当"×"为抽象名词时,"前"一般表示次序或时间靠前的。这里这类词语很多。如:前人、前王_{先王}、前知、前志、前哲、前劳、前烈、前修、前矩、前妻、前夫、前母、前光、前武、前例、前彦、前身、前件、前欢、前愆、前生、前身等。

表示序列:前秦、前凉、前蜀、前汉、前赵、前燕、前七子。

如果×是时间成分,则"前×"构成时间表达式,如:前日_{前些日子;往日}、前世、前代、前时_{以前}、前古、前年、前夕_{前夜}、前月等。

需要指出的是,"前+时间成分"其所指并不是固定不变的。例如,刘百顺(2004)指出"前年"一开始指去年,到《汉书》《后汉书》有了指过去较远年份的用法,到晋朝又有了指去年的前一年的用法;"前岁"开始指去年,后来指今年的前年或大前年,五代以后又指过去稍远或较远的年头;"前日"在先秦一般指往日,汉代以后仍如此,但在北朝就有了表示前天的用法了。

秦汉时期,"前"常独用表示空间概念,或表动词"上前""往前",或作为方位词表示方向。表示时间概念时也可以作宾语、定语。中古时,"前"可独用为时间名词,做状语,表示"以前"。

④桓公北征,经金城,见前为琅邪时种柳,皆已十围。(《世说新语·言语》)

受双音化趋势影响,或是受音节结构的制约,汉以后"前"可以与表示过去时间的成分连用,形成并列结构,如"前往_{往昔义}""前昔"等。我们认为"前"与这些过去义时间词连用,进一步强化了"前"表示过去、较早的语义内涵。如:

⑤〔黄门郎〕既无长君退让之风,而要结轻狡无行之客,纵而莫诲,视成任性,鉴念前往,可为寒心。(《后汉书·杨终传》)

⑥斯蓝也,炳异征奇,著于前昔,复建坛宇,俟兹宏扬。(唐·韦皋

《宝园寺传授毗尼新疏记》）

在中古时期，随着时间词后缀"来"的发展成熟，后缀"来"与时间义"前"形成附加式词语"前来"，表示"以前""上次"。如：

⑦安持（吴安持）称候涨水相度，乃是悠悠之谈。前来涨水并今来涨水，各至澶州德清军界，安持首尾九年，岂得不见。（《宋史·河渠志三》）

"前来"在宋、金仍见用例：

⑧你好不分晓，是前来科段，今番又再使。（金·董解元《西厢记诸宫调》卷五）

唐代开始，"前"可以与动量词结合，如"前度、前次、前番"等，表示"前一次，上次"。如：

⑨种桃道士归何处，前度刘郎今又来。（唐·刘禹锡《再游玄都观》）

⑩伏乞朝廷详酌指挥，寻准都省批状云：勘会前次高丽人使到阙，已曾许买《策府元龟》并《北史》。（宋·苏轼《论高丽买书利害札子一》）

⑪红锦芙蓉碧牡丹，今番灯火减前番。（宋·杨万里《郡中上元减旧例三之二而又迎送使客》）

如果从参照点按观察者面向的方向观察，观察者所观察的面向之事物可分为两部分，一是离参照点较远的部分（前部），一是离参照点较近的部分（后部）。这样，从空间域映射到时间域，出现从整体内部分割时量的"前+时段"的用法（即对一个时间段进行分割），离说话时较远的时间段为"前"。何亮（2007：228）指出此种为中古新兴的用法。如：

⑫二年春，灵太后令曰："年常度僧，依限大州应百人者，州郡于前十日解送三百人，其中州二百人，小州一百人。……"（《魏书·释老志》）

⑬按，紫阳两真、句曲二君此日若始自降，前六月唯遣侍童耳。（《周氏冥通记》卷三）

按：据《辞源》，隋唐至宋风俗，以冬至、元正、寒食为大节，放假七日，其中节前三日，节后四日，俗称"前三后四"。

后起的时间词如"前半天""前半夜""前期某一时期的前一阶段"都是分割时间的用法。

需要指出的是，"前+时段"的这种用法与指在某参照点前一段时间的某一时间点的用法不同。如下面的例子就不是从整体内部分割时量的用法：

⑭是夜卒。前一日，忽言"吾气息不接，腹中大痛"。(《魏书·释老志》)

张建理（2003）指出，时空互转即产生一个基本概念或曰常识：前为早，前于某物即早于某物，早于某物即前于某物。在词义上，"前"与"先"及"早"同义。正因为此，可以用"先×"的形式进行时间定位，表示早于某时间或某事件。"先×"指在某时或某事件之前，表示时间顺序在前的，相当于"在×之前"。何亮（2007：229）指出×可以是时间词、时间性名词或动词性成分，×本身就是"先×"的时间参照点。现代汉语口语已经基本不用这种形式了。

⑮是以古者，妇人先嫁三月，祖庙未毁，教于公宫。(《礼记·昏义》)

⑯洪于大义，不得不死，今诸君无事空与此祸！可先城未败，将妻子出。(《三国志·魏志·臧洪传》)

B. "×前"

何亮（2007：225）指出，上古及中古前期单纯方位词"前"较少后置用作时间方位词，中古中期使用渐多。表时间的"以前""之前"在先秦有少数用例，但多置于时段成分之后。如：

⑰今乃欲审尧、舜之道于三千岁之前，意者其不可必乎！(《韩非子·显学》)

当"×前/之前/以前"中×是时段成分时，×本身并不能进行时间定位，"×前"是以说话当时或上文提到的某一特定时间为参照点，往前追溯一个时段的时间。

何亮（2007：225）指出西汉时后置的"×""之前""以前"表示时间的用例已有不少，中古时期很常见。除数量式时段成分之外，"×之前/以前"结构中×可以是时点时间词、事件性名词或表示事件的动词性成分，"×之前/以前"构成时间表达式。这时×本身就是"前/之前/以前"的时间参照点。如：

⑱穷治所犯，为解所杀，皆在赦前。(《史记·游侠列传·郭解传》)

⑲自殷以前诸侯不可得而谱，周以来乃颇可著。(《史记·三代世表第一》)

⑳三代之前，盖未尝有。(《史记·司马相如列传》)

㉑夫礼禁未然之前,法施已然之后;法之所为用者易见,而礼之所为禁者难知。(《史记·太史公自序》)

在空间域,"前"指人或事物面向的方位,这个方位通常情况下是靠近作为参照物的人或事物,并不会无限往前。映射到时间域,这个特性也得以保留,即在人们的理解中,表时结构"×前"所指不会无限地往前,而只是靠近参照点×的时间。

2. 后

(1)"后"用于空间

甘露(1999)指出甲骨文中"后"已用于区别祖先序列之先后,但未见本义"行而迟在人后"的用例。

"行而迟在人后"属于动态关系场景,场景的两个关系元(两个位移主体)处在运动状态,位移主体有前后之空间位置。"后"的空间概念即由此衍生。如:

①子路从而后,遇丈人,以杖荷蓧。(《论语·微子》)

②武王答拜,先入适王所,乃克射之,三发而后,下车,而击之以轻吕,斩之以黄钺。(《逸周书·克殷解第三十六》)

吴福祥先生(2007)也指出,作为表达空间关系的方位名词,"后"主要用来指示凸体(figure)相对于衬体(ground)的空间位置("位置在后")。

"后"的空间概念衍生之后,"后"所指的是"背对的方位""尾对着的方位""与运动方向相反的方位"等,也可以在确定"前"所指的方位后,以它的相反方位为"后"所指的方位。这时属于静态关系场景,这里包含两个要素:参照点、背向。参照点不同、观察的角度不同,"后"就会有不同的空间意义。当观察者在谈到某事物时,人们总是给它预设一个方向,即在人们的意识中该事物有一个与说话人面向相同的方向,① 这时实际上涉及两个事物:该事物及说话人(观察者)。如果一个事物在说话人(观察者)面向之方向,则该事物面向为前,背向为后。这时相对来说,"前"离观察者空间距离较远,"后"离观察者空间距离较近。也就是说,"后"可以指两个事物中的一个,即一物在另一物的背向;也可以对同一事物的内部分割,如"后襟_{上衣、长袍等的背后部分}"。在

---

① 张建理(2003)有过类似的表述。

"后"构成的方位场景中,参考点是基底,而"后"是侧面。基底和侧面都处于静止状态,形成静态关系场景。反映到句法关系上,"后"可单用,也可出现于"后×""×后"结构中。

表示静态关系场景的"后"在先秦已广泛运用。如《论语》"瞻之在前,忽焉在后"。又如:

③从韩厥曰:"请寓乘。"从左右,皆肘之,使立于后。(《左传·成公二年》)

④卫人以燕师伐郑,郑祭足、原繁、泄驾以三军军其前,使曼伯与子元潜军军其后。(《左传·隐公五年》)

⑤建日月以为盖兮,载玉女于后车。(《楚辞·惜誓》)

例③的参照点是上文提到的韩厥,在韩厥之背向。例④参照点为"其"。例⑤参照点隐含。"后"表示空间意义而构成的词语很多,这里略举数例。如:后山、后户、后廷、后车、后阁、后齿、后旌、后队、后湖、后间、后碑、后卫等。

一般说来,"后×"的参照点常常是说话者所在位置,"×后"的参照点就是×。"×后"一般可看作偏正结构,"后"作为中心语出现。如《仪礼·牧牲馈食礼第十五》:"主人立于尸外门外,子姓兄弟立于主人之后,北面东上。"句中的参照点就是"主人"。

(2)"后"用于时间

与"前"一样,"后"由空间域映射到时间域,其空间域的结构特性也保留下来,如参照点、背向等。作为动态关系场景,映射到时间域,成为静态关系场景,指时间顺序的先后。例如:

①以其蚤与其晚相践,后圣王之法十年。(《墨子·节用上》)

②滕侯曰:"我,周之卜正也;薛,庶姓也,我不可以后之。"(《左传·隐公十一年》)

③夫为剑者,示之以虚,开之以利,后之以发,先之以至。(《庄子·说剑》)。

"后"更多的映射发生在静态场景。对应到时间域,如果观察者要对两个时间或发生过的两个事件进行比较,则形成一个序列;对同一事件或某一个时间段进行观察,则离说话时间(或观察时间)较远的时间、先发生的事件为"前",较近的为"后"。如张建理(2003)所述,"空—时"语义转换关系为:"前"为"(较)早""(较)先","后"为

"（较）晚""（较）迟"。"后"在时间域的句法结构也与空间域的用法相对应："后"可单用，也可出现于"后×""×（之）后"的结构中。

A."后""后×"

"后"由空间前后喻指次序的先后或喻指时间的先后，是自然的譬喻结果。"后"单用表示顺序在后，或表示"后来"。

④先大后小，顺也。（《左传·文公二年》）

⑤以若所为，求若所欲，尽心力而为之，后必有灾。（《孟子·梁惠王上》）

中古时常可见到"后"后跟"VP"的形式。"后"仍是"后来"的意思，是相对前面的时间或事件而言。例如：

⑥后遭乱渡江，每经危急，常有一人左右己，问其所以，乃受炙人也。（《世说新语·德行》）

定中式"后×"结构，在以下情况中"后"表示的是时间概念。

a."后×"中的×是抽象名词、蕴时性名词、动词。"后"表后来、后世、将来义。如：后次、后善、后名、后事、后果、后俊、后福、后圣、后祸、后验、后缘、后咎、后裔、后式、后效、后难；后报、后计、后恨、后约、后知、后交、后死、后变、后患、后起、后顾、后虞、后虑、后艰等。

有时"后"具有序列义，指一个序列中顺序在后的。这实际可看作"后"表相对后时的一种类型。例如：后七子、后五代、后金、后周、后秦、后晋、后唐等。

b.如果"后×"中的×是时间成分，则"后×"构成时间表达式，如：后日、后手里后来、后月、后世、后年、后岁、后叶、后代、后时、后朝等。"后×"时间表达式所指的时间也是变化发展逐渐确定的。例如，据刘百顺（1997）考察，"后日"最初指往后的日子，汉代以后"后日"指以后的某日，这两种用法一直沿用至今，到南朝"后日"产生"第三天"的用法，到唐代"后日"就和现代相同；"后年"从两汉到南北朝这一段时间主要指第二年，也指明年，在晋宋北魏时"后年"就与现代完全相同；"后岁"用例不多，自先秦以来，可表示第二年、明年、第三年等几种用法。

"后"在空间上可以指称同一事物的内部分割，映射到时间域，则是对时段的内部分割。"后×"中×是一个时段或一个宏观时点。如：

后半天、后半夜、后半晌、后夜、后辛每月下旬的辛日、后晌下午；晚上、后辈子、后期某一时期的后一阶段。

这里讨论一下"前后"。"前后"用于空间，指事物的前边和后边。如：

⑦惟予一人无良，实赖左右前后有位之士，匡其不及。（《尚书·冏命》）

⑧戎人之前遇覆者奔，祝聃逐之。衷戎师，前后击之，尽殪。（《左传·隐公九年》）

映射到时间域，表示某事件或某时间稍前到稍后的一段时间。如：

⑨故审知今则可知古，知古则可知后，古今前后一也。（《吕氏春秋·仲冬纪·长见》）

引申表示时间的先后。即从开始到结束的一段时间。如：

⑩赵孝成王时，而秦王使白起破赵长平之军前后四十余万，秦兵遂东围邯郸。（《史记·鲁仲连邹阳列传》）[①]

⑪其明年春，汉复遣大将军卫青将六将军，兵十余万骑，乃再出定襄数百里击匈奴，得首虏前后凡万九千余级，而汉亦亡两将军，军三千余骑。（《史记·匈奴列传第五十》）

何亮（2007：246）指出"前后"用作后置时间方位词是中古新兴的用法，只有"NP时点词+前后"形式，在南北朝开始出现，但用例还不太多。如：

⑫春酒，河南地暖，二月作；河北地寒，三月作；大率用清明节前后耳。（《齐民要术·造神曲并酒》）

因为"前后"与"先后"在空—时语义的对应，指某一事物从某一时间稍前到稍后的一段时间，在中古汉语就有"先后"的用法。例如：

⑬崔寔曰："夏至先后各五日，可种牡麻。"（《齐民要术·种麻》）

[①] 按：王云路（2010：236）指出"前后"本义是前面、后面，引申指时间顺序。甚是。但她认为指时间顺序的"前后"犹言历来、总是，似为随文释义。从王先生所举的例子看，"前后"指的是从某特定时间至说话时间之前的整个过程的先后，如：思寻所由，小民无知，既有安土重迁之性，且又前后出为兵者，生则困苦，无有温饱，死则委弃，骸骨不反，是以尤用恋本畏远，同之于死。（《三国志·吴志·骆统传》）例中"前后"与《史记》用例的"前后"意义相近，并无二致。

B. ×后/之后/以后

偏正式"×后/之后/以后"结构中×是动词性成分、蕴时性名词、时点词时,以该×为参照点,表示在该事件(时间)以后的时间。如:

⑭五世其昌,并于正卿。八世之后,莫之与京。(《左传·庄公二十二年》)

⑮凡我同盟之人,既盟之后,言归于好。(《左传·僖公九年》)

先秦罕见"×以后"用例,但西汉已有不少。如:

⑯故周平王既崩以后,周室稍稍衰弱不坠,当单子之佐政也。(《新书·礼容语》)

如果是"时段词语+后/之后",那么时间参照点并不出现,而是隐含于上文,以说话时间或某一特定时间为参照点,晚于该参考点一段时间。如上例⑭。

需要指出的是,"后"可以出现在动宾结构中作宾语。如"往后","后"可以理解为已经隐喻化的将来的时间,这样"往后"就是指(即将)前往将来;也可理解为空间概念,这样"往后"指"前往(尚未前往的)后面",由此转指为话语之后的时间。

"后"单用或出现在"后×""×后"的表达式中,都是表示较晚、较迟或将来的时间。"后"在一定的语境下,会诱发语法化,演变为假设助词。江蓝生(2002)指出在近代汉语中,"×后"表达式中的"后"进一步发展出相当于假设助词的用法。

3. 关于"前/后+边/面/头/方/部/首"

"前/后+方所成分"这一类,如"前/后+边/面/头/方/部/首"之所以要单独来谈,是因为这些表达式都有空间和时间两种意义,在所表达的时间意义上,似乎有兼表过去与将来的矛盾用法,需要着重阐释。(本节部分内容参何亮:2018)

【前边】

"前边"在空间域表示的方向与"前"同。唐代有用例,后代一直沿用。如:

①钵盂峰下留丹灶,锡杖前边隐圣灯。从此旧庵遗迹畔,月楼霜殿一层层。(缪岛云《仙僧洞》,《全唐诗补逸》卷十二)

②已在前边客楼上住下,故意嫌人嘈杂,移在厢楼上,与寡妇楼相近,故意在那厢唱些私情的歌曲,希图劝他。(《型世言》第六回)

③赶了二三十里，望着就在前边不远，果似一个老者。（《歧路灯》第七十六回）

例①"前边"加在"锡杖"之后，表示空间位置。例②"前边"作定语，也表示方位，参照点隐含。例③"前边"作宾语表示处所，参照点为句子的主语。

也可以表示虚拟的空间。如：

④（姚明）道："……不曾教你把衣帽来当，怎今日出去，弄得赤条条的，要赌，像朱家有爷在前边，身边落落动，拿得出来去赌，你有甚家计，也要学样……"（《型世言》第二十三回）

明代有表示顺序的用例，已经带有时间性质，指顺序在前的，前面存在的。如：

⑤吴尔辉道："那是你前边令妹夫，他道令妹不孝，在县中告了个执照，得学生七十两银子，把令妹与学生作妾。"（《型世言》第二十六回）

⑥假如太史公所传刺客，想正是此术？至荆轲刺秦王，说他剑术疏，前边这几个刺客，多是有术的了？（《初刻拍案惊奇》卷之四）

清代有表示以前、过去的用法。如：

⑦且说他屋里女人，本是海来深仇，又公然娶到家中，每日惹气。这女人短见，一条绳儿吊死了。他娘家告起来……他前边男人，不知听了谁的话，上堂去告，还想要这个女人。（《歧路灯》第十三回）

⑧碧莲，这桩事你也要斟酌，孩子不是容易领的，好汉不是容易做的，后面的日子长似前边，倘若孩子磨起人来，日不肯睡，夜不肯眠，身上溺尿，被中撒屎，弄教你哭不得，笑不得，那时节不要懊悔。（清·李渔《无声戏》第十二回）

⑨这不好么？你见了贵人，前边已是凶过了，往后再不凶了。（《聊斋俚曲集·磨难曲》）

但是这样的用例不多，普遍的用法是表示空间方位。

清代"前边"还后置于其他成分，表示"……之前"。如：

⑩头你们出来的两日前边，把我与晁凤叫到跟前，他写了首状，叫我们两个到厂卫里去首你们，受那一百两银子的赏。（《醒世姻缘传》第十六回）

也可以表示一个时段的前面部分。如：

⑪前边五个月靠了杨按台的养活，幸而存济；如今骤然止了，难道别

处又有饭吃不成?(《醒世姻缘传》第三十一回)

【前面】

"面",《说文》"颜前也",本指脸。"面"很早就发展出向、对着义。如《尚书·召诰》:"面稽天若,今时既坠厥命。"《广雅·释诂四》:"面,向也。"

"前"表示空间概念时,"前面"表示接近正面的空间,空间或位置靠前的部分。尚不清楚"前面"的具体演变途径,作为方位词语的"前面"应是在"面"词缀化之后。唐代已有不少用例,此后一直沿用。如:

⑫牛遂告曰:"可以绳缱系我角上,置于前面,任晓方来。"(义净《根本说一切有部毗奈耶破僧事》卷第十)

⑬欲知前面化多少,直到南山不属人。(韩愈《游太平公土山庄》)

⑭崔宁指着前面道:"更行几步,那里便是崔宁住处。小娘子到家中歇脚,却也不妨。"(宋话本《错斩崔宁》)

我们所能见到的最早的"前面"用于时间概念的用例是在宋代。有意思的是,"前面"似乎有表示将来和表示以前两种看来矛盾的用法。如:

⑮人到五十岁,不是理会文章时节。前面事多,日子少了。若后生时,每日便偷一两时闲做这般工夫。(《朱子语类·论文上》卷一百三十九)

体会文意,句中"前面"似乎指的是五十岁以后尚未经历的时间。实际上,这里的"前面"是虚拟的空间概念,指(尚未经历的)面前道路。

"前"表示时间概念时,"前面"表示过去、以前,"面"已词缀化。如:

⑯但有今日,都不须问前面事。(《朱子语类辑略》)

⑰侯兴与师父说前面许多事。(《宋四公大闹禁魂张》)

在现代汉语中,"前面"的空间和时间用法都保留下来,要从具体语境上去区分。如:

⑱我们要努力工作,前面可能还有困难。

⑲前面已经说过,这个困难必须克服。

例⑱的"前面"是一种想象的空间,在前面等着我们朝它移动。因为尚未到达,所以与将来时间有关联。"前面"本身还是空间概念。例19

"说过"等语境决定了"前面"表示顺序义,表示在说话之前。

【前头】

"前头"在东汉就有表示前部位置的用法,"前头"是空间概念。如:

⑳不可数千弟子,不可数百千弟子,共会在中央坐说经。与比丘僧相随,最在前头。(《道行般若经·摩诃般若波罗蜜守空品》)

㉑前行看后行,齐著铁裲裆。前头看后头,齐著铁钚锋。(《乐府诗集》二十五《企喻歌》)

唐代"前头"的"头"词缀化。如:

㉒含情欲说宫中事,鹦鹉前头不敢言。(唐·朱庆馀《宫词》)

"前头"可以是虚拟的空间概念,因为面前是尚未经历的,因而这种虚拟化的空间概念跟时间发生了直接关联。如:

㉓夜台暮齿期非远,但问前头相见无?(白居易《哭刘尚书梦得》)

"前"表示时间概念时,"前头"表示过去,"头"已经词缀化。首见于唐代,后代沿用。如:

㉔前头彼此作家,后头却不作家。(《祖堂集·长庆和尚》)

㉕如今不信和尚,真怕又要犯了前头的旧病呢。(《红楼梦》第一一八回)

现代汉语方言"前头"在吴语区的浙江衢州等地表示刚才。

【前首】

元明时期"前首"表示空间概念,前面。如:

㉖须臾,过了五日,到廿七日早辰,雇了八名青衣白帽小童,大红销金棺与幡幢、雪盖、玉梅、雪柳围随,前首大红铭旌,题着"西门冢男之枢"。(《金瓶梅》第五十九回)

表示时间概念"以前"是近现代的事了。如:

㉗前首有李沈二绅,请办此处铁路已请盛大臣奏准;后来两下参商,久延不办,现因某国人觊觎此路,所以商部行文催办。(《安徽俗话报》第十四期·新闻)

㉘前首你弄了个军师,被我弄来,如今站在我的班中;你今天又弄了一个军师了。(《扬州评话选·火烧博望坡》)

【前方】

表示方所,南北朝已有疑似用例。如:

㉙时久积雪,而当门前方数尺独消释,腾怪而掘之,得玉马高尺许,

口齿缺。(《宋书·五行志二》)

但是此后罕见用例,直到清代才见到少量用例。如:

㉚这个事儿真异样,不知那灵魂儿飞向前方,秒冤家你说这是那里的账?(《聊斋俚曲集·禳妒咒》)

"前方"未见表示时间的用例。"前部"表示前面的部分,也未见表示时间的用例。

此外,现代汉语方言中"前前",福建厦门表示前面(名词,空间),以前、以往、从前(时间),也表示动词往前走。

【后边】

唐代"后边"就用于表示空间方位,此后一直沿用。如:

㉛其母遂来,于座后边,默然而坐,时劫比罗即升高座,准式诵经。(《根本说一切有部毗奈耶》卷第九)

㉜沉吟了一会,却把这十五贯钱,一垛儿堆在刘官人脚后边。(宋话本《错斩崔宁》)

㉝有等惯劫客商的黑店,合不守清规的庙宇,多有在那卧床后边、供桌底下设着地窖子。(《儿女英雄传》第七回)

"后边"也表示虚拟空间。如:

㉞我今已断根本三毒,解脱生老病死愁忧苦恼,具一切智。于诸境界得大自在。令彼善贤出生死海,得最后边,住涅槃处,不足为难。(《根本说一切有部毗奈耶杂事》卷第三十八)

元明时期表示时间,指过去某一时间之后的时间。《型世言》中多有用例。如:

㉟他儿女贪图富贵,守他不许。他后边做了个逆党,身受诛戮累及子孙。(《型世言》第 回)

㊱后边大公子往邓州时,宗姓逃徙已绝,田产大半籍没在官,尚有些未籍的,已为人隐占,无亲可依,无田可种,只得复回山阳。(《型世言》第一回)

㊲到后边也一日好一日,把一个不起的老熟病,仍旧强健起来。(《型世言》第四回)

㊳后边元礼告假回来,亲到废寺基址,作诗吊祭六位同年。(《醒世恒言·张淑儿巧智脱杨生》)

例㉟—㊳的"后边"指的都是在过去某时之后说话时间之前,在时间链上属于过去时间。值得注意的是，"后边"也表示将来时间。如：

㊴烈妇道："母亲休要苦我，我已许归郎同死，断不生了，我有四件该死，无子女要我抚育，牵我肠肚，这该死；公姑年老，后日无有倚靠，二该死；我年方二十三，后边日子长，三该死；公姑自有子奉养，不消我，四该死；我如何求生？"（《型世言》第十回）

由此可见，实际上"后边"在时间概念中表示的是相对后时。如果参照时间是说话之前，则"后边"指过去某时之后说话时间之前的过去时间；如果参照时间是现在，则"后边"指现在之后的将来时间。

【后面】

南北朝时期"后面"就表示空间或位置靠后的部分，此后沿用。① 如：

㊵后面崔嵬者，桓公旧冢庐。（南朝宋·鲍照《拟古》诗之四）

㊶后面山无数，南面柳更多。（宋·杨万里《舟过桐庐》）

宋代有表示次序在后、后来的用例。如：

㊷盖理义自有著力看不出处。然此亦是后面事，初间亦须用力去理会始得。（《朱子语类辑略》）

㊸有时前面恁地说，后面又不是恁地；这里说得如此，那里又却不如此。（《朱子语类辑略》）

【后头】

"后头"开始时表示空间概念后部、后面。唐代有用例，后代沿用。如：

㊹前头失却梡，后头又无柁。（唐·寒山《诗》之二二九）

㊺前头彼此作家，后头却不作家。（《祖堂集·长庆和尚》）

㊻只见人丛里缚着两个俊俏后生，又见陈林妻子跟在后头。（《初刻拍案惊奇》卷三一）

表示时间概念以后、后来是较晚的事。如：

㊼头里还骂，后头就不言语了。（《红楼梦》第八六回）

按，现代汉语方言中"后头"在成都表示里面、里头，山西忻州、浙江金华岩下表示以后，福建漳平永福（闽语）表示房后，新疆吐鲁番

---

① 有时"后面"表示下次晤面。如：(1) 王公摄其次曰："后面未期，亦欲尽所怀，愿公勿复谈。"（《世说新语·规箴第十》） (2) 女泣曰："与君一睹，后面莫期。"（《古小说钩沉》）两例"后面"的"后"表以后、下次。

(中原官话)、山西阳曲(晋语)表示随后、马上。

【后首】

"后首"在元明时期开始表示空间概念,后面。如:

㊽原来他把潘家的就葬在寺后首,俺每也不知。(《金瓶梅》第九十回)

清代有不少"后首"表示后来的用例。如:

㊾便算梦幻无常,请教这部天理人情《儿女英雄传》后首该怎的个归着?(《儿女英雄传》第四十回)

㊿后首不知怎么在兰仙床上搜出一封洋钱。(《官场现形记》第十三回)

按,"后首"在现代方言中也是兼有空间和时间两个用法。如:江淮官话(安徽庐江)、西南官话(云南蒙自、玉溪、澄江、建水)、闽语(福州、永泰)表示后面、后边、后头(以上空间概念);东北(东北方言)、吐鲁番(中原)、乌鲁木齐(兰银)、江淮(南京)、西南(成都、昆明、大理)、吴语(上海、杭州、绍兴)表示后来、以后。

"后方""后部"均只有空间用法。

此外,在现代汉语方言中"后里"在山东济宁、平邑,河南洛阳表示后天。"后尾"在东北官话、胶辽官话(大连)、西南官话(桂林)、客话(台湾、西昌、广东从化吕田)、粤语(广东台山)、闽语(厦门、仙游)表示后面;东北官话、粤语(广州)、闽语(建瓯、仙游、莆田、福清)也表示后来、终了。"后底"在西南官话(贵州大方)、吴语(上海、常熟)表示以后、后来(时间),赣语(江西莲花)表示以后、后来;"后底"在晋语(山西襄垣、内蒙古西部)、西南官话(贵州大方)、吴语(常熟、宜兴、苏州、常州、上海、崇明)、粤语(广州)、闽语(广丰)表示后头、后边、后面(空间)。"后背"在晋语(陕西北部)、湘语(长沙)表示后来、以后。

以上考察表明,在汉语史及汉语方言中,"前/后+方所成分"大部分都有空间方所和时间意义两种用法,少数只表示空间(如"前方、前部、后方、后部"),或只有时间意义,如"后里、后尾"等。表示空间"前/后"均指人或事物面向的/背向的;表示时间概念是均指在较早的、某参照时间之前/较晚、某参照时间之后的,如果参照时间为现在,则"前"指过去,"后"指将来。关于"前""后"的时间指向及相关问题,我们将在本章第四节专题讨论。

(二)"上""下"由空间域进入时间域的历时考察

1. "上""下"用于空间

《说文》:"丄,高也。此古文上,指事也。"段玉裁注:"象形者实有其物,日月是也。指事者不泥其物而言其事,丄丅是也。"《说文》"丅,底也。指事。"段玉裁改"丅"为"二",并指出其义为"有物在一之下也"。

廖秋忠(1992:166—167)指出:"上"与"下"的主要意义是高于或低于某个参考点的位置,而且参考点与这个位置基本上在同一垂直于地面的垂线上或在该垂线两边附近。也就是说,垂直的概念和由它推导出来的高低概念是使用"上"与"下"的先决条件。一旦高于或低于参考点的这个位置偏离参考点的垂线太远,一般还得借助于包含有水平面方位词组成的方位词短语,如"左上""右下"等。"上"还有一个常见的意义,即指参考点的外表接触面。根据"上"的第一个意义,它所指的位置不属于参考点的一个部位。但是,根据它的第二个意义,则所指的位置是参考点的一部分。因此,"上"所指的位置常有歧义。如果参考点与地面平行,那么"上"与"下"所指的位置是假定该参考点直立于地面来定的。

"上""下"所处的概念框架中,随着图形和背景的不同,"上""下"在空间域形成位置和部位两个基本意义:当人们注意的焦点是某物时,"上""下"作为图形突出的是该物的部位,即某物自身的高处—某物自身的低处,其典型语言形式为"上×/下×"。如:上游—下游、上身—下身、上半身—下半身。当人们注意的焦点不是某物本身而是相对该物的空间位置时,"上""下"作为图形突出的是该物之外的部分,某物之外(或挨着)的高处—某物之外(或挨着)的低处,其典型语言表达式为"×上/×下"。如:脸上、路上、山上、桥上—桥下、地下、山脚下。

相应地,汉语中"上"的空间义主要有以下体现。

a. 所指的位置不属于参考点的一个部位,"上"义为位置在高处、上面。齐沪扬(1998:46)指出:"'上'型空间无论是'线'空间范围,或者'面'空间范围,用了'上'之后,都有一种'表面'的意思。"可以单用,也可以用在名词后,表示在物体的表面。如:

①命不易哉,无曰高高在上。(《诗·周颂·敬之》)

②风行水上,涣。(《易·涣》)

③夫子之在此也,犹燕之巢于幕上。(《左传·襄公二十九年》)

④二女竹上泪,孤臣水底魂。(韩愈《晚泊江口》)

上述四例中"上"的义为位置在高处、上面,但不属于参照物的一部分。

b. 所指的位置是参考点的一部分,这又有两种情况。

指物体的上部。如:

⑤明堂图中有一殿,四面无壁,以茅盖,通水,圜宫垣为复道,上有楼,从西南入,命曰昆仑,天子从之入,以拜祠上帝焉。(《史记·孝武本纪》)

⑥社稷,社土用石,高五尺,广五尺,上微锐。(《明史·礼志一》)

如例⑥"楼"在"殿"上,"楼"本是"殿"的一部分。

用在名词后,表示边畔,多表示江河的边侧。如:

⑦瑕甥郤芮不获公,乃如河上。(《左传·僖公二十四年》)

⑧子在川上曰:"逝者如斯夫,不舍昼夜。"(《论语·子罕》)

⑨孔子葬鲁城北泗上。(《史记·孔子世家》。司马贞索隐:"上者,亦边侧之义。")

⑩当求数顷之田于伊颍之上,以待余年。(韩愈《祭十二郎文》)

如例⑧的"上"并非指在河流之上,而是指在河流的岸边。余类此。

c. 用在名词后,表示一定的处所或范围。廖秋忠(1989)提出"语境参考点"的概念,指出语境位置参考点与方位词所指位置的关系主要有包含关系和排斥关系两种。在包含关系中,方位词所指的位置是参考点本身的一部分。齐沪扬(1998:46)也指出"上"表示上方时,也表示空间范围。

⑪王坐于堂上,有牵牛而过堂下者,王见之曰:"牛何之?"(《孟子·梁惠王上》)

⑫人生世上,势位富贵,盖可忽乎哉!(《战国策·秦策一》)

⑬有一人姓许名武,字长文,十五岁上,父母双亡。(《醒世恒言·三孝廉让产立高名》)[1]

---

[1] "上"的空间义释义及例句(②⑤⑥除外)参见《汉语大词典》261页。需要说明的是,我们不仅把《汉语大词典》《汉语大字典》作工具书用,也当作语料库用。下面有的例句取自《汉语大词典》,不再一一说明。

"堂上"实际上是在"堂"的范围之内,"十五岁上"指 15 岁这个岁数之内。

"上"与"前"有转换关系。如下面的"上方"表示前面。

⑭(臣)窃不逊让,复作故事滑稽之语六章,编之于左……以附益上方太史公之三章。(《史记·滑稽列传褚少孙论》)

与"上"相对应,汉语史上"下"的空间义主要有以下体现。

a. 位置在低处、底部。如:

⑮普天之下,莫非王土。(《诗·小雅·北山》)

⑯桃李不言,下自成蹊。(《史记·李将军列传》)

b. 又指地表之下。如:

⑰夫子疾,莫养于下,请以殉葬。(《礼记·檀弓下》,郑玄注:"下,地下。")

正如廖秋忠(1992:166)所指出的:"上"与"下"的主要意义是高于或低于某个参考点的位置……也就是说,垂直的概念和由它推导出来的高低概念是使用"上"与"下"的先决条件。由此,"上"用于动态场景表示"升、登",如《易·需》:"云上于天。""上/下"作为垂直概念与"前/后"能发生联系,在动态场景中,"上"表示向前,如《战国策·秦二》:"三鼓之而卒不上。"动态场景中"下"表示从高处到低处,降落。《尔雅·释诂下》:"下,落也。"邢昺疏:"下者,自上而落也。"《论语·八佾》:"揖让而升,下而饮。"

吴淑雄(2000:671—679)按照隐喻概念的理论,认为"上/下"词素所构成的词汇可分为四大类:方位隐喻,依据空间垂直方位的概念来表达其他领域(指通过对"上/下"的体验以垂直概念的词汇来表达日常生活领域所经历的体验);本体隐喻,指以空间垂直的经验为基础来理解较复杂或模糊的概念;结构隐喻,指假借空间垂直概念的表达方式来理解或表达抽象无形的事物(时间概念的表达即属于结构隐喻);语法化的隐喻,指"上/下"词素语法化构词现象的隐喻概念。

2. "上/下"用于时间

周烈婷(2000:662)认为在表达空间概念方面有目的物(focal object)和参照物(reference object)。从交际功能的目的出发,目的物的几何特征被忽略,而参照物的一些具体的几何特征却必须酌情保留、突出,或是二维的"面",或是三维的"体"。"上/下"由空间域映射到时间域，其空间域的结构特性也保留下来。正如廖秋忠（1989）所指出的："垂直的概念和由它推导出来的高低概念是使用'上'与'下'的先决条件。"汉语使用"上/下"表示时间概念，显示出汉语不仅把时间看作"前/后"水平式运动，还有"上/下"垂直式纵向运动，二者之间对应转换关系为"前"为"上"，"后"为"下"。① 前面谈到，在"上""下"所处的概念框架中，随着图形和背景的不同，"上""下"在空间域形成位置和部位两个基本意义。从空间域直接投射到时间域，"上""下"同样形成两个基本义：当人们注意的焦点是时间序列本身时，"上""下"作为图形突出的是绝对时间本身，"上"指序列中顺序在前的，"下"指序列在后的，语言形式同样表现为"上×/下×"。如上午—下午、上昼—下昼、上半天—下半天。当人们注意的焦点是与参照点相对而言的关系时，"上""下"作为图形突出的是时间的相对位置，"上"指过去（或相对前时），"下"指将来（或相对后时），语言表达式同样为"×上/×下"。如：上个月日—下个月日、上年—下年等。

如果我们把"上""下"的绝对时间的顺序以及相对时间的位置综合起来看，我们可以笼统地说即"上"表示时间或次序在前，"下"的时间概念主要指次序或时间在后。

"上""下"的时间指向义在汉语史上的一些表现。如：

①上不及虞夏之时，而下不修汤武。（《商君书·开塞》）

②我祖底遂陈于上。（《书·微子》。孔传："言汤致遂其功，陈列于上世。"）

③自此以上者，亡国不可胜数。（《吕氏春秋·安死》。高诱注："上，犹前也。"）

⑤上起战国，下终五季，一千三百八十二年之间，贤君、令主、忠臣、义士……靡不具焉。（宋·王盘《兴文署新刊资治通鉴序》）

⑥下武维周，世有哲王。（《诗·大雅·下武》。毛传："武，继也。"郑玄笺："下，犹后也。"）

⑥夏热之下，化而为寒。（《吕氏春秋·君守》）

⑦其存而在下者，孟郊东野始以其诗鸣。（韩愈《送孟东野序》）

"下"又指当某个时间或时节。如"年下""时下"等，我们认为这

---

① 张驰（2016）有类似表述。

与"眼下"一类词语的理据相似。如：

⑧趁着他家有年下送鲜的船，交给他带了去了。(《红楼梦》第七回)

⑨他大节下的，一个铜板拿不回来，你还夸奖他哪？(老舍《四世同堂》第一部十六)

"上"的时间或次序在前，"下"的时间或次序在后，在词汇层面也得到体现。例如：上春、上秋、上冬、上代_{指夏商周及其以前的时代、前代、前辈}、上夜_{前夜}、上祖_{先祖、先祖师}、上圣_{前圣}、上烈_{指前代建有勋业者}、上叶_{前代、先世}、上巳、上戊、上辰、上寅、上丁、上甲、上辛、① 上项_{前述事项}、上番_{初番、头回}、下晡_{申后五刻，即下午五时三刻}、下伏_{三伏中的末伏}、下梢_{将来、以后}、下晚_{近黄昏的时候}、下辈子_{来生、来世}。

不少还形成"上""下"的相对用法。如：上元_{俗以农历正月十五日为上元节，也叫元宵节}/下元_{旧以阴历十月十五日为下元节}、上午/下午、上月/下月、上半夜/下半夜、上半晌/下半晌、上年/下年、上旬/下旬、上次/下次、上昼/下昼、上浣/下浣、上半天/下半天、上古_{远古}/下古_{近古}、上世_{远古时代、先代、前辈}/下世_{近世、后世}、上晡_{指下午三时}/下晡、上辈/下辈、上时_{最早的时限}/下时_{最晚的时限}。

在方言的词汇层面也有大量表现。如：

上春_{1初春。于都}、上春头_{初春。宁波、娄底}、上半年_{哈尔滨、济南、扬州、南京、武汉、成都、贵阳、柳州、西宁、银川、乌鲁木齐、太原、绩溪、丹阳、崇明、上海、苏州、杭州、宁波、温州、金华、长沙、娄底、南昌、萍乡、黎川、于都、梅县、南宁平话、东莞、建瓯、福州、海口}、上半个原日_{上半月。崇明}、上早_{上午。永春}、上昼_{上午。丹阳、苏州、长沙、南昌、萍乡、黎川、梅县、广州、东莞、福州、绩溪、杭州}、上朝_{上午。安徽青阳}、上界_{上午。萍乡、娄底}、上旰_{上午。海口}、上半晌儿_{哈尔滨、北京}、上半工_{上午。于都}、上半天_{上午。徐州、武汉、柳州、西宁、银川、崇明}、上半日_{上午。绩溪、上海、宁波、温州}、上夜_{梅县}、上半晚_{长沙}、上半暝_{建瓯、福州}、上半宿_{济南}、下春_{晚春。于都}、下春头_{暮春。娄底}、下午_{济南、扬州、武汉、成都、贵阳、柳州、乌鲁木齐}、下昼_{绩溪、丹阳、长沙、南昌、萍乡、黎川、梅县、广州、东莞、福州}、下晚昼_{苏州}、下界_{娄底、萍乡}、下晡_{厦门、台湾、于都}、下旰_{雷州、海口}、下半工_{于都}、下半天_{武汉、柳州、西宁、银川、崇明、贵阳}、下半日_{绩溪、上海、杭州、宁波、温州、绩溪}、下半月_{济南、徐州、黎川、牟平}、下昏_{厦门}、下半夜_{哈尔滨、徐州、扬州、武汉、成都、西宁、银川、宁波、娄底、南昌、东莞、于都、海口等地}、下夜_{梅县}、下半晚_{武汉}、下半宿_{哈尔滨、济南}、下半暝_{建瓯、福州、厦门、雷州}等。上天_{徐州}、上日_{上海、浙江诸暨、余姚、宁波、定海、广东揭阳、潮州、海口}、上前天_{成都、奉节、达县、宜昌、贵阳、赫章、毕节、吉首}、上前日_{衡阳、耒阳、}

---

① 农历每月上旬的戊日、辛日、辰日、寅日、丁日、巳日等。汉以前以农历三月上旬巳日为"上巳"。魏晋以后，定为三月三日，不一定是巳日。

萍乡、**上个月**哈尔滨、济南、牟平、扬州、南京、武汉、贵阳、柳州、银川、乌鲁木齐、太原、丹阳、上海、苏州、杭州、宁波、娄底、南昌、萍乡、黎川、南宁平话、东莞、**上只月**四川西昌、广东东莞清溪、深圳沙头角、福建建阳、建瓯、崇安、松溪、政和、顺昌、**上个月日**绩溪、金华、**上年**三明、唐山、沧州、邯郸、金华、于都、成都、南通、**上一年**河北邢台、沧州、衡水、邯郸、河南民权、沈丘、**上春**2去年、梅县、**上前年**贵阳、萍乡、成都、**上上前年**贵阳、成都、**上上来**苏州、**上早**梅县、**上先**浙江黄岩、**上前儿**河南确山、陕西宝鸡、湖北随州、**下个月**哈尔滨、济南、扬州、南京、武汉、贵阳、柳州、西宁、银川、乌鲁木齐、太原、牟平、丹阳、上海、杭州、宁波、娄底、南昌、萍乡、黎川、南宁平话、东莞、成都、梅县、**下月日**厦门、**下个月日**温州、金华、**下年**山东青岛、潍坊、临朐、诸城、安丘、河南孟津、卢氏、荥阳、民权、舞阳、济源、汲县、获嘉、焦作、武陟、江苏南京、徐州、高邮、云南昭通、四川南充、达县、浙江温岭、嵊县、黄岩、永康、福建大田前路、湖北红安、天门、**下年头**崇明、**下一日**苏州、黎川、**下一年**河南沈丘、光山、辉县、安徽蒙城、**下日**宁波、温州、黎川、福州、厦门、海口、**下二工**建瓯、**下二日**福州、**下日子**江西赣州、**下场**洛阳、**下过**厦门、永春、**下轮**浙江苍南、**下趟**苏州、**下回子**江西瑞金、**下遭**丹阳、宁波。①

又如：上个日、上撮月、上枚月、上月、上只月工、上上个月、大上个月、上两个月、下只月、下只月工、下撮月、下月子、下月/下蜀月、下月仔、下年子、下世。

按：汉语史"上"有起初义。如《淮南子·览冥训》："引类于太极之上，而水火可立致者，阴阳同气相动也。"高诱注："上，犹初也。""上"又有古、久远义。《吕氏春秋·荡兵》："兵之所自来者上矣。"高诱注："上，占。"《汉书·百官公卿表上》："自颛顼以来，为民师而命以民事，有重黎、句芒、祝融、后土、蓐收、玄冥之官，然已上矣。"颜师古注："上，谓其事久远也。"（见《汉语大字典》第二版第6页）

"上/下"的动态场景也映射到时间域。如"下来"本表示由高处到低处来。如：

⑩鸡栖于埘，日之夕矣，羊牛下来。（《诗经·王风·君子于役》）

⑪有时青冥游，顾我还下来。（唐·皎然《杂兴》）

"下来"作为趋向动词后来用在动词后，表示从高处到低处。如：

⑫乱鸦毕竟无才思，时把琼玉蹴下来。（宋·辛弃疾《鹧鸪天·黄沙道中即事》）

⑬拏起一根折木头，去那金刚腿上便打。簌簌的泥和颜色都脱下来。

---

① 以上方言材料均来自《汉语方言大词典》及《现代汉语方言大词典》。

(《水浒传》第四回)

用在动词后，表示动作的完成，也表示一段时间的终结。如：

⑭智深把皂直裰褪膊下来。(《水浒传》第四回)

用在动词或形容词后，表示继续。如：

⑮接下来的事情是最幻异不过的。(徐迟《狂欢之夜》)

⑯自经此一番横事之后，家计萧条下来。(《二刻拍案惊奇》卷十五)

"下来"又演变为时间词，表示随后、后来。如：

⑰与人交际，当谨之于始，若其人下来不可宗主，则今日莫要亲他。(《朱子语类》卷二二)

⑱大哥，且歇这一博，下来便是你博。(《水浒传》第四九回)

⑲说话的，却是什么计策？下来便见。(《水浒传》第三八回)

"上溯"(上泝)也同样反映了动态场景中空间到时间的隐喻。

"上溯"本指逆水上行。如：

⑳冀灵体之复形，御轻舟而上溯。(魏·曹植《洛神赋》)

㉑霄然一舍之间，河之巨鱼，春则连群集其下，力而上泝，越其门者则化为龙，于是拏云拽雨焉。(《无能子·鱼说》)

时间域中指从现在往上推算。如：

㉒上泝三皇《坟》，旁采百家语。(宋·宋庠《南臣学士与余通书因成感咏》)

㉓禘礼上溯远祖，旁及毁庙，与今满洲所祀者殊多相似。(清·昭梿《啸亭杂录·满洲跳神仪合于禘祭》)

时间域由空间域隐喻而来，因而一些"上/下"构成的词语在具有空间意义的同时，也具有由此隐喻而成的时间意义。下面的词语就反映了这种情况。

【上下】

空间概念，指高处和低处、上面和下面。如：

㉔孟子曰："水信无分于东西，无分于上下乎？"(《孟子·告子上》)

㉕郭铁笔接在手内，将眼上下把浦郎一看。(《儒林外史》第二一回)

㉖那掌柜的听了，把安公子上下一打量。(《儿女英雄传》第十一回)

表示时间概念，犹言古今。如：

㉗篇章博举，通于上下。(《汉书·叙传下》)

指先后顺序，"上/下"犹前/后。如：

㉘案贤圣之言，上下多相违，其文前后多相伐者，世之学者，不能知也。(汉·王充《论衡·问孔》)

㉙凡作律诗，起处要平直，承处要舂容，转处要变化，结处要渊永，上下要相联，首尾要相应。(明·郎瑛《七修类稿·诗文一·各诗之始》引杨仲弘)

【上头】

空间概念，指上面。如：

㉚假如耕地三遍，即三重着子。下两重子黑，上头一重子白，皆是白汁，满似如浓，即须收刈之。(《齐民要术·杂说》)①

指高处。如：

㉛我来登上头，下临不测渊。(白居易《游悟真寺诗》)

㉜解宝见哥哥擷将下去，急退步下岭时，上头早滚下大小石块，并短弩弓箭，从竹藤里射来。(《水浒传》第一一六回)

表示排列在前，序次在先。如：

㉝东方千余骑，夫婿居上头。(古乐府《陌上桑》)

㉞他时麟阁图勋业，更合何人居上头。(白居易《河阳石尚书破回鹘以诗美之》)

表示时间概念，犹如起初。如：

㉟能知十劫百劫至千万亿无数劫中，内外姓字，衣食苦乐，寿命长短，死此生彼，展转所趣，从上头始，诸所更身，生长老终，形色好丑，贤愚苦乐，一切三界。(竺大力共康孟详《修行本起经·出家品第五》)

㊱上头数年之间，百姓安业。(《元史·泰定帝纪》)

【上边】

空间概念，指位置较高的地方，或指物体的顶端、物体表面、江河上游。如：

㊲次书十二缘生流转还灭。所谓此有故彼有，此生故彼生。从无明缘行乃至积集而生，此无故彼无，此灭故彼灭，从无明灭乃至积集俱灭，皆广书之。复于像上边书其二颂曰。(义净《根本说一切有部毗奈耶》卷第四十五，上边：指位置较高的地方。)

㊳上半截如雪之白，下半截如靛之青，原来是日久年深，上边被雨淋

---

① 据柳士镇先生 (1989) 考证，《齐民要术·杂说》非贾思勰所作。

白，下边是土气上的铜青。(《西游记》第八十回。上边：指物体的顶端。)

㊴黛玉手中自拿着两方旧帕，上边写着字迹，在那里对着滴泪。(《红楼梦》第八七回。上边：指物体的表面。)

㊵小弟不去，要到江上边芜湖县地方去寻访几个朋友。(《儒林外史》第二十回。上边：指江河的上游。)

时间概念，犹言前面。指文章或讲话中先于现在所叙述的部分。这是很晚近才有的用法。《汉语大词典》(第一版第 1 册，298 页) 举的例子如：

㊶上边所引鲁迅书信及日记中的陈蜕，就是"一二·九"风暴中，东北大学最活跃的同学之一。(曹靖华《电工·鲁迅》)

【上面】

空间概念。指物体的表面，位置较高的地方。如：

㊷若北朝却要横岭为界，奈缘横岭在冷泉村北七里以来，上面有长城者是。(《乙卯入国奏请·别录》)

㊸如人要起屋，须是先筑教基址坚牢，上面方可架屋。(《朱子语类辑略》卷二)

㊹问学如登塔，逐一层登将去。上面一层，虽不问人，亦自见得。(《朱子语类辑略·力行》)

按，实际上南北朝就有抽象的较高位置的用法。如：

㊺若此克捷，天下无复事矣。根本既定，不忧上面不平也。(《宋书·武帝本纪》)

指次序在前的，其中已蕴含时间意义。如：

㊻程先生所以有功于后学者，最是"敬"之一字有力……但是他只知得那上面一截事，却没下面一截事。(《朱子全书》卷二)

通过以上对汉语史的考察，我们发现"上/下"的空间—时间概念存在密切而整齐的对应关系。廖秋忠（1992：166）说"垂直的概念和由它推导出来的高低概念是使用'上'与'下'的先决条件"，这固然是"上/下"在空间的认知基础，同时也是"上/下"在时间域的认知前提。"上/下"在空间域跟"前/后"有关联，这也使这一特征映射到时间领域。总之，汉语使用"上/下"表示时间概念，显示出汉语除把时间看作"前/后"水平式运动之外，还有"上/下"垂直式运动，二者之间对应转换关系为"前"为"上","后"为"下"。即"上"表示时间或次序在前,"下"为在后。

国内外学者对此也有许多论述。例如戴浩一(1991)、刘宁生(1992)、余维(1997)都讨论过"上下"的时间表达问题。吴淑雄(2000:671—679)还归纳出汉语"上/下"表达时间概念时先是上后是下;过去是上未来是下;过去是上现在是下。余维(1997)认为:"这种上下关系垂直型指示语是汉语特有的表现形式,其他语种均不存在这种垂直型时间指示语。"张燕(2010)则认为用"上—下"空间一时间隐喻表达过去和将来时间不只是汉语的专利,在其他语言中也存在,如汉藏语系的藏语。英语、法语、Aymara语也存在着或多或少的纵向空间—时间隐喻表达,她还指出尽管如此,但留学生仍觉得汉语的"上—下"纵向时间表达会引起不同的理解。如德国、美国汉语学习者会觉得汉语中"上"表示过去、"下"表示未来这种说法违反直觉。徐丹(2016)指出汉语有横向(水平)的时间表达(如前后),也有纵向(垂直)的时间表达(如上下)。文章试图证明,这种纵向表达法最初启蒙于先秦的个别词语如"上世""上古""上旬"等;"上午/下午"这种表达方式由表达地支的"午"开始,并从"中午"开始扩散,在唐末宋初开始形成;纵向表达时间的方式很早就已存在,但形成系统比较晚;明清以后,汉语里纵向表达法才真正成熟。有些纵向时间表达在清代文献里还见得到,但在现代汉语里被抛弃了。现代汉语不少方言里保留着两套(横向和纵向)时间表达方式。从上面我们对汉语史及汉语方言的考察,以及我们对汉语位移动词的考察看,汉语垂直型(纵向)无论在数量上还是类型上都处于绝对的劣势。需要指出的是,汉语中的纵向时间表达并非不能用横向时间表达替代。这个问题我们会在位移动词的时空隐喻的相关章节详细讨论。

二 位置类方所成分

表示人或自然界具体事物的某个特定部位的词语(即部位词),是准方位词的重要来源,有的部位词还经历了"具体部位>泛指事物的某部位>相对空间位置>时间"的发展演变。这些部位词其实也属于我们所说的位置类方所成分。这些部位词的空—时隐喻发展,我们将专门讨论。本节讨论的是这些部位词语之外的位置类方所成分。这些位置类方所成分有的在现代汉语中仍在使用,典型的如"里、外、内、中、间、旁、边"

等；有的是汉语史上存在过，但在现代汉语中较少使用，这些词语也具有一般方位词表示方位的功能，如"周、交、傍、旁、端、脚、腰、背、边、间、隙、际、魄、尚_{在上、超过}"等，这类词语在汉语史上是不断发展演变的。一些词语在秦汉时存在，但在后代渐渐消失了。也有的开始没有方所用法，但在后代出现了。这些位置类方所成分有的发展成时间概念。

这些方所成分主要是提示相对于参照点的位置，或者参照点的某部位，即这类方所成分只能以第三参考点作为依据，主要提示事物的位置。

(一) 里、内、中、中间、外

时间概念隐喻体现了空间域的部分源域特征。空间结构涉及空间关系、空间形状和空间位移，而空间关系和空间位移主要是以意象图式为表征的。赵艳芳（2001：73）指出："所有的意象图式都涉及空间结构，所以凡是涉及到形状、移动、空间关系的知识都是以此（意象图式）模式储存的。""里、内、外"体现的是空间关系，由容器图式得以表征。张敏（1998：111）指出，容器图式的成分为内部、外部、边界。容器图式蕴含的逻辑为：一个物体要么在容器里面，要么在容器外面，该物体可以进入或走出该容器；容器本身有深浅。

从空间域扩展到时间域，容器图式的基本逻辑不变。可以看到时间是有边界的区域，甚至有深浅。用于空间域的表示容器关系的成分"里、外、中、间、内"等同样用于时间域。这点古代汉语、现代汉语并无不同，只是用以表达的语言成分的历时替换。

【里】（裏/裡）

"里（裏）"本指衣服的内层。如：

①绿兮衣兮，绿衣黄里。（《诗·邶风·绿衣》）

②白縠之表，薄纨之里，緁以偏诸，美者黼绣。（《汉书·贾谊传》）

后来词义扩展，指物体或身体内部。如：

③不属于毛，不离于里。（《诗经·小雅·小弁》。郑玄笺：今我独不得父皮肤之气乎？独不处母之胞胎乎？）

方位词"里"是从名词"表里"的"里"转化而来的。汪维辉先生（1999）指出，名词"里"和方位词"里"的区别在于：作名词时它表示二维空间的另一侧，与"表"相对；作方位词时它表示三维空间的内部，与"外"相对。刘晓梅（2014）在汪文的基础上讨论过单音节方位词"里"的语义从上古到中古的演变情况。下面的内容就是在汪维辉和刘晓梅论述的基础上展开的。

汪维辉先生指出紧接在名词后面的"里"西汉已有用例，开始由名词转化为方位词。"里"集中出现在早期医籍中，"里"前面的名词都是人身体各部位的名称。如：

④微大为疝气，腹里大脓血，在肠胃之外。(《黄帝内经·灵枢经》卷一)

但是汪先生认为这类"里"还不是最典型的方位词，因为"里"可以理解为二维空间的另一侧，也可以理解为三维空间的内部。刘晓梅举出的下面这个例子能说明这种情况：

⑤黄帝曰：藏府之在胸、胁、腹里之内也，若匣匮之藏禁器也，各有次舍，异名而同处，一域之中，其气各异，愿闻其故。(《黄帝内经·灵枢经》卷六)

"胸、胁、腹里"后再加"之内"说明这类"里"字最初还是指"里侧"，"内"才是指"内部、中间"。

东汉时期出现了表典型的三维空间的方位成分"里"，如"宫里""殿里"。汪先生指出也出现了"心里"这样较为抽象的用法：

⑥泛泛柏舟，流行不休。耿耿痞瘵，心里大忧。(《易林》卷一)

刘晓梅指出魏晋时期和方位成分"里"搭配的名词种类也越来越多，但"名词+里"方位短语的语义基本上还是指具体的有界实体空间，名词多为可感可触的物质名词。值得注意的是这时期出现"里"表示里面、范围的用法。如：

⑦云边开巩树，雾里识岷峰。(南朝梁·庾肩吾《奉使北徐州参丞御》)

到了南北朝时期，动词以及数词也可以放在"里"的前面。汪维辉先生举的例子如：

⑧绿鬓愁中改，红颜啼里灭。(吴均《和萧洗马子显古意诗六首》之三，《梁诗》卷十一)

⑨只看今夜里，那似隔河津。(陆系《有所思》，《陈诗》卷九)

⑩乐哉三十余，悲哉五十里。但看八十三，子地妖灾起。(释宝志《谶诗》)

汪先生(1999)指出，"啼里"是指一种状态的持续，实际上所表达的就是时间概念，等于说"在啼的时候(中间)"，"里"从表方位发展到表时间，可能就是从这种用法开始的。至于"五十里、今夜里"，已是地道的时间了。汪先生指出作为方位词的"里"在南北朝后期已大体具备了各种功能，但表示抽象范围包括时间范围的只有极少的用例。跟"中"相比，它在使用范围和出现频率两方面都处于劣势。据汪先生统计，"中"和"里"的出现频度从东晋的约5∶1到隋代缩小为约2∶1。到唐代的王梵志诗里，"中"和"里"的出现频率已大体持平。至敦煌变文出现了"这里"（者里）"那里"，"里"由方位词虚化为词尾。至迟到晚唐五代，方位词"里"已经完全发展成熟了。

下面的"近里"表示近来，"里"的意义进一步虚化。如：

⑪近里话也不合题，说着早森森地。（《天宝遗事诸宫调·禄山泣杨妃》）

按："里"专指面或体的范围。廖秋忠（1992∶170—171）指出范围圈所包围的方位为里，不被范围圈所包围的方位为外。因此，"里"由空间范围隐喻指时间范围是很自然的引申。在时间域，"里"保留了［+在内部］的特征，人们用"×里"表示在某一具有跨度时点的内部。这种空—时隐喻在现代汉语方言中也很常见。如：

表示一天内的时间：朝里儿_{山东长岛}、早起里_{西宁}、昼日心里_{江苏海门、启东}、昼里_{江苏启东、福建清流}、后晌里_{临汾、西宁}、昏晏边里_{江西新余}、后晌黑里_{山东利津}、晚里_{福建浦城}、晚夕里_{西宁}、黑里_{徐州、枣庄、长治}、夜里面_{合肥}、夜里个_{北京、吐鲁番、鄯善、襄汾、张家口、乌鲁木齐、哈密、南皮、青县}。

又如：夜里头、夜里厢、夜心里、晚行里、半夜里。

一年或一月内的某个时间：年里_{绩溪}、年暝里_{建瓯}、月里_{建瓯}、春里_{寿光、淄博、桓台、石家庄、衡水、沧州、西安、万荣、崇明、温州、厦门}、春场里_{奉贤、崇明}、春起里_{汾西}、荒里_{浙江金华}、初里_{崇明、上海、温州}、初家里、三五里_{阴历每月上旬的中间几天}。

其他的如：夏里、夏场里、夏当里、热天里、伏里、秋里、秋场里、冬里、冬下里、冬场里、寒里、寒里头、寒场里、寒当里、新年里、新年里头、正二月里、廿几里、廿里、月底里。

练雪瑞（2007）曾讨论过"里""外"时间表达的不对称现象，认为时间表达方面"里"多而"外"少的原因是"由于事件的发生总处于一定的时空内，人们为了较为精确的说明事件发生的确切时间，多数情况下会选择在容器内部，因为'里'的边界是清晰的，范围是封闭的。而'外'的边界则是相对模糊的，范围是开放的。一维的时间本身体现出一种无界的连续性,要精确表达一个时间在这条时间轴上的位置,就需要把无界化为有界"。笔者赞同她的分析。

【内/之内】

《说文》:"内,入也。从口,自外而入也。"桂馥义证:"凡自外入为内,所入之处亦为内。今人分去、入二声,而入声之内以'纳'为之。"(《汉语大字典》第二版,第111页)由此可见"内"最早是用于动态场景。发生转喻,在静态场景中"内"指所入之处。从认知语言学的角度看,"内"凸显的是二维空间的边界之内。这在历史文献中可以得以证明。

在先秦"×内"基本指范围,有时"内""外"对举。如:

①公敛处父帅成人自上东门入,与阳氏战于南门之内。(《左传·定公八年》)

②五民者不生于境内,则草必垦矣。(《商君书·垦令第二》)

③女事尽于内,男事尽于外,则入多矣。(《商君书·画策第十八》)

④今子与我游于形骸之内,而子索我于形骸之外,不亦过乎?(《庄子·德充符第五》)

例①、②"南门之内""境内"指在范围之内,例③、④"内""外"对举。

下面的例子说明先秦时期"内"并不指三维的空间之内:

⑤绝水必远水,客绝水而来,勿迎之于水内,令半渡而击之利,欲战者,无附于水而迎客,视生处高,无迎水流,此处水上之军也。(《孙子兵法·行军第九》)

上例"水内"并不指在水的里面,而是指在水域范围内。

据黄芳(2007)考察,在先秦时期主要表达平面空间概念的方位结构"×内"到了两汉魏晋时期,发展出表示在具体的物体内里的用法,"内"还延伸出表达抽象范围的功能。但是我们的考察表明"内"与"之内"的组合能力不同。实际上先秦就已发生"内"从空间到时间的隐喻。开始只有"之内",而"内""以内"在先秦、西汉尚无表示时间的用例。这表明"内"的虚化程度不高,还带有原始隐喻的印记。先秦"之内"的用例如:

⑥王行此,十年之内,诸侯将无异民,而王何为爱爵而重复乎?(《商君书·徕民》)

⑦管子对曰:"一农之量,壤百亩也,春事二十五日之内。"(《管子·臣乘马》)

⑧诸侯有行文王之政者,七年之内,必为政于天下矣。(《孟子·离娄上》)

⑨师曰:伏气之病,以意候之,今月之内,欲有伏气。(《伤寒论·平脉法》)

中古时期"之内"作时间方位词大量使用,但一般只出现在"时段+之内"的格式中,表示不超出一定的时段界限。如:

⑩二年之内,即生大鱼。(《齐民要术·养鱼》)

单纯方位词"内"在先秦、西汉尚无时间方位词的用例。中古汉语"内"用于时间可以表示时点、时段两种语法意义,其中"NP时点+内"为汉魏以来新兴用法。如:

⑪自永光以来,至于禅让,十余年内,阙而不续,一代典文,始末未举。(《宋书·自序》)

⑫宏叹息良久曰:"年内何必还。"(《宋书·二凶传》)

⑬入七月,尽九月十月内,不中食,莼有蜗虫著故也。(《齐民要术·羹臛法》)[①]

顺便提及,"内"在空间指里面,与"外"相对。方言中也是如此。如:内头 里面、里头。宜春、东莞、厦门、顺昌、内近 里边。江西高安、内房 里屋、里间。厦门、广东海康。在时间域,"内"也指在某时间的内部。如:夜内头 江苏盐城、冥内 夜间。泉州。值得注意的是,各方言中"内"直接参与构成的时间词很少,远没有"里"构成的时间词多。

以上考察表明,"内"由动态场景转喻为静态场景中之"所入之处",凸显的是二维空间的边界之内。从空间域映射到时间域,"内"喻指时间的范围、边界。

【中】

《说文》:"中,内也。从口、丨,上下通。"廖秋忠(1989)指出"中"有两个方位意义。其一指范围的一部分,在这个意义上,它与"外"对立,与"里"同义。"中"的另一个方位意义是指中心位置,此时它的参考点经常是线或面范围,也可以是体范围。指体范围的中心位置

[①] 以上例句参见何亮(2007:264—265)。

时，一般用"中心"或"心"来表示。指线范围中心的例子如"马路中间""前边—中间—后边"等。指面范围的例子如"华中""院子中间"等。指体范围的如"地球中心""菜心"等。容器图式的成分有内部、外部、边界。张敏（1998：111）指出其逻辑蕴含为一个物体要么在容器里面，要么在容器外面。"中"的里面义、方位在中央等用法都体现容器图式。如：

①国中九经九纬。（《周礼·考工记·匠人》。郑玄注：国中，城内也。）

②故机械之心藏于胸中。（《淮南子·原道训》。高诱注：藏之于胸臆之中。）

③王来绍上帝，自服于土中。（《书·召诰》。孔传：于地势正中。）

④古者天子地方千里，中之而为都。（《新书·属远》）

"中"中间义在一些词语中也有体现。如：中堂 堂的正中、中食 佛家称正午的斋食为中食、中央、中心 内心、中天 天空之中、中野 荒野之中、中途 半路上、中逵 诸道路交错之处、中道、中途、中裙 内衣、中霤 室的中央、中道 途中、半路、中路 路的中央、半途、中肠 内心、中枢、中怀 内心、中衰 中途衰落、中悔 半途翻悔。

如果一个物体范围很大，或者所指较虚，那么该物体之内所指也就宽泛，这时"中"容易泛化，下面的"×中"的"中"就类似于处、处所，"中"只起一个标志处所的作用。如：

⑤有凤适南中，终日无欢娱。（晋·枣据《失题》）

⑥当全蜀之强，士民之富，子阳不能自安于庸蜀，刘禅不敢窜命于南中。（《宋书·袁豹传》）

⑦文仲驰启，上敕曰："北间起义者众，深恐良会不再至，卿善奖沛中人，若能一时攘袂，当遣一往将直入也。"（《南齐书·崔文仲传》）

⑧好勇自秦中，意气多豪雄。（北周·王褒《关山篇》）

⑨自晋宋以来，号洛阳为荒土，此中谓长江以北尽是夷狄。（《洛阳伽蓝记·城东·景宁寺》）

⑩况荆州物产，雍岷交梁之会，自足下为牧，荐献何品？良马劲卒，彼中不无，良皮美罽，商贾所聚，前后贡奉，多少何如？（《南齐书·张敬儿传》）（以上数例参蔡镜浩，1990：429）。

上例之"南中"即南方，"沛中"即沛地，"秦中"即秦地，"此中"即此地，"彼中"即彼地。

从空间域扩展到时间域，容器图式的基本逻辑不变。"中/之中"表示在一定界限以内，里面。用作时间方位词，出现在"NP 中/之中""VP 中/之中"两种形式中。何亮（2007：256—260）详细讨论过"中"的时间用法，下面简要介绍。

（二）NP+中/之中

（1）"NP_{时点}+中"指在一个大时点以内的任一时点，相当于"……里"。NP 可以是年份、月份、季节、日包孕词等。先秦已有用例，但例子不多。如：

⑪吴王昏乃戒，令秣马食士。夜中，乃令服兵擐甲，系马舌，出火灶，陈士卒百人，以为彻行百行。（《国语·吴语》）

"NP_{时点}中"在《史记》已多有用例，此后极为常见。如：

⑫征和二年中，宗坐太子死，国除。（《史记·曹相国世家》）

⑬科大，如概者，五六月中霖雨时，拔而栽之。（《齐民要术·旱稻》）

⑭至五更中，果得之。（《三国志·吴书·吴范传》）

中古开始出现"中"用在季节、节气名称后，指在某个季节、节气以内的用法。如：

⑮卿春中求伐彭城，吾恐军士疲劳，且去冬奔散，人心未宜复用，不许卿所启。（《宋书·沈攸之传》）

在汉语方言中也有不少这样的用例。如：月中_{一个月的中间几天}、年中_{一年的中间几天}、年中心、晏中_{中午十二点前后的时间}、月当中、年当中。

（2）NP_{时段}+中/之中

表示在一定的时间量的界限内，性质上属于时段，这种用法先秦已有不少用例。如：

⑯七年之中，一与一夺，二三孰甚焉？（《左传·成公八年》）

⑰人上寿百岁，中寿八十，下寿六十，除病瘦死丧忧患，其中开口而笑者，一月之中不过四五日而已矣。（《庄子·盗跖》）

⑱帝时为太子，好养武士。一夕中作池，比晓便成。（《世说新语·豪爽》）

（三）VP+中/之中

因为 VP 的完成或进行需要一定时间量，因此"VP 中"表示该时段内的任一时间。先秦有"VP+之中"的用例，"VP+中"中古较为常见。如：

⑲在位之中，一朝于襄，而再见于君。(《左传·文公十七年》)

⑳魏武常云："我眠中不可妄近，近便斫人，亦不自觉。左右宜深慎！"(《世说新语·假谲》)

㉑缘鬓愁中改，红颜啼里灭。(梁·吴均《和萧洗马子显古意六首》之三)

㉒声疏饮露后，唱绝断弦中。(陈·张正见《赋新题得寒树晚蝉疏》)

以上"×中"其实可理解为"×时"，这可以看作"中"的进一步发展泛化。

"中"还有半、位置在两端之间的用法。在这点上"中"还体现了中心—边缘图式。这一图式的基本成分：实体，中心，边缘。

㉓王来绍上帝，自服于土中。(《书·召诰》。孔传："言王今来居洛邑……于地势正中。")

㉔击其中，则首尾俱应。(《孙子·九地》)

㉕二城之中，有段干木冢。(北魏·郦道元《水经注·河水四》)

例㉓—㉕"中"表示空间上的两端之间。中心—边缘图式从空间通过隐喻扩展到时间，时间也有中心有边缘。如：

㉖夜中，星陨如雨。(《春秋·庄公七年》。杜预注：夜中，夜半也。)

"日中"即指正午、中午。如：

㉗凡马，日中而出，日中而入。(《左传·庄公二十九年》)

"中"还可以作定语出现在"中+时间词"结构中，表示不偏向两端的。先秦已有"中春""中秋""中夜"等的用例。如：

㉘岁有春秋冬夏，月有上下中旬，日有朝暮，夜有昏晨。(《管子·宙合》)

㉙中春之月，令会男女。(《周礼·地官司徒》)

㉚怵惕惟厉，中夜以兴，思免厥愆。(《尚书·冏命》)

类似的词语有：中庚、中世、中古、中秋 秋季的第二个月、中元、中冬 冬季的第二个月、中年 四十岁左右或中世、中旬、中伏 三伏的第二伏、中夜 半夜、中春 农历二月十五日是春季的正中，或春季的第二个月、中夏 夏季之中或仲夏、中叶 中世、中浣 农历每月十一日至二十日叫中浣、中宵 半夜 等。一般"NP 时点+中"指在某个大时点之间的任一小时点，而"中+时间词"指的是在这个时间名词所指时间正中的那个时间。如"中夕"指半夜。又如：

㉛上旬䴅豆，中庚煮之。(《齐民要术·作酱等法》)

㉜中宵慨然曰："大丈夫乃为庾元规所卖！"(《世说新语·尤悔》)

按，中古时期"中时"指午时。如：

㉝明日中时应有吉问。(《后汉书·方术传上·李南》)

㉞(肉芝)五月五日中时取之，阴干百日。(晋·葛洪《抱朴子·仙药》)

【中间】

"中间"在先秦西汉仅见个别用例，用于表示空间位置，两者之间。单用，如：

①离坐离立，毋往参焉；离立者，不出中间。(《礼记·曲礼上》。郑玄注："离，两也。")

东汉译经中有不少"中间"单用的用例。如：

②须菩提言：般若波罗蜜者，亦不在彼，亦不在是，亦不在中间。(后汉月氏国三藏支娄迦谶《道行般若经·清净品第六》)

③譬如幻，于身亦不可见在内，亦不见在外，亦不见中间。(后汉月氏三藏支娄迦谶《阿阇世王经》卷下)

中古汉语"中间"已经由空间扩展到时间，大部分单用。如：

④王大将军与元皇表云："舒风概简正，允作雅人，自多于邃，最是臣少所知拔。中间夷甫、澄见语：……"(《世说新语·赏誉》)

方一新(1997：186—187)指出："'中间'可以指一段不确定时间：以现今或说话人所指当时为轴心，围绕这一轴心左右(稍前一段时间)的就是近来、这一段时间；由此上溯，就是先前，往时；由此下推，就是其后，后来。"实际上"中间"指的就是某两端之间的时间。如：

⑤中间已来，百姓供给众役，亲田者既减，加顷复有猎禁。(《三国志·魏书·高柔传》)

⑥与范本情不薄，中间相失，傍人为之耳。(《宋书·范晔传》)

东汉"中间"就出现了后置方位词用法，表示在两端的距离以内。用于空间的如：

⑦东胡王愈骄，西侵。与匈奴中间有弃地莫居千余里，各居其边为瓯脱。(《汉书·匈奴传》)

"中间"用在时段词语之后，因为前面的时段成分本来就有量的意义，"中间"在这样的语境中词义减弱，仅表示这个时段之内的时间，即不超过这个时段的范围。如：

⑧一时俱坐，即唤香儿取酒。俄尔中间，擎一大钵，可受三升已来。（唐·张鷟《游仙窟》）

⑨原陛下莫虑愁心远念，臣之逞路，计亦不远，旬月中间，事了回兵，自当死谢。（《敦煌变文·伍子胥变文》）

上例"俄尔中间"即不到俄顷的时间，"旬月中间"即不到旬月。

"VP+中间"表示从该V表示的动作的起点至终点之间的时间。如：

⑩于时如来始起树下，相好严仪，明耀于世，威神震动，见者喜悦。径诣波罗奈国，未至中间，道逢梵志。（后汉西域沙门昙果共康孟详《中本起经·转法轮品第一》）

这一用法在魏晋南北朝译经常可见到，后代也常见。如：

⑪未到中间，意志恍惚。（《法句譬喻经·沙门品》）

⑫说话中间，可早来到门首也。（元·杨文奎《儿女团圆》第二折）

刘云红（2011）认为从隐喻意义的类型看，汉语"里""中""内"既有共同之处，又存在差异。三者的共同之处在于它们涵盖的目标域都包括时间、范围、社会机构、领域等抽象概念域。其区别主要表现在三个方面：一是隐喻意义涵盖的范围不同，"里"和"中"的范围比较宽，意义种类更多，"内"则比较窄，隐喻意义种类也较少；二是隐喻意义的焦点不同，"里"和"中"重在表示动体处于一定的范围之中，"内"则强调这一范围的界限不能超越；三是各自凸显的隐喻意义类型不同。据刘云红（2011）统计，"内"的时间隐喻数量最多，占其隐喻用法总数的77.6%，"里"的时间意义占其隐喻用法总数的12%，"中"占2.8%。从适用范围上看，"里"的适用范围最广；"中"和"内"则主要用于表达抽象的时段和被具体数字量化的时间。从意义类型上看，"里"和"中"主要用于表达时间的范围，"内"则表达时间的界限。他认为这种差异是因为三者对图式结构的不同凸显（"里"凸显三维地标，"中"凸显二维无边界地标，"内"凸显二维地标的边界）同样被投射到了抽象概念域，这导致它们的隐喻意义也呈现出差异性。

实际上，我们对汉语方言时间语词的考察表明，各方言中"内"直接参与构成的时间词比"里"要少得多，这在一定程度上显示在方言中"内"远没有"里"有活力。这一现象值得我们进一步探讨。

【外/之外/以外】

《说文》："外，远也。卜尚平旦，今夕卜，于事外矣。"然而"外"

的基本义是外面，与"内"或"里"相对。如：

①至大无外，谓之大一；至小无内，谓之小一。(《庄子·天下》)

②夫有勇见于外，必有仁于内。(汉·袁康《越绝书·外传计倪》)

③汉武帝乳母尝于外犯事。(南朝宋·刘义庆《世说新语·规箴》)

另一个常见义是外表、外层，与"内""里""中"相对。《广雅·释诂》"外，表也"。如：

④刚中而柔外，说以利贞。(《易·兑》)

由此指事物的界限乃至抽象事物的范围之外。如：

⑤主人出迎于外门外。(《仪礼·士丧礼》)

⑥十亩之外兮，桑者泄泄兮，行与子逝兮。(《诗·魏风·十亩之间》)

⑦若雷霆之声，闻乎数百里外。(《汉书·司马相如传》)

从空间隐喻到时间，"外"指一定时段界限之外，x本身不是时间参照点，时间参照点在上文，"x之外"相当于"在x以后"。"时段+之外"先秦已经有用例。如：

⑧娶在三年之外，则何讥乎丧娶？(《公羊传·文公二年》)

⑨退而告人曰："越十年生聚，而十年教训，二十年之外，吴其为沼乎！"(《左传·哀公元年》)

何亮(2007：233)指出"时段+外/以外"先秦、西汉未见，是中古新兴用法。如：

⑩服气药之后，三日小饥，七日微饥，十日之外，为小成，无惑矣，已死去就生也。(《太平经·辛部·不食长生法》)

⑪内著瓮中，随瓮大小，以满为限。七日间，一日一度搅之；七日以外，十日一搅，三十日止。(《齐民要术·作酢法》)

以上是"外"用在时段成分之后表示在一定时间范围之外。"外"还可以跟时点词语组合，表示时点意义。"外"的外层、一定范围的外边的定向方位义投射到时间域，"外"指某时间之外的另一时点。这在汉语方言中有非常广泛的应用。如：初外一个月的头十天、十外中旬、廿外下旬。

"外"也可与相对时点词组合指过去或将来某时之外的时间。将来时间"外后日"至迟在唐代已有用例。如陆游《老学庵笔记》卷十："今人谓后三日为外后日，意其俗语耳。偶读《唐逸史·裴老传》乃有此语。裴，大历中人也，则此语亦久矣。"

这类用法在今方言中广泛使用。如：

大后天：外后_{山西岚县、石楼、静乐}、外日个_{山西新绛、襄汾}、外后儿_{陕西西安、户县、宝鸡、绥德、山西运城、吉县、芮城、忻州、孝义、朔县、临县、阳曲、定襄、江苏扬州、涟水、湖北随州}、外后个_{锦州、兰州、芜湖}、外后天_{辽宁沈阳、河北昌黎、阳原、青海西宁、山西白河、太原、忻州、大同、榆次、内蒙古呼和浩特、甘肃兰州、天水、新疆乌鲁木齐、安徽庐江、安庆、屯溪、湖北武汉、天门、四川奉节、达县、云南昭通、保山、贵州黎平}、外后日_{山东安丘、青岛、诸城、牟平、山西汾西、青海西宁、甘肃甘谷、江苏南京、扬州、如皋、湖北浠水、武汉、云南昆明、临沧、玉溪、昭通、湖南长沙、衡阳、湘乡、湖南耒阳、江西高安老屋周家、宜春、临川、安徽太湖、潜山、岳西、福建建宁、泰宁}、外后儿个_{山西广灵、临汾、万荣、新疆鄯善、安徽安庆}、外后儿啊_{河北井陉}、外后格子_{江苏盐城}、外后朝_{安徽芜湖、枞阳、南陵、青阳、歙县、绩溪、铜陵、江苏如皋、南通、苏州、丹阳、江西黎川}。

今天以后的第四天：外外后儿_{忻州}、外外后朝_{安徽歙县}、大外天_{贵阳}、大外后_{新疆鄯善}。

大后年：外后年_{山东诸城、甘肃天水、山西太原、岚县、阳曲、忻州、山阴、万荣、内蒙古临河、集宁、陕西绥德、新疆乌鲁木齐、安徽芜湖、歙县、绩溪、江苏扬州、丹阳、湖北武汉、宜昌、天门、四川成都、江西高安老屋周家、宜春、湖南娄底}、外年子_{重庆}、外年更儿_{重庆}、大外后年_{娄底}。

又如：一直外后年、一直外后朝、大外后年、外外后儿、外外后朝。

表示过去时间。如：外块月_{上月、过去的一月。山西岚县}、外前日_{大前天。安徽歙县、繁昌}、外前年_{大前年。安徽歙县}、外几年家_{从前。山西岚县}。

需要指出的是，这些时间词中的"外"其实还是表示在某范围之外，只是一个是过去某时之外更前的过去时间，一个是将来某时之外的更远的将来时间。

"外"出现在"数词+外+时间单位词"或"数量式时量+外"中表示约数，表示超出该数词。如闽语的"十外工""十外日"表示十几天，"个外月""月外日"表示一个多月。吴语"年外"表示一年以外，闽语"二日外"表示二天多。

按，"外"在汉语史的一些用例中，有人解释为"以前"。如《汉语大词典》（第一版第3册，1090页）在"外"条收有"以前"这一义项，并举例如下：

⑫五帝之外无传人，非无贤人，久故也。（《荀子·非相》。杨倞注："外，谓已前。"）

⑬外蒙公祖见赐胙肉。（元·柯丹邱《荆钗记·执柯》）

⑭外者多蒙赐柴炭，感感在心。（元·柯丹邱《团圆》）

⑮外日不知，不曾送得香纸来，莫怪则个！（《警世通言·三现身包

龙图断冤》。外曰：前日）

我们认为这里的"外"其实还是表示范围之外的意思，只是在不同的语境中参考点不同。例⑫以"五帝"为参照点，指五帝之外的过去，例⑬、⑭、⑮以说话时为参照点，人们提到一件事时往往是已经发生的事情，因而这些"外"在语境中表示与过去发生联系。

（四）间、隙、缝、际

【间】

《说文》："閒，隟也。从门，从月。"徐锴系传："大门当夜闭，闭而见月光，是有閒隙也。"因"閒"字在闲暇、空闲的意义上常与"閑"混用，后世表示间隙、间隔时另造一个"间"字。按，本书通写作"间"。

段玉裁《说文解字注》在"閒"字头下注云："隙者、壁际也。引申之凡有两边有中者皆谓之隙。隙谓之閒。……凡罅缝皆曰閒。"在"间"构成的场景中，"间"指 A、B 两物之缝隙（两物间之距离）。"间"在此基础上发生转喻，由两物之间的缝隙转指为两物之间的位置，"间"成为空间方所成分，可以是具体的事物之间也可以指抽象事物之间。如：

①彼节者有间，而刀刃者无厚；以无厚者入有间，恢恢乎其于游刃，必有余地矣。（《庄子·养生主》）

②晏子为齐相，出，其御之妻从门间而窥其夫。（《史记·管晏列传》）

③傅毅之于班固，伯仲之间耳。（魏·曹丕《典论·论文》）

④则丑美有间矣。（《淮南子·俶真》。高诱注：间，远也。）

"间"有中间、内义。[①] 如：

⑤子之还兮，遭我乎峱之间兮。（《诗经·齐风·还》）

"间"意义泛化，表示处所，犹处。如：

⑥东宫典书答云："我识巴陵间一左右，当为汝问道。"（《宋书·文九王传》。按，即"巴陵间"指巴陵王处。）

⑦见门上有令春、刘白等。令春是姨母间婢子。（《周氏冥通记》卷一。即姨母处的婢女。）

⑧子良答曰："早至师间，师赐食，谓是甘果，不以为欺。"（《周氏

[①] 除"其间""选间"（"选"为须臾、片刻义）外，先秦很少见到单纯方位词"间"后置表示时间。

冥通记》卷一)①

从空间距离隐喻到时间,"间/之间"可以表示 N_1、N_2 两个时间之间的时点,N_1、N_2 本身有时间定位作用。"间/之间"表示在这两个时点所包括的范围内的某一时间点,成为表示时间的时间方位词。如何亮(2007:251)的例:

⑨七、八月之间旱,则苗槁矣。(《孟子·梁惠王上》)

⑩令太祝领,秋及腊间祠。三岁天子一郊见。(《史记·孝武本纪》)

⑪春秋之时,可谓衰矣!隐、哀之间,不肖甚矣。(《论衡·讥日》)

⑫至殇、安之间,句丽王宫数寇辽东,更属玄菟。(《三国志·魏书·乌丸鲜卑东夷传》)

⑬若日中不避热,则尘汗相渐,秋冬之间,必致癣疥。(《齐民要术·养羊》)

"间"中间、内的空间义,隐喻到时间,也可以用于表示某一个具有跨度的时间中的时间,而这一用法跟"里""中"有相通之处。这种用法出现在"NP时点+间/之间"及"NP时段+间/之间"结构中。

⑭景初间,宫室盛兴,民失农业,期信不敦,刑杀仓卒。(《三国志·魏书·王朗传》)

⑮六月间,可于麻子地间散芜菁子而锄之,拟收其根。(《齐民要术·种麻子》)

方言词汇也有不少类似的例子。如:正月间、六月间子、腊间子、腊月间子、春间、冬间。也可以表示跨度不大的时点,如:早里间/朝间早/早间早晨、昼间中午、夜间子/夜晚间/冥间/黑间晚上、半夜间子。

"NP时段+间/之间"表示在时间量上不超过前面时段词语所表示的时间范围。先秦已有"NP时段+之间"用法。如:

⑯八日之间,再有大变,阴阳错行,故谨而日之也。(《穀梁传·隐公九年》)

⑰盖略以春秋二百四十二年之间,日蚀三十六,彗星三见,宋襄公时星陨如雨。(《史记·天官书》)

⑱与民分粮而食,旬月之间,流民皆归,得数千家。(《三国志·魏书·苏则传》)

---

① 以上三例引自蔡镜浩(1990:163)。

中古出现"间"跟在时量成分后，表示一段时间的用法，这里的"间"意义已经较为虚化，相当于"……的工夫""……的时间（量）"。如：

⑲若复有一菩萨闻是三昧已，书、学、诵、持、为他人说须臾间，是菩萨功德不可复计。(《般舟三昧经·譬喻品》)

⑳庶天假其辰，得二三年间，扫守丘墓，以此归全，始终之报遂矣。(《南齐书·虞玩之传》)

由一个动作来转指完成该动作的时间。一般因某动作行为幅度极小，从而转指所费时间极短。如：

㉑时之反侧，间不容息。(《淮南子·原道训》。高诱注："言时反侧之间不容气息，促之甚也。")

㉒将军毋失时，时间不容息。(《史记·张耳陈馀列传》。司马贞索隐："以言举事不可失时，时几之迅速，其间不容一喘息顷也。")

㉓至其当发，间不容瞚。(《素问·宝命全角论》。连眨眼的时间都没有。)

㉔佐斗嫁祸，纷若猬毛，曝骨履肠，间不容砺。(《隋书·李德林传》。连磨治的时间也没有。)

如果"间"由空间距离直接指称一小段时间，则"间"表示一会儿义。如：

㉕扁子入，坐有间，仰天而叹。(《庄子·达生》)

㉖为间不用，则茅塞之矣。(《孟子·尽心下》。赵岐注：为间，有间也。)

㉗莫然有间，而子桑户死。(《庄子·大宗师》。陆德明释文："间，如字，崔李云：'顷也。'")

如果指说话之前的一段距离，则"间"表示近来之义，即从前面的某时至说话时为止的一段时间。如：

㉘君之外臣至从寡君之戎事，以君之灵，间蒙甲胄，不敢拜命。(《左传·成公十六年》。杜预注："间，犹近也。")

㉙间者诸吕用事擅权，谋为大逆，欲以危刘氏宗庙，赖将相列侯宗室大臣诛之，皆伏其辜。(《史记·孝文本纪》)

㉚帝间颜色瘦黑。(《汉书·叙传上》。颜师古注："间谓比日也。")

㉛间闻足下迁，惕然不喜，恐足下羞庖人之独割，引尸祝以自助。

(三国魏·嵇康《与山巨源绝交书》)

下面的"近间"表示近来一段时间。如：

㉜这近间，敢病番，旧时的衣褪频频攒。(元·王伯成《天宝遗事诸宫调·禄山谋反》)

"间"的时段用法，是由"间"的空间义隐喻而来。因为间隙是有一定距离（长度）的，"间"从空间义引申为时间，可以表示有一定时间量的时间段。VP 是反映事件的，完成一个行为动作需要一定的时间，因此"间"也能用在 VP 之后表示时间量。先秦的这种"间""之间"多数是表示短时量。如：

㉝吾子置食之间三叹，何也？(《左传·昭公二十八年》)

㉞君子无终食之间违仁，造次必于是，颠沛必于是。(《论语·里仁》)

㉟选间，食熟，谒孔子而进食。孔子佯为不见之。(《吕氏春秋·审分览·任数》)

何亮（2007：189—193）指出中古开始较多出现"VP+间"的用法，这种"VP+间"表示时段概念，指完成 VP 所需要的时间，"间""之间"不仅可以表示短时量，也可以表示很长的时间量。

㊱因吟啸良久，随而下笔。一坐之间，谏以之成。(《世说新语·文学》)

㊲须釜中煮，可炊十石米间，黍熟。(《齐民要术·粽米一法》)

㊳如两指相弹顷间，功德如是。(《道行般若经·不可尽品》)

【隙】

《说文》："隙，壁际孔也。"本指墙壁裂缝。词义扩展，泛指空穴、缝隙。如：

①谚曰："蠹众而木折，隙大而墙坏。"(《商君书·修权》)

可以指抽象的两物间的缝隙。如：

②人之生乎地上之无几何也，譬之犹驷驰而过隙。(《墨子·兼爱下》)

缝隙则有距离，由空间距离喻指时间，则指两事、两时之间。这一隐喻在先秦已经出现。如：

③春蒐、夏苗、秋狝、冬狩，皆于农隙以讲事也。(《左传·隐公五年》)

王凤阳（2011：21）指出后来"隙"侧重于同一物之间的空缺，"间"侧重于事物之间的距离、事物之间的空间和时间上的相隔或两事物的中间地带。

按，"缝"也有缝隙之义，但没有隐喻到时间概念。《说文·糸部》："缝，以针紩衣也。"缝本为动词，后来把缝合两边所产生的交界线也叫"缝"。如：

④古者冠缩缝，今也衡缝。（《礼记·檀弓上》）

⑤独不见乎虱之处于裈中，逃乎深缝，匿乎坏絮，自以为吉宅。（魏·阮籍《大人先生传》）

王凤阳（2011：21）指出，引申为物体相交处的"缝"，这是中古之后才有的用法，如王建《题应圣观》"空廊鸟啄花砖缝，小殿虫缘玉像尘"。我们认为正是因为"缝"的两物间的缝隙义产生较晚，所以没有朝时间域发展。

【际】

《说文·阜部》："际，壁会也。"段玉裁注："墙相合之缝也。引申之，凡两合皆曰际。际取壁之两合，犹间取门之两合也。""际"原指两墙相接处，后所指扩大，指缝隙、合缝之处。如：

①柱善涂亓窦际，勿令泄。（《墨子·备穴》）

②其牙机巧制，皆隐在尊中，覆盖周密无际。（《后汉书·张衡传》）

③往古之事，棺皆不用钉，悉用细腰。其细腰之法，长七寸，广三寸，厚二寸五分，状如木秤，两头大而中央小，仍凿棺际而安之，因普漆其外，一棺凡用细腰五十四枚，大略如此。（南朝梁·江淹《铜剑赞》）

④棺但漆际会三过，饭含无以珠玉，无施珠襦玉匣，诸愚俗所为也。（《三国志·魏书·文帝纪》）

合缝之处往往是交界或靠边缘的地方，与边际、边缘有关。《小尔雅·广诂》："际，界也。"如：

⑤九天之际，安方安属？（《楚辞·天问》。洪兴祖补注："际，边也。"）

⑥洪涛澜汗，万里无际。（晋·木华《海赋》）

⑦迫而视之，端际不可得见。（《晋书·卫瓘传附卫恒》）

意义泛化，泛指处所。可后附于其他名词性成分，表示空间方位。如：

第一章 汉语空间方位的空—时隐喻表达的发展

⑧开荒南野际，守拙归田园。（陶潜《归园田居六首》）
⑨蜻蛉草际飞，游蜂花上食。（南朝齐·谢朓《赠王主簿诗二首》）
⑩田父草际归，村童雨中牧。（王维《宿郑州》）
⑪如悬一幅万仞苍崖图，而缀身其间，不辨身在何际也。（明·徐弘祖《徐霞客游记·滇游日记五》）

又如"云际、溪际、菰际、江际、水际"等。按，"脑际""胸际"等是晚近才有的用法。

意义进一步引申，可用于表示时间方位，表示某个时点。王凤阳（2011：39）以为时间上"际"表示先后的承接。我们不赞成这个观点。"际"的时点标志用法源于其空间义，其演化路径如上所述：两墙相接处>缝隙、合缝之处>交界或靠边缘的地方>泛指处所>时点标志。

何亮（2007）曾讨论过时点标志"际"的发展，认为时间标志词"际"西汉始见，[①] 然而只用于具有内在时间性的名词之后（如帝号、历史人物、朝代名）。如：

⑫文、景之际，建元之始，民朴而归本，吏廉而自重，殷殷屯屯，人衍而家富。（《盐铁论·国疾》）
⑬契兴于唐、虞、大禹之际，功业著于百姓，百姓以平。（《史记·殷本纪》）

东汉时已有"VP+之际"用例，但较为少见，如：

⑭处废置之际，临大节而不可夺，遂匡国家，安社稷。（《汉书·霍光传》）

东汉以降，"际（之际）""际"的组合范围扩大，除可以用在名词或名词性短语后，也可以用在谓词性结构之后。如：

⑮宋费崇先者，吴兴人也，少颇信法，至三十际，精勤弥至。（《古小说钩沉·冥祥记》）
⑯斜攕竹为签，刺皮木之际，令深一寸许。（《齐民要术·插梨》）
⑰往者丞相亡没之际，吾若举军以就魏氏，处世宁当落度如此邪！（《三国志·蜀书·杨仪传》）

据杜翔（2002），晚唐五代以后，"际"作为时间标志词已不很常用，使用范围已与现代汉语书面语相同。

[①] 《论语》有一用例：唐虞之际，于斯为盛。（《论语·泰伯》）为"……之后"的意思。

值得注意的是,"际"与"间"原始词义的区别影响到他们的空—时意义,在与指代词"此"组合时,"此间"一般只用于空间,而"此际"只用于时间。如:

⑱销魂。当此际,香囊暗解,罗带轻分。(宋·秦观《满庭芳》)

⑲生平绝少皱眉时,此际偏教愁绝。(清·李渔《奈何天·密筹》)

(四)边、旁、底

【边】

《说文》:"边,行垂崖也。"即在边缘处行走。由动态场景发生转指,转指事物的边缘及邻接部分。如指衣物的边缘。

①古者深衣盖有制度……短毋见肤,长毋被土,续衽钩边,要缝半下。(《礼记·深衣》。郑玄注:边,若今曲裾也。)

也可指边境,边界。如:

②又欲阙翦我公室,倾覆我社稷,帅我蟊贼,荡摇我边疆。(《左传·成公十三年》)

③文帝之后六年,匈奴入边,乃以亚夫为将军。(《论衡·骨相》)

"边"词义扩展,后附于其他成分后表示该物的旁边、附近,成为空间方所词。《玉篇》"边,畔也。"如:

④马边悬男头,马后载妇女。(汉·蔡琰《悲愤诗二首》之一)

⑤先生不知何许人也,亦不详其姓字,宅边有五柳树,因以为号焉。(晋·陶潜《五柳先生传》)

⑥白帝城边足风波,瞿塘五月谁敢过。(李白《荆州歌》)

从空间隐喻到时间,"边"表示临近某目标时间,即指某时间前后。这一空时转换约在元明时期完成。① 如:

⑦一直到了年边,三个女儿家才假意来说接去过年,也只是说声,不见十分殷勤。(《二刻拍案惊奇》卷二十六)

⑧谁知到了八月初十日边,连下了几日秋雨。(《醒世姻缘传》第二七回)

现代汉语方言中方位词"边"除可以作后置成分表示边缘外(如"桌子边""河边"),还与其他成分合成方所成分,如:

---

① 《公羊传·僖公十六年》:"是月者何?仅逮是月也。"汉代何休注:"是月边也,鲁人语也,在正月之几尽。"这与我们的考察不符,存疑。

边下_{侧边、旁边。安庆、武汉}、边子_{边沿。辽宁长海，如"园边子"、成都}、边仔_{旁边、附近、边上。上海、崇明、苏州、丹阳、宜兴、长沙、双峰、厦门、福安、福清、汕头、潮阳}、边边_{旁边、极边缘的地方。成都、重庆、辰溪、花县、三水、厦门、松溪}。

在时间域，其边缘义保留下来，"×边"表示接近×的时间。如：

初十边_{绩溪、宁波}、月半边_{苏州、杭州、宁波、建瓯}、年暝边_{建瓯}、年脚边_{苏州、杭州}、年底边_{苏州、杭州}、晨朝边子_{于都}、昼边早_{福建永定}、昼心边子_{福建武平}、晏昼边子_{于都}。

"边"的这一用法在表示傍晚、黄昏时最为普遍。如：夜边_{湖北东南部、浙江建德、寿昌，福建建宁、宁化}、夜饭边子/夜晡边子_{于都}、黄昏边_{温州}、晚边_{福建南平、崇安}、晚儿边_{浙江云和}、断夜边子_{南昌、于都}、靠夜边_{浙江龙游}、断暗边_{福建永定}、断乌子边_{福建永定下洋}、断黑边_{江西赣州蟠龙}、黑边子_{福建邵武}、晏边_{浙江苍南金乡}、暗边_{浙江文成，福建泰宁、明溪、建阳、将乐、沙县、顺昌洋口}、暗晡边_{于都}、暗晚边_{福建政和}、暗暮仔_{海康、雷州}、暗暝边_{建瓯、松溪}。

按，"边""旁"空间意义相近，但考察表明，不管是汉语史还是现代汉语中"旁"都极少用于时间表达。我们从源头上看看造成这种差异的原因。

【旁】

"旁"表示侧、边。《释名·释道》："在边曰旁。"《玉篇·上部》："旁，犹侧也，边也。"如：

①旁四列西北上。(《仪礼·公食人夫礼》)

②吏出，不敢舍邮亭，食于道旁。(《汉书·循吏传·黄霸》)

边、侧往往是事物的边界，故有界畔之义。如：

③以棘为旁，命曰火捽，一曰传汤，以当队。(《墨子·备蛾傅》)

"旁侧""旁边"也都表示近侧、附近之义。如：

④鱼长一尺，动于水中，振旁侧之水，不过数尺。(汉·王充《论衡·变虚》)

⑤二八年时不忧度，旁边得宠谁相妒。(南朝陈·徐陵《杂曲》)

"旁""旁边"等都可以加在其他词语后表示某物附近、侧边，成为方所词语。

董为光(2006)曾阐述过"边"与"旁"的差异以及造成种种差异的原因：

a."边"与"旁"的用法涉及到形象。个体事物名词可以说"旁"，集合名词不能说。

b. 以事物整体作参照物说"旁",要是说话人在观察目标时没有注意到它的"个体性",没能形成"整体感",就不能说"旁";以事物的某一边际作参照物说"边",要是参照物不具有明显的"边际",或虽具有"边际"而不被注意,也就不会产生"边际感",此时便不能说"边"。

c. "旁"与"前""后"方位相应。从说话人的角度看去,居于"N旁"的目标应在参照物的左右而非前后。"N边"则一般不限方位,指的是目标相当接近的"那一条边"。

廖秋忠(1989)也指出"旁"不加数量词时,它所指的可能是左右两边中的一边或包括左右两边。

简言之,因为时间不是个体事物,而且时间没有左右之分,而居于"N旁"的目标应在参照物的左右,故"旁"不能用于时间表达。

按,"畔"也发展为方位词。王锳先生(1986:180)指出"畔,方位词,和'处''际'等方位词一样,也不限于'边畔'义,可表示'前''后''中''上'等方位"。但是"畔"没有扩展到时间域,我们不予详细讨论。

【底】

《说文·广部》:"底,一曰下也。"段玉裁注:"下为底,上为盖。今俗语如是。"本指物体的下层或下面。如:

①俯视崝嵘,窒寥窈冥;不见其底,虚闻松声。(战国·宋玉《高唐赋》)

②于橐于囊(《诗·大雅·公刘》。汉郑玄笺:"无底曰囊,有底曰橐。"《汉语大字典》第二版,第942页)

③涧底百重花,山根一片雨。(北周·庾信《游山》)

泛指下面。如:

④笑容花底迷,酒思风前乱。(白居易《山游示小妓》)

物体的下面往往是物体的边缘,"底"又表示旁边。如:

⑤院院烧灯如白日,沈香火底坐吹笙。(唐·王建《宫词》)

⑥水驿灯昏,又见在、曲屏近底。(宋·姜夔《解连环》)

物体的边缘也与尽头、末尾有关。如:

⑦灵庆有底,见龙在田。(晋·郭璞《元皇帝哀策文》)

"底"词义泛化,用于指示代词后,表处所,相当于边、面。如:

⑧这底是三楚三齐,那底是三秦三晋,更有找不着的三吴三蜀。(明·汤显祖《邯郸记·度世》)

从空间隐喻为时间,表示某时间的尽头。如年底、月底等。现代汉语方言中有很多"底"表达时间概念的用例。如:

"月底",一个月的最后几天。分布广泛。如:哈尔滨、济南、徐州、扬州、武汉、成都、洛阳、西安、银川、乌鲁木齐、万荣、太原、忻州、绩溪、丹阳、崇明、上海、苏州、杭州、宁波、温州、金华、长沙、娄底、南昌、于都。

又如"月底儿",牟平。"月底里",西宁。"月底边",苏州、杭州、宁波。

"眼底"本指眼前、眼睛跟前。是空间概念。如:

⑨清泉流眼底,白道倚岩棱。(五代·齐己《寄双泉大师兄》)

⑩如何眼底逢佳处,偏许幽人住。(元·王行《虞美人·邹氏隐居》)

由空间的距离近隐喻到时间概念,表示目下、现时。如:

⑪珊枕剩,绣衾余,落雁沉鱼,眼底知何处?(《全元散曲·醉花阴·秋怀》)

⑫眼底安得常相乐,联床并辔今如昨?(明·何景明《怀三吉士》)

三 自指类方所成分

自指类方所成分主要有"处、所、次、当",他们并不表示空间位置或关系,仅仅对前面的处所词 NP 进行标志,表明为空间处所。

【处】

《说文》:"处,止也。"本指人在某处止息。如:

①是故卷甲而趋,日夜不处。(《孙子·军争》)

②一人耕而九人处,则耕者不可以不益急矣。(《墨子·贵义》)

在某处止息引申为"处于(某处)"。如:

③圣人处上而民不重,处前而民不害。(《老子》第六十六章)

④身处江海之上,心在魏阙之下。(《淮南子·道应》)

由动词止息、位于(某处)转指止息之处、所在之处。"处"指处所、地方。如:

⑤南为江、汉、淮、汝,东流之,注五湖之处。(《墨子·兼爱中》)

⑥迁徙往来无常处,以师兵为营卫。(《史记·五帝本纪》)

⑦秦国虽小，其志大；处虽辟，行中正。(《史记·孔子世家》)

⑧试凭高处望，隐约见潼关。(韩愈《次硖石》)

王锳先生（1986：43）早就指出："'处'又可用作方位词，表示多种方位。"他指出"处"常与"中""间"互文，表"中""间"方位；也有表示"前""上""下"方位义的用法。如：

⑨雏声风处远，翅影云间连。(陈后主《雉子斑》)

⑩漠处扬沙暗，波中燥叶轻。(陈后主《陇头水》其一)

⑪白头吟处变，青眼望中穿。(白居易《江楼夜吟元九律诗成三十韵》)(以上"处"表"中""间"方位)

⑫霜处(表"前")华芙蓉，风前银烛侵。(上官仪《高密长公主挽歌》)

⑬君看旧日高台处(表"上")，柏梁铜雀生黄尘。(王勃《临高台》)

⑭咒中洒甘露，指处流飞泉。(丁仙芝《和荐福寺英公新构禅堂》)

从"处所"的空间位置义，隐喻为表示时间的位置，"处"产生类似于时点标志"时"的用法。王锳先生（1986）在《诗词曲语辞例释》(增订本)举例甚多。王先生（2001：22）进一步指出："处"表时间之例韵文极夥，散文中虽不多觏，但也不是个别现象，而且南北朝时已有此用法。梁·刘昭注补《后汉书·五行志》："桓帝元嘉中，京师妇女作愁眉、啼妆、堕马髻、折腰步、龋齿笑。所谓愁眉者，细而曲折；啼妆者，薄拭目下，若啼处；堕马髻者，作一边……"意指所谓"啼妆"妆成后就像啼哭之时。

下面的例子来自王锳先生（1986：42；2001：22）：

⑮汉运初中兴，生平老耽酒，沉思欢会处，恐作穷独叟。(杜甫《述怀》。欢会处：欢会之际。)

⑯江海相逢少，东南别处长。(刘长卿《江州留别薛六柳八二员外》)

⑰陕州平陆县主簿厅事西序有隋房公、杜公仁寿九年十二月题。玄龄、如晦题处，房年二十三，杜年二十六。今移在使府食堂之梁。(《大唐传载》)

⑱俄而妻亡，俊之伤悼，情又过之。每至春风动处，秋月明时，众乐声悲，征鸿韵咽……(《玄怪录》卷三《许元长》)

⑲是夜，全质才寐，即见圆笠紫衣人来拜谢曰："蒙赐佩带，惭愧之

至，无以奉答，然公平生水厄，但危困处，某则必至焉。"(《博异志·李全质》)

这些用法后代也有。如：

⑳正没理会处，只见远远地林子里闪出一道灯光来。(《水浒传》第二回)

㉑拖出来看处，原来是个九尾狐狸。(《西游记》第三四回)

王锳先生(1986：43)认为"处"用以指时间而不指处所，大约和诗、词、剧、曲的格律要求有关。这种看法有其合理性。但我们注意到一些散文中"处"也有时位的用法，因而我们认为"处"能表时是从空间隐喻到时间的结果。

【所】

《说文》："所，伐木声也。"段玉裁注："伐木声乃此字本义。用为处所者，假借为处字也。""所"的处所、地方义很早就有。如：

①自天子所，谓我来矣。(《诗经·小雅·出车》)
②乐土乐土，爰得我所。(《诗经·魏风·硕鼠》)
③老子曰："子自楚之所来乎？"(《庄子·庚桑楚》)
④厥之谏我也，必于无人之所。(《吕氏春秋·达郁》。高诱注：所，处也。)
⑤(武王)遂入，至纣死所。(《史记·周本纪》)

董秀芳(1998)指出古汉语中的"所"字有一种作为后置词的用法，即用在一个名词后面，提示处所，有些相当于现代汉语中的"那里"或"那儿"，有些则没有办法确切地对译成现代汉语。

从"处所"的空间位置义，隐喻为表示时间的位置，"所"有类似于时点标志"时"的用法。如：

⑥其欲蚤处家者，有所二十年处家；其欲晚处家者，有所四十年处家。(《墨子·节用上》。王念孙《读书杂志·墨子二》："所，犹时也。言有时二十年，有时四十年也。")

⑦凡诸侯小国，晋、楚所以兵威之。畏而后上下慈和，慈和而后能安靖其家国。(《左传·襄公二十七年》。王引之《述闻》：言晋、楚时以兵威小国而后小国得以安靖也。)

⑧以小人尚民而威，以非所取于民而巧。(《荀子·王霸》。俞樾评议：非所，犹非时也。)

⑨方危急所，遥见一人，腰矢野射。审视之，王生也。（清·蒲松龄《聊斋志异·连琐》）

以上的"所"都表示某时间的位置，或表示某事件发生的时间。

按，"所在"本指空间所处或所到之地，中古时期又指到处、处处，近代汉语泛指处所、地方。约在元明时期，"所在"也可用来表示时候、当口。详见第二章中"在"的空时隐喻发展。

【次】

田春来（2007）指出"次"在上古最常用的动词义是"临时驻扎和住宿"，由动词义引申为表处所的名词，意为"临时住宿之处"，又可泛指处所方位，再由空间概念引申为时间概念。"次"表时间的用法来自它表空间概念的用法的引申。

王庆（2010）认为"次"的最初意义当为吐气、舒气，进而发展出动词义舍止，又发展出"舍次之处"。此外，还泛化为表示一般意义上的"处所"。此时，"次"的意义还比较实在，往往单用。如《仪礼·士冠礼》："请礼宾，宾礼辞，许，宾就次。"郑玄注："次，门外更衣处也，以帷幕策席为之。"《国语·鲁语上》："五刑三次。"韦昭注："次，处也。三处，野、朝、市也。"后来"次"逐渐不能再单独使用表示处所，而是用在其他名词或形容词的后面表示处所，这样"次"的意义便开始虚化。在词义的引申和发展过程中，表示空间处所的名词往往可以被"借用"来表达时间。

"次"在先秦已有"间、际"义。如：

①喜怒哀乐不入于胸次。（《庄子·田子方》）

高婉瑜（2015）认为表时间"次"的来源与发展是：驻扎某处（动词）>停歇处（名词）>时间名词>助词。组合方面，从可独用的动词，变成前接名词，再变成前接动词，语义从表空间处所逐渐语法化为表时间。

西汉时"次"出现了时点标志词的用法，[①] 但用例很少。杜翔（2002）指出此时的"次"只跟在动词性词语（或短语）后面。如：

②姬侍王，从容语次，誉赫长者也。王怒曰："汝安从知之？"具说状。（《史记·黥布列传》）

[①] 段文清（1991）认为"次"的"时候"义形成于唐代，太晚。

据何亮（2007：73—74）考察，中古汉语"次"的时点标志词用法得到发展，用例增加。如：

③盖言语之次，空生虚妄之美；功名之下，常有非实之加。（《论衡·书虚》）

④故人儒生时有候之者，言谈之次，问其不合上意之由，法未尝应对。（《后汉书·李法传》）

⑤褚太傅南下，孙长乐于船中视之。言次，及刘真长死，孙流涕，因讽咏曰："人之云亡，邦国殄瘁。"（《世说新语·轻诋》）

据杜翔、高婉瑜等考察，唐代，特别是晚唐五代以后，表示时间的"次"空前发达。段文清（1991）则指出"次"的"时候"义一直延续到元代。

【当】

王云路（2010：300）指出：《说文·田部》："当，田相值也。"引申指处所。

王云路（2010：70—71）指出"当"在中古有时候义，"何当"即何时。如《世说新语·排调》："褚季野问孙盛：'卿国史何当成？'"王先生又指出汉语中表示时间与空间的词是可以转化的，所以"当"还表示空间义。如东北方言称某地方、处所为"当"或"当子""当儿"。

按，我们认为"当"的空间处所义可能是由"田相值"发展而来。一方面词义发展的一般规律是从空间到时间，而不是相反；另一方面，"当"的"田相值"义具有发展为处所义的语义基础。段玉裁《说文解字注》："值者，持也，田与田相持也。""值"有面对、对着之义，田与田相对，就是田的一端对着田的一端。早在先秦，"当"就表示器物的底部或头部，其实就是器物的一端。如：

①寸之管无当，天下不能足之以粟。（《晏子春秋·谏下一》）

②今有千金之玉卮，通而无当，可以盛水乎？（《韩非子·外储说右上》）

③且夫玉卮无当，虽宝非用。（晋·左思《三都赋》序）

考虑到"何当"之类"当"的时间义是在中古开始出现，因而我们倾向于认为其时间义是从空间处所义发展而来的。方言"当"的空间用法当是古代空间用法的继承与发展。

本小节我们考察发生过时空隐喻的方所成分。从这些方所成分在空间域的认知框架出发,考察它们的空间结构特性,并详细考察它们在时间域的场景特点和语表形式。通过这种空间—时间认知结构的对比,我们描绘了方向类方所成分"前、后、前/后+边/面/头/方/部/首;上下、上边、上头、上面"以及位置类方所成分"里、内、中、外、中间、间、隙、缝、际;边、旁、底"还有自指类方所成分"处、所、次、当"从空间到时间的发展。从空间到时间,这些方所成分一方面保留了源域的部分特征,如参照点、方向等;为适应时间域的一维特征,它们也舍弃了诸如形状等空间特性。方所成分的空时语义演变受词语原始意义影响,只有词义限制较少、使用范围较广的词语才能进入空—时语义演变的行列。比如"罅"是"隙"的同源词,只不过前者是物体坼裂所产生的较小的"隙",是物自身产生的裂痕(王凤阳,2011:22)。"隙"词语使用限制小,使用范围相对来说较广,因而"罅"未能用于时间表达而"隙"用于时间表达。

第二节　汉语部位词的空—时语义发展[①]

我们所说的"部位词"是指表示人或自然界具体事物的某个特定部位的词语。部位词是空间方所词以及时间方位词的重要来源。[②] Bernd Heine、Tania Kuteva（2012:57—59）指出,某些身体部位名词由于蕴含相对位置义,形成表达直指方所的结构平台。从人体部位到空间关系这一语法化路径,是许多语言都曾存在的现象。部位词在概念隐喻过程中有着各自不同的表现。相当一部分部位词不仅词义扩展到其他事物的某一特定部位,还进一步发展出指称空间关系的用法,有的经历指称原始部位>其他事物具体部位>指称空间方位>指称时间方位的发展。但并不是所有的部位词语都会经历这一发展。我们考察了汉语史上的全部部位词语,发现发生过空间及时间语义演变的部位词语可分为人体部位、山川部位、动植物部位、衣物部位、房屋部位五类。

[①] 本节内容参何亮（2016）、何亮（2017）。

[②] 我们所说的空间方所词一般位于具体名词后,构成"N（名词）+L（空间方所词）"的形式,以某物 N 为参照,表示相对于该参照物的位置。可以表示该参照物的一部分,也可以表示参照物之外的位置。又,我们把表示时间方向和位置的具有后附性的方位词称为时间方位词。

一　部位词空间概念隐喻及时间概念隐喻的考察

（一）人体部位词

随着认知科学研究的深入，经验主义（experiential realism）认为人类认知结构来自人体的经验，而间接的概念（指不是直接来源于经验的概念）是运用隐喻、转喻思维方式的结果，并以此超越对外部世界的直接映像或表征（literal mirroring or represention）（赵艳芳，2001：33）。人们往往把对人体自身的认识扩展到外部世界，许多人体部位词语就经历了指称人体部位>指称外部空间的发展，有的还经历了指称人体部位>指称外部空间位置>指称时间的发展。

并不是所有的人体部位词语都会经历这一发展。由于词语替换、词义转移等因素，有的并未朝指称外部空间位置的方向发展，如"颡、颜、腓"等，有的只是由指人的特定部位扩展到其他具体物体的某一特定部位，例如"腮、股、胫、腿"等。

1. 人体部位>非生命物体的某一部分

相当一部分人体部位词不仅词义扩展到其他动物的某一特定部位，还进一步抽象，指非生命物体的某部分。下面我们依次考察它们的发展演变历程。

【额】

"额"本指眉上发下部位，即额头。《玉篇·页部》引《方言》"中夏谓之额，东齐谓之颡"。《释名·释形体》："额，鄂也，有垠鄂也，故幽州人谓之鄂也。"（《故训汇纂》第2503页）如：

①皆叩头，叩头且破，额血流地，色如死灰。（《史记·滑稽列传》）

后来扩展到其他动物的相应部位。如：

②《玉策记》曰，千岁之龟，五色具焉，其额上两骨起似角，解人之言，浮于莲叶之上，或在丛蓍之下。（《抱朴子内篇·对俗》）

③文宣尝见之，怒，使以马鞭击其额。（《北齐书·平秦王归彦传》）

后来"额"不再局限于人或动物的具体部位，而是指物体上首接近顶端的部分。

④湿烟凝灶额，荒草覆墙头。（唐·姚合《酬任畴协律夏中苦雨见寄》）

⑤院额题云："八地超兰若。"（《入唐求法巡礼行记》卷三）

【脸】

"脸"本指面颊,面部。如:

⑥玉貌歇红脸,长嚬串翠眉。(南朝梁·简文帝《妾薄命》)

⑦蛾眉与曼脸,见此空愁人。(南朝梁·吴均《小垂手》)

"脸"也可指其他动物的面部。如:

⑧这好的歹的都一发商量。这曳剌马、骟马、赤马、黄马、燕色马、栗色马、黑鬃马、白马、黑马、灰马、土黄马、绣膊马、白脸马、五明马、桃花马。(《原本老乞大》)

"脸"指某些物体的前部,这是现代的事。如:

⑨到了德胜门门脸儿,晨光才照亮了城楼。(《四世同堂》)

【顶】

"顶",《说文·页部》"颠也"。指人头的最上端。《易·大过》:"过涉灭顶。凶,无咎。"

指物体的最上端或高处。如:

⑩今不称九天之顶,则言黄泉之底,是两末之端议,何可以公论乎!(《淮南子·修务训》)

⑪树顶鸣风飙,草根积霜露。(南朝梁·沈约《宿东园》)

【颠】

《尔雅·释言》:"颠,顶也。"本指头顶、头。如:

⑫有车邻邻,有马白颠。(《诗·秦风·车邻》)

⑬华发隳颠,而犹弗舍者,其唯圣人乎!(《墨子·修身》)

泛指物体的顶部、上端。《方言》卷六:"颠,上也。"如:

⑭上高岩之峭岸兮,处雌蜺之标颠。(《楚辞·九章·悲回风》。洪兴祖补注:"颠,顶也。")

⑮东上泰山,山之草木叶未生,乃令人上石立之泰山颠。(《史记·孝武本纪》)

⑯夭蟜枝格,偃蹇杪颠。(《汉书·司马相如传上》。颜师古注:"杪颠,枝上端也。")

【踵】

"踵"指脚后跟,亦泛指脚。如《荀子·荣辱》:"小人莫不延颈举踵而愿曰:'知虑材性,固有以贤人矣!'"

后借指基脚,物体的底部。如:

⑰（元统）二十八年六月壬寅，彰德路天宁寺塔忽变红色，自顶至踵，表里透彻，如锻铁初出于炉，顶上有光焰迸发，自二更至五更乃止。（《元史·五行志二》）

2. 人体部位>非生命物体的某一部分>空间位置

一部分人体部位词不仅词义扩展到其他动物的某特定部位，可以指称非生命物体的某部分，还发展出指称空间关系的用法。

【颊】

"颊"经历过"脸颊>物体两旁>旁、侧"的语义发展。

"颊"，《说文》"面旁也"，指脸的两侧从眼到下颌部分。如：

①上六：咸其辅、颊、舌。（《易·咸》）

由"面旁"之义转指事物的两旁。如：

②今宜四室二间，两头各一颊室，夏头徘徊鸱尾。（《魏书·礼志四之二》）

③中和堂上东南颊，独有人间万里风。（苏轼《予前后守倅余杭凡五年绍兴元年六月舟行赴岭外热甚忽忆此处而作是诗》，王十朋注："次公曰：'颊'字，内地常语宫室之房曰颊，犹人之颐颊也。"）（《汉语大词典》第一版第 12 册，第 311 页）

指称凡物之旁、侧。如：

④且若二筵之室为四尺之户，则户之两颊裁各七尺耳，全以置之，犹自不容，剡复户牖之间哉？（《魏书·逸士传·李谧》）

⑤先将此灯入道场中，从东北角竿下安一灯，正当东门安一灯，东南角柱下安一灯，正南门安一盏灯，西南角竿下安一灯，正西门门南颊安一灯，门北颊安一灯。（大唐天竺三藏阿地瞿多译《大神力陀罗尼经·释迦佛顶三昧陀罗尼品》）

⑥湖桥北颊花坞，水阁西头竹村。（宋·文同《郡斋水阁闲书·湖桥》）

【唇】

嘴唇>边缘、边上。

"唇"指人或某些动物的嘴唇。如：

⑦扬唇吻之音，骋贤圣之耳。（《论衡·率性》）

⑧浓朱衍丹唇，黄吻澜漫赤。（晋·左思《娇女诗》）

词义扩展指物体的边缘。如：

⑨头上何所有？翠微㚇叶垂鬓唇。(杜甫《丽人行》)

在汉语方言中不少地方"唇"指边、缘。如福建永定下洋，台湾（客话），广州（如木鱼书《香莲记》："各官迎接在河唇。"粤语），厦门（如"碗唇、皮鞋唇、目珠唇"）。福建连城庙前"唇上"指边上。

【眉】

眉毛>物体的上端>旁侧。

《说文》"眉，目上毛也"，本指眉毛。《穀梁传·文公十一年》："叔孙得臣，最善射者也。射其目，身横九亩，断其首而载之，眉见于轼。"

眉毛在人体的上端，又引申出与上面、上端有关的意义。如：

⑩天子遂驱升于弇山，乃纪名迹于弇山之石，而树之槐，眉曰"西王母之山"。(《穆天子传》卷三)

词语"眉批"的"眉"就是上端的意思。

眉毛在人体上端，眼睛的边缘，因而发展出旁边、边侧的意义。如：

⑪观瓶之居，居井之眉。(《汉书·游侠传·陈遵》，颜师古注："眉，井边地，若人目上之有眉。")

然而"眉"这个用法的用例并不多见。下面是《汉语大词典》的例子：

⑫彼刀头之舐蜜，得未锱铢，况井眉之居瓶，恍如梦寐。(宋·王应麟《困学纪闻·评文二》)

⑬有油潭者，状如大釜，嵌绝不可即。跣足蛇行，缘釜眉而窥之如见其底。(清·刘大櫆《游黄山记》)

现代汉语方言中"眉"也有边沿、边的用法。如福州"井眉"。

【胁】

"胁"本指从腋下至肋骨尽处。如：

⑭平胁曼肤，何以肥之？(《楚辞·天问》)

又指肋骨。如：

⑮曹共公闻其骈胁，欲观其裸。(《左传·僖公二十三年》)

⑯使公子彭生抱鲁桓公，因命彭生折其胁，公死于车。(《史记·鲁周公世家》)

词义扩展，"胁"指旁边、边侧。《释名·释车》："胁驱，在服马外胁也。"《广雅·释诂四》："胁，方也。"王念孙疏证："方，亦旁也。"(《汉语大字典》第二版，第 2223 页) 如：

⑰石长丈三尺，广厚略等，旁着岸胁，去地二百余丈，民俗名曰石鼓。(《汉书·五行志上》)

3. 人体部位>非生命体的某一部分>空间关系>时间方位

【首、头】

王凤阳（2011：126）认为在表示人的脑袋这一意义上大致经历了元>首>头的替换。①"元"未见空间方所的用法，我们这里只讨论"首"和"头"的使用情况。

（1）首

"首"的本义指头。如《诗·邶风·静女》："爱而不见，搔首踟蹰。"头部处于事物的外沿，东汉时"首"又表示方位，相当于面、边。后代一直沿用。如：

①因自沐居楼上东首，开户牖而卧。（《列女传·京师节女》）

头处于上部，"首"发展出事物顶端的意义。如：

②颎追之，且斗且行……四十余日，遂至河首积石山。（《后汉书·段颎传》）

③遂登群峰首，邈若升云烟。（谢灵运《入华子冈是麻源第三谷》）

早在先秦时期，"首"就发展出"开端、首先"的意思。"时间性名词+首"表示某开始的时间。如"岁首""年首"指一年开始的时候，"春首"指初春。如：

④夏，汉改历，以正月为岁首。（《史记·孝武本纪》）

⑤去岁冬间，雨雪颇少，今年春首，宿麦未滋。（韩愈《为宰相贺雪表》）

"首+时间性名词"表示某时间的起始阶段。汉魏六朝时期，"首"跟季节名组合，表示初春、初夏、初秋等。如：

⑥伊暮春之既替，即首夏之初期。（曹丕《槐赋》）

⑦首秋云物善，昼暑旦犹清。（王僧孺《秋日愁居答孔主簿》诗）

又如"首时"指四季中每季的第一个月，"首祚"表示一年的开头，

---

① 头，定母侯部；首，审三幽部。或以为定审三邻纽，侯幽旁转，头是首的音转。"元、首、头"均指脑袋。王凤阳（2011：126）认为"元—首—头"的替换是方言成为通语，原来的通语逐渐变为历史词汇的过程。按，"首"在方言中未见独立表示空间方所的用法，只是作为后缀，表示一定的方位或时间，这可能是因为"头"很早就替换了"首"的原因。例如昆明：前首前头、内首内部；厦门：顶首上位、过首过后、后首后头、后来、尾首末了。

"首岁"指正月。此外,"首末"表示自始至终、"首先"表示最先、"首端"表示开始,都是"首"用于时间的例子。

(2) 头

人或动物的头部>物体最前面的部分,或物象的一端>边,畔>起始或前面的时间。

"头"在先秦时意义很实在,就是指人或动物的头部。如:

⑧荀偃瘅疽,生疡于头。(《左传·襄公十九年》)

西汉时"头"开始用在非生命名词后边,表示物体最前面的部分,东汉时这类用例很多。如:

⑨主亲操钺,持头,授将军其柄曰:"从此上至天者,将军制之。"(《淮南子·兵略训》)

⑩天,豫司兖冀以舌腹言之……青徐以舌头言之,天,坦也,坦然高而远也。(《释名·释天》)

后代的例子如:

⑪丛头鞋子红编细,裙窣金丝,无事颦眉,春思翻教阿母疑。(五代·和凝《采桑子》)

⑫尽背船头去,却从船尾落。(宋·梅尧臣《惊凫》)

东汉时"头"表示物象的一端。① 如:

⑬若数脉见于关上,上下无头尾,如豆大,厥厥动摇者,名曰动也。(《伤寒论·辨脉法第一》)

⑭汝南汝阳彭氏墓路头立一石人,在石兽后。《风俗通义·石贤士神》

前端实际上是事物的边沿。东汉时"头"扩大了与之组合的非生命名词范围,"头"可出现在方位词"东/南/西/北/前"等后面,表示"边",成为一个表示方位的方所词。② 如:

⑮不可数百千弟子,共会在中央坐说经,与比丘僧相随,最在前头。(《道行般若经·远离品》)

⑯近黎阳南故大金堤,从河西西北行,至西山南头,乃折东,与东山

---

① 一端也就是一处,因而"头"具有所在、处所义。如白居易《登村东古冢》:"独立最高头,悠哉此怀抱。"《水浒传》第五回:"鲁智深因见山水秀丽,贪行了半日,赶不上宿头。"例见《汉语大词典》(第一版第12册,第296页)。

② 《汉语大词典》把这种用法的"头"看作词缀。

相属。(《汉书·沟洫志》)

有的与"头"组合的是具体事物,"头"表示边,畔。如:

⑰察其强力收多者,辄历载酒肴,从而劳之,便于田头树下,饮食劝勉之。(北魏·贾思勰《〈齐民要术〉序》)

⑱蝶到琴棋畔,花过岛屿头。(五代·齐己《题张氏池亭》)

元代"头"还可以出现在方位成分"里"前,表示"前面"。如:

⑲你看那山儿,俺在头里走,他可在后面;俺在后面走,他可在前面。(元·康进之《李逵负荆》第三折)

"头里"在清代表示虚拟空间,在一定的范围之内,相当于"里"。如:

⑳这山上俩月头里出了一个山猫儿,几天儿的工大伤了两三个人了。(《儿女英雄传》第五回)

"头"核心空间义有顶端、边沿两种,隐喻投射到时间域,主要也是两种隐喻义:开始、时间在前;边。

表示开始、时间在前主要有两种表达形式。

a. "头"在"×头"的结构中表示开始、顺序在前。东汉时"头"用在方位词"上"后。如:

㉑夫五行者,上头皆帝王,其次相,其次微气。(《太平经·天谶支干相配法》)

唐代常见到"头"跟在时间名词"年""月"后,表示一年或一月时间的开始。宋元之后,"头"用在时间词语后的例子很多。

㉒今之举明经者,主司不详其述作之意,每至帖试,必取年头月尾,孤经绝句。(杨玚《请定帖经奏》,《全唐文》卷二百九十八)

㉓开尝腊尾蒸来酒,点数春头接过花。(范成大《闰月四日石湖众芳烂漫》)

另,唐宋之际"头"独用能表示开始、开始阶段。如:

㉔会当再奏河东赋,姓字从头揭榜看。(杨万里《送王季山主簿省觐枢府》)

b. "头"在"头×"格式中表示前、时间在先的。

"头"在方位词"前""上"等前,原来是指头的前方、头顶。在时间域,表示以前,先前。元明"头前"表示过去的时间。如:

㉕那太监道:"我头前见个白面胖和尚,径奔朝门而去,想就是你师

父？"（《西游记》第六十八回）

"头"与"上"组合，"头上"指时候，时间的某一点。如：

㉖巫娘子取一块来吃，又软又甜，况是饥饿头上，不觉一连吃了几块。（《初刻拍案惊奇》卷六）

元代有"头里"，意思是以前、先前。如：

㉗头里未曾闹时，还是午时；方才闹了，他可早交酉时了。（元·吴昌龄《张天师》第二折）

"头里"又表示当口。如：

㉘您看俺的造物头里，走的来这多时，再没个人儿撞著者。（明·康海《中山狼》第三折）

"头"可放在数量结构前，如清代出现"前头几年""头几年""头一晚"这样的表达形式。如：

㉙申老伯去世的前头几年，记得那时候我只有十三岁。（《官场现形记》第三十四回）

"头年"（去年、上一年；第一年）"头天"（上一天）出现较晚，清代的用例如：

㉚我自头年里进的晁家门来，头顶的就是这天，脚踏的就是这地，守着的就是这个汉子！（《醒世姻缘传》第三回）

可见，"首"与"头"有着相同的语义演变：首/头>物体的顶端>初始、开端。

如果把一些时间（例如逢十的日子）看作中心，那么挨着这些日子的时间就可以看作边沿时间。"头"加在这些数字之后，指每旬除了"十""二十""三十"外的日子。如：

㉛汝欲二十头可归，然不知何故，更令郭天锡先归也。（宋·欧阳修《与大寺丞书》）

㉜而今是四月二十头，鲍老爹去传几日，及到传齐了，也得十来天功夫。（《儒林外史》第三十回）

清代瞿灏在《通俗编·数目》曾说："自十一至十九日，俗皆谓之十头，二十一至二十九日，皆谓之二十头，北宋时有斯言矣。"（《汉语大词典》第一版第12册，第296页）

据我们考察，在汉语方言中"头"除表示人或动物的头部外，还有表示空间方所的用法。如：

表示里、里面。如：锅头有了，碗头也就有了。（成都）

表示某物的附近，相当于"边""前"。如：胸口头胸前。（上海）耳朵头耳朵边、坟头坟前。（浙江苍南金乡）

表示某物的表面，相当于"上"。边厢头边儿上、马桶头。（浙江苍南金乡）

方言中"头"还常应用于时间，同样有"头×"和"×头"两种形式。

A. 头×

a. 表示一个时间段的几部分中顺序在前的。×一般是表示时间的语词。如表示上午：

头晌午北京通州、河北沧州、景县、山东利津、济南、平邑、梁山、头晌火河北保定、昌黎、头半晌儿前半上午。牟平、头午黑龙江林口、山东济南、牟平、诸城、济宁、菏泽、头晌儿哈尔滨、长春、通化、寿光、桓台、潍坊、牟平、烟台、临朐、平度、荣成、安丘、蓬莱、费县。

㉝头晌我在地里，下半天没事我就走了。（江苏连云港）

类似的"头×"词语还有：头半月儿上半月。牟平、头半年上半年。济南、牟平、头半夜儿上半夜。牟平、头九冬至后的第一个"九天"。忻州、头十工上旬。建瓯、头十天上旬。承德、沧州、邯郸、吐鲁番、乌鲁木齐、南京、武汉、昭通、头十日上旬。梅县、头初十上旬。河北承德、头伏、头伏儿初伏。山西忻州。

b. 又指顺序第一的。如：头（一）日第一天。海口、头头日第一天。福州、头牙一年中的第一次"牙祭"，在阴历正月初二。柳州、头年子第一年。萍乡、头一年第一年。于都。

c. 表示说话时间之前的某时间。如：头天上海、沈阳、头日南昌、耒阳、厦门，意为说话时的前一天；"头年"指前一年；"头个月"指说话这个月份的前一个月。如：

㉞他头天晚上就把这篇稿子写好了。（沈阳）

㉟尔头日来，我第两日去。（浙江金华岩下）

与此类似的词语如：

头朝上一天。绩溪、头日哺前一天。福建连城庙前、头日暗前天或大前天晚上。福建漳平、头一工上一天、第一天。萍乡、于都、头一天前一天。扬州、头一日上一天。萍乡、梅县、头些日子儿前些日子。牟平、头两天前几天。南京、头几年往年。河北承德、唐山、衡水、沧州、邯郸、山东济宁、江苏南京、黑龙江黑河、头一年上一年。民权、于都、头一个月前边的一个月。湖北武汉、江西临川、高安老屋周家、头个月上月。自贡、仁寿、福建永定下洋、头月前个月。福建漳平、头番前一阵子。浙江苍南金乡、头回1上一次。成都、衡阳、头墟前一个集市日。福建漳平、头年个去年。河北唐山、沧州、衡水、头年子_{去年}。安徽怀远、四川自贡、头年来_{去年}。河北井陉、头年里_{去年}。河北保定、沧州、衡水、邯郸、山东淄博、头些年_{往年}。河北沧州、头世_{前生}。南昌。

d. 表示刚才、以前。如：

㊱电风扇头下_{刚才}还转动的，才个下_{这会儿}不动了。（浙江苍南金乡）

㊲头前_{先前}你说什么来来？（陕西延安）

㊳你头来_{早先}怎么说的，为啥又变了！（徐州）

㊴他头成_{起先；刚才}吃的鱼，后首吃呃点菜汤。（江苏东台）

"头前"使用广泛，如山西太原、五寨、广灵，内蒙古临河，湖南娄底，江西黎川，广东雷州，浙江温州等地。

"头先"范围非常广泛。如哈尔滨，河南商丘、沈丘，广西柳州，安徽绩溪，上海，浙江温州、平阳、苍南金乡，广东梅县、惠州、广州、信宜、增城、珠海前山、江门白沙、恩平牛江、开平、阳江，福建连城庙前、永定下洋、厦门、东山、福州、闽侯洋里。

又如：头前儿_{哈尔滨}、头里_{临汾、南京、上海}、头里个_{曲沃、襄汾}、头儿_{石家庄、青岛、牟平、忻州、温州、余姚}、头仔_{永春}、头回_{2宁波}、头初_{增城}、头冒_{杭州、绍兴}、头起_{厦门、仙游、黄岩}、头翘_{宁波}、头嘞_{灵宝}、头儿啦_{沈阳}、头毛子_{宁波}、头先早_{福州}、头拄仔_{厦门、台湾}、头前仔_{福建南部}、头前先_{厦门}、头起头_{上海、江阴、宁波}、头起家_{宁波}、头滑时_{嵊县}、头歇冒_{绍兴}、头慢兴_{嵊县崇仁}、头下码儿_{长岛}、头儿啦_{沈阳}、头初里_{上海}。

e. 进一步虚化，成为一种表时标志。用在动词前和句首，表示"在……以前，之前"。如：

㊵头下雨，先闷热。（辽宁丹东、山东牟平）

类似用法在河北昌黎、石家庄，辽宁丹东，山东牟平，陕西宝鸡，河南洛阳等地都有。

B. ×头

a. "×头"表示一个具有跨度的时点的开始部分。"年/月"加"头"表示年初、月初。如：年头浪要出去白相相_{玩玩}。（上海）

又如：年头头_{沅陵}、年头里_{临汾、商丘、丹阳}、年头景_{南京}、月头_{银川、上海、新余、建宁、崇安、光泽}、月头里_{洛阳、孟津、吐鲁番、乌鲁木齐}、月头浪_{上海、苏州、溧阳、丹阳、吴江、湖州双林、嘉兴}。

一个具体的时点，加上"头"，表示这个时点开始的部分。如：正月头_{浙江丽水、广东潮阳}、正月正头_{温州、福州}、新年头_{广州}、新年头里_{丹阳}、新年头头_{扬州}、春头子_{黑龙江林口}、春头1_{福建莆田、仙游、厦门、广东潮阳、海康}、秋头子_{哈尔滨}、冬头_厦

门、晚头临近晚上的时候，傍晚。江苏海门、启东、暝头上半夜。福州、厦门。

"初头"中，"初"本身已有开始的意思，"头"虚化。如：初头月初或年初。天津、河北沧州、张家口、山东枣庄、山西离石、江苏邳县、南通、上海、浙江宁波、金华、福建福州、建瓯、光泽、湖南娄底、初头哩月初。丹阳、初头上淮阴、江阴、如皋、杭州、崇明、苏州、常州、海门、上海、初头子荣成、长沙、南昌、初头号山西临县、初头浪崇明、苏州。

b. "头"相当于"里"。如：夜头＝夜里（头/向）丹阳、金华、扬州。

此外，比较：春头2春天。武汉、漳平、丹阳——春里春天。寿光、淄博、桓台、石家庄、衡水、沧州、西安、万荣、崇明、厦门——春间春天。江西玉山；秋头秋天。河北沧州、邯郸——秋里秋天。石家庄、沧州、衡水、阳原、张家口、邯郸、平邑、汾西、西安、万荣、兰州、崇明、温州；夜头晚上。南京、扬州、玉溪、昭通、上海、崇明、苏州、丹阳、南通、江阴、昆山、宜兴、金坛、绍兴、诸暨、吉首、建宁、清流、海康、海口——夜里哈尔滨、济南、柳州、温州、金华、南昌、南宁平话、晚晨头晚上。惠州 晚晨问晚上。贵州赫卓。

c. "头"相当于"上"。比较：早头早晨。雷州、海口、潮阳、海康、建瓯、福州、福清——早上扬州、南京、南昌；晚头夜间。溧水、南通、宁波、仙居、黄岩、东莞——晚上哈尔滨、扬州、南京、武汉、济南、成都、贵阳、乌鲁木齐、杭州；暗头夜里。泾县、明溪、海口、厦门、邵武、将乐、龙岩、潮阳——暗上海南琼山。

d. "头"相当于"边"。如：靠夜头傍晚。浦江、丹阳——靠夜边浙江龙游。

【题】

题，额头>物体前端>起始、开端

题，《说文》"额也"。本指额头。如《楚辞·招魂》："雕题黑齿，得人肉以祀，以其骨为醢些。"

额头在人体的前部，因而"题"扩展指物体的前端或顶部。如：

㊶堂高数仞，榱题数尺，我得志，弗为也。（《孟子·尽心下》）

㊷乃至夏屋宫驾，县联房植，橑檐榱题，雕琢刻镂。（《淮南子·本经训》）

这一用法唐宋一直有用例。如：

㊸璇阶霓绮阁，碧题霜罗幕。（唐·李康成《玉华仙子歌》）

㊹僧卧四十年，常坐惟一曲绳床，怠则假寐，终不易坐，床题戛檐柱，黑白成坎，今其处存焉。（宋·叶适《宋邹卿墓志铭》）

后来"题"还用于表示时间，指起始、开端。

㊺虽是周岁立额例于九个月攒办，自二月为题煎烧，十月终足备。（《元典章·户部八·新降盐法事理》）

现代"题"的前端及起始用法都已不见使用。

【口】

发声和进饮食的器官>物体内外相通的地方>靠近外边的部分、外边>边，面>时间位置。

本指人或动物用来发声和进饮食的器官。如：

㊻人之彦圣，其心好之，不啻若自其口出，是能容之。(《书·秦誓》)

㊼宁为鸡口，无为牛后。(《史记·苏秦列传》)

物体内外相通的地方，或出入的通道。

㊽必令明习橐事者，勿令离灶口。(《墨子·备穴》)

㊾祠部岁下广州祭南海庙，庙入海口，为州者皆惮之。(唐·韩愈《孔公墓志铭》)

“口”在方言中除表示人或动物进饮食和发声的器官，同样可以指物体内外相通的地方、出入的通道。如：他家住在街口口上。(昆明)

“口”在有的方言中进一步虚化表示空间位置，如有的相当于“边，面”。外口外面、内口里面、口外外边、口面外边。(厦门)

有的地方指器物靠近外边的部分、外边。如：口边外边。湖南平江、口头儿出口处。浙江温州、金华岩下。

㊿你到口头望望人来没来。(江苏盐城)

(51)东西就勒拉抽斗口头。(上海) 又如茶杯口头、酒瓶口头、巷口头。(浙江杭州、苍南金乡)

“口”也从空间方位隐喻指时间位置。如元代有“当口”表示随即、紧接着。如：

(52)张天觉山呼舞罢了，当口奏道：“陛下贵为天子，富有四海……一举动，一嚬笑，皆不可轻也。”(《宣和遗事》前集)

清代“当口”指事情发生或进行的时候。如：

(53)我进京找他求信，恰好碰了这个当口，所以我也不便多说。(《二十年目睹之怪现状》第七一回)

在现代汉语方言中，“口”也常用于时间表达。在时间域，方言中“口”指事情发生或进行的时候。如：

当口（儿/上）事情发生或进行的时候。绩溪、丹阳、扬州、上海、忙口大忙季节。甘肃西和、礼县、麦口割麦季节。山东平邑、郯城、枣庄、麦口儿麦子将熟未熟或正在收割的时候。牟平、徐州、洛阳、饭口吃饭的时间。天津。

�554侬格歇去正是个当口。(上海)

【心】

心，心脏>物体的中心>某时间的中间部分。

"心"本指心脏，《说文》："心，人心。土藏，在身之中。象形。"引申指事物的中心、中央。如：

�555菜不食心，以其有生意，唯食老叶而已。(《南史·江泌传》)

"心"在方言中除指心脏外，又指物体的中心、中央部分。如方言中"菜心"指菜的中心部位。用在时间表达中，"×+心/心里"表示某一时间段的中心时间。

�556夜心半夜三更还在外面跑。(江苏连云港)

又如：夜心里半夜里。江苏高邮、南通、海门、启东、大伏心里中伏期间，夏天最热的一段时间。丹阳、腊月心极冷的四九天。扬州、日中心中午。上海、金华、中昼心里中午。苏州、昼心头正午。江阴、晏昼心中午十二点。广州、晌心中午十二点左右。连云港、晚心晚上。云南玉溪、黑心晚上。天津。

【背】

人体脊背>物体的后面、反面>后来、以后。

《说文·肉部》："背，脊也。""背"本指脊背。如：

�557其生色也，睟然见于面，盎于背，施于四体。(《孟子·尽心上》)

脊背在人体的上部，人体的背面，"背"因此具有"上面""后面"或"反面"的意义。《广雅·释诂四》："背，后也。"《尔雅·释丘》："丘背有丘为负丘。"邢昺疏："中央隆峻若丘背之上更有一丘而负戴之者。"又如：

�558另敕段晖率兖州军缘山东下，腹背击之。(《晋书·慕容超载记》)

又，"背后"指身体或物体的后面。如：

�559公怒曰："贼在背后，乃白！"(《三国志·魏志·武帝纪》)

�560在土街背后居住。(元·无名氏《杀狗劝夫》楔子)

"背"在方言中普遍指人体的背部区域，或指物体背部区域。如：

�561这东西真硬，把刀背儿都砸出印来了。(哈尔滨)

�562把盒盒拿过来，看看它的背背背面是啥子。(四川成都、贵州大方、江苏丹阳。厦门也有这样的用法，如手背背、刀背背。)

还用于指方所。如：背底后面、后边。广东信宜、阳江，湖南宁远、背边左边。福建建宁、光泽、三明、背哩后面、后头。福建长汀。

值得注意的是在汉语方言中，在时间域，“背”表示后来，以后。

(63)原先说得好好的，后背后来，以后变卦了。（陕西北部。长沙、娄底、宁波也有这样的用法。）

(64)我本想告诉你的，背后后来又忘记哒。（长沙。山西岚县，福建浦城、泰宁、邵武，江西瑞金也有这样的用法。）

又如：后背子/背后子长沙、后背仔跟“先仔”等相对。萍乡、打背福建邵武、落背江西宜春、新余、背哩福建长汀。

【脚】①

人与动物腿的下端>器具的支撑、东西的下端>物象的底部或尾部>现在、马上。

“脚”指人与动物腿的下端，接触地面、支持身体和行走的部分。如：

(65)羊起而触之，折其脚。（《墨子·明鬼下》）

“脚”词义扩大，指器具的支撑、东西的下端。如：

(66)巴州城西古楼脚柏柱数百年，忽生花。（《南齐书·五行志》）

“脚”词义进一步泛化，指物象的底部或尾部。如：

(67)床头屋漏无干处，雨脚如麻未断绝。（杜甫《茅屋为秋风所破歌》）

又如“山脚”指山接近平地的部分。“云脚”指远处暗云垂下的雨幕。

“脚下”本指脚底下，后又指物体近地面的部分。如：

(68)草茫茫，土苍苍，苍苍茫茫在何处，骊山脚下秦皇墓。（白居易《草茫茫》）

“脚”的这些用法在方言中都有使用。在方言中除指人与动物腿的下端部位外，还引申指器具的支撑，物象的底部或下端。如上海“脚边”“脚跟”表示旁边：屋脚边、灶头脚边、台子脚跟、墙脚跟。

“脚下”距离自己的距离很近，由此隐喻指时间的接近。“脚下”指现在、马上。如：

(69)子瞻若能脚下承当，把一二十年富贵功名贱如泥土。努力向前，珍

① 汪维辉先生（2000：57—58）指出，东汉魏晋南北朝时期，“脚”泛指人体及动物下肢的用法得到空前的发展，并取代了相应的文言词“足”。“脚”进一步发展成为专指脚掌，是唐以后的事，但这一变化并未在所有的方言里都完成。按：“足”在汉语史上虽有空间方所的用法，但在汉语史及方言中未见用于时间概念，故这里只讨论“脚”“跟/根”。

重珍重！(宋·钱愐《钱氏私志》)

方言中"脚、脚下、脚边、脚跟"指临近某个特定时点的一段时间。

夜饭脚跟_{傍晚，浙江嵊县太平}、清明脚边_{临近清明的时候。上海}、年脚_{年底。上海}、年脚下_{乌鲁木齐、绩溪}、年脚边_{苏州、杭州}、年夜脚边/年夜脚跟_{年底近除夕时。上海}。

如果以说话时间为参照点，那么"脚"就可以用于表示目前、现在。如：脚底下_{山东郯城、枣庄、四川西昌}、脚下。

⑦脚下还没有那么多钱，等过俩月把经费筹集够喽，再开始吧。(北京)

【跟/根】

跟，《说文》："足踵也。"指脚的后部。王凤阳(2011：128)指出"跟"和"踵"是古今同义词，"跟"是汉以后才兴起的，是用树木的根比喻人的脚"踵"的产物，所以《释名·释形体》"足后曰跟，在下方着地，一体任之，象木根也"。如汉焦赣《易林·蹇之革》：头痒搔跟，无益于疢。

唐代以来"脚跟"一词常见。如：

㋑饭食既了便入内房，即以树胶生支系脚跟上。(《根本说一切有部苾刍尼毗奈耶》卷十七)

又指物体的底部或后部。如：

㋒为我作一量鞋，鞋跟向前鞋头向后，若寻迹者，无人知我去处。(《根本说一切有部毗奈耶破僧事》卷第十九)

南宋时期出现"跟前"，表示面前、身边或旁边、近旁。如：

㋓小娘与那后生看见赶得跷蹊，都立住了脚，后面两个赶到跟前，见了小娘子与那后生，不容分说，一家扯了一个。(宋话本《错斩崔宁》)

㋔到跟前，方知是，觑牌额分明是敕赐。(董解元《西厢记诸宫调》卷一)

"根"与"跟"同源。这里我们放在一起说。"根"指植物生长于土中或水中吸收营养的部分。后来指物体的下部、基部。

㋕山根东有涌泉成溪，即丹水所发也。(《水经注·夷水》)

下部、基部往往与边缘有关，"根"又指物体的前边、边沿。如：

㋖西园高树后庭根，处处寻芳有折痕。(唐·薛能《柳枝词》之四)

"根前"表示身边、附近。如：

㋗少年做事，大抵多失心粗。手撩衣袂，大踏步走至根前。(董解元

《西厢记诸宫调》卷一)

方言中"跟"常用于表示脚或鞋袜的后部,如"脚后跟""鞋跟儿"。"跟近"表示某处或某物近旁,或身体的近旁,如:俺家就住户部山跟近。他跟近只有一个闺女。(徐州)

"根"除指植物长在土里的部分外,还指物体的底部或下部,如:耳朵根子、舌头根子_{牟平}、墙根_{南宁平话、江苏扬州}、城根_{乌鲁木齐}。

"根"靠近地面,又有"边"的意思,或表示大致的方位。如:床根、家根、田根_{绩溪}。

方言中"根(跟)/跟前/跟头/跟近"指临近某一特定时刻的一段时间。如:

年跟儿/年跟近_{阴历年底。徐州}、年跟前/年根根子上_{乌鲁木齐}、年跟头_{过年的前后时间。丹阳}、年根儿下_{一年的最后几天。万荣、哈尔滨}、年根儿个儿_{洛阳}、上昼根、昼根头哩_{中午前后。丹阳}、下昼夜根_{傍晚。绩溪}、昼饭根_{午饭前后。绩溪}、夜根_{傍晚前后的一段时间。绩溪}、断夜根_{彭泽}、半夜根_{半夜时分。绩溪}。

㊆春节跟近咱到北京去。(徐州)

(二)山川部位词

值得注意的是,虽然少数山川河流部位词语由特定部位扩展为一般的处所名词,但多数山川部位词语语法化程度很低,它们的所指很具体,即指山川河流的某一特定位置,词义的泛化现象不明显。不过也有个别山川部位词经历了由具体部位到空间关系到时间的隐喻历程。

以下词语均表示山川河流的特定位置,它们的词义并未扩展,更未发生转喻或隐喻。如:峡_{两山夹水处,指两山之间}、汭_{河流会合或弯曲的地方}、浦_{水边、河岸,小水汇入大水处,河流入海处}、渚_{水边}、湄_{岸边,水和草相接的地方}、浒_{水边}、澳_{水边弯曲处}、濒_{水边}、湾_{水流弯曲处、海湾}、垮_{崖岸、边际}、麓_{山脚}、阿_{山下、水边}、隩_{水边深曲处}等。

1. 山川特定部位>处所名词

【崖、涯】

水边、山边都叫崖。如《说文·厂部》:"崖,山边也。"《诗·魏风·伐檀》:"坎坎伐檀兮,置之河之干兮。"毛传:"干,崖也。"

又指边际。如汉扬雄《甘泉赋》:"岭嶒嶙峋,洞无崖兮。"

"涯"本指水边,岸。《玉篇》:"涯,水际也。"《书·微子》:"今殷其沦丧,若涉大水,其无津涯。"

"涯"词义扩展指边、边际。如:

①相去万余里，各在天一涯。(《文选·〈古诗十九首·行行重行行〉》)①

也可指抽象的边际。如：

②吾生也有涯，而知也无涯。(《庄子·养生主》)

又指边界。如：

③石，或曰柘支……圆千余里，右涯素叶河。(《新唐书·西域传下·康》)

【涘】

"涘"，《说文·水部》"水崖也"，指水边。《诗·秦风·蒹葭》："所谓伊人，在水之涘。"《庄子·秋水》："秋水时至，百川灌河，泾流之大，两涘渚崖之间，不辨牛马。"成玄英疏："涘，岸也。"(《故训汇纂》第1268页)

"涘"常用在河海名称后，表示水边。如：

④荡荡大楚，跨土万里。北据方城，南接交趾。西抚巴汉，东被海涘。(西晋·石崇《楚妃叹》)

⑤解剑北宫朝，息驾南川涘。(南朝齐·谢朓《始之宣城郡诗》)

后来发展出边际。如《新唐书·回鹘传上》："自是，道虽通，而虏求取无涘。"

【浔】

"浔"本指水边，如《淮南子·原道训》："故虽游于江浔海裔，驰要袅，建翠盖。"

后泛指边际。如南朝宋谢庄《宋孝武宣贵妃诔》："销神躬于壤末，散灵魄于天浔。"

【滨】

"滨"指水边。如《书·禹贡》："厥土白坟，海滨广斥。"孔安国《传》："滨，涯也。"

"滨"又泛指"边"。如《后汉书·袁安传》"议者欲置之滨塞"，李贤注："滨，边也。"王念孙则认为"滨与边声相近，水滨犹言水边，故地之四边，亦谓之滨"(王念孙《广雅·释丘》"滨，崖也"疏证)。

【陬】

"陬"，《说文》"阪隅也"，段玉裁注"谓阪之角也"。后来扩展为角

---

① 按，《汉语大词典》将该例"涯"释为方面、区域，不确。

落、角。《广雅·释言》："陬，角也。"古代注疏家所注的"陵角""山足""城隅"等，其实都是"角落""角"的意思。

⑥五沃之土，若在丘在山，在陵在冈，若在陬，陵之阳。（《管子·地员》）

⑦在陵之陬。（《文选·束皙〈补亡诗〉》）吕向注"陬，陵角也"，李善注"陬，山足也"。）

⑧后吴奔壁东南陬，太尉使备西北。（《史记·绛侯周勃世家》）

⑨岁癸未而迁逐，侣虫蛇于海陬。（唐·韩愈《别知赋》）

⑩归路意昏昏，落日在岭陬。（宋·杨万里《次日醉归》）

【隅】

"隅"的词义发展演变线索为：弯曲处、角、角落→边侧→边远的地方→方，方向→方面。

"隅"，《说文·阜部》："陬也。"段注："《广雅》曰：'陬，角也。'《小雅》笺曰：'丘隅，丘角也。'……《考工记》'宫隅'、'城隅'，谓角浮思也。《大雅》：'惟德之隅。'〈传〉曰：'隅，廉也。'今人谓边为廉，角为隅，古不别。其字亦作'嵎'，作'湡'。"《广雅·释丘》："隅，陻也。"本指（山水）弯曲边角处。如：

⑪帝光天之下，至于海隅苍生。（《书·益稷》）

⑫罗千乘于林莽，列万骑于山隅。（汉·扬雄《长杨赋》）

⑬要我下马行，为我指山隅。（唐·杜甫《潼关吏》）

由山水弯曲边角泛指角、角落、旁侧。如：

⑭静女其姝，俟我于城隅。（《诗·邶风·静女》）

⑮昏将举火，执烛隅坐。（《管子·弟子职》）

⑯日出东南隅，照我秦氏楼。（《乐府诗集·相和歌辞三·陌上桑》）

又指方、方向。如《淮南子·原道训》："经营四隅，还反于枢。"高诱注："隅，犹方也。"后因用以比喻事物的一个方面。

虽然"隅"也由特定事物的特定部位扩展为一般的处所名词，但由于受其原始词语的限制，它没有发生从空间到时间的隐喻映射。其他词语大都类此。

【陂】

《释名·释山》："山旁曰陂。""陂"指山坡、斜坡。如：

⑰千里远结婚，悠悠隔山陂。（《文选·佚名〈古诗十九首〉》）

又指堤岸。《诗·陈风·泽陂》："彼泽之陂，有蒲与荷。"《毛传》："陂，泽障也。"《诗·卫风·氓》"隰则有泮"，毛传"泮，坡"。陆德明释文引吕忱："陂，阪也，亦所以为隰之限域也。"（《故训汇纂》第2418页）

又引申出旁边、边际的意思。如：

⑱滨于东海之陂，鼋鼍鱼鳖之与处，而蛙黾之与同渚。（《国语·越语上》）

⑲腾雨师，洒路陂。（《汉书·礼乐志》。颜师古注："路陂，路傍也。"）

【崖（厓）】

《说文》："崖，高边也。"本指山或高地的侧面。如：

⑳惟籦笼之奇生兮，于终南之阴崖。（汉·马融《长笛赋》）

又指水边高岸。如：

㉑玉在山而草木润，渊生珠而崖不枯。（《荀子·劝学》）

泛指边际、范围。如：

㉒君其涉于江而浮于海，望之而不见其崖，愈往而不知其所穷。（《庄子·山木》）

㉓凿污池之深，肆畛崖之远。（《淮南子·本经训》）

【隈】

《说文》："隈，水曲隩也。"《尔雅·释丘》："隩隈，崖内为隩，外为隈。""隈"本指山水弯曲隐蔽处。如：

㉔秦人过析，隈入而系舆人，以围商密，昏而傅焉。（《左传·僖公二十五年》）

㉕大山之隈，奚有于深。（《管子·形势》）

《广雅·释丘》"废，隈也"，王念孙疏证"凡山曲水曲通谓之隈"。

又泛指深曲、弯曲之处。如：

㉖奎蹄曲隈，乳间股脚。（《庄子·徐无鬼》。郭庆藩集释："曲隈，胯内也。凡言隈者，皆在内之名。"）

㉗大射正执弓，以袂顺左右隈。（《仪礼·大射》。郑玄注："隈，弓渊也。"）

也指角落。如：

㉘考之四隈，则八埏之中。（《文选·左思〈魏都赋〉》。李善注：

"隒，犹隅也。")

在空—时隐喻过程中，词的原始义仍起着制约作用。一些词义过于具体，未能摆脱具体事物相对部位意义，它们的词义没能进一步泛化，在后代趋于消亡，更不能进入表时结构。如"隩"原指水岸弯曲处。《说文·阜部》："隩，水隈崖也。"段注："崖，山边也。引申之为水边。"这个词又引申指可居住之偏远地区。又如"湄"（绵绵葛藟，在河之湄_{水边}）。

2. 山川部位 > 事物的某部分 > 时间

【巅】

山顶 > 物体之顶端 > 开始。

"巅"本指山顶。如《诗·唐风·采苓》："采苓采苓，首阳之巅。"

泛指物体的顶端。如：

①狗吠深巷中，鸡鸣桑树颠。（晋·陶潜《归园田居》之一）

②夜宿洞侧台巅。（明·徐弘祖《徐霞客游记·粤西游日记四》）

引申为开始。如"巅末"指从开始到末尾，谓事情的全过程。清李渔《蜃中楼·传书》："贵人不厌絮烦，奴家愿陈巅末。"（《汉语大词典》第一版第 12 册，878 页）

以下"阴""阳"也由山川部位词发展出用于时间表达的用法。

【阴】

《说文》："阴，暗也。水之南，山之北也。""阴"本为处所词，表示水的南面或山的北面。如：

③禹荐益于天，七年，禹崩，三年之丧毕，益避禹之子于箕山之阴。（《孟子·万章上》）

④水西有御射碑，徐水又北流西屈，径南岩下，水阴又有一碑。（北魏·郦道元《水经注·滱水》）

又指不见阳光的地方。如：

⑤阳也者，稹理而坚；阴也者，疏理而柔。（《周礼·考工记·轮人》。贾公彦疏："背日为阴。"）

"阴"也由空间方所概念进入时间概念，指秋冬季节。如：

⑥群生闭藏乎阴，而为化育之始。（《孔子家语·本命》。王肃注："阴为冬也。"）

⑦阴静翕。（汉·扬雄《太玄·告》。晋·范望注："阴，谓秋冬也。"）

【阳】

"阳"本指山的南面或水的北面。如：

⑧岷山之阳，至于衡山。(《书·禹贡》)

⑨宋公与楚人期战于泓之阳。(《公羊传·僖公二十二年》。何休注："泓，水名。水北曰阳。")

又指日光照得见的一面，向阳部分。如：

⑩凡斩毂之道，必矩其阴阳。阳也者，稹理而坚。阴也者，疏理而柔。(《周礼·考工记·轮人》。贾公彦疏："记识其向日为阳，背日为阴之处。")

"阳"也由空间进入时间域，用于表达时间概念。"阳"指春夏季节。①

⑪若乃背冬涉春，阴谢阳施。(《文选·潘岳〈闲居赋〉》。李善注："《神农本草》曰：'春夏为阳，秋冬为阴。'")

与其他经隐喻而由空间域进入时间域不同，"阴""阳"由方所词进入时间表达，是转喻的结果。

(三) 动植物部位词

据考察，动植物部位词语只有"末、梢、杪、尾"经历了词义泛化并向空间关系词演变，并且都经历了"具体部位>泛指事物部位>空间关系>时间"的演变。②

【末】

《说文》"木上曰末"，"末"是树梢。后也指其他植物的梢端。如：

①夫风生于地，起于青苹之末。(宋玉《风赋》)

"末"词义扩展，用在其他名词后，表示事物的端、尾。如：

②角欲青白而丰末。(《周礼·考工记·弓人》)

③泉源安首流，川末澄远波。(鲍照《还都至三山望石头城》)

事物的端、尾实际是处于边缘，"末"又进一步泛化表示边际，如：

④左瞰旸谷，右睨玄圃，眇天末以远期，规万世而大摹。(张衡《东京赋》)

又指"下部、下面"。如：

---

① 按，"阳"表春夏季节，"阴"表秋冬季节，或与阳光有关。

② 按，"标"，《说文》"木杪末也"，指树木最高枝条的顶端。"标"由此发展出挺拔、最高、最显著的意思，但是"标"未见方所义或时间义，故不讨论。

⑤飞仙飘兮遨游，抱日月而遂乐……御绝顶之长风，眇天地于目末。（元·郝经《泰山赋》）

在时间概念中，"末"指终、最后。① "时间名词+末"表示该时间的最后阶段。如"岁末""秋末""十月末"等。

⑥自岁末以来，太阳不照。（《后汉书·王允传》）

⑦文惠太子问颙："菜食何味最胜？"颙曰："春初早韭，秋末晚菘。"（《南齐书·周颙传》）

⑧早种者，必秋耕。十月末，地将冻，散子劳之，一亩三升。（《齐民要术·种葵》）

"季末"指末世。如桓宽《盐铁论·忧边》："周之季末，天子微弱，诸侯力政。"

"末+时间性名词"表示某时段的末尾阶段。如"末世、末季、末代$_1$、末造"指一个朝代衰亡的时期，"末秋"指秋末，"末冬"指冬末，"末伏"指终伏、三伏，"末岁"指岁末，② "末日"指最后一天。例如：

⑨《易》之兴也，其当殷之末世，周之盛德邪？（《易·系辞下》）

⑩今将军受钺于暮春，收功于末冬。（《后汉书·皇甫嵩传》）

⑪在兹年之末岁兮，端旬首而重阴。（阮籍《首阳山赋》）

"末"的末端义，使"末"具有表达时间之流的相对后时的概念，如"末代$_2$"表示后世、后代，"末后"表示后来、最后。

⑫其褒贬杂居，固末代之讹体也。（刘勰《文心雕龙·颂赞》）

⑬须臾，有一大熊来，瞪视此人。人谓必以害己。良久，出藏果，分与诸子。末后作一分，置此人前。（《搜神后记》卷九）

【杪、梢】

杪，《一切经音义》"树锋曰杪"。王凤阳（2011：81）认为"杪"不是树的末端而是枝条的末端，是"树末"之"末"。如：

⑭夭蟜枝格，偃蹇杪颠。（司马相如《上林赋》）

"梢"亦作"稍"，"梢"其实就是"杪"，王凤阳（2011：81）认为只是方言音变。如：

⑮森稍百顷，槎枿千年。（庾信《枯树赋》）

---

① "末"又指老年、晚年。《礼记·中庸》："武王末受命。"郑玄注："末犹老也。"

② "末年"指老年、晚年，或指一个君主在位的最后一段时期，或指一个朝代最后的一段时期。

词义扩展,"梢"指物象的尾部、末端,后来扩展到其他长形物体的前端。如:

⑯平肝脉来,软弱招招,如揭长竿末梢,曰肝平,春以胃气为本。(《素问·平人气象论篇》)

⑰各决一伯七下,同船梢水人等各决七十七下,船物尽行没官。(《通制条格》卷第十八)

"梢""杪"指事物的末尾或一段时间的结尾。如:岁杪、月杪、秋杪。"杪秋"指秋尽之时。如:

⑱冢宰制国用,必于岁之杪,五谷皆入,然后制国用。(《礼记·王制》)郑玄注:"杪,末也。"后来称年底为岁杪。

⑲十月杪,始戋山左廉俸,专人接眷。(《浮生六记》卷三)

⑳秋杪方攀玉树枝,来年无计待春晖。(唐彦谦《初秋到慈州冬首换绛牧》)

㉑靓杪秋之遥夜兮,心缭悷而有哀。(《楚辞·九辩》)

㉒冢宰制国用,必于岁之杪,五谷皆入,然后制国用。(《礼记·王制》)

㉓江上花开尽,南行见杪春。(唐·李端《送友人游江东》)

㉔首夏别京辅,杪秋滞三河。(唐·魏征《暮秋言怀》)

㉕十二月季冬,亦曰暮冬、杪冬、余月、暮节、暮岁。(《初学记》卷二引梁元帝《纂要》)

㉖况交霜雪于杪岁,晦风雨于将晨。(《晋书·桓彝传论》)

㉗吴之杪季,殊代同疾。(葛洪《抱朴子·吴失》)

㉘时旻秋之杪节,天既高而物衰。(谢灵运《归途赋》)

词义决定其演变的方向。标,说文"木杪末也",指的是树木顶端的枝条,因为在树木的最高处,因而其演变方向为"高",而没有朝时间域引申。

【尾】

"尾"指动物躯干末端突出的部分。如:

㉙履虎尾,不咥人,亨。(《易·履》)

词义扩展,"尾"指物体的末端、末梢。如:

㉚乃令工人作为金斗,长其尾,令可以击人。(《史记·张仪列传》)

可以指江河的下游。如:

㉛昔王季历葬于涡水之尾,䜌水啮其墓。(《惠子》)

由末端进一步泛化,指边、边缘。如:

㉜遂率子孙荷担者三夫,叩石垦壤,箕畚运于渤海之尾。(《列子·汤问》)

早在秦汉之际,"尾"就表示终了、末了。

㉝王若能为此尾,则三王不足四,五伯不足六。(《战国策·秦策五》)

唐代时开始,"尾"跟在时间名词"年""月"后,表示一年或一月的快结束的时间。宋代有"年头月尾、月头月尾、腊尾"等。

另,"本"作为植物部位词,并未发展出表示方所意义的用法,但是它后来也用于表达时间概念。这里我们也附带介绍一下。

"本",《说文》"木下曰本",指草木的根。如《诗·大雅·荡》:"枝叶未有害,本实先拨。"

引申指条状物体的根基部位或根端。如:

㉞尾欲减,本欲大。(北魏·贾思勰《齐民要术·养牛马驴骡》)

㉟尾骨欲高而垂;尾本欲大,欲高;尾下欲无毛。(同上)

此两例"本"指尾的根部。

"本"很早就有了"自己一边的、当今的"用法。①

㊱立乎人之本朝,而道不行,耻也。(《孟子·万章下》)

㊲唯陛下亲贤求士,无强所恶,以崇社稷,尊强本朝。(《汉书·李寻传》)

㊳本不审,虽尧舜不能以治。(《吕氏春秋·处方》,高诱注:本,身。)

按,唐代即有"本日"用例。② 如《全唐文》卷七百二十五宇文鼎《请延英进对于本日卯前进状奏》。

㊴以此,于本日一更时分盗讫本寺小位祖师元穿旧黄素罗单直裰一件,及塔内七祖禅师旧黄花罗直裰一件。(《大元圣政国朝典章·刑部》卷之十一,偷盗神衣免刺)

---

① 尚不清楚"本"如何由根部演变出自己一边的、当今的意义。《汉语大词典》(第一版第4册,第715页)"本朝"条,认为古以朝廷为国之本,故称。《王力古汉语字典》第457页"本"条"当今的"义项下列"本朝"一词。

② 《汉语大词典》"本日"首收明代用例,太晚。

㊵本日未天明,果然听得人敲门来接。(《型世言》第三回)

"本月"在宋代指当月。如:

㊶世俗十月遇壬日,北人谓之"入易",吴人谓之"倒布"。壬日气候,如本月癸日差温类九月,甲日类八月,如此倒布之,直至辛日。(《梦溪补笔谈》卷二)

"本末"本指树木的下部与上部,后指始末,"本来"表原来,向来,都是"本"用于时间的例子。

(四) 衣物部位词

【表】

《说文》:"表,上衣也。从衣,从毛。古者衣裘,以毛为表。""表"本指衣服的外层。如:

①曾子居卫,缊袍无表,颜色肿哙,手足胼胝。(《庄子·让王》)

②今反表以为里兮,颠裳以为衣。(汉·刘向《九叹·愍命》)

引申指外边,外面。

③其克诘尔戎兵,以陟禹之迹,方行天下,至于海表。(《书·立政》)

④自永嘉之乱,播流江表者,请一切北徙,以实河南。(《晋书·桓温传》)

又表示物体的顶端,如树颠、山颠。

⑤云端楚山见,林表吴岫微。(南朝齐·谢朓《休沐重还丹阳道中诗》)

⑥攀条上树表,牵坏紫罗裙。(《乐府诗集·清商曲辞·采桑度》)

⑦方岭云回,奇峰霞举,孤标秀出,罩络群山之表。(《水经注·涑水》)

【缘】

《说文》:"缘,衣纯也。"段玉裁注:"缘者,沿其边而饰之也。"本指衣服的边。《礼记·玉藻》:"缘广寸半。"《后汉书·皇后纪上·明德马皇后》:"常衣大练,裙不加缘。"

"缘"后来泛指物之边沿。如《周书·王罴传》:"尝有台使,罴为其设食。使乃裂其薄饼缘。"。

山东曲阜"缘"指瓮边。清桂馥《札朴·乡言正字》:"瓮边曰缘,去声。"今江西赣州蟠龙"缘上"指边上。(许宝华、宫田一郎,1999;

6379）

王凤阳（2011：41）指出"缘"引申指物体的外缘，但只表示物的外廓部分，没有旁边义。我们认为这是因为"缘"的词义发展到物体外廓部分后没有进一步扩展造成的。

（五）房屋部位词

【宇】

《说文》："宇，屋边也。"本义指屋檐。《诗·豳风·七月》："七月在野，八月在宇，九月在户。"陆德明释文："宇，屋四垂为宇。《韩诗》云：'宇，屋溜也。'"《淮南子·览冥训》："而燕雀佼之，以为不能与之争于宇宙之间。"，高诱注："宇，屋檐也；宙，栋梁也。"

引申为边。《说文·宀部》段注"凡边谓之宇"。《国语·越语上》"而为弊邑宸宇"，韦昭注"宇，边也"。

又指四方上下。《吕氏春秋·下贤》"神覆宇宙而无望"，高诱注"四方上下曰宇，以屋喻天地也"。

《淮南子·齐俗训》："往古来今谓之宙，四方上下谓之宇。""宇宙"变为无限的空间和无限的时间。

【基】

《说文》："基，墙始也。"本指墙脚，又泛指一切建筑物的底部、基址。如《晋书·张华传》："焕到县，掘狱屋基，入地四丈余，得一石函。"

基址是建筑之始，"基"引申出起始义。如《国语·晋语九》："基于其身，以克复其所。"《汉书·枚乘传》："福生有基，祸生有胎。"颜师古注引服虔曰："基、胎，皆始也。"

二 部位词空—时隐喻转喻的特点

以上部位词语的空间及时间概念语义演化如下表2。

表2

原始部位类别		>其他事物具体部位（初级隐喻）	>空间方所（隐喻扩展）	>时间方位
人体	额/脸/顶/踵	+		
	颊/唇/眉/肋	+	+	
	首/头/口/心/背/脚/跟/题/颠	+	+	+

续表

原始部位类别	>其他事物具体部位（初级隐喻）	>空间方所（隐喻扩展）	>时间方位
山川	厓/涯/崖/涘/浔/滨/陬/隅/陂/隈		+	
动植物	末/梢/杪/尾	+	+	+
衣物	表/缘		+	
房屋	宇		+	
房屋	基	+	+	+

注："颠""巅"的同源关系，我们把"颠""巅"合为一条。
"阴""阳"因涉及绝对方位，本表不列。

从上表可以看出以下几点。

（一）部位词在向空间及时间的概念隐喻发展过程中体现出不同的层级

a. 初级隐喻阶段

"额、脸、顶、踵"从人体的具体部位到表示其他实物的相应部位，固然是发生了隐喻，但是人体的某具体部位与其他实物的相应部位仍处在一个更大的认知域内（例如都可以通过视觉、触觉直接感知），从这个角度讲，我们可以认为这种隐喻属于初始概念隐喻阶段。据束定芳（2008：177），转喻只涉及一个概念系统，两个事物之间的映射或联系均在同一个领域内。因此也可以认为从人体部位到其他实物部位其实属于转喻。除山川、衣物类部位词语外，其他部位词语在空间及时间语义演化过程中都经历了这一阶段。

b. 概念隐喻的扩展阶段

发生隐喻的部位词中，除"额、脸、顶、踵"外，其余的部位词或者在初始隐喻的基础上发生了概念隐喻的进一步扩展，即"原始具体部位>其他实物部位>空间方所（空间关系）"。而山川、衣物类部位词语则直接由原始部位词扩展泛化为空间方所词，即"原始具体部位>空间方所（空间关系）"。

例如"颊"就经历了"脸颊>实物的两旁>旁、侧"的语义发展；"滨"经历了"水边>边"的语义发展。

跟初始隐喻相比，概念隐喻的扩展淡化了源域的主体而凸显其部位，从而使得部位与整体的空间关系成为认知焦点。这个过程导致部位词表意功能的扩展。

Croft（1993）利用域凸显（domain highlighting）来阐释概念转喻，他认为概念转喻是次认知域（secondary domain）和主认知域（primary domain）①之间的凸显关系。李福印（2008：145—149）综述了关于转喻的五种经典定义，认为这些定义都视转喻为概念框架②内的认知过程，都无法准确把握隐喻、转喻的区别和联系，认知域、认知矩阵等概念也过于模糊等。

Goossens（1990）指出隐喻和转喻是相互联系融合的，Panther（2006）认为概念隐喻具有象似关系（iconic relation），概念转喻具有指示关系（indexical relation），是一种意义的扩展。由此看来，部位词语从表示具体部位到表示其他物体的相对部位，乃至表示抽象的空间方所，同时具有隐喻和转喻的因素。在空间域内部这些词语的表意功能的扩展，则是由转喻引起的。

c. 时间隐喻阶段

部位词语中"首/头/口/心/背/脚/跟/题/颠""末/梢/杪/尾"两组连续发生了从空间域到时间域的语义变化，这是两个具有明显跨度的不同认知域的映射。值得注意的是，所有这些部位词隐喻为时间概念的，都经历了"人体/物体具体部位>其他实物部位>空间方所（空间关系）>时间概念"四个阶段，我们可以认为，从部位隐喻为时间概念，其间一般需要经过空间关系这一环节，也就是需要经历隐喻概念扩展这一环节。缺乏初始隐喻概念的扩展，不能产生时间概念。这也从一个侧面说明跨域映射先在概念层产生，因为如果没有扩展化的概念产生，也就不会有相应的时间概念产生。这同时说明概念层产生之后才有可能在语言表达层体现。

由此可见，时间概念隐喻过程可以看作一个连续统，具有不同的隐喻化进程。部位词的时间隐喻就体现了这一进程。即人或物体的具体部位>其他物体的相应部位>空间方位>时间。

（二）发生空—时隐喻的部位词的空间概念与时间概念之间大体存在平行对应关系

首先，从历史语言材料看，都是先有表人体/物体部位的用法，然后

---

① 主认知域即一个认知域矩阵，由许多次认知域构成。参李福印（2008：147）。

② 这里的"框架"指一个错综复杂的概念网（intricate conceptual network），是"对生活中典型场景和其中典型要素的静态或动态心理表征"（static or dynamic mental representations of typical situations in life and their typical elements）。参见李福印（2008：149）。

词义扩展为表示空间位置,再出现表示时间概念的用法。空间方所概念与时间概念之间大体存在平行对应关系。

我们以"头"为例来看看这一语义发展的过程。(一)"头"表部位、空间概念:"头"在先秦时多指人或动物的头部;汉代在"×头"结构中表示物体×最前面或最上面的部分,进而表示物象的一端;东汉时又出现在方位词后面,相当于边、面;"头前"本指头部的前面;元代"头里"表示"前面"。(二)"头"表时间概念:东汉开始,"头"在"×头"结构中表示开始、顺序在前;宋元之后多有"头"用在时间词语后的用例;元代出现"头×"表时结构(如"头前"),表示以前,先前;明清出现"头几年、头天"等表示说话之前时间的词语。"头"的空间、时间义不仅在出现的年代上大体前后相承,而且空间义与时间义的存在明显对应。

当然,不同的部位词语在语义演变上是不均衡的。多数词语经历了部位名称>空间方所概念>时间概念的空—时语义演变,有的则止步于空间方所概念(如"足")。这可能是有些词语还没来得及进一步发展就被其他同义词代替,从而失去了发生从空间到时间的演变机会。

其次,这些部位词语在方言中的空间、时间概念的用法也大体具有平行对应性。

如"头"在方言中除表示人或动物的头部外,还有以下空间方所义:(1)里、里面;(2)表示某物的附近,相当于边、前;(3)表示某物的表面,相当于"上"等空间方所的用法。时间概念方面,"头"表示:(1)一个时间段的几部分中顺序在前的,或一个时点的开始部分;(2)表示在说话时间之前的时间,或表示刚才、以前;(3)在动词前或句首表示在……以前、之前;(4)表示在一定范围内,相当于"里";(5)泛化,相当于"上"。

"头"的各种用法在方言中作为共时的语言现象,并不能清晰看到词义的演化过程,但与汉语史结合起来就能为我们清晰勾勒这些词语从人体/物体部位到表示空间方所再到表示时间的语义发展脉络。对比"头"的各种用法,我们能很清楚地看到它们在汉语史和方言、在空间域和时间域的用法具有大致的对应性。

(三) 部位词语的空间及时间隐喻存在不同层级的原因

(1) 在空间及时间隐喻过程中,部位词的原始义仍起着制约作用。

虽然具体部位词很多，但是成为空间方所标记的并不多，进入时间域的部位词语更是有限。在空间及时间隐喻过程中，词的原始义仍起着制约作用。一些词义过于具体，未能摆脱具体事物相对部位意义，它们的词义没能进一步泛化，在后代趋于消亡，更不能进入表时结构。如"隩"原指水岸弯曲处。《说文·阜部》："隩，水隈厓也。"这个词又引申指可居住之偏远地区，但始终未能进一步扩展为表示空间关系的方位词或准方位词。

有的虽然词义泛化，发展为准方位词（如"厓/涯/崖/浚/浔/滨/陬/隅/陂/隈"），但没能实现从空间到时间的隐喻转化。

（2）原始部位词能够隐喻化进入时间域的，主要是人体部位及动植物部位词。①

近些年来，随着认知科学研究的深入，人们提出了经验现实主义（experiential realism）的观点。经验主义认知观认为：人类认知结构来自人体的经验，并以人的感知、动觉、物质和社会的经验为基础，对直接概念和基本范畴以及意象图式进行组织和建构。人们对客观世界的认识不是来自与外在实体的对应，而是来自对现实世界的经验。所谓"经验"包括个人或社会集团所有构成事实上或潜在的经验的感知、动觉，以及人与物质世界和社会环境的相互作用的方式，等等。（赵艳芳，2001：33）

部位词向其他不同概念域发生隐喻的过程，显然是建立在对人类自身及周边环境的认知基础上的。人体部位词语中有 17 个发生了空间或时间概念隐喻。这 17 个人体部位或是外显、容易引人关注的（如额、脸、顶、颊、唇、颠、眉、首/头、口、题、背、脚），或者是古人认为特别重要的（如心）。山川、动植物的部位也是与人们密切相关的外显事物，容易被人们的认知凸显，因而容易发生概念隐喻。

第三节　空间指代语词的空—时语义演变②

我们所说的"空间指代词"指能对空间方所有指示作用的指代性词语，如"这里、那里"。李捷、何自然、霍永寿（2011：35—36）认为空

---

① "宙"只在"宇宙"一词中显示其时间义；在"基"表示"起始"的例子中，其"基于""缘由"义较强，且出现频率很低。这两个词的时间义并不典型。

② 本节内容参何亮（2019）。

间方所指示信息来自话语中所谈及的所在位置或话语时发话人和受话人所处的位置，空间指示语是靠语境决定其准确方位的。文旭（2010）认为空间可以分为物理空间、认知空间和语言空间。物理空间指客观世界中客观存在的，不以人们的意志为转移的空间形式；认知空间是人们对物理空间进行感知、概念化的产物，是物理空间在心理中的表征，是一种认知结构；语言空间是认知空间在语言中的现实化，是人们运用某种特定的语言结构形式表达出来的认知空间。闫涛（2009）指出通常情况下，指示用法中空间指示的中心在说话人，即以话语活动参与者说话时刻所处位置作为空间指示的基准点，依靠话语的语境来明确话语内容中所指事物与话语活动参与者的远近方位关系或确定其准确的位置。因此，空间指代词实际反映了人们对客观空间方位的心理认知，是人们对客观事物心理距离的语言实现。

我们所说的"空间指代词"与语用学的"空间指示"所指有交叉但不同。语用学的地点指示又称空间指示（spatial deixis），指话语交谈中所指地点在不同语境中的远近所在，包括 here、there、where、left、right、up、down、in front、behind 等，而我们所指的空间指代词仅包括指示处所的词和短语，这些词语既用于空间指示又用于时间指示。

汉语史上曾出现过的近指空间指代词有"之"类、"此"类、"斯"类、"是"类、"兹"类、"尔"类、"这"类等，指以说话人所在地为参照，对于靠近说话人的近处的指称；汉语史上曾出现过的远指空间指代词有"彼"类、"那"类，指对于远离说话者的远处的指称。近指和远指的区别不仅在于物理空间的距离，还能够反映说话人的心理距离。一般而言，物理距离与心理距离一致。汉语史上一些空间指代词语往往发展出时间指示作用，而这样的用法在其他语言并不多见，具有一定的特殊性。例如英语最基本的时间指示词语（time deixis）是 now 和 then、today、tomorrow、yesterday 等，并没有空间指示作用。

"此、彼、尔、斯、这、那"等原先是空间指代成分，当我们指代时间时，位置图式使得这些指代成分进入表时系统。下面我们分别考察汉语史上这些空间指代词语的空—时语义演变。

一 近指空间指代词

（一）"兹"类

张玉金（2001：33）指出"兹"在甲骨文中表示近指，可用作介词宾语，用来指代地点、时间等。他举的例子如：

①庚午卜，内贞：王勿作邑在兹，帝若？（《甲骨文合集》14201）

②丁酉卜，兄贞：其品司在兹？（《甲骨文合集》23713）

③癸巳卜，争贞：日若兹凄，唯年祸？（《甲骨文合集》10145）

"兹"作空间指代词表示此、这个、这里。这个用法在后代沿用。《尔雅·释诂》："兹，此也。"文献多见用例。如：

④挹比注兹。（《诗·大雅·泂酌》）

⑤文王既没，文不在兹乎？（《论语·子罕》）

⑥受兹介福，于其王母。（《易·晋》）

⑦登兹楼以四望兮，聊暇日以销忧。（东汉·王粲《登楼赋》）

陈梦家（1988：113）指出甲骨卜辞中"兹"可以指称时间"今"。邓飞（2013：98）在商代甲金文"兹"参与的时间表达看，基本是表示"今"或近指。"兹"作为时间指代，表示当前、现在、这个时间。这在秦汉常有用例。如：

⑧兹予大享于先王，尔祖其从与享之。（《书·盘庚上》）

⑨今臣生十二岁于兹矣，君其试臣，何遽叱呼。（《史记·甘茂传》）

⑩今罢三郡之士，通夜郎之途，三年于兹，而功不竟。（《汉书·司马相如传下》）

王凤阳（2011：11）曾指出："兹"和时间词发生关系是指代时间的结果……在近代"兹"的指示代词用法消失，它逐渐时间词化了，可以是当前、现在，也可以是当月、当旬，也可以是当日。

（二）"此"类

【此】

《说文》："此，止也。从止，从匕。匕，相比次也。"林义光《文源》："此者，近处之称。近处即其人所止之处也。"根据林义光先生的观点，则"此"的指代词用法是由人所止之处转喻为近处之称。"此"与"彼"相对，可以指此地、这里，也可以近指为这个（相对于说话者，心理距离近）。如：

①今夕何夕，见此良人！（《诗·唐风·绸缪》）

②今王鼓乐于此。（《孟子·梁惠王下》）

值得注意的是"此"除了指示空间概念，后来在近代汉语中可表示时间。在话语者构建的心理空间里，如把"此"看作某一特定参照点，则"此"指参照时间。如：

③春宵苦短日高起，从此君王不早朝。(白居易《长恨歌》)

在话语者构建的心理空间里，把话语时间视为现在，则"此"犹"今"。如：

④及此见君归，思归妾已老。(李白《去妇词》)

⑤旌竿暮惨淡，风水白刃涩。胡马屯成皋，防虞此何及！(杜甫《龙门镇》)

【此间】

空间指代词"此间"也发展出时间指代用法。"此间"本是指代空间方所，相当于这里。如：

⑥谓卿云何，困苦以自怨，徨徨所欲，来到此间。(曹操《秋胡行》，《先秦汉魏南北朝诗》)

⑦弃我于此间，穷厄岂有赀。(阮瑀《驾出北郭门行》，《先秦汉魏南北朝诗》)

⑧此间顷来甚多草秽，君载细小，作此轻行，大为不易。(《搜神记》卷五)

以下例中"此间"指示时间概念，相当于这段时间、其间。如：

⑨两人不和，件册子法文不返纳东寺，称是先师随身法文，随身持去高野，住山二三年，此间转任大僧都。(唐·观贤《奉勘空海遗迹状》)

⑩公以为若此间使人往说之，则元昊益骄，不可与言。(宋·司马光《涑水记闻》)

按，"此中"也有空间方所指代用法，但未见时间指代用法。如：

⑪燕南垂，赵北际，中央不合大如砺，唯有此中可避世。(《后汉书·公孙瓒传》)

⑫此中人语云不足为外人道也。(陶渊明《桃花源记》)

⑬此中多诸浦涧，傍依茂林，迷不知所通，崟崎深沉，处处皆然，不但一处。(南朝《宋书·谢灵运传》)

⑭周既过，反还，指顾心曰："此中何所有？"顾搏虱如故，徐应曰："此中最是难测地。"(《世说新语·雅量》)

以下"此中"既可理解为此地，也可理解为此时。

⑮扶风石桥北，函谷故关前。此中一分手，相逢知几年。(庾信《别周尚书弘正诗》)

（三）"是"类

【是】

"是"可用作空间指代词，表示此、这、这里。如：

①因是谢人，以作尔庸。（《诗·大雅·崧高》）

②故其鼎铭云："一命而偻，再命而伛，三命而俯，循墙而走，亦莫余敢侮。饘于是，鬻于是，以糊余口。"（《左传·昭公七年》）

③怒之，使下，指木曰："尸女于是。"（《左传·宣公十二年》）

上面②③的"于是"指空间。"是"由空间转指时间，作时间指代词。如"于是"表示这时、那时。①

④于是军帅之欲战者众。（《左传·成公六年》）

⑤于是大风从西北而起，折木发屋。（《史记·项羽本纪》）

⑥世祖于南康郡内作伎，有弦无管，于是空中有篪声，调节相应。（《南齐书·志第十·祥瑞》）

⑦及有此变，司直弹劾众官，元帝又无所问。于是频旱三年。干宝以为冤气之应也。（沈约《宋书·志第二十二·五行三》）

⑧至七日夜，守视之者，觉尸足间如有风来飘衣动衾，于是而稣有声，家人初惧尸蹶，并走避之，既而稍能转动，末求饮浆，家人喜之，问从何来？（《古小说钩沉·冥祥记》）

【是中】

"是中"主要在中古使用，原为空间方所指代词，义为这里、这里面。如：

⑨舍利弗言："善哉，须菩提，菩萨设使出是中，便自致萨芸若。"（后汉·支娄迦谶译《道行般若经·摩诃般若波罗蜜道行品第一》）

⑩其人报萨陀波伦菩萨言："贤者不知耶，是中有菩萨，名昙无竭。诸人中最高尊，无不供养作礼者。"（后汉·支娄迦谶译《道行般若经·萨陀波伦菩萨品第二十八》）

⑪去曰："是中当有自知者。"（《汉书·景十三王传》卷五十三）

以下两例似乎可以理解为空间方所指示词，也可以理解为时间指示词。如：

---

① 《汉语大字典》（第二版）认为"是"通"时"，"于是"表示当时、此时、那时。我们认为以通假解释，反而迂曲。

⑫汝于是中当得作佛,号曰普贤如来应供正遍知明行足善逝世间解无上士调御丈夫天人师佛世尊。(北凉·昙无谶《悲华经·诸菩萨本受记品第四之二》卷第四)

⑬尔时上方过二十万百千世界,有世界名妙华。是中有佛,号华敷日王如来。(北凉·昙无谶《悲华经·诸菩萨受记品第四之六》卷八)

按,"是中"只有空间指示用法。

(四)"这"类

【这】

"這"(这)本是"適"(适)的俗体字。约从唐代开始,借用作指示代词,指代较近的地方、事物。①

①那边玉箸销啼粉,这里车轮转别肠。(宋·辛弃疾《鹧鸪天·送元济之归豫章》)

②(思明)却骂曹将军曰:"这胡误我,这胡误我!"(《旧唐书·史思明传》)

在晚近时期,"这"又可以用作时间指代词,表示"这时候"。如:

③马嫂儿道:"我这就往门外头去,只怕那里有。我就去罢。"(《醒世姻缘传》第五十五回)

有时相当于现在。"现在"其实就是对说话当时的指称。如:

④黛玉道:"可不是?我这就是回去的时候儿了。"(《红楼梦》第九十六回)

⑤我打扮得简直不像个人,这才招得动那不文明的人。(老舍《月牙儿》三九)(本例参《汉语大词典》第一版第10册,第917页)

【这儿】

"这儿"可以指比较近的处所,只是空间方所,相当于这里。

⑥你老要没熟人,我数你老听:咱们这儿头把交椅,数东关里住的晚香玉,那是个尖儿。(《儿女英雄传》第四回)

⑦我要拿得动那个,我也端头号石头考武举去了,我还在这儿跑堂儿吗?你老这是怎么说呢!(《儿女英雄传》第四回)

⑧贵寓在那里?宝眷在京不在京?可以搬在兄弟这儿一块住。(《官

---

① 据徐曼曼(2012)考察,春秋以前近指代词主要用"兹"来表达;西周开始,人们使用声近义通的"此"来代替"兹",春秋时期即完成了这一更替过程;唐代开始出现的"这"在宋代发展成熟,至迟在元代取代了"此"的主导地位并沿用至今。

场现形记》第二十六回)

"这儿"在现代可用作时间指代,相当于这时候,指比较近的时间。如:

⑨你们俩算什么东西?打这儿起,谁不听话我揍谁!(老舍《方珍珠》第二幕)

⑩打这儿以后,马家军一直不顺当,最后终于出了大事。(赵瑜《马家军调查》)

【这下】

原作为空间指代词语,指这里、这儿。如:

⑪今日须是自家这下照得理分明,则不走作。(《二程集·河南程氏遗书》卷二上)

⑫只是从程先生后,不再传而已衰,所以某尝说自家这下无人。(《朱子语类》卷八)

⑬这下人全不读书,莫说道教他读别书,只是要紧如《六经》《汉书》《唐书》、诸子,也须着读始得。(《朱子语类》卷一百二十一)

"这下"指近期内发生的事情,跟时间指代有关。如:

⑭哎哟,这下儿把我摔着啦!(京剧《盗魂铃》第六场)

⑮侯莹这下完全清醒了。她顿时明白了自己在二哥眼中是多么碍事的东西。(刘心武《立体交叉桥》第二章)(《汉语大词典》第一版第10册,第917页)

【这些】

指示较近的实体,如人、事物或处所等。

⑯这些功,真奇妙,分付与人谁肯要。(唐·吕岩《敲爻歌》)

⑰这些言语,犹容纳不得。(宋·朱弁《曲洧旧闻》卷三)

⑱你为公事来到这些,不知你怎生做兀的关节?(元·关汉卿《望江亭》第三折)(近指处所)

"这些(儿)"也作为时间指代词,表示这会儿、这会子。如:

⑲恰才见明妃回来,这些儿如何就不见了?(《汉宫秋》四)

⑳这些儿信音稀,有也无也?(刘庭信[折桂令]《忆别》之五)①

【这其间】

"间"本是方位词,"其间"本指空间概念。汉语史上"这其间"用

---

① 以上两例见李崇兴、黄树先等(1998:422)。

于时间指代，犹言这个时候。如：

㉑这其间可正是我愁时分，则见那巢空翡翠，冢卧麒麟。(元·无名氏《碧桃花》第一折)

㉒这其间游人气侠，主人情切，风景不须赊。(明·金白屿《王西庄宴集》曲)

【这程子】

"程"本指以驿站邮亭或其他停顿止宿地点为起讫的行程段落。《汉语大字典》(第二版)第2791页引胡三省注《资治通鉴·晋海西公太和四年》"琛兼程而进"："程，驿程也。谓行者以二驿为程，若一程而行四驿是兼程也。"如：

㉓苍到国后，病水气喘逆，上遣太医丞相视之，小黄门侍疾，置驿马传起居，以千里为程。(《东观汉记·东平宪王苍传》)

词义扩展指距离。如：

㉔风光四百里，车马十三程。(白居易《从陕至东京》)

㉕及来此，问荆人，云去郓止两程。(宋·欧阳修《与尹师鲁书》)

㉖当下薛霸收了金子说道："官人放心，多是五站路，少便两程，便有分晓。"(《水浒传》第八回)

"程"表示一段短暂的时间。如：

㉗若是此时说话的在旁边一把把那将军扯了开来，让他每讲一程话，叙一程阔，岂不是凑趣的事。(《二刻拍案惊奇》卷六)

"这程子"作为时间指代词，指这些日子。如：

㉘叔叔这程子只怕总没作文章罢。(《红楼梦》第一一八回)

㉙张大哥这程子精神特别好，因为同事的老李"有意"离婚。(老舍《离婚》第一)

【这疙疸】

方言"这疙疸"作为空间指代词，犹言这个地方。如：

㉚这疙疸儿吃喝都不便，凳子也缺，赶明儿搬到我们院子里去。(《汉语大词典》第一版第10册，第918页)

"这疙疸"也可作为时间指代词，指说话时的时间。如：

㉛咱们这会，开到这疙疸。(周立波《暴风骤雨》第一部十七)

(五)"今"类

"今"可作指示代词用，相当于"此""这"。王引之《经传释词》

卷五:"今,指事之辞也。"如:

①王曰:"今是何神也?"(《国语·周语上》)

②裨谌曰:"是盟也,其与几何?《诗》曰:'君子屡盟,乱是用长。'今是长乱之道也。"(《左传·襄公二十九年》)

③凤驾今时度,霓骑此宵迎。(南朝陈·陈叔宝《同管记陆琛七夕五韵诗》)

"今"又指现在、今日、当代。如:

④自今以始,岁其有。(《诗·鲁颂·有驱》)

⑤今天下溺矣,夫子之不援,何也?(《孟子·离娄上》)

⑥穿谓龙曰:"臣居鲁,侧闻下风,高先生之智,说先生之行,愿受益之日久矣,乃今得见。"(《公孙龙子·迹府第一》)

⑦今之乐,由古之乐也(《孟子·梁惠王下》)

二 远指空间指代词

【之】

张玉金(2001:30)认为甲骨文中指示代词"之"是表示远指的,可译为"那、那里、那样","之"所指代一般是时间,也可以是地点。如:

①唯之人?不唯之人?(《甲骨文合集》7851)

②甲午卜,争贞;翌乙未用羌?用,之日雾。(《甲骨文合集》456)

张玉金举了"之"作介词宾语指代处所的用例,但他没有举"之"作指示代词作宾语指代时间的例子。"之"作定语指处所、时间、事物等后代一直沿用,但我们没有见到"之"作宾语指代时间的用法。

【彼】

《说文》:"彼,往有所加也。"徐锴《说文系传》:"彼者,据此而言,故曰有所加。""彼"与"此"相对,作为指示代词,表示那、那个、那里。原本也是空间指代。如:

①公弋取彼在穴。(《易·小过》)

"彼"也能用为时间指代,如"彼一时,此一时"谓时间不同,情况也不同。这里的"彼""此"就具有时间指代作用。如:

②彼一时,此一时也。五百年必有王者兴,其间必有名世者。(《孟

子·公孙丑下》)

③是故非子之所能备，彼一时也，此一时也，岂可同哉。(汉·东方朔《答客难》)

就我们所见，"彼中""彼间"都是空间指代，未见时间指代。如：

④南方去此十千佛土，有佛世界名曰欢乐。彼中人民寿八十岁，集聚一切诸不善根，喜为杀害，安住诸恶。(北凉·昙无谶《悲华经·檀波罗蜜品第五之二》)

⑤因复指河曲之淫隈曰："彼中有宝珠，泳可得也。"(《列子·黄帝第二》)

⑥须菩提言："菩萨亦不念彼间，亦不于是间念，亦不无中央念。色亦无有边，菩萨亦无有边。"(后汉·支娄迦谶译《道行般若经·摩诃般若波罗蜜道行品第一》)

⑦言此处亦有利养，彼间亦得利养。(唐·义净《根本说一切有部毗奈耶安居事》)

三 其他空间指代词

【其】

"其"用作空间指代，表近指或远指，犹此，彼。或表示特指，表示其中的，当中的。如：

①亦言其人有德。(《书·皋陶谟》)

②诸将以其故不亲附。(《史记·陈涉世家》)

③用其二三十万为河伯取妇。(《史记·滑稽列传》)

【其间】

"其间"本是空间指代，表示其中、那中间。先秦已有用例，后代一直沿用。如：

④王独不见夫腾猿乎？其得楠梓豫章也，揽蔓其枝，而王长其间，虽羿、蓬蒙不能眄睨也。(《庄子·山木》)

⑤青烟扬其间，从风入君怀。(《古诗五首》，见《玉台新咏》)

⑥一朝坐空室，云雾生其间。(唐·韩愈《谢自然》)

"其间"也用作时间指代，指某段时间之中。如：

⑦五百年必有王者兴，其间必有名世者。(《孟子·公孙丑上》)

⑧常以朝晡听事，其间接纳宾客，饮食嬉戏，加之博弈，每尽人之

欢，事亦不废。(《三国志·蒋琬费祎姜维传》裴注)

⑨那其间墙里无人看，墙外行人则要你厮顾盼。(元·关汉卿《四春园》第一折)

【何许】

"何许"用作空间指代词，表示哪里。如：

⑩是人从何来，当复往至何许？(后汉·安世高译《佛说一切流摄守因经》)

⑪君子在何许，叹息未合并。瞻仰景山松，可以慰吾情。(阮籍《咏怀诗八十二首》其一)

⑫我生本飘飘，今复在何许？(杜甫《宿青溪驿奉怀张员外十五兄之绪》)

"何许"又用作时间指代词，表示何时。如：

⑬良辰在何许？凝霜沾衣襟。(三国魏·阮籍《咏怀》诗之十一)

⑭佳期怅何许？泪下如流霰。(谢朓《晚登三山还望京邑》)

⑮佳期在何许？徒伤心不开。(梁简文帝《照流看落钗》)

【何处】

"何处"本用作空间指代词，表示哪里，什么地方。如：

⑯且勇者不必死节，怯夫慕义，何处不勉焉！(《汉书·司马迁传》)

⑰万乘旌旗何处在？平台宾客有谁怜？(唐·王昌龄《梁苑》)

⑱沧海未全归禹贡，蓟门何处尽尧封？(杜甫《诸将》)

"何处"也用作时间指代词，相当于何时。[①] 如：

⑲白发三千丈，缘愁似个长，不知明镜里，何处得秋霜？(李白《秋浦歌》)

⑳独随孤棹去，何处更同衾？(长孙辅佐《杭州秋日别故友》)

㉑若问相思何处歇，相逢便是相思彻。(晏几道《醉落魄》)

㉒归云一去无踪迹，何处是前期？(柳永《少年游》)

㉓人间何处难忘酒？迟迟暖日群花秀。(张抡《菩萨蛮》)

四　指代词空间>时间语义演变的原因

上述指代词语都发生了空间>时间的语义演变，时空隐喻通过多

[①] 王锳先生(1986：100)早就指出这一用法。又，王锳先生还指出因"许"与"处"通，故"何许"也有这种表示时间的用法。

种意象图式表征。当人们需要指称某时间或事件行为发生的时间时，人们通常使用位置图式。人们常常把时间看作地点，在这个时点位置上发生事件行为。在语言上的表现是时点时间词语本身像空间物体一样可以指称。那么这种指代词语从空间域到时间域的语义演变是怎样产生的呢？

这种语义演变由隐喻机制引起。束定芳（2008：158）指出隐喻的基本条件是语义冲突，语义冲突也是隐喻的突出特点。语义冲突也可称为语义偏离（deviation），指的是在语言意义组合中违反语义选择和常理的现象。语义冲突可以发生在句子内部，也可以发生在句子与语境之间。

上述指代词孤立地看，并不能知道是空间指代还是时间指代，它们必须在一定的语境中才能辨别。束定芳（2008：158）把语境分为语言语境和非语言语境。语言语境指的是上下文，或者是词语的搭配或前后组合关系。非语言语境指的是交际环境和文化背景。这些指代词的空间>时间的语义变化显然是由语言语境引起的。"此""此间""这""这儿""何处"等词语本来用于空间，而在一些句子里用在时间方面，因此产生了语义上的冲突，迫使人们从隐喻的角度加以理解，其中蕴含着"空间是时间"的概念隐喻。

隐喻涉及源域（source domain）和目标域（target domain）之间的互动。相似性是引起源域和目标域互动的内在诱因。那么空间指代和时间指代的相似性何在呢？

相似有物理的相似和心理的相似。束定芳（2008：168）指出物理相似包括形状相似、功能相似，心理相似则指由于文化或其他心理因素使得说话者或听话者认为某些事物之间存在某些方面的相似。

空间指代与时间指代的功能具有相似性，都有指称、定位的功能，但二者更根本的在于心理相似。因为空间和时间在许多方面都存在相似性，例如都有存在性，可以定位，当人们指代空间某事某物时，在心理上认为二者是相近的，因而使得二者发生互动产生空—时隐喻。从以上考察可知，近指空间指代词在时间域，指代靠近言者说话的时间（如当前、现在）；远指空间指代词指代心理距离较远的时间；询问空间方位的映射为询问时间位置。

实际上，我们认为空间指代词的时间用法，也与转喻分不开。Lakoff

和 Turner（1989）认为隐喻和转喻的区别在于它们利用的是不同的关系：隐喻是相似性而转喻是邻近性。空间域与时间域固然是两个不同的具有一定相似性的概念域，但因为空间与时间的不可分离性，它们具有很明显的相关性，因而，从这点来说，空—时隐喻其实也可以看成一种转喻。束定芳（2008：201）认为隐喻的一个基本特征是话题和喻体之间有某种距离，话题和喻体之间的相似性应该伴随一种由于它们分属不同的领域而产生的一种差异的感觉；而转喻只涉及一个概念系统，两个事物之间的映射或联系均在同一个领域内。空间域与时间域的特殊之处在于，一方面我们可以把它们看作两个不同的概念域，另一方面，由于二者的共生性，以及时间概念的抽象性，我们完全可以把它们看作一个更大的空—时概念域。Raddon（2000）认为隐喻和转喻组成一个连续系统，两者之间没有明显的界限。我们认为在空间概念到时间概念的映射过程中，隐喻与转喻并没有那么大的区别。

第四节 "前""后"的时间指向及时间认知方式[①]

一 讨论的缘起

汉语"前""后"所反映的时间意义及其所体现的时间认知方式，引起国内外学者的高度关注，并引发了一系例深入的探讨。

游顺钊（1994：95—96）指出古汉语中"前面"与过去相联系，"后面"与将来联系在一起，而"二战"后出生的人，由于汉语受外来文化的影响，认为将来是在前面，时间是由后面向前面流动的。

徐丹（2008）认为 Clark 的相关理论还不能解释汉语里所有与"前""后"相关的时间词，特别是解释不了为什么大部分的"后"可以用在未然语境，而"后来"则不能。他认为古人用"来"时，既暗含"前"又暗含"后"，所以会出现诸如"自今以来"和"自今以往"同表"以后"的情况。相对于说话者，汉语里的时间移动既可以由前向后（如"前年"），也可以由后向前（如"后来"）。

[①] 本节内容参何亮（2018）。本章第一节我们曾列举过"前边""前面""前头""前首""前方"等用法。为讨论方便，这里仍重新举例说明。

张建理（2003）则认为汉语的时间认知中存在"时间右视认知"和"时间左视认知"。在右视中，"前""后"分别为将来和过去；在左视中，"前""后"分别为过去和将来。右视派生出左视。

史佩信（2004）认为汉语"前后式"有两种隐喻方式：第一种是汉语常见的，把时间发展看作有自己方向的矢量轴线，"前"是较早的，指过去；"后"是比较晚的，指未来。第二种是把时间想象成一段路程，人行进在时间的长途之中。时间本身没有前后之分。"前"指人行进的方向，"前方"就是未来的方向。

韩玉强、刘宾（2007）认为汉语"前""后"认知表征时间较早采纳了客体参照下认知策略"时间在动"隐喻，"前"表示较早的和过去的时间，"后"表示较晚的和将来的时间。而"前""后"在主体参照策略下"自我在动"隐喻中对时间的认知和表征是在近代汉语以后的事，使用范围小、限制多。前者形成于较早的历史时期，其隐喻认知意义对后者在汉语言中的实现起了一定的抑制作用。

陈振宇（2008）把时间认知与句法、语义条件结合起来研究，认为当移动或朝向的参与者是基础句（主语—动词—宾语）或话题句中的施事或主事时，"前"指示未来，"后"指示过去；当移动或朝向的参与者是基础句或话题句中的受事或系事时，"前"指示过去，"后"指示未来。

蔡淑美（2012）认为汉语倾向于采取"时间在动"的视角，即"前"表过去，"后"表未来。但在这一总的原则之下，还有细微的区别，对某一特定语句而言，认知视角的选择受到该语句内部句法、语义关系的影响和制约。

他们的观察角度不同，观点有差异也有共同之处。例如他们都认为时间词往往是空间词的隐喻，汉语的时间认知中都存在"自我移动"（moving ego）和"时间移动"（moving time）两种方式；汉语中"前""后"既可以用于过去时间，又可以用于将来时间等。游顺钊、韩玉强等认为汉语"前""后"体现的时间认知方式古今发生了变化；徐丹认为古人用"来"时既暗含"前"又暗含"后"，时间移动既可以由前向后，也可以由后向前。陈振宇、蔡淑美把"前""后"的时间义与句法语义限制联系起来。然而，我们认为以下几个问题值得进一步讨论：

（1）汉语中空间词"前""后"真的有既可以表示过去，又可以表示将来这样矛盾的用法吗？

（2）它们的空—时语义转换是怎样实现的？汉语"前""后"体现

的时间认知方式古今发生变化了吗?

以上学者们没有从历时的角度来考察相关语言现象。如果我们联系汉语史来讨论这些问题，相信能给我们以更全面的认识。

二 "前""后"的时间指向

人们都承认"前"常见的用法是表"（较）早""（较）先"（常表过去），"后"表"（较）晚""（较）迟"（常表将来）。如：从前、以前、先前、前年、前例、前愆、前人、前日、前天、后年、后天、今后、尔后、日后、往后、以后、后福、后会有期、后世、惩前毖后、瞻前顾后等。

但是人们也用以下的例子来说明"前""后"表时的矛盾性："前程、前途、前景、前面、前瞻"等"前"表示将来，"后来"却表示过去；"目前""当前"等表示现在。

下面我们对所谓"前"表将来、"后"表过去的相关用例从历时的角度进行考察。

（一）关于"前"指未来、"后"指过去

1. 关于"前"指未来

我们可以把人们所说的"前"指向将来的用例分为两类："前途、前程、前景"等为"前+道路义成分"；"前面"之类为"前+方所义成分"。下面是对这两类词语的历时考察。

（1）前+道路义成分（前途、前程、前路）

【前途】（前涂）

汉语史上"前途"组合有两种意义："前"为空间义，"前途$_1$"义为面前的路途；"前"是时间义，"前途$_2$"义为以前（已经行经）的路途。如：

①先驱前涂，俞骑骋路。（晋·左思《吴都赋》）

②行人见者，莫不嗟叹，不觉白日西移，遂忘前途尚远，盘桓瞻瞩，久而不能去。（《齐民要术·园篱》）

③辰时，前途见塔。（《入唐求法巡礼行记》卷一）

以上"前"是具体的空间概念，指面前的。尚未行经的前方路途，如果加以引申抽象，就会隐喻为"尚未经历的遭遇、境况""将会体验到的情景"。如：

④清河曰："古人贵朝闻夕死，况君前途尚可。且人患志之不立，亦

何忧令名不彰邪?"(《世说新语·自新》)

⑤茫茫前途,未敢自料,岂遽以一第为得丧哉。(唐·吕温《上族叔齐河南书》)

⑥三十登高科,前涂浩难测。(唐·姚合《答韩湘》)

⑦帝亦微笑谓阿计替曰:"使我有前途,汝等则吾更生之主也,敢不厚报!"(《宣和遗事》后集)

以上"前途₁"表示面前尚未行经的虚拟的前方路途,"前"表示虚拟的空间。

"前途"也可指已经行经的道路,表示"在过去的路途中"。"前"是时间概念以前、过去。如:

⑧一人衣青褐衣投宿,曰:"吾前途值盗,囊资皆罄尽。"(宋·尤名氏《鬼董·沈翁》)

⑨店家道:"若是小店内失窃了,应该小店查还。今却是车户走了,车户是客人前途雇的。小店有何干涉?"(《二刻拍案惊奇》卷二一)

现代汉语中只有"前途₁"经词汇化固化为词,指好的未来。其词汇化路径为:将行经的前方路途→尚未经历的处境→好的未来。"前"与"途"本为具体的空间概念,词汇化以后指虚拟的空间概念,"前途"转指为好的未来,"前途"本身并不是时间词。

【前路】

"前路"有两个意义。一是指面前的道路、在前方的路上。

⑩裕以官军在河南,恐断其前路,乃命引军北寇,及班师,乃止。(《魏书·叔孙建传》)

⑪问征夫以前路,恨晨光之熹微。(晋·陶潜《归去来辞》)

⑫汤哥若到前路无了盘缠,使银子呵,着人拿住,也是个死。(元·张国宝《罗李郎》第一折)

以上"前路"的"前"是具体的空间概念,表示面前的、眼前的。"前"也可以是虚拟的空间。如:

⑬人生在世,本自非常,吾年已老,前路几何。(《南齐书·豫章文献王传》)

⑭惟勤学奉公,勿忧前路。(宋·范仲淹《与朱氏书》)

⑮今你寿近七十,前路几何?(《初刻拍案惊奇》)

以上"前路"的"前"是虚拟的空间概念,还是表示面前的。前方的道路尚未经行，"路"发生隐喻，转指尚未经历的景况。

二是指以前走过的路，"前"表示以前的，过去的，属于时间概念。如：

⑯还复更寻，遂迷前路。(北魏·郦道元《水经注·河水六》)

"路"发生隐喻，"前路"比喻以往经历的岁月。如：

⑰前路既已多，后涂随年侵。(晋·陆机《豫章行》)

"前路"也表示序次在前。这也与时间观念有关。

⑱我正要问你：前路是平韵，到末了儿忽转了仄韵，是个甚么意思？(《红楼梦》第八九回)

【前程】①

"前程"本指面前的路程，"前"是空间概念。如：

⑲向夕问舟子，前程复几多？(唐·孟浩然《问舟子》)

⑳沙弥问老人万福，老人曰："法公万福。"沙弥问："前程如何？"(《祖堂集·药山和尚》)

㉑前程好景解吟否？密雪乱云缄翠微。(宋·王安石《送僧游天台》)

空间概念"面前的路程"隐喻化为前方尚未获得的成就。这里的"前"属于虚拟的空间概念。如：

㉒时有周玄豹者，善人伦鉴，与道不洽，谓承业曰："冯生无前程，公不可过用。"(《旧五代史·周书·冯道传》)

以上"前"是空间概念。"前途""前程""前路"等或表示真实的空间概念，指人面前的路途。或表示虚拟的空间概念。前方的路途尚未行经，如果加以引申抽象，就会隐喻为"尚未经历的遭遇、境况""将要出现或将会体验到的情景"。近现代出现的"前景"类此，既可以指前面（实指）的景物，也可以指前面将要出现（虚拟空间）的景象和情形。②

---

① "程"指以驿站邮亭或其他停顿止宿地点为起讫的行程段落。《东观汉记·东平宪王苍传》："苍到国后，病水气喘逆，上遣太医丞相视之，小黄门侍疾，置驿马传起居，以千里为程。"

② 蒋绍愚先生（2015：459）有类似的观点，转录如下：("前景""前途"与"前年")这两者性质不同。"前年""后年"说的是时间本身，也就是我们用作比喻的时间列车，它和"我"做相对运动。"前景""前途"说的不是时间运动，而是时间运动中"我"看到的景象，时间列车向前驰去，前面的路就是"前路"，前面的景就是"前景"，这当然都是将来的事情。按：汉语史上"前路"也可以指以前的道路。

如果"前"是时间概念,那么"前途""前程""前路"指的是以前的路上。但是不管"前"是空间概念还是时间概念,"前程、前途、前路、前景"本身都不表示时间概念,不是时间表达式。例如它们不能回答"什么时候""多长时间"的提问,不能表示时间的位置。

值得注意的是,现代汉语中"前途""前路"等只保留了"前"的空间义用法,表示"以前的路途上"这样的时间义用法消失了。我们认为这可能是因为"路、途、程"等强烈的路径、空间义限制了"前"的语义取向,使得"前途""前路"中"前"的空间义在语言使用中巩固下来。

(2) 前/后+方所成分

跟前面的"前途"之类相似,这类组合中的"前""后"也同时具有空间和时间概念两种意义。

【前面】

"面",《说文》"颜前也",本指脸。"面"很早就发展出向、对着义。如《尚书·召诰》:"面稽天若,今时既坠厥命。"《广雅·释诂四》:"面,向也。"

"前"表示空间概念时,"前面"表示接近正面的空间,空间或位置靠前的部分。尚不清楚"前面"的具体演变途径,作为方所词语的"前面"应是在"面"词缀化之后。唐代已有不少用例,此后一直沿用。如:

①牛遂告曰:"可以绳缏系我角上,置于前面,任晓方来。"(义净《根本说一切有部毗奈耶破僧事》卷第十)

②欲知前面花多少,直到南山不属人。(韩愈《游太平公主山庄》)

③崔宁指着前面道:"更行几步,那里便是崔宁住处。小娘子到家中歇脚,却也不妨。"(宋话本《错斩崔宁》)

我们所能见到的最早的"前面"用于时间概念的用例是在宋代。有意思的是,"前面"似乎有表示将来和表示以前两种看来矛盾的用法。如:

④人到五十岁,不是理会文章时节。前面事多,日子少了。若后生时,每日便偷一两时闲做这般工夫。(《朱子语类·论文上》卷一百三十九)

体会文意,句中"前面"似乎指的是五十岁以后尚未经历的时间。

实际上，这里的"前面"是虚拟的空间概念，指（尚未经历的）面前道路。

"前"表示时间概念时，"前面"表示过去、以前，"面"已词缀化。如：

⑤但有今日，都不须问前面事。（《朱子语类辑略》第 121 页）

⑥侯兴与师父说前面许多事。（《宋四公大闹禁魂张》）

在现代汉语中，"前面"的空间和时间用法都保留了下来，要从具体语境上去区分。如：

⑦我们要努力工作，前面可能还有困难。

⑧前面已经说过，这个困难必须克服。

例 7 的"前面"是一种想象的空间，在前面等着我们朝它移动。因为尚未到达，所以与将来时间有关联。"前面"本身还是空间概念。例 8 "说过"等语境决定了"前面"表示顺序义，表示在说话之前。

【前头】

"前头"在东汉就有表示前部位置的用法，"前"是空间概念。如：

⑨不可数千弟子，不可数百千弟子，共会在中央坐说经。与比丘僧相随，最在前头。（《道行般若经·摩诃般若波罗蜜守空品》）

唐代"前头"的"头"词缀化。如：

⑩含情欲说宫中事，鹦鹉前头不敢言。（唐·朱庆馀《宫词》）

"前头"可以是虚拟的空间概念，因为面前是尚未经历的，因而这种虚拟化的空间概念跟时间发生了直接关联。如：

⑪夜台暮齿期非远，但问前头相见无？（白居易《哭刘尚书梦得》）

"前"表示时间概念时，"前头"表示过去，"头"已经词缀化。首见于唐代，后代沿用。如：

⑫前头彼此作家，后头却不作家。（《祖堂集·长庆和尚》）

⑬如今不信和尚，真怕又要犯了前头的旧病呢。（《红楼梦》第一一八回）

2. 关于"后来"指过去

梁银峰（2009）、陈昌来（2009）认为时间词"后来"由动词性偏正式短语词汇化而来。"后来"原指迟到，后到。一般认为时间词"后来"指在过去某一时间之后的时间。有学者指出"后来"表达的是相对后时概念。我们赞成这一看法。"后来"之所以被认为表达的是过去时间，是因为它经常出现在追溯性的话语环境中。如果用以参照的相对时间是现在，那么"后来"也可以用于将来。如：

①先生曾道："应家学生子和水学生子一般的聪明伶俐，后来一定长进。"（《金瓶梅词话》第五十六回）

②乔大户娘子说道："亲家怎的这般说话？孩儿每各人寿数，谁人保的后来的事！"（《金瓶梅词话》第五十九回）

与"后来"类似的是"后边"。"后"表示空间概念时，"后边"指现实空间，犹如后面。如：

③其母遂来，于座后边，默然而坐。时劫比罗，即升高座，准式诵经。（义静《根本说一切有部毗奈耶》卷九）

"后"表示时间概念时，"后边"指以某事为参照之后的时间，"边"词缀化。如：

④他后边做了个逆党，身受诛戮累及子孙。（《型世言》第一回）

可见"后来""后边"并非不能用于未然的语境中，不能看作"后"表示将来时间的反例。

（二）"前"与现在时间

一些"前"还用于表示说话时的时间（即现在时间），如：当前、目前、眼前、面前。

这类表达式原来是空间概念，表示与观察者距离很近，由空间距离近隐喻为时间很近，当距离无限近时，就是现在，它们已经固化为时间词语。但是就表达式内部看，"前"仍是空间概念。"当前、目前、眼前"中的"前"本身完全没有现在或将来之时间概念。下面我们仍然从历时的角度加以考察。

【眼前】

"眼前"原本指眼睛前、跟前。如：

①待漏终不溢，嚣喧满眼前。（南朝梁·沈约《和左丞庾杲之病》）

②眼前列杻械，背后吹笙竽。（杜甫《草堂》）

由空间距离很近隐喻为无限接近当下的时间，即现时、目下。如：

③岩栖木石已幡然，交旧何人慰眼前。（宋·苏轼《次韵参寥寄少游》）

④世人只知眼前贵贱，那知去后的日长日短。（《警世通言·老门生三世报恩》）

类似的用法在方言多见。如"眼门前"在上海可指眼前、面前（方位），也指目前、现在。此外，方言中"眼目前"_{西南官话、东北官话}、"眼面前"_{北京官话（北京）、冀鲁官话（河北）、西南官话（成都）、吴语（浙江嵊县）、赣语（江西新余、宜春）}、"眼跟前"_{晋语（山西阳曲、山阴）、西南官话的部分地方}也表示现在、目前。（许宝华、宫田一郎，1999：5451）

【面前】

"面前"本指面对着的地方，脸的前部。如：

⑤故贪寻常之高而忽万仞之嵩，乐面前之饰而忘天下之誉，斯诚往古之所重慎也。（《三国志·蜀书·秦宓传》）

⑥沈琼枝在杜娘子面前，双膝跪下。（《儒林外史》第四一回）

脸的前部距离人很近，由此隐喻为时间概念当下、目前。如：

⑦且如面前事，也自是好底事少，恶底事多。（《朱子语类·性理一》）

⑧胡叔器因问："下学莫只是就切近处求否？"曰："也不须恁地拣，事到面前便与他理会。"（《朱子语类·训门人五》）

上述例子反映了"当前""眼前""目前"中的"前"并非表示时间概念。"当前""眼前""目前"本是表示空间方位或空间距离，整体隐喻为时间观念。

总之，我们不赞成"前"既表示过去概念又表示将来概念的说法。对比生活语言中所有"前"构成的词语，"前"或者表空间概念（含虚拟空间），指人或事物面向的前面，或者表示时间概念"以前""顺序在先"，"前"在时间概念里从不表示未来。"后"与此相对。

三 "前""后"时间隐喻的实现

韩玉强、刘宾（2007）对"前""后"由空间到时间的隐喻实现过程做了较为细致的分析。他们认为时空中的"前""后"认知，首先是人对自身（身体特征和自我运动）的感知，形成空间"前""后"的认知和表征，并将其投射到其他空间物体，进而形成空间"前""后"的两种认知选择策略（主体参照和客体参照）。在空—时隐喻过程中这种认知策略得到完全贯彻，也形成了时间"前""后"认知的两种参照策略，因而导致时间表达中的"前后矛盾"。

我们对此有不同的认识。

第一章 汉语空间方位的空—时隐喻表达的发展

在空间域,"前"指人或事物面向的,"后"指人或事物背向的。廖秋忠(1989)曾指出,"前"所指的方向主要由三个标准来定:参考点面对的方向、参考点头对着的方向、参考点运动时对着的方向。在参考点没有明显的上述标准时,以以下两个标准来定:观察者面对参考点的方位、正常情况下接近参考点的这一面。吴福祥先生(2007)曾指出:"作为表达空间关系的方位名词'后'主要用来指示凸体(figure)相对于衬体(ground)的空间位置(位置在后)。"一般说来,在"前""后"构成的方位场景中,参考点是基底,而"前"或"后"是侧面。基底和侧面都处于静止状态,形成静态关系场景。一般说来,"前/后×"的参照点就是观察者所在位置,"×前/后"的参照点就是×。

"前""后"的时间义是由空间义发展来的,空间域静态场景中的"前""后"映射到时间域,其空间域的结构特性保留下来。例如观察者与被观察之时(事)之间也呈相对静止状态,观察者的观察方向与所关注的时间也有同样的面向。空间概念"前""后"隐喻为时间概念的心理基础为:前面的时间与观察者同向,对被观察的时间而言,它们已经到达观察者尚未到达的位置;对于观察者自己来说,与前面的物象之间尚有一段尚未经历的路程。当观察者关注焦点为已经到达前方的时间,已经到达前方的"前"隐喻为时间"以前";当关注的焦点是从观察者到所观察时间之间的距离(路途)时,"前"没有发生空—时隐喻,仍然是空间概念"面前"。[①] 具体说来,如果观察者位于现在,则其前为过去,其后为将来;如果观察者要对同方向的两个时间或发生过的两个事件进行比较,则离其较远者为前,离其较近者为后,形成一个序列;对某一个时间段进行观察,则离说话时间(或观察时间)较远的时间、先发生的事件为"前",较近的为"后"。张建理指出这一"空—时"语义转换关系为:"前"为"(较)早""(较)先","后"为"(较)晚""(较)迟"。

概括本章第一节"'前'、'后'由空间域进入时间域的历时考察"的相关表述,我们把汉语中"前""后"的空—时隐喻映射关系以及这种映射在语言结构式上的体现列表如下。

[①] 我们的认识与史佩信有某些相通之处。但史先生认为这是两种不同的时间隐喻方式,而我们认为后者并未发生时间的隐喻化。

	空间域			时间域	
特征映射	动态场景 三维 静态场景 参照点 与观察者为相同的面向		→ → → → →	静态场景，表示时间位置 二维 静态场景 参照点 观察者的观察方向与时间也有潜在的同样的面向	
	（1）与观察者距离远者为"前"，距离近者为"后"。		→	（1）对同方向的两个时间、存在的事物或发生过的两个事件进行比较，则离其较远者为前（较早），离其较近者为后（较晚）。	
	（2）面向为前，背向为"后"。		→	（2）观察者位于现在，则其前为过去，其后为将来。	
	（3）观察者所观察的面向之事物可分为两部分，一是与离参照点较远的部分（前部），一是离参照点较近的部分（后部）		→	（3）从整体内部分割时量的"前+时段"（即对一个时间段进行分割），离说话时较远的时间段为"前"，反之为"后"	
表达式以及与之组合成分×的特征	单用表示"前面"		→	单用表示"以前"，"顺序在先"	
	前×	×一般是具离散特征的典型名词	→	前×	×可以是具体名词，也可以是抽象名词
		×是"路""途""景"等，则"前×"隐含时间意义			×是时间成分则"前×"形成时间表达式
	× 前/之前/以前	×一般是具离散特征的典型名词	→	× 前/之前/以前	×一般是时段成分、时点时间词、事件性名词或表示事件的动词性成分。"×前/之前/以前"形成时间表达式

考察表明，"前""后"从空间域映射到时间域，它们可以单用，也可以出现在"前×""后×"及"×前/之前/以前""×后/之后/以后"的表达式中。"前"表示时间较早或顺序在先，"后"表示时间较晚或顺序在后。

四 "前""后"时间认知方式的古今异同

张建理先生（2003）认为，时间右视是生成力很强的概念隐喻，在句子、篇章层面很有活力；由于该认知与运动有关，因此，主要的语言实现为动词，前、后概念往往隐含。而时间左视认知与序列相关，前、后既为概念隐喻，又为隐喻表达式。例如下面的例子：

我们大步走向未来。

这个例子体现一种"人动时静"的认知模式。"前面"是我们运动的方向,是尚未到达的方位,因而整个句子造成了未来时间在前面的印象。而"未来在前面"中,"前面"本身表示空间意义,是没有时间意义的。

如前所述,游顺钊先生认为"二战"后中国人因受外来文化的影响,在时间认知上与过去有所不同。韩玉强、刘宾认为汉语"前""后"在主体参照策略下"自我在动"隐喻中对时间的认知和表征是在近代汉语以后的事,使用范围小、限制多。我们认为这不太符合历时语言事实。

很明显,当唐宋人说"三十登高科,前途浩难测"(姚合《答韩湘》),"使我有前途,汝等则吾更生之主也,敢不厚报"(《宣和遗事》后集),与"美好的前途在等着我们"二者在认知上并无不同,前方是我们行进的方向,尚未行经,都是前方将要经历的境遇,这相当于张建理先生所说的"时间右视",古今都存在。本书第五章第二节在比较中古汉语和现代汉语方言"来/去/往"类时间语词的使用情况后,认为古今汉语都采用"时间在动"和"观察者在动"两种认知方式,而以"时间在动"为主。我们认为,这个结论同样适用于"前""后"所反映出来的认知方式。

人们之所以认为近现代以来才出现"自我在动"(或曰"观察者在动")的时间认知模式,一是因为相对来说"自我在动"本来就是一个处于次要位置的认知方式,不易为人所觉察;二是由于语言的发展,在表述上有所不同。应该说"美好的未来在前面等着我们"之类的表述通过"未来""前面""等"等成分,在句子的层面更加直白显露地把"人动时静"的特征表达出来了,而古汉语则主要体现在词汇层面。从这点来说,在汉语史上,"人动时静"的认知方式及其表达式有一个由潜隐到显露的发展过程。①

按,汉语史上有"自今以来"与"自今以去/往"同表将来的用例。史佩信等认为"自今以来"与"自×以往"采用迥然相反的认知方式("时间在动"—"自我移动")。徐丹先生认为古人用"来"时既暗含"前"又暗含"后"。我们不赞成他们的观点。"自今以来"与"自×以往"结构相同,没理由采用相反的认知方式,而"来"自古以来都是向

---

① "来""去"等有类似现象。"来去式""前后式"时间表达式主要体现"人静时动"认知方式。对"人动时静"由潜隐到显露的具体发展过程我们拟专文讨论。

着说话人的位置移动，也就不存在暗含"前"又暗含"后"的问题。关于这个问题的详细讨论请见本书第五章第二节。

五 小结

每个人都生而处于一定的空间之中，空间是具体可感的，人类也有运动感知器官，因而空间域是人类的基本认知域。时间不能直接感知，人们也没有相应的时间感知器官，所以人们对时间的认识和表达常常需要借助空间概念。人们将空间域的结构映射到时间域，就形成了空—时隐喻映射。从空间域到时间域的映射不是任意的，而是以人们的日常经验为基础。时空隐喻映射是由来源域（空间域）和目标域（时间域）之间的对应集合所组成，属于"认识对应"（epistemic correspondences）。Lakoff（2006：79）指出"认识对应是有关来源域的知识与有关目标域的相应知识之间的各种对应"。然而，当我们用空间概念去理解时间概念，只是运用了空间概念的部分特征，而另一些不同之处被忽视掉。例如，空间是三维的，而从空间域映射到时间域，就只保留了二维特征；"前""后"等表示空间概念时可以表示动态场景也可以表示静态场景，而动态场景映射到时间域就表现为静态场景。因此当我们用空间概念去构建时间概念时，从本质上讲，只是局部构建而忽视掉了空间概念中不合于时间概念的方面。不同民族的人们在与客观世界反复互动的基础上，受到身体经验、文化等的影响，对时间形成了特定认知经验的心理表征，形成特定的隐喻模式。

吴淑雄（2000：671—679）认为方位词"前/后"的隐喻概念过程不如"上/下"来得精密复杂。原因可能在于它不像"上/下"是从自身的身体直接体验出来的概念，加上"前/后"方位关系具有互指作用（deictic），较为复杂。"前/后"词素主要的隐喻概念领域是把事物看成"前/后"的水平关系，构词领域没有"上/下"词素来得丰富。由此可见汉语在水平和垂直的方位关系中，认知上有重垂直轻水平的偏好。他还指出，唯一"前/后"构词较占优势的是战争/比赛的隐喻概念领域及在时间隐喻的范畴，"前/后"具有复杂的多元性。

许多时候，人们混淆了"前""后"的空间概念和时间概念。生活语言中"前""后"同时存在空间义和时间义，其具体意义与话语者的认知焦点有关，也与它们出现的句法环境、与之组合的成分的语义特征有关。

一般情况下，无论是空间义还是时间义，其语义指向是明确的。就其时间指向而言，"前"表示"以前""顺序在先"，"前"在时间概念里不表示未来。"后"与此相反。

（1）当观察者关注的焦点是前方（后方）的人、物、事本身时，"前"—"后"隐喻为时间概念"以前"—"将来"（含相对后时）。当观察者关注的焦点是与前方（后方）事物之间的距离时，"前"—"后"是空间概念"面前"—"身后"。"前程"等表示的是虚拟的空间概念，虽然与时间有关联，但本身不是时间概念。

（2）在以下的句法语义条件下"前""后"的空间或时间义有明确的限制。①

a. 在定中式"前×/后×"结构中的×是抽象名词或缊时性名词时，"前"表示时间概念，指过去或序列在前，"后"则相反。如：前例、前愆、后福、后世等。

b. "×前/×后"格式中的×是动词性成分或内含时间性名词时，"前/后"可以看作时间构件，表示时间概念，整个"×前/后"是表时结构。"前"表示"以前""（较）早""（较）先"，"后"则相反。

（3）"当前、目前、眼前"这些表达式中的"前"，表达的是空间义。这类表达式原来是空间概念，因隐喻而固化为时间词语。

（4）汉语"前""后"体现的"时间在动"和"自我在动"两种时间认知方式古今都存在，而以"时间在动"为主。但在表现形式上有所不同。现代汉语在句子的层面更加直白显露地把"人动时静"的特征表达出来，而古代则体现在词汇层面。从这点来说，我们可以认为"人动时静"的认知方式及其表达式有一个由潜隐到显露的发展过程。

第五节　方所词空—时隐喻的跨语言现象

在本章第一节和第二节我们考察了汉语方所成分以及部位词的空—时语义发展。实际上，方向类及位置类方所词语具有由空间域向时间域发生

---

① 陈振宇、蔡淑美详细讨论过句法语义对"前""后"时间指向的影响。我们认为除下面两点外，所谓"前""后"时间的矛盾表达，其实只是时间概念和虚拟空间概念的不同。

隐喻的跨语言共性。

Bernd Heine、Tania Kuteva（2012：57）指出，某些身体部位名词由于蕴含相对位置义，形成表达直指方所的结构平台。从人体部位到空间关系这一语法化路径，是许多语言都曾存在的现象。Tania Kuteva（2012：57—59）还提到许多语言的人体部位词"背"语法化为空间方所词，有的还进一步虚化表示时间关系。如：

泰语 *lǎŋ*："背"，名词>*lǎŋ-càag*："在……之后"，状语从属连词；冰岛语 *bak*："背" > (*a ð*) *bak* (*i*)："在……后面""在……之后"；哈利亚语 *muri*：背>后方区域；佐齐尔语 *pat* (*il*)："背""树皮""壳" > "在……外面""在……后面"，方所标记；殖民地基切语 *ih*："背" >-*ih*："在……后面"，方所标记；阿兰达语 *ingkerme*："背"，名词>附置词，"在……后面"。此外莫雷语、克培列语、科诺语、班巴拉语、巴卡语、威尔士语、伊蒙达语、吉米拉语都有这样的用法。

基库尤语 *thutha*："背""在……后面"，"尾部" > "后来"；埃及语 *r-s3*："朝……的背部" > "在……之后"，时间从属连词；埃维语 *megbé*："背"，*é-megbé*："他的背" >*émegbé*："然后"，"从此以后"；莫雷语 *pōré*："背""反面" > "然后""从那以后"。

吴福祥先生（2007）指出："方所词语特别是源自身体部位的方所词语，其形态句法和语义的演变通常是沿着一条可预测的路径进行的，因而呈现跨语言的共性倾向。"从何亮（2016）的考察看，人体部位>空间方所词>时间概念词的连续语义演变，从本质上说也具有一定的普遍性，但汉语拥有更多的具体表现。

时间概念借用空间方位词语表示的情况也具有跨语言共性。张燕（2013：42—43）曾指出，英语中各有一对词表示空间和时间关系，ahead of, in front of（在……前面），in back of, behind（在……后面）多表示空间关系，而 before-after（在……之前—在……之后）更多地表示时间关系。在进行调查时要弄清被调查语言用来表示空间和时间义的"前—后"是几对词，分别是什么，关于"前—后"有的语言空间义和时间义用同一个词表示，也有的用不同的词表示。我们这里讨论的是用同一语表形式表示空间和时间的情况。

张燕（2013：45—47）曾列举过傣语、景颇语、藏语、印地语、俄语、芬兰语、土耳其语中表达空间概念的"前"或"后"用于时间概念的例子。除了汉语的"前/后"类、"上/下"类方位词以外,即以中国境内少数民族语言而言,我们也能在时间词语中看到方向类和位置类空间方位词。以下各组词语中前者是空间概念,后者是时间概念。如:

属于汉藏语系藏缅语族缅语支的载瓦语,"前"xi⁵¹—"前年"xi⁵¹ nik⁵⁵—"从前"xi⁵⁵ phjaŋ²¹;"后"thaŋ⁵¹—"今后"thaŋ⁵⁵ phjaŋ²¹。(孙宏开、周毛草,2009:284—285)

汉藏语系藏缅语族羌语支的羌语(桃坪)"前面"与"从前"同形。如"前面"qə³¹ə˧⁵⁵ -"从前"qə31 ə˧⁵⁵。(孙宏开、周毛草,2009:410)

汉藏语系藏缅语族羌语支的普米语(桃巴话),"前"rə³⁵ be⁵³—从前 z̥ə³⁵ be⁵⁵;"后"ʐɛ⁵⁵ə˞gi⁵³—"今后"ʐɛ⁵⁵ gi⁵⁵。(孙宏开、周毛草,2009:592—593)

汉藏语系藏缅语族的独龙语中,独龙河方言:"前"u⁵⁵ dzu⁵³—"从前"u⁵⁵ dzu⁵³;"后"tɯm⁵⁵—"今后"tɯm⁵⁵ dɔ³¹。怒江方言:"前"a³¹ zu⁵³—"从前"a³¹ zu⁵³;"后"thɯm⁵⁵—"今后"thɯm⁵⁵ dɔ³¹。(孙宏开、周毛草,2009:720—721)

汉藏语系侗台语族侗水语支的侗语,"前"un⁵—"前年"ɲin² un⁵;"后"lən²—"后年"ɲin² lən²。(曾晓渝、李旭练,2009:228—229、234)

汉藏语系壮侗语族黎语支的黎语,"后"(通什 duːn⁵⁵;保定 duːn¹¹)—"今后"(通什 phai⁵⁵ duːn³³;保定 phai¹¹ duːn¹¹)。(曾晓渝、李旭练,2009:463)

汉藏语系壮侗语族侗水语支的仫佬语,"前"kun⁵—"前年"mɛ¹ kun⁵;"后"lən²—"明年"mɛ¹ lən²—"后年"mɛ¹ lən² i⁵—"今后"maːl⁷ləu²。("年"mɛ¹)(曾晓渝、李旭练,2009:611)

汉藏语系壮侗语族仡佬语支的仡佬语,"前面"lu⁴⁴ qɯ³³—"前年"plei³³ lu44qɯ³³—"从前"lu⁴⁴ qɯ³³;"后面"lu⁴⁴ ɲtɕe³³—"后年"plei³³ lu⁴⁴ ɲtɕe³³。(年 plei³³)(曾晓渝、李旭练,2009:737)

阿尔泰语系突厥语族西匈语支的克普恰克语组的塔塔尔语,"……的前面"aldə—"前天"aldənqə kyn。(陈宗振、力提甫·托乎提,2008:610)

以上各语言中空间方位词"前""后"都用在时间词语中,而且"前"为过去的先前的时间,"后"为将来的后来的时间,与汉语中

"前""后"从空间映射到时间的隐喻表现一致。这些时间词中的语素"前""后"或与空间义"前""后"同形，或略有变化。

有的民族语言的空间方位词"前""后"也发生了从空间到时间的隐喻映射，但与汉语不同的是，它们的"前"与将来对应。如汉藏语系侗台语族侗水语支的毛南语，前 na³—明年 ᵐbɛ¹ ʔna³—后天 van¹ ʔna³。[年ᵐbɛ¹；天（日）van¹]（曾晓渝、李旭练，2009：679—686）

有的民族语言在对时间概念进行隐喻表征时，因为对所表达时间采用不同的参照点，这导致对空间方位词"前""后"的选用不同于汉语。如汉藏语系侗台语族侗水语支的水语，空间方位词 lən²（"后"）映射到时间域，出现在"后"后去lən²—"今后"haŋ²lən²—"后年"ᵐbe¹lən²等时间概念中；而水语的"前年"ᵐbe¹kon³—"前天"van¹kon³，并不采用相应的 ʔna³（"前"），而是用 kon⁵（"先"先去）。["年"ᵐbe¹，"天（日）"van¹]（曾晓渝、李旭练，2009：539；547）再如汉藏语系壮侗语族壮傣语支的壮语，因为采用不同的时间策略，"前"（龙州 paŋ⁴na³）—"明年"（龙州 pi¹na³）；"后"（龙州 paŋ⁴laŋ¹）—"后年"（龙州 pi¹ laŋ³）。（年 pi¹）（曾晓渝、李旭练，2009：71—72）这与汉语的认知策略不同，究其原因，应与参照点或认知者的面向有关。

以上事实说明，部位词、方位词从空间概念隐喻为时间概念具有跨语言的共性。但是一些事实也证明，方位词如何映射到时间域，也与文化与民族认知心理有关，有其各自的特性。

此外，以下事实说明，空—时隐喻是人们思维的一种方式。人们习惯于把时间处理为空间。例如，在汉藏语系藏缅语族缅语支的阿昌语中，助词 aʔ³¹放在时间名词或处所名词后，表示"从此时或此地起"，如：

si³¹nək⁵⁵aʔ³¹xai⁵⁵xuʔ³¹te³⁵从去年到现在

muŋ⁵⁵xuan⁵⁵aʔ³¹muŋ³¹mau⁵⁵te³⁵从芒市到瑞丽

te³¹放在时间名词或处所名词后，表示动作行为发生、发展、存在的时间或处所方位。如：

ni³¹ʐua³¹te³¹ʐə³⁵早晨来

mau³¹te³¹mɔ²⁵⁵pɔ⁵⁵天上有鸟（孙宏开、周毛草，2009：467—468）

这说明在阿昌语中，空间与时间在认知上趋向于处理为相类的对象。方向类及位置类方所词语所具有的由空间域向时间域发生隐喻的跨语言共性，也正说明人类对时间的认知是建立在对空间的认知基础之上的。

第二章

汉语空间位移的空—时隐喻表达的发展

齐沪扬（1998：2）指出空间系统包括方向系统、形状系统和位置系统。空间位置分为静态位置和动态位置。静态位置指物体在这个位置上相对于参考位置来说是静止不动的；动态位置指物体在这个位置上相对于参考位置来说是运动的，这种运动是有方向的（齐沪扬，1998：25）。任何运动都必然涉及空间位置的移动。移动需要满足两个条件：位移的起点、位移的方向。位移动词是体现空间位移的最重要的载体。位移动词从空间表达到进入时间表达，从本质上看就是发生了空间—时间的隐喻发展。本章我们讨论空间位移类时空隐喻表达式的历史发展，我们的讨论主要围绕位移动词展开。

第一节 关于位移动词的分类

"时间是空间移动"在汉语中是一个以空间为直接基础的、建立在运动事件基础上的概念隐喻。

Talmy（2000：25）对运动事件有过深入研究，他把基本运动事件分为位移（Motion）、路径（Path）、主体（Figure）、背景（Ground）四个要素：

> 基本位移事件由一个相对于另一个对象（参考物体或背景）移动或定位的对象（主体）组成。它可以被分析为四个组成部分：除了主体和背景，还有路径和位移。路径是主体对象相对于背景对象所遵循的轨迹或占据的位置。位移组成部分是指事件中位移或位置本身的存在。只有这两种位移的状态在语言上有结构上的区别。我们将以

MOVE 形式表示位移，用 BE$_{LOC}$ 表示位置（"be located" 的助记符）。位移成分指的是平移运动的具体发生（MOVE"运动"）或不发生（BE$_{LOC}$"定位"）。这是在考虑的时间段内主体位置变化的位移。

黄锦章（2008）概括了 Talmy 提到的这几个概念："运动"指某实体物理位置的移动 [包括"移动"（movement）和"定位"（location）两个方面]。"路径"指主体以背景为参照点的运动轨迹，"主体"指运动之物。"背景"指运动的参照对象。[①]

Talmy 的"路径"（Path）是个比较复杂的概念，他（2000：53—57）专门讨论了"路径"的构成成分（以下译文曾在课堂上与刘天福等友生讨论，谬误均由笔者负责）：

尽管"路径"迄今一直被视为单纯的成分，但最好将它理解为包含了几个不同结构的成分。在口语中，有三个主要组成部分：矢量（vector）、构型（conformation）和指示语（deictic）（尽管手势语言可能还有轮廓和方向）。

矢量包括主体图式相对于背景图式执行的到达、遍历和离开的基本类型。

a. A point BE$_{LOC}$ AT a point, for a bounded extent of time.
一个点在有界的时间范围内，位于另一个点上。
b. A point MOVE TO a point, at a point of time.
一个点在某个时间点位移到另一个点。
c. A point MOVE FROM a point, at a point of time.
一个点在某个时间点从一个点开始位移。
d. A point MOVE VIA a point, at a point of time.
一个点在一个时间点位移通过另一个点。
e. A point MOVE ALONG an unbounded extent, for a bounded extent of time.
在有界的时间范围内，一个点沿一个无界的范围位移。

[①] 名词术语译名往往差异较大，如黄锦章把 path 译为"途径"、figure 译为"凸像"，我们参考了王月婷（2013）的译名。另，为与"Motion event"相区别，我们把"运动事件"要素之一的"Motion"译为"位移"。

f. A point MOVE ALENGTH a bounded extent, in a bounded extent of time.

在有界的时间范围内,一个点在一个有界范围内位移一定长度。

g. A point MOVE ALONG-TO an extent bounded at a terminating point, at a point of time/in a bounded extent of time.

一个点在一个时间点/在有界的时间范围内,位移到一个有界的终点范围。

h. A point MOVE FROM-ALONG an extent bounded at a beginning point, since a point of time/for a bounded extent of time.

一个点从一个时间点/有界的时间范围,沿一个有界的起点范围移动。

a. AT a point which is of the inside of [an enclosure] = in [an enclosure]

在[封闭场]内部的某一点上 = 在[封闭场]内部

AT a point which is of the surface of [a volume] = on [a volume]

在[容器]表面的某一点上 = 在[容器]上

b. TO a point which is of the inside of [an enclosure] = in (to) [an enclosure]

进入[封闭场]内部的一个点 = 进入[封闭场]

TO a point which is of the surface of [a volume] = on (to) [a volume]

到[容器]表面的某一点 = 到[容器]上

c. FROM a point which is of the inside of [an enclosure] = out of [an enclosure]

从[封闭场]内部的某一点(位移) = (位移)出[封闭场]

FROM a point which is of the surface of [a volume] = off (of) [a volume].

从[容器]表面的某一点(位移) = 离开[容器]

在包含位移事件特征表达的语言中,路径的指示语成分通常只有两个成员概念"指向说话者"和"指向说话者以外的方向"。

概括起来,"路径"有三个构成成分:"向量"(Vector,指主体相对于参照点的运动方式,有"到达""经由①""离开"三种基本类型)、"维向"(conformation,指主体运动轨迹与背景之间的几何关系,如"里—外"等)、"指示"(Deictic,以说话人为参照点的一种特殊向量关系,有两种基本类型:一是主体往说话人方向运动,相当于"来";二是主体往背离说话人的方向运动,相当于"去")。②

Talmy(2000:214—224)在"THE MACRO-EVENT"一章还详细讨论了宏观事件(macro-event)所包含的框架事件(framing event)和伴随事件(co-event)。

黄锦章(2008)考察上古汉语的常用位移动词,认为上古汉语属于动词构架语言。他将上古汉语的移动动词(不包括定位类)分为两大类:(1)路径类移动动词,词的信息编码模式为"运动+途径",包括离开、到达、经由、其他(含来往、进退、升降)四个小类;(2)非路径类移动动词,包括"方式"和"主体"两种,方式动词侧重于表示如何运动,信息编码模式为"运动+方式"。主体动词侧重于表示何物运动,信息编码模式为"运动+主体"。③

姚文(2015)采用"概念要素分析法",比较上古汉语和现代汉语中的位移动词,得出的结论为:古代汉语中一个词的概念要素要比现代汉语丰富许多,古代汉语和现代汉语都会将动作与方式、动作与维向、动作与速度等置于一个词中,但是现代汉语不会将背景也置于词中,而这恰好是古代汉语中运用最多的一种模式。(如:堂上谓之行,堂下谓之步,门外谓之趋,中庭谓之走,大路谓之奔。草行曰跋,水行曰涉。)

Levin(1993)将空间位移动词细分为七个次类,分别是:直接位移动词、离开类动词、移动方式类动词、通过工具表达移动的动词、华尔兹类动词、追逐类动词、伴随类动词。完整的空间位移动词的语义图式通常包含四个要素,即"运动""路径""方式""方向"。④

齐沪扬(1998:32)把空间位移分成三类:(1)垂直方向的位移,包括上向和下向;(2)水平方向的位移,包括近向和远向;(3)复合方

---

① traversal,或译为"越过"。

② 参黄锦章(2008)。但本书对"路径"构成成分的译名取"向量""维向""指示"等常见术语。

③ 参黄锦章(2008)。但本书采用"主体""背景"等通用术语。

④ 转引自马应聪(2013)。

向的位移，如上+近向（"上来"）、下+远向（"下去"）等。可以以此为标准给位移动词分类。

崔达送（2005：1—2）把位移动词分为七类，即"来去"类、"上下"类、"出入"类、"经过"类、"迎送"类、"飞行"类、"达至"类。

潘泰（2009）根据起点和终点的凸显与否把移动义动词分为四大类，即可以同时凸显起点和终点的移动义动词、只能凸显终点的移动义动词、只能凸显起点的移动义动词、特殊的移动义动词。潘文将"派""放"之类的动词也归入"移动义"动词，对位移方向、位移路径似乎也未予足够重视。

按，《辞海》（1999：664）对"位移"的定义为：描述质点位置变化的物理量。质点在某一时间内的位移，用它在这时间内从初位置指向末位置变化的有向直线段表示。位移是矢量。借用到语言学，位移动词一般指表示动作主体发生位置移动的动词。陆俭明（2002）对位移动词的定义为："含有向着说话者或离开说话者位移的语义特征的动词称之为'位移动词'。"

运动必然涉及空间位置的移动，运动事件的核心是位移。位移涉及起点、终点、路径、位移的方向、参照点、运动方式等。综合各家所述，结合 Talmy 对"运动"的看法，以这些动词所体现的特征，我们把位移动词分为"定位""达至""经由""来往""进退""出入""升降""迎送""方式"九类。① 同时认为，这些位移动词或隐或现地蕴含或凸显运动事件的主体、背景、路径（含位移的起点、终点、路径、方向等）、位移信息。例如有的位移动词凸显运动方向（如"来""往"），有的正如前面所说借助于空间介词凸显起点和终点（或仅凸显起点，或仅凸显终点，或凸显路径）。但是实际上，这些位移动词中并不是所有的动词都发生了空间—时间隐喻发展，"升降"类很少，"飞行"类更未见到。

需要特别指出的是，位移动词往往发展出介词用法，而介词与动词存在模糊不清的界限（这在上古时期尤其如此）。我们力图描写出这些词语从动词到介词的发展轨迹，因而把它们的处所及时间介词的用法放在动词用法里一起描写。

---

① 按，黄锦章（2008）把"来往"类动词与"离开"类动词分立，不妥。因为"往""去"本就隐含离开。按，我们的分类标准与上述几家均不一致。

齐沪扬（1998：15）认为汉语中，对起点、终点概念的表达主要有两种方式，一是由部分介词加处所词来表示（介词有时隐含），二是由部分动词或趋向动词加上处所词来表示。由空间域映射到时间域，"时间是空间移动"，即时间是从起点到终点的位移。这一概念隐喻包含两种认知方式：其一，凸显源点或终点，观察者从起点移动，呈现历程性；其二，时间本身是移动的物体，凸显位移，隐藏起点和终点。因此，涉及始发处、所在处、终到处、临近处、经由、循由路径等的介词[①]与位移有关。

空间位移式时空隐喻的主要表征是"路径图式"。在不同的环境条件下，由于凸显的侧面不同，路径图式有四种变体：（1）凸显起点，终点隐含。（2）凸显起点和终点。这一图式起点和终点都得到凸显。（3）凸显终点，起点隐含。（4）凸显路径，起点终点隐含（详见第六章）。前三种路径图式的变体都跟介词有关。此外，空间位移式时空隐喻也通过位置图式表征。当需要指称某时间或事件行为发生的时间时，人们通常使用位置图式。在语言上的表现，表示所在的处所介词往往发展成为表当时的介词。

据黄锦章（2008）考察，在先秦汉语中，能与运动动词配合表示方位信息的词语有两类，首先是介词"于"，其次是形似运动动词附加语的某些途径类动词，如"自、从、遵、循、在"等。他认为这些词语本身也是运动动词，但词义有某种程度的虚化，在用法上有时接近于介词。

马贝加（2002：10—11）曾指出如果从历时和共时两个角度仔细观察，在现代汉语平面上，就介词范畴来源而言，所有的单音介词都脱胎于动词。但是从历史发展的角度看，双音介词则不都是从动词衍生的，有的是两个介词性语素凝固而成，有的是介词性语素和助词性语素凝固而成，有的是动词性语素和介词性语素凝固而成，有的则是两个动词性语素凝固而成。

因此，如果空间介词蕴含着位移要素（起点、终点、运行、方向），

[①] 马贝加（2002：1—2）把处所介词分为始发、所在、终到、临近、方向、经由、沿途七类，把时间介词分为起始、正当、终到、时点、临近点、时机、经过七类。我们参考了她的分类，但我们的分类以及有些介词的具体归属上与她意见不一致。吴金花（2006）把时间介词分为表示动作行为的起始、动作行为的发生、动作行为的持续、动作行为经过的时间。我们觉得马氏分类更为精当。

体现路径图式或位置图式，我们认为它们具有位移动词特征，也都体现了空间位移式时空隐喻，也在我们的考察范围之列。我们的考察以单音处所介词为主，但如果有的双音节处所介词也经历了空—时隐喻演变，我们也予以讨论。

根据处所介词空—时隐喻的特点，我们把能与位移动词配合，提示方向、方位信息的发生过时间隐喻的处所介词分为始发处、所在处、终到处、临近处、经由（含循由）五大类。但这些介词中表示所在、终到、临近、经由（含循由）类的还带有一定的位移动词性，所以我们把这几类处所介词放在位移动词部分一并加以考察。我们把始发处>起始介词单独进行考察，同时把那些来源不明的表示位移方位的介词放在一起考察。

Talmy（2000：27）曾经谈道：

> 在这个动词研究中，我们主要单看动词词根。这是因为这里主要关注的是涉及单个语素的词汇化类型，因为通过这种方式，我们可以比较具有非常不同词语结构的跨语言词汇化模式。例如，汉语中的动词词根一般单独作为一个完全的单词，而在 Atsugewi 语中，它被许多词缀所包围，这些词缀一起构成一个多合成词语。但是这两种语言在它们的动词词根方面是一致的。

有鉴于此，我们对空间位移动词的考察以单音动词为核心（包括少数同义连用的双音节位移动词）。我们的做法是先对照《王力古汉语字典》逐条筛选，把具有位移和存在意义的动词、表示空间方所的介词全部纳入我们的考察范围，再比照《汉语大词典》《汉语大字典》《近代汉语大词典》，初步考察每个词语在空间概念和时间概念的使用情况，然后再使用 emeditor 检索工具，对语料做大范围检索，以确定该位移动词或介词的语义发展情况。

需要说明的是，我们不仅仅把《汉语大字典》《汉语大词典》当作字典词典来用，还把它们作为语料库使用，因此，本章的部分用例即来源于这两部大型工具书，以上不再一一说明。

第二节　空间位移类时空隐喻表达式考察

一　位移词语的空—时表达考察

（一）定位类位移词语

定位类位移词语指表示空间存在的动词及介词。定位类位移动词一般处于静态，不反映运动的方向、不蕴含运动的路径和起讫点，可看作特殊的位移动词。定位类位移动词有存在、依傍、停留等几个语义小类。汉语史上发生过空间—时间隐喻发展的定位动词及相关介词有以下这些。

【在】

孙海波（1992：519）指出甲骨文卜辞中用"才"为"在"。邓飞（2013：83）进一步指出"才"与"在"同源，"在"为后起专用字。《说文·土部》："在，存也。"本义为存在。引申指处于一定的空间内。如：

①鲁侯戾止，在泮饮酒。既饮旨酒，永锡难老。（《诗经·鲁颂·泮水》）

②臧武仲在齐闻之。（《左传·襄公二十九年》）

③子在齐闻韶，三月不知肉味。（《论语·述而》）

由处于一定的空间内，指处于一定的时间，这一用法很早就有。邓飞统计"才"在甲骨文中有"才+春""才+月份""才+月份+干支""才+干支""才+日数+天干"等七种形式。如：甲申卜，旅贞，今日至于丁亥易日，不雨。才五月。（H22915）

戊午卜，王，才丁亥。（H41058）（邓飞，2013：83—84）

传世文献多见"在"用于时间的用例。如：

④在十有二月，惟周公诞保文武受命。（《书·洛诰》）

⑤昔在中叶，有震且业。（《诗经·商颂·长发》）

⑥在晋先君悼公九年，我寡君于是即位。（《左传·襄公二十二年》）

近代汉语中的"在后_{此后，其后}""在前_{以前，前此}""在即_{就在近期}""在先_{原先，以前}"都体现了"在"从空间隐喻时间的用法。如：

⑦窜蔡京儋州编置，及其子孙三十三人，并编管远恶州军。在后蔡京量移至潭州。（《宣和遗事》后集）

⑧圣人将你在前罪犯都饶了，着小官将诏命你入朝，复还旧职。(元·无名氏《醉写赤壁赋》第四折)
⑨现在考试在即，叫他报名来应考。(《儒林外史》第十六回)
⑩将你那在先手下操练过的头目每选拣几个，收捕草寇。(元·王实甫《丽春堂》第三折)

"现在"可以理解为时间就在观察者身边。这一用法中古开始出现。何亮（2006）有详细讨论。引述如下：

"现在"是东汉译经中新产生的一个相对时点词。用例很多。如：
⑪过世贤者同是苦谛，未来世贤者亦是苦谛，现在世贤者亦是苦谛。(安世高《四谛经》)
⑫于过去法知过去法，是曰为著；于当来法知当来法，是曰为著；于现在法知现在法，是曰为著。(支谶《道行般若经》)

虽然译经中常见，但"现在"在中古中土文献未见用例。"现在"在唐宋仍多出现于与佛教关系密切的语言环境中，但宋代已经扩展到其他语言社团，如：
⑬青史几番春梦，黄泉多少奇才。不须计较与安排，领取而今现在。(朱敦儒《西江月》)
⑭回首驱羊旧节，入蔡奇兵，等闲陈迹。总无如现在，尊前一笑，坐中赢得。(辛弃疾《苏武慢·雪》)

按，"所在"本为处所词，为叙述方便，我们放在这里一并讨论。"所在"本指所处或所到之地。如：
⑮昆仑之虚方八百里，高万仞……面有九门，门有开明兽守之，百神之所在。(《山海经·海内西经》)
⑯汉军不知项王所在，乃分军为三，复围之。(《史记·项羽本纪》)

又指到处，处处。如：
⑰自晋永宁以后，虽所在称兵，竞自尊树，而能建邦命氏成为战国者，十有六家。(《魏书·崔鸿传》)

近代汉语泛指处所、地方。如：
⑱此处有个所在，叫做金线池。(元·关汉卿《金线池》第三折)
⑲行者报道："师父，那所在也不是王侯第宅，也不是豪富人家，却像一个庵观寺院。"(《西游记》第七三回)

"所在"隐喻为时候、当口。如：

⑳须臾大雪，咫尺昏迷。正在没奈何所在，忽有个人家牛坊，就躲将进去，隐在里面。(《初刻拍案惊奇》第二四卷)

又，据《古代汉语虚词词典》，"在"可表示行为的空间起点，相当于"从"。如：

㉑尔时此人过在门外，闻作是语，便生瞋恚。(《百喻经·说人喜瞋喻》)

㉒孩儿也，你在哪里来？(关汉卿《包待制智斩鲁斋郎》)

【当】①

"当"表示空间概念，对着、向着某空间处所。如：

㉓则天子当阳，诸侯用命也。(《左传·文公四年》)

㉔逢滑当公而进。(《左传·哀公元年》)

㉕当窗理云鬓，对镜贴花黄。(《乐府诗集·横吹曲辞五·木兰诗》)

"当"在先秦又用作处所介词，引介所在处。如：

㉖鸮当陛，布翼，伏地而死。(《晏子春秋·杂下四》)

对着某空间处所，引介所在处，就时间来说也就是在某时。马贝加(2002：112)指出先秦时期时间介词"当"已经产生，表示"在……时"，此后沿用，是。"当"后可接时间成分或表示事件的成分。如：

㉗《易》之兴也，其当殷之末世，周之盛德邪？当文王与纣之事邪？(《周易·系辞下》)

㉘当今吾不能与晋争。(《左传·襄公九年》)

㉙当是时也，民结绳而用之。(《庄子·胠箧》)

㉚当尧之时，水逆行。(《孟子·滕文公下》)

㉛若夫后稷、皋陶、伊尹、周公旦……如此臣者，虽当昏乱之主尚可致功，况于显明之主乎？(《韩非子·说疑》)

㉜当晨入朝，天雨淖，不驾驷马车而骑至庙下。(《汉书·韦贤传》)

王舒(2015)对魏晋南北朝时期介词"当"介引处所和时间的用法在佛经语料和非佛经语料中的情况分别进行了比较，指出在魏晋南北朝时期，"当"已进一步虚化，其表示时间的功能超越表示方所的功能。我们赞同他的观察。如：

---

① 本书第一章讨论过用作方所词和时间词的"当"，我们认为名词性的"当"源于动词性的"当"，参第一章的相关讨论。

㉝当二袁炎沸侵侮之际，陛下与臣寒心同忧。(《三国志·魏书·武帝纪》裴注引《魏略》)
㉞当汉顺、桓之间，知名当世。(《三国志·魏书·荀彧传》)
㉟当腊月八日之晨，下山于熙莲河沐浴。(《敦煌变文·破魔变文》)
㊱当禹荐益于天，七年而崩，益行天子事三载。(唐·陈鸿《大统纪》)①

"当+时间成分"指事情发生的那个时候。如"当午、当夕、当日、当月、当世、当代、当年、当夜、当时、当晚、当昼、当朝、当今、当初、当昔、当儿"等。略举两例：
㊲暑气当宵尽，裴回坐月前。(唐·皎然《陪卢判官水堂夜宴》)
㊳当岁即高一丈。(北魏·贾思勰《齐民要术·种槐、柳、楸、梓、梧、柞》)

"当中"本指中间或处在中间，后来也用来表示事情进行之中。如：
㊴二十八宿罗心胸，元精耿耿贯当中。(唐·李贺《高轩过》)
㊵每遍舞时分两向，太平万岁字当中。(唐·王建《宫词》之十七)
㊶说话的当中，人都走光了。(自造句)

"当前"本来是表示空间位置，在面前、前面。在近现代用来表示眼前、现在。表示空间位置的如：
㊷快意当前，适观而已矣。(《史记·李斯列传》)

【次】

"次"在上古有驻留的用法，后接处所名词。如：
㊸惟戊午，王次于河朔。(《尚书·泰誓》)
驻留某处也就是到、至某处。"次"有到义。如：
㊹其治与宜相放，然重迟，外宽，内深次骨。(《史记·酷吏列传·杜周传》)
㊺行次邯郸，夜宿村中，密等七人皆穿墙而遁。(《隋书·李密传》)
中古时期由到至空间处所隐喻为在某时间位置，出现"岁次……"的表达形式。如：
㊻岁次降娄夹钟之初，理楫将游于衡岭。(晋·桓玄《南游衡山诗序》)

---

① 按，《汉语大字典》(第二版) 第 2726 页认为例中"当"相当于"自""从"，不确。

㊼高祖以晋哀帝兴宁元年,岁次癸亥三月壬寅夜生。(南朝梁·沈约《宋书·武帝本纪》)

㊽永安元年,岁次甲子。奸党犹逆,东西狼跱。(北齐·魏收《魏书·卫操传》)

【即】

《说文·卩部》:"即,即食也。"本义为就食。后引申为空间义位移动词,指就近、接近、靠近。如:

㊾匪来贸丝,来即我谋。(《诗·卫风·氓》)

㊿乃益骄溢,即山铸钱,煮海水为盐。(《史记·吴王濞列传》)

由靠近、接近引申为到、至。如:

㉛青袍异春草,白马即吴门。(南朝梁·庾肩吾《乱后行经吴邮亭》)

又语法化为介词,表示在、当。如:

㉜即其帐中斩宋义头。(《史记·项羽本纪》)

由空间隐喻为时间概念,"即"表示在某一时点,相当于"在"。早在西汉"即"就用于时间概念,"即日"即当日,"即夜"即当晚。如:

㉝项王即日因留沛公与饮。(《史记·项羽本纪》)

㉞丞相嘉闻,大怒,欲因此过为奏请诛错。错闻之,即夜请间,具为上言之。(《史记·晁错传》)

㉟项伯许诺,即夜复去。(《汉书·高帝纪上》)

马贝加(2002:144)指出,"即"的这一时间介词用法在近代汉语中消失。

"即世"可表当世、今世。如:

㊱这个即世婆婆,莫不是前世的妳妳?(元·乔吉《两世姻缘》第四折)

【停】

"停"本指人或物体在一定的空间内停止、停留。如:

㊲平者,水停之盛也。(《庄子·德充符》)

㊳许玄度停都一月,刘尹无日不往。(《世说新语·宠礼》)

后来"停"也可以用在时间方面,指时间的停止。如《世说新语·文学第四》"孙子荆除妇服"条刘孝标注引孙楚诗:"时迈不停,日月电流。"

【居】

"居"表示空间存在,义为处在、处于。如:

㊾是故居上位而不骄，在下位而不忧。(《易·乾》)
或表示停止、停息。如：
⑳变动不居，周流六虚。(《易·系辞下》)
㉑编蒲苇，结罘网，手足胼胝不居。(《吕氏春秋·慎人》)
停留在一定的空间，隐喻为停留一段时间，表示相隔若干时间，经过若干时间。如：
㉒居有顷，倚柱弹其剑。(《战国策·齐策四》)
㉓宋义论武信君之军必败，居数日，军果败。(《史记·项羽本纪》)

【以】

"以"在上古有表示空间处所介词的用法。
一是表示动作行为的起始点。如：
㉔敌以东方来，迎之东坛。(《墨子·迎敌词》)
㉕今以长沙豫章往，水道多绝难行。(《汉书·西南夷传》)
二是表示空间所在处。马贝加（2002：32）指出这一用法汉代以前罕见。其说甚是。马贝加举的例子如：
㉖绍遂以渤海起兵，将以诛卓。(《三国志·魏书·袁绍传》)
下面的用例是指时间，而非处所。如：
㉗其弟以千亩之战生，命之曰成师。(《左传·桓公二年》)
晋穆侯之夫人姜氏，以条之役生太子。(《左传·桓公二年》)
但是"以"用作介词表示所在之时，先秦已有不少用例，此后很常见。又如：
㉘赏以春夏，刑以秋冬。(《左传·襄公二十六年》)
㉙公将以某日薨。(《吕氏春秋·知接》)
㉚夫物以春生夏长，秋而熟老。(《论衡·偶会》)
㉛将以八月之望，与诸侯远方交游兄弟，并往观涛乎广陵之曲江。(枚乘《七发》)

（二）到达类位移词语

除表示达到某一处所的动词外，还包括靠近、逼近、接近义动词。靠近、逼近义动词向着终点位移，（即将）到达某处，我们都归结为到达类位移动词，相关义的介词我们也一并考察。汉语史上发生过空间—时间隐喻发展的到达类位移词语主要有以下这些。

【及】

《说文》："及，逮也。"本义为追赶上。如：

①子贡曰："惜乎！夫子之说君子也。驷不及舌。"（《论语·颜渊》）
②虏众多，吾兵少，徐行则易为所及，速进则彼所不测。（《后汉书·虞诩传》）

追赶上即为到达某处，"及"表示空间概念。如：
③师冕见，及阶，子曰："阶也。"及席，子曰："席也。"（《论语·卫灵公》）

张玉金（2001：66）认为甲骨文中"及"已经用作时间介词，表示动作行为和情况变化赶在某一时间内进行或发生，可译为"赶在"。《古代汉语虚词词典》（1999年版，第258页）也认为甲骨文的"及"除了"追及"义外，已见介词用例，表至某时，如"及兹月有大雨"。姚振武（2015：295）则认为"及"在殷商时期有"追及""至"等义，为动词，到了西周时期，"及"发展出介词用法，介引参与动作行为的施事主体。

"及"由到达空间某处发展为表示到达某时间（终止的时间其实也是到达某时）。姚振武（2015：298）指出介词"及"在东周以后发展出引介动作行为发生的时间的用法。如：
④彼众我寡，及其未既济也，请击之。（《左传·僖公二十二年》）
⑤及陈之初亡也，陈桓子始大于齐，其后亡也，成子得政。（《左传·庄公二十二年》）
⑥国家闲暇，及是时，明其政刑，虽大国必畏之矣。（《孟子·公孙丑上》）

马贝加（2002：127）指出"及"后随名词性词语作宾语，汉时才见用例。是。如：
⑦及高祖时，中国初定。（《史记·郦生陆贾列传》）
⑧及死之日，天下知与不知皆为流涕。（《汉书·李广传》）
⑨及将曙，文乃下堂中，如向法呼之。（《搜神记》卷十七）

"及"和"至"并列构成"及至"，其介词用例见于先秦。如：
⑩夫至德之世，同与禽兽居，族与万物并，恶乎知君子小人哉！……及至圣人，蹩躠为仁，踶跂为义，而天下始疑矣。（《庄子·马蹄》）
⑪及至文武，各当时而立法，因事而制礼。（《商君书·更法》）
⑫及至其致好之也，目好之五色，耳好之五声，口好之五味，心利之有天下。（《荀子·劝学》）

【至】
甲骨文中"至"即有"来至"义。"至"作为位移动词，表示到、到达某处，先秦多见用例。如：

①我送舅氏，曰至渭阳。(《诗·秦风·渭阳》)

②道虽迩，不行不至。(《荀子·修身》)

由到达空间处所，隐喻为达到某时。邓飞（2013：69）指出"至"商代用于时间表达中形式丰富。有"至+日数""至/至于+干支"等形式，如：癸未雨，至甲雨。(T3939) 传世文献多有用例。如：

③至春，果病；四月，泄血死。(《史记·扁鹊仓公列传》)

④至其时，西门豹往会之河上。(《史记·滑稽列传》)

"至"于"于/乎"组合为"至乎/至于"。"至于/至乎"用于引介空间处所。如：

⑤遂兴师伐吴至于五湖。(《国语·越语下》)

⑥赤章曼枝因断毂而驱，至于齐，七月而仇由亡矣。(《韩非子·说林下》)

⑦四方之客至乎邑者不求有司，皆予之以归。(《史记·孔子世家》)

⑧滨于赐支，至乎河首，绵地千里。(《后汉书·西羌传》)

"至于/至乎"用以引介时间终到点。早在甲骨文即有用例。邓飞（2013：69）举例甚多。如：辛酉卜，自今日辛雨，至于乙雨。(T2532) 传世文献多见。如：

⑨元亨利贞，至于八月，有凶。(《周易·临》)

⑩至于玄月，王召范蠡而问焉。(《国语·越语下》)

⑪由孔子而来，至于今百有余岁。(《孟子·尽心下》)

⑫背日而西走，至乎夕，则日在其前矣。(《吕氏春秋·别类》)

⑬至乎平王末年，鲁隐之始即位也，周大夫祭伯乖离不和，出奔于鲁。(《汉书·楚元王传》)

⑭至乎晋初，爰定新礼，荀颉制之于前，挚虞删之于末。(《梁书·徐勉传》)

【就】

"就"很早就表示趋向、往……去。如《易·乾》："同声相应，同气相求，水流湿，火就燥。"《孟子·告子上》："犹水之就下也。""就"的空间义位移动词赴、到的用法可能由趋向义引申而来，这一用法后代沿用。如：

①处工就官府，处商就市井，处农就田野。(《国语·齐语》)

②彭玘死，臣生，不如死，请就汤镬。(汉·荀悦《汉纪·高祖纪四》)
③太元元年，就都治病。(《三国志·吴志·陆逊传》)
④唯丈夫婚毕，便就妻家。(《隋书·北狄传·铁勒》)

又作为位移动词表示就近、凑近。如：

⑤望之不似人君，就之而不见所畏焉。(《孟子·梁惠王上》)

"就"作为处所介词，表示"在""从"，在南北朝即有用例。后代沿用。如：

⑥但问情若为，月就云中堕。(南朝宋·谢灵运《东阳溪中赠答》)
⑦庐江杜不愆少就外祖郭璞学《易》卜，颇有经验。(晋·陶潜《搜神后记》卷二)
⑧风从台上出，龙就匣中生。(隋·李巨仁《赋得镜诗》)
⑨就后山上起小屋。(《祖堂集》)
⑩掀起帘子看一看，便是一桶水倾在身上，开着口则合不得。就轿子里不见了秀秀养娘。(《京本通俗小说·碾玉观音》)
⑪是真个打墙处撅出一窖金银来，休动着，就那里与我培埋了者。(《元曲选外编·陈母教子·楔子》)

"就"还表示动作行为所到之处，相当于"到"。这一用法当是源于动词"就"的赴、到义。

⑫踅屈就岸相看。(《敦煌变文集·伍子胥变文》)
⑬子胥控马笼鞭，就水抢得小儿。(《敦煌变文集·伍子胥变文》)

王锳先生（1992）指出，"就"有时间介词用法，表示"在"。如：

⑭清霜洞庭叶，故就别时飞。(杜甫《送卢十四弟侍御护韦尚书灵榇归上都二十韵》)

【抵】

"抵"在上古（西汉）有位移动词用法，表示到达某处。后代亦见用例。如：

①遂从井陉抵九原。(《史记·秦始皇本纪》)
②始皇欲游天下，道九原，直抵甘泉。(《史记·蒙恬列传》)
③寻嵩方抵洛，历华遂之秦。(唐·韩愈《送惠师》)
④一日晨出暮归，抵家天色尽暝。(明·张宁《方洲杂言》)

马贝加（2002：132）指出唐宋时偶见"抵"用于动词后近似于介词

的用法。如：

⑤密等七人皆穿墙而遁，与王仲伯亡抵平原贼帅郝孝德。(《隋书·李密列传》)

⑥回抵钟阜，适朝廷改僧为德士。(《五灯会元》卷十九)

早在汉代，"抵"就用于引介终到时间，但从汉至隋整个中古汉语罕见用例。汉代亦仅见一例。如：

⑦玄冥陵阴，蛰虫盖臧，草木零落，抵冬降霜。(《汉书·礼乐志》)

唐代以后"抵"后接时间词渐有用例，如"抵暮""抵夜""抵晓"等，然据我们检索，亦并不常见。如：

⑧抵暮但昏眠，不成歌慷慨。(韩愈《朝归》)

⑨如有朝堂相吊慰……廊下食行坐失仪、拜起无度、抵伐退朝不从正衙门出、非公事入中书，每犯者夺一月俸。(《全唐文》卷九百七十三，阙名《请定文武官朝参不到罚例奏》)

⑩莺通宵无寐，抵晓方眠。红娘目之，不胜悲感。(《西厢记诸宫调》)

⑪抵晓入城，直至衙门旁。(《西厢记诸宫调》)

按，马贝加（2002：133）将"抵"的终到时间分为动作行为变化从何时开始、持续至某一时点、至某时尚未停止三种，实无必要。因为所谓三种用法并非"抵+时间词"本身决定，而是由句中的动词或句子决定。"抵"只有一个介引时间的用法，即"到……时"。

【临】

"临"在先秦用作空间位移动词，表示到、到达。后代沿用。如：

①朝发轫于大仪兮，夕始临乎于微闾。(《楚辞·远游》)

②景公游于牛山，北临其国城，而流涕曰："若何去此而死乎！"(《晏子春秋·景公登牛山悲去国而死晏子谏第十七》)

③故不登高山，不知天之高也；不临深溪，不知地之厚也；不闻先王之遗言，不知学问之大也。(《荀子·劝学》)

④东临碣石，以观沧海。(三国魏·曹操《步出夏门行》)

到达某空间处所，换个角度也就是接近、靠近某空间处所。先秦有用例，后代沿用。如：

⑤如临深渊，如履深渊。(《诗经·小雅·小旻》)

⑥尝与汝登高山，履危石，临百仞之渊，若能射乎？(《庄子·田

子方》）

⑦赵冲吾北，齐临吾东。（《吴子·料敌》①）

⑧先是文惠王初都咸阳，广大宫室，南临渭，北临泾。（《汉书·五行志下》）

⑨岸花临水发，江燕绕樯飞。（南朝梁·何逊《赠诸游旧》）

⑩歌声临树出，舞影入江流。（南朝梁·徐君蒨《别义阳郡二首》，《先秦汉魏晋南北朝诗》）

身处某处、靠近某处也就是面对某处某物。先秦已有用例，后代沿用。如：

⑪必也临事而惧，好谋而成者也。（《论语·述而》）

⑫修行无有，而外其形骸，临尸而歌颜色不变，无以命之。（《庄子·大宗师》）

⑬望北山而流涕兮，临流水而太息。（《楚辞·九章·抽思》）

⑭臣不胜受恩感激，今当远离，临表涕零，不知所云。（《三国志·蜀书·诸葛亮传》）

⑮登东皋以舒啸，临清流而赋诗。（《陶渊明集·归去来兮辞》）

马贝加（2002：147）认为时间介词"临"源自"处高视低"或"上视下"的动词用法，她认为春秋战国时期是时间介词"临"的萌生时期，这一时期"面对"义的"临"一般处于V1位置，但尚带有动词意味。我们认为这只是"临"的靠近、临近义时间介词的来源之一，"临"时间介词的另一直接来源是"临"的"到、到达""接近"义空间位移动词。如：

⑯故越王将复吴而试其教，燔台而鼓之，使民赴火者，赏在火也；临江而鼓之，使人赴水者，赏在水也。（《韩非子·内储说上七术第三十》）

⑰临渊而摇木，鸟惊而高，鱼恐而下。（《韩非子·外储说右下第三十五》）

例⑯、例⑰"临"后接处所名词，处于"V1+处所名词，V2"中V1位置上。如果把身处或靠近某地隐喻为身处或靠近某时（事件、时间），则"临"成为引介临近时间的介词。汉代已见用例，后世常见。如：

---

① 一般认为《吴子》大概为西汉中期作品。如郭沫若在《青铜时代·述吴起》即持此观点。

⑱太子早死，临死谓其父昆莫曰："必以岑娶为太子，无令他人代之。"（《史记·大宛列传》）

⑲上念老母，临年被戮。（李陵《答苏武书》）

⑳临没要之死，焉得不相随？（东汉·王粲《咏史》）

㉑臣每奉诏书，军不内御，愿卒斯言，一以任臣，临时量宜，不失权便。（《后汉书·段颎传》）

㉒先帝知臣谨慎，故临崩寄臣以大事也。（《三国志·蜀书·诸葛亮传》）

㉓麒麟立性恭慎，恒置律令于坐旁。临终之日，唯有俸绢数十匹。其清贫如此。（《魏书·韩麒麟传》）

㉔自外临时皆委卿量事。（唐·张九龄《敕西州都督张待宾书》）

按，"临""至"同义连文为"临至"。"临至"先用作位移动词，表示到、来到。如：

㉕帝怪其来数，而不见车骑，密令太史伺望之。言其临至，辄有双凫从东南飞来。（《后汉书·方术列传》）

㉖言其临至时，辄有双凫，从东南飞来。（《搜神记》卷一）

由"临至"某处，隐喻为"临至"某时。唐代始见用例。如：

㉗彼诸苾刍，临至食时，方休作务。泥土污身，便行乞食。（《根本说一切有部毗奈耶》卷第七）

㉘临至捉到萧墙外，季布高声殿上闻。（《敦煌变文·捉季布变文》）

"临当""临到"也用于引介临到时间。如：

㉙临当封，吉疾病，上将使人加绅而封之。（《汉书·丙吉传》）

㉚平章宅里一枝花，临到开时不在家。（刘禹锡《和令狐相公别牡丹》）

【靠】

《说文·非部》："靠，相韦也。"段玉裁注："相韦者，相背也。古人从非，今俗谓相依曰靠，古人谓相背曰靠，其义一也。"由相依引申为接近、靠近。

①煎茶留静者，靠月坐苍山。（唐·曹松《宿溪僧院》）

②时沽村酒临轩酌，拟摘新茶靠石煎。（唐·梁藻《南山池》）

临近某空间处所隐喻为接近某时间。约在宋代出现临近时间的用法，但例子并不常见。如：

③是那靠午时分，押往市曹。(宋·佚名《宣和遗事》前集)

在现代汉语方言中多地"靠"有临近、接近的意思。以下材料参许宝华（1999：7117—7118）：

临年靠节：接近年终的时候。山西忻州。如：~的啊，年货也该置办啊。

临时靠节：临近节日的时候。山西忻州。

傍年靠节：临近年终的时候。山东牟平。

靠夜：傍晚。江苏丹阳、溧阳。

靠夜头：黄昏、傍晚。浙江浦江、江苏丹阳。

靠夜干儿：傍晚。金华。靠夜点：傍晚。丹阳。靠夜边：黄昏、傍晚。浙江龙游。

【薄】

"薄"早在西周就作为位移动词表示迫近、接近。先秦也有不少用例，后代沿用。如：

①外薄四海，咸建五长。(《尚书·益稷》)

②曹共公闻其骈胁，欲观其裸。浴，薄而观之。(《左传·僖公二十三年》)

③腥臊并御，芳不得薄兮。(《楚辞·九章·涉江》)

④但以刘日薄西山，气息奄奄，人命危浅，朝不虑夕。(晋·李密《陈情事表》)

从接近空间处所隐喻为接近时间，出现"薄暮、薄晚、薄夜、薄暝"等用法，均指傍晚。其中"薄暮"在先秦已见。如：

⑤薄暮雷电，归何忧？厥严不奉，帝何求？(《楚辞·天问》)

⑥城中薄暮尘起，剽劫行者，死伤横道，枹鼓不绝。(《汉书·酷吏传·尹赏》)

⑦前路既已多，后涂随年侵。促促薄暮景，亹亹鲜克禁。(西晋·陆机《豫章行》，此处"薄暮"指接近暮年。)

⑧薄晚，就家掩之，缚珽送廷尉。(《北齐书·祖珽传》)

⑨薄晚，须到公府，言不能尽。(韩愈《答张籍书》)

⑩雕弓白羽猎初回，薄夜牛羊复下来。(唐·张祜《杂曲歌辞·水鼓子》)

⑪苏州余姓者，好斗蟋蟀，每秋暮，携盆往葑门外搜取，薄夜方归。(清·袁枚《新齐谐·勾魂卒》)

⑫薄暝霞烘烂，平明露濯鲜。（宋·宋祁《海棠》）
⑬薄暝山家松树下，嫩寒江店杏花前。（明·高启《梅花》）

【迫】

《说文·辵部》："迫，近也。""迫"在上古及后代有靠近、接近的位移动词用法。如：

①吾令羲和弭节兮，望崦嵫而勿迫。（《楚辞·离骚》）

②恃交援而简近邻，怙强大之救，而侮所迫之国者，可亡也。（《韩非子·亡征》）

③远而望之，若摛朱霞而耀天文；迫而察之，若仰崇山而戴垂云。（三国魏·何晏《景福殿赋》）

在汉代，"迫"可用于指接近某一时间。后代少见用例。如：

④今少卿抱不测之罪，涉旬月，迫季冬，仆又薄从上雍，恐卒然不可讳。（司马迁《报任安书》）

⑤恪奉辞暨今，悲恋哽咽，岁月易远，便迫暮冬，每思闻道，奉承风教。（《魏书·献文六王传》）

⑥深知狱吏贵，几迫季冬诛。（唐·李商隐《哭虔州杨侍郎》）

⑦斜日秋烟，淼荡百里。迫暮，留诗而回。（元·刘祁《归潜志》卷十三）

"迫""近"同义连文，"迫近"原指靠近空间方所。如：

⑧种代，石北也，地边胡，数被寇……然迫近北夷，师旅亟往，中国委输时有奇羡。（《史记·货殖列传》）

⑨盘庚以耿在河北，迫近山川，乃自耿迁亳。（北魏·郦道元《水经注·汾水》）

后来"迫近"可知接近某一时间。如：

⑩只是试期迫近，转眼便错三年，如之奈何？（元·范康《陈季卿误上竹叶舟》第三折）

【逼】

《尔雅·释言》："逼，迫也。""逼"的一个常见义是逼迫、威胁。如：

①今君政反乎民，而行悖乎神；大宫室，多斩伐，以逼山林；羡饮食，多畋渔，以逼川泽。（《晏子春秋·景公问欲令祝史求福晏子对以当辞罪而无求第十》）

②木枝外拒，将逼主处。(《韩非子·扬权》)

"逼"又作为位移动词，表示迫近某空间处所。如：

③男女数重，各逼地形而攻要塞。(《尉缭子·攻权》)

后代沿用，如唐·罗隐《中元夜泊淮口》诗："秋凉雾露侵灯下，夜静鱼龙逼岸行。"

早在南北朝时期，"逼"就有了靠近、接近某时间的用法。如：

④早寒逼晚岁，衰恨满秋容。(南朝宋·鲍照《赠故人马子乔诗六首》)

又如"逼暮/逼夜"即傍晚，"逼岁"即靠近年关，"逼曙"天快亮的时候。

⑤若逼暮不获禽，则宿昔围守，须晓自出。(《宋书·沈攸之传》)

⑥定陶县去州五十里，县令妻日暮取人斗酒束脯，卲逼夜摄令，未明而去，责其取受，举州不识其所以。(《北史·邢卲传》)

⑦别家逢逼岁，出塞犹离群。(唐·岑参《岁暮碛外寄元撝》)

⑧凝寒结重晕，逼曙零孤朵。(明·高启《咏残灯》)

【侵₁】

《说文》："侵，渐进也。"本义为"逼进""进入"。《古代汉语虚词词典》(1999：431)指出："多用作实词。……另外，'进'总是由一点趋向另一点，故可引申为'迫近'、'接近'义。这一意义在句中用作介词，常用以表示时间。用例约始见于魏晋，后一直沿用于文言中。"

"侵"在先秦有越境进犯义。如：

①狁匪茹，整居焦获，侵镐及方，至于泾阳。(《诗经·小雅·六月》)

按，"侵"的进入义或与"侵"的越境进犯有关。如果弱化"进犯"，则"侵"会发展出逼进、进入之义。但经我们考察，"侵"先出现迫近、进入某时点的时间介词用法，最早见于成书于魏晋时期的《列子》，六朝有一些用例。如：

②周之尹氏大治产，其下趣役者，侵晨昏而弗息。(《列子·周穆王》)

③侵晨进攻，蒙手执枹鼓，士卒皆腾踊自升，食时破之。(《三国志·吴书·吕蒙传》)

④汉世有人年老无子，家富，性俭啬；恶衣蔬食，侵晨而起，侵夜而

息；营理产业，聚敛无厌；而不敢自用。(《古小说钩沉·笑林》)

此后"侵早、侵晓、侵夜、侵晚、侵黑"均有用例，"侵"有靠近、进入义。如：

⑤天子朝侵早，云台仗数移。(唐·杜甫《赠崔十三评事公辅》)

⑥牧童家住溪西曲，侵早骑牛牧溪北。(宋·华岳《骤雨》)

⑦侵晓则与兄弟问母之起居，暮则尝食视寝，然后至外斋对亲宾。(《北齐书·崔暹传》)

⑧侵晓鹊声来砌下，鸾镜残妆红粉罢。(后蜀·欧阳炯《木兰花》)

⑨今已侵夜，更向前道，虑为恶兽所损，幸娘子见容一宵，岂敢忘德。(唐·薛用弱《集异记·邓元佐》)

⑩山行侵夜到，云窦一星灯。(前蜀·韦庄《宿山家》)

⑪次日侵晨，李社长写了状词，同女婿到开封府来。(《初刻拍案惊奇》卷三三)

⑫吕胥与太后，侵晚至于未央宫，二人定计。(《前汉书平话》卷下)

⑬几度归侵黑，金吾送到家。(唐·李廓《长安少年行》)

在现代汉语方言中仍有不少"侵"类词语。如"侵起来"：早晨。山东寿光；"侵早"：清晨；凌晨。河北雄县、江苏常州、湖南湘乡、广东高明明成。

值得注意的是在唐及后代我们都能见到"侵"表示进入、临近空间处所的用例。如：

⑭塞燕已侵池篆宿，宫鸦犹恋女墙啼。(唐·韩偓《故都》)（进入）

⑮缆侵堤柳系，幔卷浪花浮。(唐·杜甫《陪诸贵公子丈八沟携妓纳凉晚际遇雨》)（临近）

⑯万奴用拳于歪头左耳近下侵咽嗓打讫一拳，倒地身死。(《元典章·刑部四·戏杀》)（靠近）

按，下例的"侵₂"表示流逝，与接近义不同。这时的"侵"可用于表示时光的流逝。如：

⑰危虑风霜积，穷愁岁月侵。(《北周·庾信《卧疾穷愁》)

⑱但悲时易失，四序迭相侵。(唐·韩愈《幽怀》)

⑲年侵腰脚衰，未便阴崖秋。(唐·杜甫《寄赞上人》)

【投】

"投"有终到义时间介词用法。马贝加(2002：137)认为"投"之所以产生至、到义，是因为上古汉语中"投、提"是同义词，均有投掷义，而"提"与"逮"同属定母，读音相近，"逮"有"抵、至"义，有表达终到点的功能，辗转相因，"投"也具有了这样的义项和功能。其说迂曲。

我们认为"投"的到、至义，可能沿着以下的路径演变而来：掷、扔→投向、奔向（空间）→到（空间）→到（时间）。如：

①齐高固入晋师，桀石以投人。（《左传·成公二年》）

②足下右投则汉王胜，左投则项王胜。（《史记·淮阴侯列传》）①（投向、奔向）

③述职投边城，羁束戎旅间。（晋·张协《杂诗》之八）（到，空间）

④式便服朋友之服，投其葬日，驰往赴之。（《后汉书·独行传·范式》）（到，时间）

⑤投他人马到这里时，我已到襄阳府了也。（宋·王明清《挥麈录余话·王俊首岳侯状》）

"投"从投向、奔向义又发展出靠近、临近义。不过据我们的观察，先出现临近义的时间介词用法（东汉），后出现临近义动词用法（唐）。用于时间的如：

⑥便行起于斯奈园。投暮往造迦叶。（后汉·昙果共康孟详译《中本起经·化迦叶品》）

⑦世祖遂与光等投暮入堂阳界。（《后汉书·任光传》）

⑧顺风得路，夜里也行船。岂问经州过县，管取投明须到，舟子自能牵。（宋·夏元鼎《水调歌头》）

⑨每宿昔作名一束，晓便命驾，朝贤无不悉狎，狎处即命食……投晚还家，所赏名必尽。（《南史·文学传·何思澄》）

⑩待都将许多明，付与金尊，投晓共流霞倾尽。（宋·晁补之《洞仙歌·泗州中秋作》）

"投"用于空间的靠近、临近义。如：

⑪拟古投松坐，就明开纸疏。（孟郊《题林校书华严寺书窗》）

---

① 《汉语大词典》（第一版第12册，第398页）、《汉语大字典》（第二版，第1948页）均将"投"的这个用法看作表示方位、方向介词（犹向），不妥。这种用法该为动词，表示趋向到、向着。

⑫九江右投贡与章，扬澜吹漂浩无旁。（宋·王安石《送程公辟守洪州》）

这表明在发生空—时隐喻的词义发展中，某些位移动词的某个意义可能先在时间概念中产生。

【逗】

《说文·辵部》："逗，止也。"段注："逗遛。""逗"本指停留。如：

①上以虎牙将军不至期，诈增卤获，而祁连知虏在前，逗留不进，皆下吏自杀。（《汉书·匈奴传第六十》卷九十四）

②乱弱水之潺湲兮，逗华阴之湍渚。（东汉·张衡《思玄赋》）

停留在某处，也就是在某处，到某处。唐代时"逗"用作终到义空间处所介词。① 如：

③决晨趋北渚，逗浦已西日。（唐·张九龄《彭蠡湖上》）

宋代"逗"用于时间概念，用为终到时间介词，相当于"到""临"。如：

④逗晚添衣并数重，隔哺剩热尚斜红。（宋·杨万里《新寒戏简尤延之检正》）

⑤鼻息拂拂，微能呻吟，遂命进药，逗晚顿苏。（宋·洪迈《夷坚丙志·韩太尉》）

⑥逗晓看娇面。小窗深、弄明未遍。（宋·周邦彦《凤来朝·佳人》）

⑦逗晓不辨道路，为一石所碍。（宋·赵希鹄《研屏辨》）

⑧逗归来，折得花枝教看，似人人么？（宋·张榘《水龙吟·丁经之用韵咏园亭次韵以谢》）

又，空间处所的停留，在时间上就是时间的延续。如：

⑨韩侂胄方擅事，尤忌君，故为软语逗岁月。（宋·叶适《滕季度墓志铭》）

【向】

"向"的本义为朝北的窗。如《诗经·豳风·七月》："十月蟋蟀入我床下，穹窒熏鼠，塞向墐户。""向"又用作动作的趋向，表示面对、朝着某方向或处所。如：

①望洋向若而叹曰："野语有之曰：闻道百以为莫己若者，我之谓

---

① 马贝加（2002）《近代汉语介词》失收。

也。"(《庄子·秋水》)

②今有满堂饮酒者,有一人独索然向隅而泣,则一堂之人皆不乐矣。(《说苑·贵德》)

③于是元王向日而谢,再拜而受。(《史记·龟策列传》)

④余虏走向落川,复相屯结。(《后汉书·段颎传》)

⑤亦有甲第,当衢向术。(晋·左思《蜀都赋》)

马贝加(2002:72)指出,两汉时期是方向介词"向"的孕育期,至晋、南北朝时期表方向的介词"向"已经发展成熟。特别是她观察到在魏晋南北朝时期,出现"向+N+V(运行动词)"序列,这里的"向"无疑已经是介词。此后沿用。如:

⑥流星向椀落,浮蚁对春开。(庾信《正旦蒙赵王赉酒诗》)

⑦日从海旁没,水向天边流。(唐·李白《赠崔郎中宗之》)

⑧拂衣向西来,其道直如弦。(唐·白居易《孔戡》)

动作行为的方向,映射到时间域,就是向着某时间运动,也就是在接近某时。"向夕""向晚"即为傍晚,"向晨""向晓"即为拂晓、清晨。这类用法南北朝多见,后代沿用。如:

⑨方向盛寒,灾疢或作。(《三国志·魏书·王朗传》)

⑩向夕长风起,寒云没西山。(晋·陶潜《岁暮和张常侍》)

⑪天时大热,移床在庭前树下,乃至鸡向晨,然后出。(《三国志·魏书·管辂传》,裴松之注引《辂别传》)

⑫论难锋起,而辂人人答对,言皆有余。至日向暮,酒食不行。(《三国志·魏志·管辂传》,裴松之注引《辂别传》)

⑬至一家,便寄宿,见一少年,美风姿,共谈《老子》,辞致深远。向晓辞去。(《晋书·陆云传》)

⑭日已向晡,不见人马。(《搜神记·河伯婿》)

⑮关城曙色催寒近,御苑砧声向晚多。(唐·李颀《送魏万之京》)

无限靠近某时,也可以视为在某时。"向"又表示所在时,相当于"在"。马贝加(2002:143)认为"向"至晋、南北朝时期方萌生"在"义,是。后代仍有不少用例。如:

⑯北平田琰,居母丧,恒处庐。向一暮夜,忽入妇室。(《搜神记》卷十八)

⑰人随川上逝,书向壁中留。(唐·崔曙《登水门楼见亡友题黄河诗

因以感兴》)

⑱已矣可奈何？冻死向孤村。(宋·陆游《风云昼晦夜遂大雪》)

⑲这钵盂饭是孙大圣向好处化来的。(《西游记》第五十三回)

按，"向"在唐代作为处所介词，介引始发处。元明亦见用例。如：

⑳一声似向天上来，月下美人望乡哭。(李贺《龙夜吟》)

㉑日期满足才开鼎，我向当中跳出来。(《西游记》第七十一回)

作为时间介词，在近代汉语中还有表示起点时间（相当于"从"）及终点时间（相当于"至"）的用法。① 如：

㉒日期满足才开鼎，我向当中跳出来。(《西游记》第七十一回)（从）

㉓向今五年，恩慈间阻，覆载之下，胡颜独存也？(唐·陈玄佑《离魂记》)

㉔为甚么桃花向三月奋发，菊花向九秋开罢？也则为这天公不放一时花。(元·无名氏《看钱奴》第一折)（以上两例表示到、至）

【擦】

"擦"在近代汉语中有贴近、挨着的意义。如：

①令殿班擦城下，战胜者赏金帛。(宋·徐梦莘《三朝北盟会编》卷六六)

②兄弟，与你擦着门，静坐一回者。(明·王衡《郁轮袍》第一折)

在现代汉语方言中，"擦"也与时间成分连用，表示靠近某时。如："擦黑"表示天快要黑的时候、傍晚。在官话区（东北官话、北京官话、冀鲁官话、胶辽官话、中原官话、晋语、兰银官话、江淮官话、西南官话）均见用例，吴语部分地区也有。如：辽宁沈阳、丹东，吉林白城、通化，北京，天津，河北保定、景县、唐山、平山、张家口、邯郸、大名，山东聊城、烟台，河南洛阳、获嘉，山西太原、大同、朔县、隰县、岚县、榆社，甘肃兰州，新疆乌鲁木齐、哈密，江苏南京，安徽安庆、合肥、芜湖、铜陵，四川成都、邛崃、达县，贵州贵阳、遵义、沿河、桐梓、清镇，云南昆明、昭通、临沧、保山。

其他的如：擦儿黑（傍晚。新疆吐鲁番、乌鲁木齐）、擦麻儿（黄昏。青海西宁、甘肃兰州）、擦黑子（傍晚。甘肃敦煌）、擦黑点（傍晚。

---

① 马贝加《近代汉语介词》未收这两种时间介词用法，当补。

四川仁寿)、擦黑家（傍晚。山西石楼、离石、临县）、擦黑黑（傍晚。太原）、擦黑气子（傍晚。四川邛崃）、擦过儿麦儿（麦收后的几天。山东梁山）。

【依】

"依"作为动词，后加处所名词，"依"有倚傍、靠着的用法。如：

①凡处军相敌，绝山依谷。（《孙子·行军》）

由倚傍空间处所，"依"引申为靠近某时间，如"依夕"表示傍晚。

②樊口南有大姥庙，孙权常猎于山下，依夕，见一姥问权："猎何所得？"曰："正得一豹。"（北魏·郦道元《水经注·江水二》引《武昌记》）

【旁（傍）】

"旁"表依附、靠近。如：

①奚旁日月，挟宇宙。（《庄子·齐物论》）

②武帝广开上林，东南至宜春、鼎湖、御宿、昆吾，旁南山，西至长杨、五柞。（西汉·扬雄《羽猎赋》）

③是月甲辰望，乙巳，旁之。故《武成》篇曰："惟四月既旁生霸，粤六日庚戌，武王燎于周庙。"（《汉书·志第一》）

《说文·人部》："傍，近也。"表示靠近、临近空间处所。《汉语大字典》（第二版，第244页）引徐灏注笺："依傍之义即旁之引申，旁、傍盖本一字耳。""傍"是"旁"的分化字。王凤阳（2011：18）指出，后来在旁边、附近义上主要用"旁"；在依附、接近义主要用"傍"。但是我们只在东汉找到"傍"表临近义的个别用例，南北朝始多见，后代沿用。如：

④故东方之域，天地之所始生也，鱼盐之地，海滨傍水，其民食鱼而嗜咸，皆安其处，美其食。（《素问·异法方宜论篇》）

⑤尔乃邑居隐赈，夹江傍山，栋宇相望，桑梓接连。（晋·左思《蜀都赋》）

⑥藤垂岛易陟，崖倾屿难傍。（南朝梁·丘迟《旦发鱼浦潭》）

⑦一夫怒临关，百万未可傍。（唐·杜甫《剑门》）

⑧照前妆束，骑了马傍着子中的官轿。（《二刻拍案惊奇》卷十七）

唐代有"傍眼"，犹如近在眼前，表眼前。如：

⑨关心小剡县，傍眼见扬州。为接情人饮，朝来减片愁。（唐·杜甫

《巴西驿亭观江涨呈窦十五使君》）

由靠近、临近空间处所，引申为临近某时间。这些用法在近代汉语出现。据我们考察，宋元始见"傍"的靠近、临近义与时间词语组合，表示靠近某时。如"傍午、傍晚、傍黑"等。

⑩果然将傍午时，只见大江水面上有二大鱼追赶将来。（宋话本《宋四公大闹禁魂张》）

明清时有"傍晚""傍黑"，指临近晚上的时候。如：

⑪直到傍午，方才起来。（明·冯梦龙《醒世恒言》卷十三）

⑫回到船时，轿钱酒钱也去了，一钱伍分一乘，抬的、走的，大约傍晚都到船中。（明·陆人龙《型世言》）

⑬这边彩云忙忙收拾，已傍黑了。（明·西湖渔隐土人《欢喜冤家》第十六回）

在现代汉语方言中还出现了"傍明（临近天亮）、傍亮、傍晌（将近正午）、傍年（年底）"等。以下材料来自《汉语方言大词典》（中华书局1999年版，第6203—6204页）及《现代汉语方言大词典》（江苏教育出版社2002年综合本，第4444—4445页）：

"傍明"：山东牟平、莱阳；"傍明子"：河北满城；"傍明天"：山东寿光、昌乐、潍坊；"傍明（天儿）"：济南。"傍亮"：东北，山东牟平；"傍亮儿"：哈尔滨、牟平。

"傍晌"：东北，山东荣成、长岛；"傍晌儿"：哈尔滨、洛阳；"傍傍晌儿"：山东牟平；"傍不晌儿"：河北保定。

"傍黑"：黑龙江齐齐哈尔、天津、河北井陉、山东诸城、河南洛阳、安阳、湖南衡阳；"傍儿黑"：新疆吐鲁番、乌鲁木齐。"傍黑儿"：黑龙江黑河、哈尔滨，辽宁丹东，山东烟台、寿光、长岛、荣成、梁山、东平、济宁、枣庄，山西襄垣，河北阳原。"傍黑儿天"：济南；"傍黑天"：山东济南、利津、寿光、淄博、桓台、青岛、临朐、济宁、东平、平邑；"傍下黑儿"：山东昌乐、潍坊。"傍傍黑儿"：山东牟平。"傍晚西"：山西长治。

"傍年儿"：山东烟台；"傍年子"：山东牟平。"傍年根儿"：山东东平。"傍年靠节"：山东牟平。

【著（着）】

"著"在上古用作动词，表示接触、贴近。如：

①伯棼射王，汏辀，及鼓跗，著于丁宁。(《左传·宣公四年》)

在汉代又出现动词放置义的用法，南北朝常见。如：

②左苍龙，右白虎，上著金银日月，玉衣珠璧以棺，至尊无以加。(《汉书·佞幸传·董贤传》)

③文成示温，温以著坐处。(陶潜《晋故西征大将军长史孟府君传》)

④取蘘荷叶著病人卧席下。(《齐民要术·种蘘荷》)

马贝加（2002：43）认为处所介词"著"的源头有两个，一个是置、放义的动词"著"，另一个来源是"及、触、附"义的动词"著"。她认为处所介词"著"萌芽于汉魏之际，至南北朝已经发育成熟。下面的例子表示位置所在，相当于"在"。如：

⑤所请群官，悉闭著益州诸曹屋中。(《三国志·魏书·钟会传》)

⑥胎死，血脉不复归，必燥著母脊，故使多脊痛。(《三国志·魏书·方技传》)

⑦布曰："不如待其来攻，蹙著泗水中。"(《三国志·魏志·吕布臧洪传》，裴松之注引《献帝春秋》)

⑧及到县，遂将吏卒至暠家，其女归，戏射杀之，埋著寺内。(《后汉书·单超传》)

⑨公于是独往食，辄含饭著两颊边，还吐与二儿。后并得存，同过江。(《世说新语·德行》)

⑩伏波将军唐资传蜀人煞姜法：先洒扫，别粗细为三辈，盛著笼中。(《太平御览》卷九七七，引晋·张华《博物志》)

⑪我去之后，汝可赍一死妇女尸安著屋中，语我夫言，云我已死。(《百喻经·妇诈称死喻》)

"著"除表示所在之外，还用作表示行为动作终到处的处所介词，相当于"到"。如：

⑫果遇恶风，船皆触山沉没，波荡著岸。(《三国志·魏志·田豫传》)

⑬负米一斗，送著寺中。(《六度集经》)

"著"用于表示终到的时间。"著"表示动作行为、变化延续到某一时点，大约始于南北朝时期，近代汉语已为罕见。(马贝加 2002：139) 如：

⑭将军夜夜返，弦歌著曙喧。(南朝陈·陈暄《长安道》，《先秦汉魏

晋南北朝诗·陈诗》)

⑮思君如夜烛，垂泪著鸡鸣。(南朝陈·陈叔宝《自君之出矣》)①

【洎】

"洎"在先秦有动词用法，表示到、到达。《庄子·寓言》就有抽象空间用法，如"曾子再仕而心再化。曰：'吾及亲仕，三釜而心乐；后仕，三千钟而不洎，吾心悲。'"

"洎"在南北朝有空间介词用法，表示到、到达。

①惠风广被，泽洎幽荒。(张衡《东京赋》)

"洎"有时间介词用法，表示"到""到……时候"。如：

②汉自章、和之后，世多变故，稍以陵迟，洎乎孝灵，不恒其心，虐贤害仁，聚敛无度。(裴松志注《三国志·魏书·文帝纪第二》)

③昔在帝尧之禅曰："咨尔舜，天之历数在尔躬。"舜亦以命禹。洎于稷、契，咸佐唐、虞，光济四海，奕世载德，至于汤、武，而有天下。(《宋书·志第十七·符瑞上》)

④唯有姚元标工于楷隶，留心小学，后生师之者众。洎于齐末，秘书缮写，贤于往日多矣。(《颜氏家训·杂艺》)

⑤洎乎周室，粲焉可观，封建亲贤，并为列国。(《晋书·八王传序》)

"洎"又用于时间概念，表示自、自从。如：

⑥洎日午达于明旦，口喑尚未能语。(唐·康骈《剧谈录·凤翔府举兵讨贼》)

【暨】

《说文》："暨，日颇见也。""暨"的本义是太阳刚刚升起，还未及完全显现。

"暨"在上古、中古及近代都可用作位移动词，表示至、到义。如：

①若七德离判，民乃携贰，各以利退，上求不暨，是其外利也。(《国语·周语中》。韦昭注："暨，至也。")

②洎颛顼之所建，帝喾受定，则孔子称其地北至幽陵，南暨交阯，西蹈流沙，东极蟠木，日月所照，莫不底焉，是以建万国而制九州。(《后汉书·郡国一》)

---

① 吴金花(2006)把该诗中的"著"看作动作持续介词，似可商榷。

③弃家如遗来远游，东走梁宋暨扬州。（唐·韩愈《刘生诗》）

"暨"用作时间介词，早在南北朝就有用例。如：

④暨至西征，阳平之役，亲擐甲胄，深入险阻，芟夷蝥贼，殄其凶丑，荡定西陲，悬旌万里，声教远振，宁我区夏。（《三国志·魏书·武帝纪第一》裴松之注）

⑤暨桓玄僭逆，倾荡四海。（《宋书·武帝本纪》）

⑥暨至汉之孝武，革正朔，更历数，改元曰太初，因名《太初历》。（《宋书·志第二·历中》）

⑦自商暨周，《雅》《颂》圆备。（南朝梁·刘勰《文心雕龙·明诗》）

【比至】

在先秦"比""至"连用可接处所名词，也可单用。"至"带处所名词的如：

①诸侯出夫人，夫人比至于其国，以夫人之礼行。（《礼记·杂记下》）

②背而走，比至其家，失气而死，岂不哀哉！（《荀子·解蔽》）

③毛遂比至楚，与十九人论议，十九人皆服。（《史记·平原君虞卿列传》）

④比至郢，五战，楚五败。（《史记·吴太伯世家》）

⑤母从其意。比至女门，牛不肯前。（《先秦汉魏晋南北朝诗·宋诗·华山畿》）

"比至"单用的如：

⑥当是时也，周公旦在鲁，驰往止之，比至，已诛之矣。（《韩非子·外储说右上》）

⑦靡笄之役，韩献子将斩人，郤献子闻之，驾往救之，比至，则已斩之矣。（《韩非子·难一》）

我们认为，不管"比至"是带处所宾语还是单用，它们都是作为背景句出现的，"比至"所表达的达到某地，与后续句子的行为动作，有时间上的先后关系，因而作为后一个句子的时间背景。如例1"夫人至于其国之时/之后，以夫人之礼行"，例2"至其家之时/之后，失气而死"，例6"至之时/之后，已诛之矣"。余类推。以上两种用法在南北朝及后世极为常见。

"比至"从接处所名词到接时间词是自然的发展。在东汉已见"比至"后接时间词的用法。如：

⑧孔子病，商瞿卜期日中，孔子曰："取书来，比至日中何事乎？"(《论衡·超奇篇》)

南北朝时期"比至"后接时间词的用法较为常见。如：

⑨城东马子莫咙讻，比至来年缠汝鬓。(《宋书·五行志》)

⑩俄而云气上蒸，肤寸而合，比至日中，大雨总至，溪涧盈溢。(《三国志·吴书·孙破虏讨逆传》，裴松之注引《吴录》)

南北朝开始出现"比至"后接动词性成分的用法，但并不常见。这也是"比至"作为背景句的必然发展，因为事件本身就可以成为另一事件的时间背景。

⑪比至再眠，常须三箔：中箔上安蚕，上下空置。(《齐民要术·种桑、柘》)

⑫禄山怒甚，令缚于中桥南头从西第二柱，节解之，比至气绝，大骂不息。(《旧唐书·忠义传下·颜杲卿》)

⑬比至酒散，谢翁见茶酒如此参前失后，心中不喜。(《二刻拍案惊奇》卷二十五)

按，马贝加（2002：130）指出："比至"起初是"比+动词性宾语结构"，"至"后是处所名词。到"至"后出现时间名词，"比至"就凝固为词了。我们不完全赞成这种说法。我们认为"比至"不一定要等到后接时间词才凝固为词。"比至"单用时，"比至"是动宾结构，即她所说的"比+动词性宾语结构"作为一个分句存在；当"比至"出现在"比+至+处所名词，后续句"时，起初"比至"并不在一个结构层次上，但因为"比+至+处所名词"的大量运用，更因为受双音步韵律的影响，人们把"比至"看作一个成分，"比至"与其后的处所名词一起构成介宾短语，作为时间背景。

【迟】

"迟"在先秦用作等待义动词。后世亦见用例。如：

①故学曰迟，彼止而待我，我行而就之。(《荀子·修身》)

②终日戚戚，触事惆怅，唯迟君来，以晤言消之。(东晋·谢安《与支遁书》)

③我将拾瑶草，迟子于玄洲。(元·张雨《寄题刘彦基丹室》)

等待及涉及空间处所，也同时涉及时间。"迟"的终到义（比及、等到）时间介词用法即源于其等待义动词。汉代已有用例。到近代汉语，除仿古外，"迟"的这一用法罕见。如：

①迟明，行二百余里，不得单于。（《史记·卫将军骠骑列传》）

②迟其至也，宿瘤，骇，诸夫人皆掩口而笑，左右失貌不能自止。（西汉·刘向《列女传·齐宿瘤女》）

③于是沛公乃夜引军从他道还，偃旗帜，迟明，围宛城三匝。（《汉书·高帝纪上》）

④迟旦，城中皆降伏波。（《汉书·南粤王传》）

⑤因问合曰："迟将军到，亮得无已得陈仓乎？"（《三国志·魏志·张郃传》）

⑥谁能共迟暮，对酒及芳晨。（傍晚。南朝梁·张率《对酒》）

⑦后死，迟旦斩温，分捕诸韦子弟，无少长皆斩。（《新唐书·外戚传·韦温》）

⑧迟文宝垂至，始求于铉焉。（宋·蔡绦《铁围山丛谈》卷三）

⑨作符诵咒，迟日全愈。（迟日，等过几天。清·采蘅子《虫鸣漫录》卷二）

又"迟""比"连言，表示等到。

⑩擅美推能，实归吾子。迟比闲日，清觐乃申。（《梁书·王筠传》）

【达】

"达"在上古用作位移动词，表示到达某空间处所。后代沿用。如：

①浮于济漯，达于河。（《尚书·禹贡》）

②西结境于赵而北达于燕，三国布翅，则从不待约而可成也。（《史记·楚世家》）

③吾与汝毕力平险，指通豫南，达于汉阴，可乎？（《列子·汤问》）

④昔司马懿征公孙渊，还，达白屋，即于此也。（北魏·郦道元《水经注·清水》）

由达到空间处所隐喻为到某时。汉代即有用例，后代沿用。如：

⑤夜观星宿，或不寐达旦。（《汉书·刘向传》）

⑥日暮天无云，春风扇微和；佳人美清夜，达曙酣且歌。（《陶渊明集·拟古》）

⑦博士一夜共披寻之，达明，乃谢曰："不谓玄成如此学也。"（《颜

氏家训·勉学》)

【迨】

《尔雅·释言》："迨,及也。"从字形分析,其本义也与空间位移有关,但我们没能找到"迨"早期用于空间动词的用例。早在《诗经》中"迨"就用于引介时间,表示在其时或"趁……之时"。此后沿用。如:

①士如归妻,迨冰未泮。(《诗经·邶风·匏有苦叶》)
②迨天之未阴雨,彻彼桑土,绸缪牖户。(《诗经·豳风·鸱鸮》)
③迨我暇矣,饮此湑矣。(《诗经·小雅·伐木》)
④宋公与楚人期战于泓之阳,楚人济泓而来,有司复曰:"请迨其未毕济而击之。"宋公曰:"不可。"(《公羊传·僖公二十二年》)
⑤浮阳骛嘉月,歊榯迨闲隙。(南朝宋·谢灵运《枹桑》)

但是魏晋时期能看到"迨"用于空间处所的用例。如:

⑥盍孟晋以迨群兮,辰倏忽其不再。(《文选·班固〈幽通赋〉》)
⑦二聘迨深泽,来遇帝庭。(唐·吴筠《严子陵》)

及于空间处所,隐喻为达到某时点,"迨"大约在中古时期开始用于引介终到时间。后代沿用。如:

⑧迨良期于风柔,竞悲飙于叶落。(晋·陆云《牛责季友》)
⑨权常游猎,迨暮乃归。(《三国志·吴书·张昭传》)①
⑩先是庭中通南北为一,迨诸父异爨……庭中始为篱,已为墙,凡再变矣。(明·归有光《项脊轩记》)

"迨"与"及""至"同义连用,有"迨及""迨至"引介终到时间。如:

⑪迨及岁未暮,长歌承我闲。(晋·陆机《长歌行》)
⑫迨及凉风起,行见寒林疏。(南朝宋·刘铄《拟孟冬寒气至诗》)
⑬迨至泰定,爵赏益滥。(《元史·文宗纪一》)

【逮】

《尔雅·释言》："逮,及也。"是追赶上、及于的意思。如:

①郤克眣鲁卫之使,使以其辞而为之请,然后许之,逮于袁娄而与之盟。(《公羊传·成公二年》)
②纵轻体以迅赴,景追形而不逮。(三国魏·曹植《七启》)

---

① 马贝加(2002:124)指出晋、南北朝及其后常见"迨"后随时间名词的用法,是。

追赶上某人某物，涉及追赶到的处所，也涉及时间。介引终到时间的用法上古即有用例。后世沿用。如：

③逮夜至于齐，国人知之。(《左传·哀公六年》)

④是圣人之术与圣主而俱殁，治世之法逮易世而莫用。(《尹文子·大道上》)

⑤逮丕继业，年已长大，承操之后，以恩情加之，用能感义。(《三国志·吴书·诸葛瑾传》)

等到某时，如果带有主观选择，则就是"趁……时"。先秦已有用例，后代沿用。如：

⑥逮吴之未定，君取其分焉。(《左传·定公四年》)

⑦愿君逮楚赵之兵未至于梁，亟以少割收魏。(《史记·穰侯列传》)

"逮""及"同义连文，表示追上、赶上。如：

⑧汉成帝时，猎者于终南山中，见一人无衣服，身生黑毛。猎人见之，欲逐取之，而其人逾坑越谷，有如飞腾，不可逮及。(晋·葛洪《抱朴子·仙药》)

追上也就是到达某空间处所（或抽象的空间处所）。如：

⑨文子曰："若夫知贤莫不难，今吾子亲游焉，是以敢问。"子贡曰"夫子之门人盖有三千就焉，赐有逮及焉，未逮及焉，故不得遍知以告也。"(《孔子家语·弟子行》)

⑩峻对曰："非臣愚见所能逮及。"(《三国志·魏志·高贵乡公髦传》)

隐喻到时间概念，"逮及"为及至某时，引介终到时间。南北朝已有用例，后代沿用。如：

⑪逮及商周，文胜其质。(南朝梁·刘勰《文心雕龙·原道》)

⑫憘果惴惴，不假不狂，逮及终殁，全归其吭。(唐·元稹《唐故开府仪同三司检校兵部尚书南阳郡王赠某官碑文铭》)

【迄/讫】

《尔雅·释诂》："迄，至也。"本义当与空间位移有关。不过"迄"在很早就用于时间表达，作终到义的动词。汉代出现由此虚化为引介终到时间的介词。如：

①后稷肇祀，庶无罪悔，以迄于今。(《诗经·大雅·生民》)

②故当时而亏败，迄今而逾恶，是非损益之征与？(《说苑·敬慎》)

③降周迄孔，成于王道，终后诞章乖离，诸子图微。(《汉书·扬雄传》)

④于兹迄今，情伪万方。(东汉·赵壹《刺世疾邪赋》)

在汉代我们能看到"迄"用于表示空间位移动词至、到的用例。如：

⑤迄上林，结徒营。(东汉·张衡《东京赋》)

⑥发轸北魏，远迄南淮。(三国魏·曹植《王仲宣诔》)

中古时期"迄""至"同义连文，用于引介终到时间。如：

⑦仆少小好为文章，迄至于今，二十有五年矣。(《曹植集·与杨德祖书》)

⑧自安和已下，迄至顺桓，则有班傅、三崔、王、马、张、蔡，磊落鸿儒，才不时乏。(南朝梁·刘勰《文心雕龙·时序》)

⑨自建中之初，迄至今岁，屡经禘祫，未合适从。(唐·韩愈《禘祫议》)

按，《说文》："讫，止也。"本义为停止、中止。因"讫"通"迄"，故"讫"也用以表示到、至。早在汉代就用以表示到至某时。如：

⑩上至隐公，下讫哀公十四年，十二公。(《史记·孔子世家》)

⑪数敕有司，务行宽大，而禁苛暴，讫今不改。(《汉书·成帝纪》)

【到】

"到"在先秦已用作位移动词，表示达到某处。此后沿用至今。如：

①寡人无良，边垂之臣，以干天祸，是以使君士沛焉，辱到敝邑。(《公羊传·宣公十二年》)

②兄嫂令我行贾，南到九江，东到齐与鲁。(《乐府歌辞·孤儿行》)

马贝加(2002：57—58)认为"到"在《史记》中介词性质尚未明确，但在魏晋南北朝时期，在一些语义结构中，V1和V2的语义涉及的对象不同，V1与主语或施事相联系，V2与宾语或受事发生联系。这种结构中的"到"，运行意义逐渐趋于消失，这种"到"是介词。如：

③会瑜已从肃母到吴，肃具以状语瑜。(《三国志·吴书·鲁肃传》)

马贝加认为"到"表示行为持续的终到点，汉代已有较多用例。如：

④汉家常以正月上辛祠太一甘泉，以昏时夜祠，到明而终。(《史记·乐书》)

这一用法后代沿用。如：

⑤到二十五年，汉中破，随众还长安，遂痴愚不复识人。(《三国

志·魏书·管宁传》，裴松之注引《魏略》）

⑥昔树无复有，后诸沙门取昔树栽种之，展转相承到今，树枝如昔，尚荫石像。（《水经注·河水》）

【际】

《说文》："际，壁会也。"本指两墙相接处。又指交会、连接。如：

①无往不复，天地际也。（《周易·泰》）

②属与敝邑际，故敢助君忧之。（《左传·定公十年》）

③其水际城东注。（北魏·郦道元《水经注·沁水》）

相连接与达到、靠近语义相通。如：

④高不可际，深不可测。（《淮南子·原道》）

⑤门内东侧际城，有魏文帝所起景阳山。（北魏·郦道元《水经注·谷水》）

⑥衰草际黄云，感叹愁我神。（唐·韩愈《暮行河堤上》）

由到达、靠近空间处所，引申到、接近某时间，南北朝始见用例。如：

⑦侵星出柳塞，际晚入榆溪。（南朝梁·戴暠《从军行》）

⑧周军攻东门，际昏，遂入。（《北齐书·安德王延宗传》）

⑨际晓投巴峡，余春忆帝京。（王维《晓行巴峡》）

⑩际晚游人也合归，画船犹自弄斜晖。（宋·杨万里《西湖晚归》）

【践】

"践"本义为踩，践踏。如：

①敦彼行苇，牛羊勿践履。（《诗经·大雅·行苇》）

②马，蹄可以践霜雪，毛可以御风寒。（《庄子·马蹄第九》）

引申为位移动词赴、前往。如：

③子羔曰："弗及，不践其难。"（《左传·哀公十五年》）

④吾闻之："非其义者，不受其禄；无道之世，不践其土。"况尊我乎？吾不忍久见也。（《庄子·让王》）

⑤且李陵提步卒不满五千，深践戎马之地。（西汉·司马迁《报任少卿书》）

由前往引申为到、到达，可以是到达空间处所。如：

⑥践华为城，因河为池，据亿丈之城，临不测之川，以为固。（《汉书·陈胜项籍传》）

⑦足践寒地，身犯朔风，暮宿客亭，晨炊谒舍。（南朝梁·刘潜《北使还与永丰侯书》）

也可以引介终到时间。这种用法据我们检索约在中古时期出现。如：

⑧济济四令弟，妙年践二九。（晋·应亨《赠四王冠诗》）

⑨且自冬践春，屯结不散，人畜疲羸，自亡之埶，徒更招降，坐制强敌耳。（《后汉书·段颎传》）

前往并到达某处，也是一种经历。如"践年"即为经历的年数。如：

⑩皇帝臣丕敢用玄牡昭告于皇皇后帝：汉历世二十有四，践年四百二十有六。（《三国志·魏书·文帝纪》，裴松之注引汉·刘艾《献帝传》）

【遒】

《说文》："遒，迫也。"虽然"遒"的迫近义并不常见，但亦可见到一些用例。如：

①分曹并进，遒相迫些。（《楚辞·招魂》）

②翔阳何冉冉，渐与西山遒。（宋·司马光《陪同年吴冲卿登宿州北楼望梁楚之郊访古作是诗》）

"遒"亦可迫近某一时间点。如：

③冀一年之三秀兮，遒白露之为霜。（《后汉书·张衡传》）

【挨】

《说文·手部》："挨，击背也。"本义为从后推击，打。唐代"挨"有了靠近、依傍义，此后均见用例。"挨"后接具体事物名词或处所词语。如：

①好鸟挨花落，清风出院迟。（前蜀·贯休《览姚合〈极玄集〉》）

②石挨苦竹旁抽笋，雨打戎葵卧放花。（宋·王禹偁《新秋即事》）

明代始见"挨"后接时间词的用法，表示接近某时。如：

③你每趁我在这里，年年来叩头，你每还是挨年这歇来。（明·刘仲璟《遇恩录》）

按，上例为刘基次子刘仲璟所记明太祖语，时间为洪武二十年十二月十五日早，"挨年"当为靠近年边的时候。

清代有"挨晚"后接时间词的用法。如：

④贾母道："如今且坐下，大家喝酒，到挨晚再到各处行礼去。"（《红楼梦》第一〇八回）

现代汉语方言中"挨"后接时间词的用法不少，"挨×"即为挨近×

的时间，如"挨麦口儿"指割麦前的几天（山东梁山）。以下"挨×"均表示傍晚，或天快黑时。以下来自许宝华（1999：4747—4749）：

挨夜（广西南宁心圩、湖南临武）、挨晚（北京，南京，云南蒙自，广州，南海沙头，顺德大良，高明明城，鹤山雅瑶，东莞，香港，澳门）、挨黑（菏泽，商丘，武汉，昆明，蒙自，文山，思茅，长沙，双峰，增城）、挨夜快（上海奉贤，崇明）、挨黑快（崇明）、挨夜积（江西宜春）、挨晚边（成都）、挨黑点（四川仁寿）、挨暗哩（福建长汀）、挨黑时际（娄底）、挨夜边哩（福建宁化）、挨傍黑儿（徐州）、挨夜始子矣（福建武平）、挨夜边子（江西瑞金、于都、上犹社溪）。

表示挨近年边、接近年底的词语如：挨年近晚（广州）、挨年岁边（苏州）、挨年逼节（成都）。

【捱】

"捱"为后起字。在近代汉语有贴近义。如：

①听韵悠悠乐声一派，摇纨扇玉体相捱。（元·谷子敬·《醉花明·豪侠》套曲）

在现代方言中，"捱"也能与时间成分连用，表示靠近某时。如"捱夜"表示傍晚（安徽绩溪）。

【濒】

《说文·频部》："濒，水厓。"本指水边。又作为动词，表示迫近、靠近。如：

①濒南山，近夏阳。（《汉书·地理志下》）

②武帝广开上林，南至宜春……北绕黄山，濒渭而东，周袤数百里。（《汉书·扬雄传上》）

宋时"濒"后接"死"等成分，表示迫近死亡。如：

③淹与如晦有隙，谮其兄杀之，并囚楚客濒死。（《新唐书·杜如晦传附杜淹》）

④俄得病，濒死，叹曰："诸佛槃正路不在文句中，吾欲以声求色见，宜其无以死也。"（宋·释普济《五灯会元·南岳下十四世五祖演禅师》）

元明时期有"濒危"的用例，表示临近死亡。如：

⑤我太宗虽仅四年，然无日不在师中，濒危而后济者数次，以故入金川门之后，恸哭于孝陵，始登大位，其艰苦可知矣。（明·沈德符《万历

野获编》卷一)

【臻₁】

《说文·至部》:"臻,至也。"本义为到达,即具体人或事物到达某一空间。如:

①遄臻于卫,不瑕有害。(《诗·邶风·泉水》)

②舟车所臻,足迹所及,莫不被泽。(《盐铁论·世务》)

按,以下用例中的"臻"其实相当于"来",因为是以观察者本身为参照点。眼见到时间从他处来到面前。这时的"臻"可以用于抽象的时间到达,体现时间在动的隐喻。如:

③眼见寒序臻,坐送秋光除。(唐·欧阳詹《太原旅怀呈薛十八侍御齐十二奉礼》)

【近】

"近"在先秦时期就用作动词表示接近、靠近的用法。一是表示静态的空间关系,指位置的靠近。如:

①景公过晏子曰:"子宫小,近市,请徙子家豫章之圃。"(《韩非子·难二》)

二是用作位移动词,表示从一处向另一处的空间的位移。如:

②章子令人视水可绝者,荆人射之,水不可得近。(《吕氏春秋·处方》)

从空间隐喻到时间,可以指靠近某一时间。这一用法在东汉出现,后代沿用。如:

③信久远之伪,忽近今之实。(东汉·王充《论衡·须颂》)

④夕阳无限好,只是近黄昏。(唐·李商隐《乐游原》)

⑤好溪新涨迓天绿,近晚无风水不波。(宋·叶适《送蔡学正》。"近晚",傍晚)

⑥云叶缤纷雪弄花,小营近午却排衙。(元·贡师泰《巡按松州》。"近午",接近正午)

⑦正当节届近年,天气开朗。(清·赵翼《檐曝杂记·假印大案》。"近年",临近新年)

【接近】

"接近"本指空间的靠近,相距不远。如:

①帝以车师六国接近北虏,为西域蔽扞。(《后汉书·西域传·

车师》)

②余少与嵇康、吕安居止接近，其人并有不羁之才。(晋·向秀《〈思旧赋〉序》)

近现代也可指时间的靠近。如：接近中午的那段时间。

【届】

"届"在上古就用作位移动词，表示至、到某空间处所。后代沿用。如：

①惟德动天，无远弗届。(《书·大禹谟》)

②昔袁本初还自易京，上已届此，率其宾从，禊饮于斯津矣。(北魏·郦道元《水经注·浊漳水》)

约在唐代，"届"后跟时间成分，表示终到时间。此后有"届候""届期"等。

③属以蚕秋应节，雁序届时。(唐·骆宾王《上瑕丘韦明府启》)

④每届秋期，倍轸摧心之痛；炎凉递运，逾添切骨之哀。(唐高宗武皇后·《赐少林寺僧书》，见《全唐文》卷九十七)

⑤当中秋之届候，玩素月之流空。(宋·王禹偁《谢赐御制月诗表》)

⑥届期齐集湖亭，各演杂剧。(《儒林外史》第三十回)

【于】[①]

郭锡良（1997）讨论过介词"于"的起源和发展。他指出介词"于"是由去到义动词虚化而成，先用来介绍行为的处所，再扩展为介绍行动的时间和涉及的对象。姚振武（2015：276）认为："于"和"往"义动词的运动方向一致，用在往义动词之后，意义不变，是动词；用在"入""来""至"等来义动词之后，运动方向相反，"于"的意义起了变化，抽象化，只表示引进"来""至"这一行为的处所，开始向介词转化。如姚振武举的几个例子：

①贞：方其来于沚？(《甲骨文合集》6728)

②自瀍至于膏，亡灾？(《甲骨文合集》28188)

邓飞（2013：90—91）指出甲骨文"于"最基本的用法在于提示连续时间段的过程和终点。"于"所在的时间表达式形式多样，有"于+干

[①] "于"的介词用法西周金文中始出现，但在金文、《诗经》《尚书》中，"于"仍占绝大多数。在《左传》中，"于""於"大致相当，到战国中后期，"於"字逐渐占了优势。魏晋以后，除了在引用古籍或固定格式外，"于"很少出现。参《古代汉语虚词词典》1999：768。

支""于+月份""于+来日"等形式。如：王勿于辛亥步。(H5223) 于七月有事。(H21728) 于来日酒。(H30857)

上古汉语"于"与"乎"声韵调皆同，都是匣母鱼韵平声。"乎"也有空间介词和时间介词的用法。表示空间所在处，如：

③孟子曰："莫非命也，顺受其正。是故知命者不立乎岩墙之下。"（《孟子·尽心上》）

④居则设张容，负依而坐，诸侯趋走乎堂下。（《荀子·正论》）

⑤愍王一用淖齿而身死乎东庙，主父一用李兑，减食而死。（《韩非子·难一》）

表示当其时的用例，如：

⑥吾独穷困乎此时也！（《楚辞·离骚》）

⑦《春秋》何以始乎隐？（《公羊传·哀公十四年》）（表示时间的开始）

⑧彼其人者，生乎今之世，而志乎古之道。（《荀子·君道》）

⑨济之日，不隐乎天下，名垂乎后世。（《荀子·王霸》）

（三）来往类位移词语

"来往"类位移词语蕴含着以说话地（或某一特定处所）为参照点的位移方向，或者以说话地为起点离开，或者以说话地为终点来到。离开、去往、返回等意义的动词属于此类。动态场景中的"前""后"也属于来往类位移动词，第一章我们已做详细讨论，这里不赘述。汉语史上发生过空间—时间隐喻发展的其他位移词语主要有以下这些。

【来】

"来"本为小麦，假借为来往之来。"来"指从别的地方到说话人所在的地方，或出远而近，与"去""往"相对。如：

①出入无疾，朋来无咎。（《周易·复》）

②有朋自远方来，不亦乐乎。（《论语·学而》）

③乾坤易简，则宛转相承；日月往来，则隔行悬合。（南朝梁·刘勰《文心雕龙·丽辞》）

李孝定（2004：1890）认为甲骨卜辞中"来"有"贡献""行来"之义，由此引申为"将来""未来"。我们认为"来"用于时间域，是隐喻引起的。据邓飞（2013：61）商代甲骨文中"来"最早为今之后的第二日，最远者可距离"今"二十七日。如：来壬其雨。（T824）贞，来椥

(春）不其受年。（H9660）

根据前文 Lakoff 等人的观点，如果以观察者自己为静止的参照，把时间看作移动的物体，那么这种认知模式下，未来的时间在远方向我们奔来，过去的时间已经离我们而去。这时"来"体现的是将来、未来。这种时间认知方式自古以来就是重要的认知方式。如：

④予恐来世以台为口实。（《尚书·仲虺之诰》）

⑤往者屈也，来者信也，屈信相感而利生焉。（《易·系辞下》。将来的事。）

⑥后生可畏，焉知来者之不如今也？（《论语·子罕》。将来的人。）

⑦社之日，莅卜来岁之稼。（《周礼·春官·肆师》）

⑧戴盈之曰："什一，去关市之征，今兹未能，请轻之，以待来年，然后已，何如？"（《孟子·滕文公下》）

⑨不慕往，不闵来。（《荀子·解蔽》）

⑩冬既闭藏，百事尽止。往事毕登，来事未起。（《管子·版法解》。将来的事）

以下词语中的"来"均为未来的意思，如"来月（下个月）、来生、来世、来代、来劫（来世）、来祀（来年、后世）、来秋、来兹（来年）、来稔（来年）、来芳（将来的美誉）"等。

⑪此外字细画短，多是钟法。今欲令人帖装，未便得付，来月有竟者，当遣送也。（南朝·梁武帝《答陶弘景论书书》之四）

⑫何必陋积庆之延祚，希无验于来生。（南朝宋·颜延之《又释何衡阳书》）

⑬夫时日用于盛世，而来代袭以妖惑；犹先王制雅乐，而季世继以淫哇也。（三国魏·嵇康《答释难宅无吉凶摄生论》）

⑭受苦现在，殃流来劫。（《百喻经·煮黑石蜜浆喻》）

⑮来芳可述，往驾弗援，呜呼哀哉！（颜延之《宋文皇帝元皇后哀策文》）

⑯太史公记功，故高来祀，记录成则着效明验，揽载高卓，以仪、秦功美，故列其状。（东汉·王充《论衡·答佞》）

⑰田畴不得垦辟，禾稼不得收入，搏手困穷，无望来秋。（《后汉书·庞参传》）

⑱今兹美禾，来兹美麦。（《吕氏春秋·任地》）

⑲九月丙午，诏缘淮南北所在镇戍，皆令及秋播麦，春种粟稻……比及来稔，令公私俱济也。（《魏书·世宗纪》）

另一种认知模式是学界所说的"时静人动"。当人们把时间看作静止的有边界的对象时，人们想象观察者从静止的时间中穿过，最典型的表达形式是"自×以来""×以来"，后来中古时期省作"自/从×来"或"×来"。对此何亮（2006）有过讨论。如：

⑳自生民以来，未有盛于孔子也。（《孟子·公孙丑上》）

㉑由周而来七百有余岁矣。（《孟子·公孙丑下》）

㉒余读谍记，黄帝以来皆有年数。（《史记·三代世表》）

㉓吾从是来，修治本心，六度无极，积功累行，四等不倦。（《中本起经·转法轮品》）

㉔法汰以常见怪，谓汉来诸名人，不应河在敦煌南数千里，而不知昆仑所在也。（《水经注·河水》）

按，个别的"来×"格式的词语，其实表达的是"自×以来"的意义。如：

"来古"为自古以来。如：

㉕人情之所感，远俗则怀，比《乐书》以述来古，作《乐书》第二。（《史记·太史公自序》。司马贞索隐："来古即古来也。言比《乐书》以述自古已来乐之兴衰也。"）

绝大多数情况下，"来日"表示未来时间，但有极少数的"来日"似乎表示过去。如：

㉖来日大难，口燥唇干。今日相乐，皆当喜欢。（《乐府诗集·相和歌辞十一·善哉行》）

㉗来日一身，携粮负薪。道长食尽，苦口焦唇。今日醉饱，乐过千春。（唐·李白《来日大难》）

朱庆之（2013）把类似例26/27的"来日"标注为"来日[B]"，以区别于表示未来时间的"来日[A]"。朱先生指出"来日[A]"和"来日[B]"是两个来源不同、意思也不同的词语。"来日[B]"的意思显然不是词典中所列的"过去""已往"，也不是"明天""将来"，而是"［某人从某地］来的时候"。它与"来日[A]"有三点不同。

一是二者内部形式不同。"来日[A]"之"来"，施事是"日"本身；"来日[B]"之"来"，施事另有其人。

二是"来日[A]"的施事是没有生命的时间,"来"的动作性减弱;"来日[B]"指施事从甲地出发到乙地。"来"可以指"始来"(出发),也可以指"到来","来"的动作性明显。

三是"来日[A]"不但完成了词汇化,也完成了语法化,即从具体的未来时间到抽象的未来时间;而"来日[B]"并不是词,而是一个以"日"为中心成分、动词"来"为限定成分的偏正短语。我们赞同朱先生的观点。

按,据冯玉涛(2007)考察,大致在两晋以后,"以来"发展出一个新的意义,开始表示空间的概念,有空间上对数量进行猜测、估计的大约的意义,更有空间距离上左右、上下、以下、以往的意思。据此,冯玉涛得出汉语中的一些词语具有时间和空间概念互相转化的关系。如:

㉘其人长四尺,两角如,牙出于唇,自乳以来,有灵毛自蔽。(《拾遗记》卷五)

㉙宝历中,亳州云出圣水,服之愈宿疾,亦无一差者。自洛已来及江西数郡,人争施金货衣服以饮焉。(《大唐传载》)

关于"来""去/往"的时间用法,何亮(2007、2012、2013)有详细论述。

【还】

《说文》:"还,复也。"《尔雅·释言》:"还、复,返也。"本表示返回。如:

①尔还而入,我心易也;还而不入,否难知也。(《诗经·小雅·何人斯》)

②诸侯之师败郑徒兵,取其禾而还。(《左传·隐公四年》)

"返回"意味着从他处到说话人所在处,这点与"来"相同。因而"还"有"来、到来"的用法,但只见于时间表达。如:

③故时之还也,无私貌;日之出也,无私照。(《逸周书·周祝》)

④春还应共见,荡子太无情。(南朝陈·徐陵《折杨柳》)

中古时期出现"以还/已还"作后置词的用法,表示时间方向("自此以还"),相当于"……以后"。胡敕瑞(2002:116)认为"以还"是受"以往""以来""以去"等旧有形式的影响,六朝时期类推而来。我们认为"还"的这种后置词用法固然是由于"以来"等形式的类推,但也由于其内在的语义适宜性(即"还"返回义与"来"的内在一致性)。对"以还"的用法何亮(2007:242—243、273—279)做过一些考察。

"以还"经常出现在框式结构中。如：

⑤自此以还，鳏贫疾老，详所申减，伐蛮之家，蠲租税之半。(《宋书·孝武帝》)

⑥故井陌疆里，长毂盛于周朝，屯田广置，胜戈富于汉室。降此以还，详略可见。(《南齐书·徐孝嗣传》)

⑦自轩辕以还，迄于三代，推元革统，厥事不一也。(《魏书·律历三》)

中古时期"以还"可以表示数量范围，也可表示时间的时段界限范围，相当于"……以内（以下）"。

⑧吞气断谷，可得百日以还，亦不堪久，此是其术至浅可知也。(《抱朴子·道意》)

⑨其犯罪五岁以还，可一原遣。(《宋书·武帝中》)

唐宋"×以还/已还"仍有使用。元明基本见不到了，但在文人笔记中偶见。

【臻₂】

前面"臻₁"作为到达类位移动词。以下用例中的"臻"其实相当于"来"，因为是以观察者本身为参照点。眼见到时间从他处来到面前。这时的"臻"可以用于抽象的时间到达，体现时间在动的隐喻。如：

①眼见寒序臻，坐送秋光除。(唐·欧阳詹《太原旅怀呈薛十八侍御齐十二奉礼》)

【返】

《说文·辵部》："返，还也。"指返还、回归至某一空间处所。如：

①入而无当，往而不返。(《庄子·逍遥游》)

隐喻到时间概念，可以指回归到以前的某一时间。唐宋时期出现"返老""返少"这样的用例。如：

②返老成少是还丹，不得守仙亦大难。(《五子守仙丸歌》，见《正统道藏》本《悬解录》。又《云笈七签》卷六四)

③八十加三，人尽讶，还童返少。(宋·刘克庄《满江红·寿唐夫人》)

④日服千咽，不足为多，返老还童，渐从此矣。(《云笈七签》卷六十)

【回】

《说文》:"回,转也。"本指回绕。又指掉转方向。如:

①回朕车以复路兮,及行迷之未远。(《楚辞·离骚》)

又指从一处返回原来的处所。如:

②醉卧沙场君莫笑,古来征战几人回。(唐·王翰《凉州词》)

近代汉语中"回"也可以指时间的往返。如"春回大地"等。又如"回春"指冬去春来:

③槛内群芳芽未吐,早已回春。(宋·苏轼《浪淘沙·探春》)

【归】

"归"指返回。如:

①十有一月朔巡守……归,格于艺祖,用特。(《尚书·舜典》)

唐代有"春"与"归"的组合,体现了"观察者静止,时间移动"的隐喻认知。如:

②莺啼知岁隔,条变识春归。(唐·卢照邻《折杨柳》)

③寒尽函关路,春归洛水边。(唐·徐安贞《送吕向补阙西岳勒碑》)

【往】

《说文·彳部》:"往,之也。""往"本表去、到某处,与"来"相对。如:

①昔我往矣,杨柳依依;今我来思,雨雪霏霏。(《诗经·小雅·采薇》)

②请往谓项伯,言沛公不敢背项王也。(《史记·项羽本纪》)

但在西周时期《易经》"往"就用于表示时间去往,与"来"相对。如:

③寒往则暑来,暑往则寒来。(《易经·系辞下》)

④过此以往,未之或知也。(《易经·系辞下》)

在人们的认知中,离去的时间是已经逝去的以往、过去的时间。如:

⑤往古来今,事孰无邮。(《鹖冠子·世兵》)

⑥量往来而兴废,因动静而结生。(《鹖冠子·能天》)

⑦往古来今谓之宙,四方上下谓之宇。(《淮南子·齐俗训》)

因为人们把时间看作移动物,已经离我们而去的是过去时间,所以"往"获得了"从前、过去"的时间义。这种用法早在西周就已出现,后代一直沿用。如:

⑧夫《易》，彰往而察来，而微显阐幽。(《易·系辞下》)
⑨告诸往而知来者。(《论语·学而》)
⑩往者不可谏，来者犹可追。(《论语·微子》)
⑪往者可知，来者不可知。(《墨子·鲁问》)
⑫往有商人，贷他半钱，久不得偿。(《百喻经·债半钱喻》)

下列词语中的"往"也表示已经逝去的过去时间。"往日、往世、往古、往代、往年、往朝、往载、往岁、往劫、往初、往昔、往时"等。

⑬惜往日之曾信兮，受命诏以昭时。(《楚辞·九章·惜往日》)
⑭来世不可待，往世不可追也。(《庄子·人间世》)
⑮时称诗书，道法往古，则见以为诵。(《韩非子·难言》)
⑯茫茫往代，既沈予闻，眇眇来世，倘尘彼观也。(南朝梁·刘勰《文心雕龙·序志》)
⑰威震群狄，名显往朝。(晋·张俊《为吴令谢询求为诸孙置冢人表》)
⑱或称伊霍之勋，无谢于往载；或谓良平之画，复兴于当今。(《后汉书·宦者传序》)
⑲夫往岁之粜贱，狗彘食人食，故来岁之民不足也。(《管子·国蓄》)
⑳自恐往劫之桀纣，皆可徐成将来之汤武，况今风情之伦少，而泛心于情流者乎。(南朝宋·宗炳《明佛论》)
㉑德侔往初，功无与二。(西汉·司马相如《封禅文》)
㉒臣敢言往昔。(《战国策·秦策一》)
㉓往年吾见之，是其征也，火出而见。(《左传·昭公十七年》)

其他"往任、往述、往事、往彦、往哲、往烈、往常、往略、往业、往牒、往贤、往旧、往辞、往怀"等词语中的"往"也都是过去的意思。

按，"往往"开始也是空间概念，表示处处、到处。如：
㉔令下贫守之，往往而为界，可以毋败。(《管子·度地》)
㉕旦日，卒中往往语，皆指目陈胜。(《史记·陈涉世家》)

约在西汉，"往往"发展出时间概念，表示"常常"。如：
㉖及如荀卿、孟子、公孙固、韩非之徒，各往往捃摭《春秋》之文以著书，不可胜纪。(《史记·十二诸侯年表序》)

【去】

"去"在上古汉语是离开的意思，离开所在地，强调起点。如：

①伊尹去亳适夏。(《尚书·胤征》)

②鸟乃去矣,后稷呱矣。(《诗经·大雅·生民》)

东汉开始,① "去"有往义,即从所在地到别处,强调目的地终点。如:

③汝从是去到揵陀越国昙无竭菩萨所。(东汉·支娄迦谶《道行般若经·摩诃般若波罗蜜道行经萨陀波伦菩萨品》)

④今自抚踵至顶以去陵虚,心往而勿已,则四方上下,皆无穷也。(南朝宋·宗炳《明佛论》)

不管是离开还是去往,"去"的这两个意义的共同点是从说话地出发。与"过"类似,如果以观察者自己为静止的参照,观察时间的运动,时间经过观察者,离开自己而去,这时"去"为已逝的现在以前的时间。如:

⑤孔子行鲁林中,妇人哭,甚哀,使子贡问之:"何以哭之哀也?"曰:"去年虎食吾夫,今年食吾子,是以哭哀也。"(《论衡·乱龙篇》)②

⑥自去践行量度,二十许载。去十一年大水,已诣前刺史臣义康欲陈此计,即遣主簿盛昙泰随峤周行,互生疑难,议遂寝息。(《宋书·二凶传》)

⑦上诏答曰:去五月中,吾病始差,未堪劳役,使卿等看选牒,署竟,请敕施行。(《宋书·王景文传》)

⑧仆去月谢病,还觅薜萝。(南朝梁·吴均《与顾章书》)

⑨对酒当歌,人生几何,譬如朝露,去日苦多。(魏·曹操《短歌行》)

⑩且去岁冬初,国学之老博士耳;今兹首夏,将亚冢司。(南朝梁·任昉《为范尚书让吏部封侯第一表》)

如果认为时间是静止,观察者自己移动,那么"去"表示的是从静止的时间开始之后的时间。如此,则"自今以去"表示的是"从今以

---

① 据胡敕瑞(2002:120—121)考察,东汉已经有"去"代替"往"的例子,不过在东汉佛典中没有单个动词"去"后面直接带处所宾语的例子,带处所宾语时都用"去至""去到"等复合结构,没有例外。

② 刘百顺(2004)认为"去年"产生于西汉末,东汉已常见。胡敕瑞(2002:115)认为"去年"是通过类推而来,他指出:因为先秦表往到的"往",汉代已可说"去",所以"往事"也作"去事"……据此类推,旧词"往年"因而也可说"去年"。

后"。如：

⑪自今已去，国家永无南顾之虞。(《三国志·吴书·吕岱传》)
⑫未知从今去，当复如此不？(东晋·陶潜《游斜川》)

又，"去"可表示空间概念上的距、距离，后来也用于时间概念，表示时间上的距、距离。属于以空间距离隐喻时间长度，后面我们有详细讨论。

【背】

"背"本指脊背。引申为背部对着或后面靠着。如：
①不正其主面，亦不背客。(《周礼·秋官·司仪》)
②水南有长阜，背汾带河。(北魏·郦道元《水经注·汾水》)

又引申为空间上的避开、离开。如：
③好面誉人者，亦好背而毁之。(《庄子·盗跖》)
④水背流而源竭兮，木去根而不长。(西汉·贾谊《惜誓》)

"背"再进一步抽象，从空间的离开隐喻为时间的离开。下面的例子中"背"可解释为从某时离开，也就是时间流向的起点。如：
⑤于是乎背秋涉冬，天子校猎。(《史记·司马相如列传》)
⑥于是背秋涉冬，使琴挚斫斩以为琴。(汉·枚乘《七发》)
⑦若乃背冬涉春，阴谢阳施。(晋·潘岳《闲居赋》)
⑧寒暑烦劳，背春涉冬。(北齐·颜之推《颜氏家训·省事》)

【徂】

《尔雅·释诂》："徂，往也。"据《方言》，"徂，往也。徂，齐语也"，"徂"原是方言词。"徂"作为位移动词表示往、去，先秦即有用例，后世亦沿用。如：
①我徂东山，慆慆不归。(《诗经·豳风·东山》)
②朕命将率，徂征厥罪。(《汉书·武五子传》)
③昔人从公旦，一徂辄三龄；今我神武师，暂往必速平。(东汉·王粲《从军》诗之二)
④我徂京师，不远其还。(韩愈《河之水二首寄子侄老成》)

往到某地，该地即为运行方向，也是终到目标，"徂"又表示至、到。先秦作为引介终到处所的介词，常出现在"自……徂……"的格式中。如：
⑤自河徂亳，暨厥终罔显。(《尚书·说命下》)

⑥不殄禋祀，自郊徂宫。(《诗经·大雅·云汉》)

⑦丝衣其紑，载弁俅俅，自堂徂基，自羊徂牛，鼐鼎及鼒。(《诗经·周颂·丝衣》)

由终到处所，南北朝时出现隐喻为终到时间的用例。如：

⑧王者随天，譬犹自春徂夏，改青服绛者也。(《后汉书·郎顗传》)

⑨自夏徂秋，以疾陈退，韩廷重违谦光之旨，用申超世之尚。(南朝齐·王俭《褚渊碑文》)

⑩余摄养舛和，服饵寡术，自春徂夏。(《魏书·文苑传》)

"徂"引介终到时间的用法在近代汉语多用在文言色彩较重的语料中。

按，跟其他的往、去义位移动词一样，"徂"也发展出"以往的、过去的"用法。这其实就是"人静时动"时间隐喻认知方式的语言表征之一。如下例中的"徂年""徂岁"。

⑪徂年已流，壮情方勇。(《后汉书·马援传赞》)

⑫徂年既流，业不增旧。(晋·陶潜《荣木》)

⑬眺徂岁之骤经，睹芳春之每始。(南朝宋·谢灵运《伤己赋》)

"徂"又发展出时间的消逝义，这其实也是空间"往"义的引申。如：

⑭悬明月以自照兮，徂清夜于洞房。(西汉·司马相如《长门赋》)

⑮岁月其徂，年其逮耇，于昔君子，庶显于后。(《汉书·韦贤传》)

⑯上愿天地仁，止此祸乱源。岁月一徂逝，尚能返邱园。(宋·苏辙《初发彭城有感寄子瞻》)

"徂川"指流水，亦比喻流逝的岁月。如唐李白《月夜江行寄崔员外宗之》："归路方浩浩，徂川去悠悠。"

【逝】

《说文》："逝，往也。""逝"本为往去义位移动词。如：

①若昔朕其逝，朕言艰日思。(《尚书·大诰》)

②毋逝我梁，毋发我笱。(《诗经·邶风·谷风》)

③公等皆去，吾亦从此逝矣！(《汉书·高帝纪上》)

④日落似有竟，时逝恒若催。(晋·陆机《折杨柳》)

"往去"即离开所在地而远去，故"逝"有一去不返、流逝、消逝义。如"逝川"即指一去不返的江河之水，后也转喻为流逝的光阴。如：

⑤子在川上曰："逝者如斯夫！不舍昼夜。"(《论语·子罕》)
⑥离会虽相亲，逝川岂往复。(南朝齐·谢朓《王抚军庾西阳集别时为豫章太守庾被征还东》)

与往去义位移动词"往""去"一样，"逝"多用于"观察者静止，时间移动"的认知方式，表示已离观察者而去的过去时间。如"逝日"指已消逝的过去日子。

⑦逝日长兮生年浅，忧患众兮欢乐鲜。(西晋·潘岳《哀永逝文》)

"逝""往"连言，表示往昔。如：

⑧遵四时以叹逝，瞻万物而思纷。(西晋·陆机《文赋》)

【侵₂】

前面我们考察了达至类位移动词"侵₁"。下例的"侵₂"表示流逝，与接近义不同。这时的"侵"可用于表示时光的流逝。如：

①危虑风霜积，穷愁岁月侵。(北周·庾信《卧疾穷愁》)
②但悲时易失，四序迭相侵。(唐·韩愈《幽怀》)
③年侵腰脚衰，未便阴崖秋。(唐·杜甫《寄赞上人》)

【适】

《说文·辵部》："适，之也。"《尔雅·释诂》："适，往也。"本义为去，往。如：

①适子之馆兮，还予授子之粲兮。(《诗经·郑风·缁衣》)
②心犹豫而狐疑兮，欲自适而不可。(《楚辞·离骚》)
③去郑，适卫。(《史记·吴太伯世家》)

因为往、去义位移动词多演化为表示过去的时间词，故中古汉语出现的"适"的刚才义、近来义，疑与"适"的往、去义有关。如：

④陛下之臣虽有悍如冯敬者，适启其口，匕首已陷其胸矣。(《汉书·贾谊传》)
⑤南边坐者语曰："适来饮他酒脯，宁无情乎？"(东晋·干宝《搜神记》卷三)
⑥马上黄金鞍，适来新赌得。(前蜀·贯休《少年行》之三)

(四) 进退类位移词语

"进退"类以某参照点为出发点，凸显其位移的方向（向前或后退）。发生过空—时隐喻的"进退"类位移动词包括"前""却"。

【前】

"前"作为位移动词表示向前行进，前去。如：

①孔子下车而前，见谒者曰："鲁人孔丘，闻将军高义，敬再拜谒者。"（《庄子·盗跖》）

②募军中壮士所善愿从者数十人，及出壁门，莫敢前。（《史记·魏其武安侯列传》）

隐喻到时间概念，表示以某参照时间为基点，往前推一段时间。如：

③前一日，忽言"吾气息不接，腹中大痛"，而行止如常，至明旦便终。（《魏书·志第二十·释老十》）

又指某事之前，相当于预先、事前。如：

④凡事豫则立，不豫则废。言前定则不跲，事前定则不困，行前定则不疚，道前定则不穷。（《礼记·中庸》）

作为方位词"前"的空—时隐喻，我们在第一章有详细阐述。

【却】

"却"作为位移动词表示退、使退。如：

①弃甲兵，怒战栗而却。天下固量秦力二矣。（《战国策·秦策一》）

②沛公自度能却项羽乎？（《史记·留侯世家》）

又表示推后。如：

③上幸上林苑，皇后、慎夫人在禁中尝同坐，及坐郎署，盎却慎夫人席，慎夫人怒，不肯坐。（汉·荀悦《汉纪·文帝纪上》）

东汉开始，"却"用于时间概念，表示从说话时往后推一段时间。或者"却"与"后"同义连用，或者"却"单独与时段成分结合，形成"却后/却+时段×"表达式，表示以说话时或所叙述时间为参照点，在这一参照点往后的一段时间之后的时间，相当于"×以后"。据何亮（2007：239），这一用法从东汉译经开始出现，在中古广泛运用，在语义上与"后+时段""时段+后"一致。①"却后/却+数量式时段"在佛经中用例很多，但在中土文献中却并不是很多。如：

④后慈仁佛立，当于彼时得是成具光明定意。却后三十六万亿劫，皆成为佛。（《成具光明定意经》）

⑤女言：愿父安意，此事易耳。我却七日，自处出门。（《修行本起经·试艺品》）

---

① 东汉译经中"却后"有两种用法：一是作状语或定语，义同相对时间词"后来""以后"，该用法中土文献未见；二是出现在"却后/却+时段"结构中，义为"在……以后"。

⑥伤寒,其脉微涩者,本是霍乱,今是伤寒,却四五日,至阴经上转入阴,必利,本呕,下利者,不可治也。(《伤寒论·辨霍乱病脉证并治第十三》)

⑦却十余日,参军行至东桥,牛奔直趣水,垂堕,忽转,正得无恙也。(《古小说钩沉·幽明录》)

⑧公谓运者曰:"却十五日为汝破绍,不复劳汝矣。"(《三国志·魏书·武帝纪》)

有时"却"与"后"连言,表示在话语时的一段时间之后。如:

⑨伯玉问何当舒,上曰:"却后三年。"(《南齐书·荀伯玉传》)

⑩婆罗门言:若施我头,何时当与?王言:却后七日,当与汝头。(《贤愚经·月光王头施品》)

(五) 经由、经过类位移词语

"经由"类位移词语凸显路径信息,突出位移的历程性。表示经过、越过、跨越、顺沿义的位移词语为经由类位移词语。

【历】

《说文·止部》:"历,过也。"上古汉语"历"有位移动词用法,表示空间上的经历、经过、越过、跨越。如:

①应龙何画?河海何历?(《楚辞·天问》)

②孟子闻之曰:"礼,朝廷不历位而相与言,不逾阶而相揖也。"(《孟子·离娄下》)

③深践戎马之地,足历王庭,垂饵虎口。(司马迁《报任安书》)

④于是气怨结而不扬,涕满匡而横流,即起,历阶而去。(《史记·淮南衡山列传》)

⑤宫馆所历,白有余区。(东汉·班固《西都赋》)

⑥河水历峡北注,枝分东出。(北魏·郦道元《水经注·河水三》)

⑦集旅布嵌谷,驱马历层涧。(唐·武元衡《兵行褒斜谷作》)

"历"很早就用于表示时间上的经历、经过。后代沿用。如:

⑧既历三纪,世变风移。(《尚书·毕命》)

据何亮(2006)考察,"历"表示时间上的经历,中古十分常见,如:历年、历载、历时、历代、历朝、历纪、历月、历旬、历日、历年载、历久、历世、历古、历劫、历年数百。又如:

⑨殷周之王,乃躔卞稷,修仁行义,历十余世,至于汤武,然后放

杀。(《汉书·异姓诸侯王表》)

⑩妾身守空闺,良人从军行。自期三年归,今已历九春。(三国魏·曹植《杂诗》之三)

⑪历稔共追随,一旦辞群匹。(南朝梁·何逊《临行与故游夜别》)

王凤阳(2011:744)指出,"历"重在跨越,故用于表时多指中间有若干变化的较长时段。

【离】

"离"在上古就有"经历、经过"的意思。用于空间概念的如:

①我离两周而触郑,五日而国举。(《史记·苏代传》)

"离"的经历、经过义很早就用于时间表达。如:

②二月初吉,载离寒暑。(《诗·小雅·小明》)

郑玄笺:"乃以二月朔日始行至今,则更夏暑冬寒矣。"孔颖达疏:"二月初朔之吉日始行至于今,则离历其冬寒夏暑矣。"(参《汉语大词典》第一版第11卷,第883页)

③近不过旬月之役,远不离二时之劳。(《汉书·匈奴传下》,颜师古注:"离,历也。")

④闭门荒郊,再离寒暑。(南朝梁·任昉《为范尚书让吏部封侯第一表》)

【经】

《小尔雅·广诂》:"经,过也。""经"在上古就有位移动词的用法,表示空间上的经过、经历。中古沿用。如:

①经堂入奥,朱尘筵些。(《楚辞·招魂》)

②不明于计数,而欲举大事,犹无舟檝而欲经于水险也。(《管子·七法》)

③今之燕必经赵,臣不可以行。(《史记·樗里子甘茂列传》)

④日月经天,河海带地。(《后汉书·冯衍传》)

马贝加(2002:93)认为表示"经由(某处)"的地点介词"经"萌生于南北朝,至唐代定型。如:

⑤郡有旧道,经牦牛中至成都,既平且近。(《三国志·蜀书·张嶷传》)

⑥鹞子经天飞,群雀两向波。(《先秦汉魏南北朝诗》,梁诗《横吹曲辞·企喻歌》)

⑦而远事屯戍，终年离别，万里思归。经途死亡，复在言外。(《贞观政要·安边》)

但是据何亮（2006）考察，先秦西汉已有"经旬、经岁"等用例，"经+时间词语"在中古大量运用，已有很多表示经由、经过义时间介词的用法。据何亮（2006），表示时间经过的"经"在中古有：经岁、经年、经月、经旬、经日、经宿、经夕、经时、经春、经秋、经夏、经冬、经数月日、经久、经历日月、经久时、经积年岁、经尔许时、经历年载、经历年岁、经不远等。有鉴于此，我们认为魏晋南北朝时期"经"无论是作处所介词还是时间介词都已成熟。如：

⑧在路太后房内，经二三年，再呼，不见幸。(《宋书·后妃传》)

⑨九年，遣大司马吴汉等击之，经岁无功。(《后汉书·南匈奴传》)

⑩庄周之称郊祭牺牛，养饲经年，衣以文绣，宰执鸾刀，以入庙门，当此之时，求为孤犊不可得也！(《三国志·魏书·吕布臧洪传》，裴注引《献帝春秋》)

⑪先主与术相持经月，吕布乘虚袭下邳。(《三国志·蜀书·先主传》)

⑫军住经日，将吏患之。(《三国志·吴书·贺齐传》)

⑬母病经时不差，入山采药，遇一老父语之曰："得丁公藤，病立愈。此藤近在前山际高树垂下便是也。"(《南齐书·孝义列传》)

⑭地势洿下，宜溉灌，终有鱼稻经久之利，此丰民之本也。(《三国志·魏书·郑浑传》)

⑮丰城双剑昔曾离，经年累月复相随。(隋·薛道衡《豫章行》)

王凤阳（2011：743）指出"经"重在穿越，在时间方面突出穿过时段的全过程。

"经""过"同义连用，开始时用于空间方所。如：

⑯日月照其所经过之道。(东汉·高诱注《淮南子·时则训》"日月之所道")

⑰余于长沙公为族祖，同出大司马。昭穆既远，以为路人。经过浔阳，临别赠此。(晋·陶渊明《赠长沙公》)

南北朝时期"经过"用于表示时间，动词。后代亦见用例。如：

⑱经过二载，而先生抗志弥高，所尚益固。(《后汉书·周黄徐姜申屠列传》)

⑲松风夜响，薤露晨歌。秋月如练，春云似罗。荣华灭后，寒暑经过。(唐·杨炯《唐右将军魏哲神道碑》，《全唐文》卷 194)

⑳艺奇思寡尘事多，许来寒暑又经过。(元稹《琵琶歌》，《全唐诗》卷 421)

【过】

"过"的本义为经过。渡过也是一种经过。如：

①子击磬于卫，有荷蒉而过孔氏门者。(《论语·宪问》)

②北过降水，至于大陆。(《尚书·禹贡》)

经过一个空间处所，相对来说该空间处所是不动的。如果想象从静止的时间参照点经过，则"过"指越过该时间进入下一个时间。如：

③年之暮奈何，时过时来微。(三国魏·曹操《精列》)

④若事过而后知，则与无智者齐矣。(北齐·刘昼《新论·贵速》)

⑤三伏适已过，骄阳化为霖。(唐·杜甫《阻雨不得归瀼西甘林》)

类似的例子如：过后(以后，后来)、过却(过后)、过午(中午以后)、过冬(度过冬季)、过年(过了新年)、过晌(过午)、夜过中。

⑥若费财、烦人、危官，苟效一时功利，规赏于主，不顾过后贻灾于国。(《亢仓子·臣道》)

⑦来时槁叶疏疏响，过后浮云片片光。(宋·李觏《小雨》)

⑧酒醒情怀恶，金缕褪玉肌如削。寒食过却，海棠零落。(南唐·冯延巳《思越人》)

⑨昼睡忽过午，好风吹竹床。(宋·文同《闲乐》)

⑩他年芋火谈空夜，雪屋松窗约过冬。(宋·张元幹《留寄黄檗山妙湛禅师》)

⑪直看过年开未了，醉吟且放老夫狂。(宋·戴复古《灵州梅花》。过年：过了新年)

⑫成帝永始二年二月癸未，夜过中，星陨如雨，长一二丈，绎绎未至地灭，至鸡鸣止。(《汉书·五行志》卷二十七下之下)

王凤阳(2011：743)指出，"过"重在对参照物的逾越，泛指超出时间的参照点，甚是。

"过去"本是一个连动式并列结构，谓离开所在地或经过某地走向另一个地点。东汉有用例。后代沿用。如：

⑬乃敕属县盛供具，一人皆兼二人之馔，恂乃出迎于道，称疾还。贾

复勒兵欲追之，而吏士皆醉，遂过去。(《东观汉记·寇恂传》)

⑭马骄风疾玉鞭长，过去唯留一阵香。(前蜀·韦庄《丙辰年鄜州遇寒食城外醉吟七言》之四)

⑮四祖乃往庵前，过来过去，谓曰："善男子莫入甚深三昧。"(《祖堂集·牛头和尚》卷三)

如果以观察者自己为参照，观察时间的运动，时间经过观察者，离开自己而去。这时离开自己远去的时间是指已逝的时间，即"过去"为已逝的现在以前的时间。何亮（2006a）指出表示相对时间的"过去"在东汉译经中极为常见，但整个中古时期多用于介绍佛教教义或与佛有关的语言环境中。如：

⑯坐禅数息即时定意，是为今福；遂安隐不乱，是为未来福；益久续复安定，是为过去福也。(安世高译《大安般守意经》)

⑰过去已灭，亦无有想，而不作想其作想者为非德。(支谶《道行般若经·劝助品》)

⑱外道等执于常见，便谓过去未来现在唯是一识，无有迁谢。(《百喻经·病人食雉肉喻》)

唐宋时也有出现在与佛经教义关系并不密切的语境中的情况。如：

⑲夫上应玄象，实不易叨；锦不轻裁，诚难其制。过去业郵，所以致乖算测。圣监既谓臣愚短，不可试用，岂容久居显禁，徒秽黄枢。(《梁书·萧昱传》)

⑳空堂夜合势如云，沟壑宁思过去身。(宋·何薳《春渚纪闻·徐氏父子俊伟》)

【逾/踰】

《说文·辵部》："逾，越进也。"本义为越过。"逾"，古多做踰。《说文·足部》："踰，度也。"如：

①浮于江、沱、潜、汉，逾于洛，至于南河。(《尚书·禹贡》)

②将仲子兮，无踰我墙。(《诗经·郑风·将仲子》)

经过也是一种越过。如：

③我心之忧，日月逾迈，若弗云来。(《尚书·秦誓》)

经过、越过空间，隐喻到时间概念，"逾"可以是经过、越过一个时间段。这种用法很早就有了。如：

④士踰月，外姻至。(《左传·隐公元年》)

杜预注:"踰月,度月也。"孔颖达疏:"踰月度月者,言从死月至葬月,其间度一月也。"又如三国魏曹植《请祭先王表》:"自计违远以来,有踰旬日。"

"逾"后接时间词,表示经过该时间之后的时间。如:逾年、逾岁(一年以后、第二年;经历年岁)、逾年历岁(经过一定年月)、逾春(春天以后)、逾秋(过了秋天、秋后)、逾午(中午以后)、逾日(过一天、第二天)等。如:

⑤王大怒,曰:"夫用百万之众攻战,踰年历岁,未见一城也!今不用兵而得城七十,何故不为?"(《战国策·赵策一》)

⑥逾年牝死,犬加勤效。(唐·薛用弱《集异记·齐琼》)

⑦隆冬之月,寒气用事,水凝为冰,逾春气温,冰释为水。(东汉·王充《论衡·论死》)

⑧物或逾秋不死,亦如人年多度百至于三百也。(东汉·王充《论衡·气寿》)

⑨乐饮逾月,忽飘然浮海去,逾岁而归。(宋·罗大经《鹤林玉露》卷二)

⑩初九日,逾午少霁。(明·徐弘祖《徐霞客游记·游黄山日记》)

⑪逾日,有妇人抱状,自言为亡者妻。(清·蒲松龄《聊斋志异·折狱》)

"逾"与"历""涉"同义连用,表示经历、经过的时间。如:

⑫因复传换五狱,踰涉四年,令卒以自免。(《后汉书·独行传·缪肜》)

⑬甫逾历其三稔,实周回其未再。(《宋书·谢晦传》)

王凤阳(2011:730)指出,"踰"和"逾"最初虽是异体字,但使用中逐渐发生分工,表示具体行为的一般用踰,表示抽象观念则常用"逾",尤其是在表示时间跨度和表示副词"更加"的意义上几乎为"逾"所专用。

【涉】

"涉"的本义为徒步渡水。如《诗·郑风·褰裳》:"子惠思我,褰裳涉溱。"引申为空间位移动词,表行走、跋涉。如:

①心之忧危,若蹈虎尾,涉于春冰。(《尚书·君牙》)

②故乡路遥远,川陆不可涉。(南朝宋·谢灵运《登上戎石鼓山》)

行走其实就是进入空间。"涉"又作空间位移动词,表进、进入。如:

③君处北海,寡人处南海,唯是风马牛不相及也。不虞君之涉吾地也,何故?(《左传·僖公四年》)

④涉魏而东,遂为丰公。(《汉书·高帝纪赞》)

也可以指抽象空间,经历。如:

⑤此皆学士所谓有道仁人也,犹然遭此菑,况以中材而涉乱世之末流乎?其遇害何可胜道哉!(《史记·游侠列传序》)

从空间位移隐喻到时间,表示进入某时间。如:

⑥虽蒙考覆,州郡转相顾望,留苦其事,春夏待秋冬,秋冬复涉春夏,如此行逢赦者,不可胜数。(汉·王符《潜夫论·述赦》)

⑦自弱冠涉乎知命之年,八徙官而一进阶。(晋·潘岳《闲居赋》)

⑧曰涉岁以来,自春徂夏,久阴不解,积雨日多。(宋·曾巩《诸庙祈晴文》)

"涉+时间词"表示表经过、经历某一段时间。这种用法汉代已有用例,后代沿用。如:

⑨今少卿抱不测之罪,涉旬月,迫季冬,仆又薄从上雍,恐卒然不可为讳。(司马迁《报任安书》)

⑩洪梧幽生,生于遐荒,阳春后荣,涉秋先雕。(《全后汉文》之傅毅《七激》)

⑪涉月在一床,几成小冠盲。(宋·晁补之《次韵彦远相州道中》)

⑫故人宰宜禄,因访饮酒,涉旬乃返。(唐·薛用弱《集异记·于凝》)

⑬弄管弦于华肆者,非徒经旬涉朔,弥历年稔而已。(南朝末·谢灵运《昙隆法师诔序》)

"涉""历"同义连用。表示经过、经历一段时间。如:

⑭故曰兵之设也久矣,涉历五代,以迄于今,国未尝不以德昌而兵强也。(汉·王符《潜夫论·劝将》)

【阅】

"阅"早在汉代就有经过、经历的用法,但只见用于抽象义,就我们所见,"阅"的经过义罕见用于空间处所,到近代汉语才偶尔一见。如:

①楚王,季父也,春秋高,阅天下之义理多矣,明于国家之大体。

(《史记·孝文本纪》)

②脱身亳宋，中间阅草棘，来见天子，为谏官。(宋·叶适《寄王正言书》)

南北朝已见"阅"用于表示经历一段时间、度过某个时间的用法，但用例不多。如：

③阅时取证，则五言久矣。(南朝梁·刘勰《文心雕龙·明诗》)

"阅"用于时间概念在唐宋以后多见。有"阅时""阅日""阅月""阅旬""阅年""阅岁"等。如：

④由是，告密之徒纷然道路。名流俛勉阅日而已。(《太平广记》卷二六七，引唐·韩琬《御史台记·来俊臣》)

⑤郑遨隐居，有高士问："何以阅日？"(宋·陶穀《清异录·婆娑儿》)

⑥余里居待次，宾客日相过，平生闻见所及，喜为客诵之。意之所至，宾退或笔于牍，阅日滋久，不觉盈轴。(宋·赵与时《〈宾退录〉序》)

⑦及延英奉辞，景俭自陈见抑远，穆宗怜之，追诏为仓部员外郎，不遣。阅月，拜谏议大夫。(《新唐书·李景俭传》)

⑧阅数百年而此心不易。(《诗集传·生民》朱熹注)

⑨时功状盈几，郎吏不能决，嘉贞为详处，不阅旬，廷无稽牒。(《新唐书·张嘉贞传》)

⑩参亦以宏素贵，私谓曰："阅岁当归使于公。"(《新唐书·班宏传》)

又有"阅""历"连言，表时间的经历。如：

⑪十五万众，围我盐州数重……阅历三旬，赋以飞梯、鹅车、木驴等四面齐攻，城欲陷者数四。(《旧唐书·吐蕃传下》)

【越】

《说文·走部》："越，度也。""越"的本义是表示空间位移的跨过、经过。如：

①阻穷西征，岩何越焉？(《楚辞·天问》)

②若燕、秦、齐、晋，山处陆居，岂能逾五湖九江，越十七陀，以有吴哉？(《吕氏春秋·长攻》)

③秦地已并巴、蜀、汉中，越宛有郢，置南郡矣。(《史记·秦始皇

本纪》)

④哲兄感砠别,相送越坰林。(南朝宋·谢惠连《西陵遇风献康乐》)

此义后代一直沿用。"越"由经过一个空间,隐喻为经过一段时间,这一用法很早就有了。如:

⑤惟二月既望,越六日,乙未,王朝步自周,则至于丰。(《尚书·召诰》)

⑥老子往西,越八十余年,生殷周之际也。(《太平经》佚文,《三洞珠囊》卷九《老子化西胡品》)

⑦晋阳秋曰:敏子追求敏,出塞,越二十余年不娶。(《三国志·魏书·二公孙陶四张传》,裴松之注引《晋阳秋》)

⑧越日,偃师谒见王。(《列子·汤问》。越日,第二天,过了一天)

【凌】

"凌"在上古就用作位移动词,表示渡过、逾越空间处所。如:

①虽有江河之险则凌之。(《吕氏春秋·论威》)

②胡与越人言语不相知,志意不相通,同舟而凌波,至其相救助如一也。(《战国策·燕策》)

南北朝时"凌"出现后接时间词的用法,表示逾越、度过一段时间。后代沿用。如:

③自有凌冬质,能守岁寒心。(北齐·李孝贞《园中杂咏橘树诗》)

④欲识凌冬性,唯有岁寒知。(唐·虞世南《赋得临池竹应制》)

⑤彼讵知南方有凌冬弥茂之蔬耶?(明·谢肇淛《五杂俎·物部三》)

"凌"在上古又有登上、升的意义。如:

⑥凌山阬,不待钩梯;历水谷,不须舟檝。(《管子·兵法》)

登上与达到、至有相通之处。南北朝时期"凌"出现迫近义,后接时间词。如"凌旦、凌晨、凌晓"等:

⑦凌旦气寒,不畏消释;霜露之润,见日即干。(北魏·贾思勰《齐民要术·煮胶》)

⑧凤池通复道,严驾早凌晨。(北周·王褒《入朝守门开》)

⑨江风凌晓急,钲鼓候晨催。(南朝梁·刘孝威《帆渡吉阳洲》)

【移】

王凤阳(2011:495)指出"移"是两点、两处之间的运动。"移"总有一个终止点,是从起点到终点的运动。按,"移"很早就用作位移动词，表示移动，改变原来的位置。如：

①移尔遐逖。(《尚书·多士》)

②晋师右移，上军未动。(《左传·宣公十二年》)

③美草甘水则止，草尽水竭则移。(《汉书·晁错传》)

④相地而衰征，则民不移。(《国语·齐语》)

如果移动的是具有时间特征的事物，则该物的移动能转指时间，如"移日、移晷、移影（景）"指日影移动，转指不短的时间。这种用法先秦就有，后代沿用。如：

⑤相与立胥间而语，移日不解。(《穀梁传·成公二年》)

⑥与高祖语，未尝不移日也。(《史记·樊郦滕灌列传》)

⑦人不还踵，日不移晷，霍然四除，更为宁朝。(《汉书·王莽传上》)

⑧历观文囿，泛鉴辞林，未尝不心游目想，移晷忘倦。(南朝梁·萧统《文选·序》)

⑨高祖嗟纳之，促席移景，不觉坐之疲淹也。(《魏书·王肃传》)

从甲地到乙地为移，从一时到另一时也是移动。有不少"移+时间词"的语词，体现了空—时的语义转换。如"移年、移辰、移刻、移时、移时节、移朔、移顷"。体现了时间移动的时间认知。

⑩升级赐赏，动不移年。(《宋书·桂阳王休范传》。逾年。)

⑪旧传此镜见妖魅，得佩之者为天神所福，故宣帝从危获济，及即大位，每持此镜，感咽移辰。(《西京杂记》卷一)

⑫京师昼晦如墨，移刻而止。(宋·司马光《涑水记闻》卷十二。一会儿。)

⑬佑越坛共小史雍丘、黄真欢语移时，与结友而别。(《后汉书·吴佑传》。一段时间后。)

⑭移时节，方认得是两个如花女。(金·董解元《西厢记诸宫调》卷八。过了一些时间。)

⑮泰始之初，入为侍中，曾不移朔。(南朝齐·王俭《太宰褚彦回碑文》。经月。)

⑯若释不诛，祸不移顷。(《新唐书·越王系传》。顷刻之后。)

《汉语大词典》举有"移三时间""移两时"的例子：

⑰俄有人进酒食，帝不复举。移三时间，帝问左右曰："可白元帅令

吾归宫矣。所议事既从，他无余策。"(《宣和遗事》后集)

⑱智琼已严驾于门，百里不移两时，千里不过半日。(前蜀·杜光庭《墉城集仙录·成公智琼》，《太平广记》卷六一)

【徙】

"徙"作为位移动词表示迁移、移居。如：

①徙于国中及郊则从而授之。(《周礼·地官·比长》)

②王商，字子威，涿郡蠡吾人也，徙杜陵。(《汉书·王商传》)

"徙"用于表达时间概念，有逾越的意思。如：

③祥而缟，是月禫，徙月乐。(徙月，过了一个月，第二个月。《礼记·檀弓》)

④徙月后古，不宜立异履改也。(晋·谢沈《祥禫议》)

【行】

"行"本义为道路，引申为行走。如：

①独行踽踽。岂无他人？不如我同父。(《诗经·唐风·杕杜》)

②行十日十夜，而至于郢。(《墨子·公输》)

又指运行、行驶。如：

③夫水行莫如用舟，而陆行莫如用车。(《庄子·天运》)

④日月之行，则有冬有夏。(《书·洪范》)

具体事物在空间运行，扩展为时间运行。如：

⑤四时行焉，百物生焉。(《论语·阳货》)

行走、运行总需要经历一定的空间距离。如：

⑥湔氐道，《禹贡》崏山在西徼外，江水所出，东南至江都入海，过郡七，行二千六百六十里。(《汉书·地理志上》)

"行"也可用于表达经历、经过一个时间段。如：

⑦城粟军粮，其可以行几何年也？(《管子·问》)

⑧文公问元帅于赵衰，对曰："却縠可，行年五十矣。"(《国语·晋语四》)

"行年"指经历的年岁，"行"也是经历的意思。

⑨以为好丽邪？则夫人行年七十有二，齳然而齿堕矣。(《荀子·君道》)

【跨】

《说文·足部》："跨，渡也。"本指抬起一只脚越过。此义一直沿用。如：

①康王跨之，灵王肘加焉，子干、子晳皆远之。(《左传·昭公十三年》)

②企者不立，跨者不行。(《老子》)

③且夫擅一壑之水，而跨跱埳井之乐，此亦至矣，夫子奚不时来入观乎？(《庄子·秋水》)

④二人正在谈心，瞥见一个人……一脚跨进了门坎。(《负曝闲谈》第二回)

由人的一只脚越过一定的空间，扩展为超越地区的界限。如：

⑤然高祖封建，地过古制，大者跨州兼域，小者连城数十。(三国魏·曹冏《六代论》)

如果把时间看作一个有边界有范围的区域，那么一个时间段就如同一个可以跨越的空间。这种用法中古时期出现，后代沿用。如：

⑥细故何足虑，高度跨一世。(魏·阮籍《咏怀诗八十二首》)

⑦跨世凌时，远蹈独游。(晋·夏侯湛《东方朔画赞》)

⑧嵩京创构，洛邑俶营，虽年跨十稔，根基未就。(《魏书·李平传》)

⑨且南西未静，兵革不息，郊甸之内，大旱跨时，民劳物悴，莫此之甚。(《魏书·崔光传》)

⑩父抱笃疾弥年，原平衣不解带，口不尝盐菜者，跨积寒暑。(《宋书·孝义传·郭原平》)

⑪去秋以来，沈雨跨年。(《晋书·郭璞传》)

"跨"与"越"同义连用，"跨越"可以用于空间的越过，也可以用于表示时间的跨越。如：

⑫从江楼步路，跨越山岭，绵亘田野。(南朝宋·谢灵运《山居赋》自注)

⑬夫是跨越古今，标格寰宇。(唐·梁涉《长竿赋》)

以下"跨世"指超越时代，"跨年"指越过年度（今谓"跨年度"），"跨春"指从腊尾跨进初春，"跨时"指时间长。如：

⑭跨世凌时，远蹈独游。(晋·夏侯湛《东方朔画赞》)

⑮去秋以来，沈雨跨年。(《晋书·郭璞传》)

⑯穷腊一尺雪，跨春气逾严。(宋·梅尧臣《对残雪怀欧阳永叔》)

⑰且南西未静，兵革不息，郊甸之内，大旱跨时，民劳物悴，莫此之甚。（《魏书·崔光传》）

"跨"与"越""历"连言，表示经历较长的空间或时间。如：

⑱从江楼步路，跨越山岭，绵亘田野。（南朝宋·谢灵运《山居赋》自注）

⑲跨历商周看盛衰，欲将齿发斗蛇龟。（苏轼《彭祖庙》）

⑳欲望朝廷特诏有司，优与赙赠，以振其妻子朝夕饥寒之忧，亦使人知忠义死事之子孙，虽跨历岁月，朝廷犹赐存恤，于奖劝之道，不为小补。（北宋·苏轼《苏轼集·乞赙赠刘季孙状》）

"跨积"也表示经历、越过一段时间。如：

㉑父抱笃疾弥年，原平衣不解带，口不尝盐菜者，跨积寒暑。（《宋书·孝义传·郭原平》）

【度】

"度"指过、跨过。用于经过、跨过一段空间的如：

①汉将韩信已平赵燕，用蒯通计，度平原，袭破齐历下军，因入临淄。（《史记·田儋列传》）

②万里赴戎机，关山度若飞。（《乐府诗集·横吹曲辞五·木兰诗》）

③凿山崖度水，结诸陂池。（北魏·郦道元《水经注·江水一》）

④弟书如骑骡，骎骎恒欲度骅骝前。（《南齐书·王僧虔传》）

"度"的跨过义隐含着起点与终点，隐喻到时间域，指经过一个时间段。《左传·隐公元年》"士逾月，外姻至"，杜预注云："逾月，度月也。"孔颖达疏："逾月度月者，言从死月至葬月，其间度一月也。"又如"度日、度岁"等。

⑤人无劝克之心，苟为度日之事。（《晋书·沮渠蒙逊载记》）

⑥且将棋度日，应用酒为年。（唐·杜甫《寄贾司马严使君》）

⑦孤馆度日如年，风露渐变，悄悄至更阑。（宋·柳永《戚氏》）

⑧此时已是十二月天气，满生自思囊无半文，空身家去，难以度岁。（《二刻拍案惊奇》卷十一）

【遵】

《说文》："遵，循也。"表示沿着……行走。如：

①女执懿筐，遵彼微行。（《诗·豳风·七月》）

②涉涧之滨，缘山之隈。遵彼河浒，黄阪是阶。（曹植《应诏》，《先

秦汉魏晋南北朝诗·魏诗》卷七)

③独坐东轩下,鸡鸣夜已晞。总驾命宾仆,遵路起旋归。(南朝·江淹《效阮公诗十五首》)

由沿着空间路径位移,到用于表示顺着时间而流动。但这类用例并不多见。如:

④遵四时以叹逝,瞻万物而思纷。(陆机·《文赋》。《文选》李善注:"遵,循也,循四时而叹其逝往之事。")

【循】

"循"在上古用作空间处所介词,表示沿着、顺着。如:

①循墙而走。(《左传·昭公七年》)

②澭水暴益,荆人弗知,循表而夜涉,溺死者千有余人。(《吕氏春秋·察今》)

③若出于东方,观兵于东夷,循海而归,其可也。(《左传·僖公四年》)

④明日复战,斩首三千余级。引兵东南,循故龙城行。(《汉书·李陵传》)

⑤始楚威王时,使将军庄蹻将兵循江上,略巴、黔中以西。(《史记·西南夷列传》)

"循"在近代汉语中可以与蕴时性名词连用,表示沿袭。如:

⑥若乃四六对偶,铭、檄、赞、颂,循沿汉末以及宋、齐,此真两汉刀笔吏能之而不作者。(宋·叶适《法度总论三》)

【追】

"追"本为追逐、追赶义。如:

①夏,追戎于济西。(《公羊传·庄公十八年》)

②立未定,自失而走。壶子曰:"追之!"列子追之,不及。(《庄子·应帝王》)

先秦时期"追"已用于表达抽象的时间概念,表示回溯过去。后代沿用。如:

③匪棘其欲,遹追来孝。(《诗经·大雅·文王有声》)

④追往事,叹今吾,春风不染白髭须。(辛弃疾《鹧鸪天·有客慨然谈功名,因追念少年时事,戏作》)

《汉语大词典》(第一版第10册,780页)收有"追"的补救、事后补行义。这一意义其实也与时间有关。如：

⑤往者不可谏，来者犹可追。(《论语·微子》。邢昺疏："自今已来，犹可追而自止。"

【赶】

"赶"在六朝有位移动词用法，表示追赶，但例不多见。如：

①晋时，吴兴一人有二男，田中作，时尝见父来骂詈赶打之。(《搜神记》卷十八)

后代沿用。如：

②庄曰："昔有人相庄，位至三品，有刀箭厄。庄走出被赶，矿射未死，走得脱来，愿王哀之。"(唐·张鷟《朝野佥载》卷二)

按，刘堙(2009)曾考察过介词"赶"的形成历程，认为是从"驱逐、追逐"义动词发展而来，到了宋代，开始出现"赶"后带时间词语的用法，到了明清时期，"赶"的这种虚化用法开始增多。如：

③是年，正是宣和二年五月，有北京留守梁师宝将十万贯金珠、珍宝、奇巧匹段，差县尉马安国一行人，担奔至京师，赶六月初一日为蔡太师上寿。(宋·佚名《大宋宣和遗事》)

按，我们认为时间介词"赶"就其源头看固然是来自"追赶"义位移动词，但是其直接源头可能是赴到义动词"赶"。"赶"在宋代引申为动词赴、到。如：

④今街市有乐人三五为队，专赶春场，看潮，赏芙蓉，及酒座祇应，与钱亦不多，谓之荒鼓板。(宋·灌圃耐得翁《都城纪胜·瓦舍众伎》)

由赴、到空间处所，"赶"用于表示到、等到某时间。如：

⑤今奉唐节度差遣赍送礼物，赶正月十五日，到长安杨越公府中贺寿。(清·如莲居士《说唐》第十一回)

⑥赶到收了稻子，一年喝不了的香稻米粥，还剩若干的稻草喂牲口呢！(《儿女英雄传》第三三回)

⑦下欠的奴才也催过他们，赶明年麦秋准交。(《儿女英雄传》第三六回)

⑧赶明儿个，旧沟又哼喳哼喳的一填，填平了，又修成一条马路。(老舍《龙须沟》第三幕)

刘堙(2009)认为"等明天"属于"时间移动"的认知模式，"赶明儿"属于"自我移动"的认知模式。笔者赞成他的这一观点。

【迈】

《尔雅·释言》:"征、迈,行也。"《说文·辵部》:"迈,远行也。"其本义为出行、远行。如:

①行迈靡靡,中心摇摇。(《诗经·王风·黍离》)
②我日斯迈,而月斯征。(《诗经·小雅·小宛》)
③余逝将西迈,经其旧庐。(晋·向秀《〈思旧赋〉序》)

"迈"在很早就用于时光的流逝,体现时间在动的认知。如:

④我心之忧,日月逾迈。(《尚书·秦誓》)
⑤今我不乐,日月其迈。(《诗经·唐风·蟋蟀》)

按,上面两例"日月"也可理解为实体事物,转指时间。这样的话"迈"并未直接用于表示时间在动。

在近现代,"迈"也用于时间静止,观察者在动的认知方式。如:

⑥居闲叹时迈,阅世知才短。(明·方孝孺《休日奉陪蜀府诸公宴集》)

又如"昂首迈进新世纪"。

【踵】

《说文·足部》:"踵,追也。""踵"本义为追、追逐。如:

①骑者,军之伺候也,所以踵败军,绝粮道,击便寇也。(《六韬·均兵》)

跟随也是一种追逐。"踵"有跟随的用法。如:

②吴踵楚,而疆场无备,邑,能无亡乎?(《左传·昭公二十四年》)
③步兵踵军后数十万人。(《汉书·武帝纪》)

"踵"后能跟时间词,指沿袭。如:

④昔帝缵皇,王缵帝,随前踵古,或无为而治,或损益而亡。("踵古"指沿袭古代。汉·扬雄《剧秦美新》)

【运】

"运"作为位移动词,表示移动、运转。如:

①是故举错不能当,动静不能中,终身运枯形于连嵝列埒之门,而迹蹈于污壑穿陷之中。(《淮南子·原道训》)
②天道运而无所积,故万物成。(《庄子·天道》)

近现代,"运"也用于时间的表达,如鲁迅《集外集拾遗·〈引玉集〉后记》:"但历史的巨轮,是决不因帮闲们的不满而停运的。"(《汉

语大词典》第一版第 10 册，第 1092 页）

【随】

"随"本义为跟从、追从。如：

①音声相和，前后相随。（《老子》）

②使者入，及众介随入，北面东上。（《仪礼·聘礼》）

又表示沿着、顺着。

③禹敷土，随山刊木。（《书·禹贡》）

④自车师前王廷随北山，波河西行至疏勒，为北道。（《汉书·西域传序》）

唐代出现"随"常用在季节名后，体现时间在动的隐喻。如：

⑤冬去更筹尽，春随斗柄回。（李福业《岭外守岁》。《全唐诗》卷45，一作李德裕诗）

今有"春随冬至""夏随春至"等说法。

【转】

"转"作为位移动词表示移动。如：

①胡转予于恤？靡所止居。（《诗·小雅·祈父》）

②春生南岳早，日转大荒迟。（唐·张乔《送友人游湖南》）

"转"又表示转向，改变行动的方向。如：

③路不周以左转兮，指西海以为期。（《楚辞·离骚》）

④岸回知舳转，解缆觉船浮。（南朝梁·刘孝绰《夕逗繁昌浦》）

隐喻到时间域，表示从一个时间走向另一个时间。"转世""转年"体现了时静物动的隐喻。如：

⑤天那，则被你便送了我也转世的浮财。（元·武汉臣《老生儿》第一折）

⑥原来夸奖唐僧，说他是金蝉长老转世，十世修行的好人，所以有此祥瑞罩头。（《西游记》第八十回）

⑦日转午，脱巾散发，沉李浮瓜，宝扇摇纨素。（《西厢记诸宫调》卷一）

⑧闲言乱语，讲到转午的时候，走散回家。（《醒世姻缘传》第二四回）

⑨次年乡试，便高中了孝廉。转年会试，又联捷了进士，历升了内阁学士。（《儿女英雄传》第十八回）

【由】

"由"的表示空间起点和时间起点的用法可能来自"由"的动词用法。"由"在先秦及后代都有经由、经过的用法。如：

①涂有所不由，军有所不击。(《孙子·九变》)

②吴郡太守张公直，自守征还，道由庐山。(北魏·郦道元《水经注·庐江水》)

甲骨文未见"由"表示空间起点介词的用法。在秦汉"由"可表示空间处所的起点，或抽象的起点，此后一直沿用。如：

③由命士以下皆漱浣。(《礼记·内则》。郑玄注："由，自也。")

④天之道也，由是始之。(《国语·晋语四》，韦昭注："由，从也。")

⑤道德之行，由内及外，自近者始。(《汉书·匡衡传》)

但沈培（1992：155）、张玉金（2001：78）都认为甲骨文中"由"有表示时间起点的用法。如：

⑥乙酉卜，争贞：□告曰：方由今春凡（犯），受有佑？(《甲骨文合集》4597)

⑦贞：王勿往出由茲？(《甲骨文合集》16107)

这种表示时间起点的用法后代沿用。如：

⑧由尧、舜至于汤，五百有余岁。(《孟子·尽心下》)

⑨正统之说曰：尧、舜、夏、商、周、秦、汉、魏、晋而绝，由此而后，天下大乱。(欧阳修《明正统论》)

【从】

《说文·从部》："从，随行也。"本义为跟随。如《论语·公冶长》："道不行，乘桴浮于海，从我者其由与？"张玉金认为甲骨文"从"就用为介词。但张玉金（2001：78）指出甲骨文的"从"不是表示行为处所的起点，而是表示所经由的处所。马贝加（2002：24）指出："'从'用作处所介词，表示运行的始发点，《诗经》《左传》《论语》均无用例。这一事实除能证明'从'的产生迟于'自'外，还可以证明'从、自'在表处所方面相通不是开端于表示始发点。"

但是秦汉时期"从"就表示处所的起点，后世沿用。《尔雅·释诂》："从，自也。"如：

①舟止，从其所契者入水求之。(《吕氏春秋·察今》)

②今旦代从外来，见木偶人与土偶人相与语。(《史记·孟尝君列传》)

③瞽叟从下纵火焚廪。(《史记·五帝本纪》)

④兔从狗窦入，雉从梁上飞。(《乐府诗集·十五从军征》)

⑤从山阴道上行，山川自相映发，使人应接不暇。(《世说新语·言语》)

张玉金认为甲骨文中"从"就可表示时间的起点。[①] 如：

⑥□从兹佑？(《甲骨文合集》31895)

⑦妣庚岁从艺？(《甲骨文合集》1567)

按：马贝加(2002：109)认为"从"是先获得表示处所的起始点的功能，然后再获得表示时间的起始点的功能。根据《诗经》《左传》《论语》均无"从"用作处所介词表示运行的始发点的情况，以及杨逢彬和姚振武的考察情况，张玉金的结论是可疑的。

后代这类用例很多。如：

⑧先生之寿，从今以往者四十三岁。(《史记·范雎蔡泽列传》)

⑨公等皆去，吾亦从此逝矣！(《史记·高祖本纪》)

⑩恩爱从此别，断肠伤肝脾。(晋·干宝《搜神记》卷十六)

⑪露从今夜白，月是故乡明。(杜甫《月夜忆舍弟》)

介词"自"与介词"从"组合为介词"自从"和"从自"。马贝加(2002：110—111)指出它们只能表示时间，不能表示地点。我们的考察结果与之吻合。"自从"和"从自"表示时间起点的用例如：

⑫自从穷蝉以至帝舜，皆微为庶人。(《史记·五帝本纪》)

⑬自从近日来，了不相寻博。(《先秦汉魏晋南北朝诗》之宋诗《读曲歌八十九首》)

⑭自从分别来，门庭日荒芜。(晋·陶潜《拟古》诗之三)

⑮自从献宝朝河宗，无复射蛟江水中。(杜甫《韦讽录事宅观曹将军画马图》)

⑯从自斋时，等到日转过，没个人瞅问，酩子里忍饿。(金·董解元《西厢记诸宫调》卷三)

[①] 张玉金(2001：73)看作介词，但杨逢彬(2003：304—310)看作动词，姚振武(2015：275)则看作"准介词"。

这说明，并非所有时间介词都直接从空间介词发展而来，或者说有的时间表达式并非直接来自空间表达式。时间表达式可以在已成熟的用法的基础上直接类推使用。

（六）进出类位移词语

"进出"类位移词语体现了容器图式，凸显位移的起点或终点（起点或终点都隐喻化为容器）。表示进入或走出义的位移词语为"进出"类位移词语。汉语史上发生过空间—时间隐喻发展的进出类位移词语有以下这些。

【入】

《说文》："入，内也。"指由外到内。如：

①导淮自桐柏，东会于泗沂，东入于海。（《尚书·禹贡》）

②夏五月，莒人入向。（《春秋·隐公二年》）

③当是时也，禹八年于外，三过其门而不入，虽欲耕，得乎？（《孟子·滕文公上》）

魏晋南北朝时期，"入"后可接时间词，"入"由进入空间，隐喻为进入时间。这种用法后代沿用。如：

④臣亦谛思：若入三月已后，天晴地燥，凭陵是常。（《魏书·景穆十二王传》）

⑤翁曰："汝入三月，可泛河而来。"（《古小说钩沉·幽明录》）

⑥内宴初秋入二更，殿前灯火一天明。（王建《宫词一百首》，《全唐诗》卷 302）

⑦游必有方，哂南飞之惊鹊；音能中吕，嗟入夜之啼鸟。（唐·王勃《寒梧栖凤赋》）

⑧微雨轻云已入梅，石榴萱草一时开。（南宋·陆游《入梅》）

按："入梅"指进入梅雨期。元陈元靓《岁时广记》："《四时纂要》云：'梅熟而雨曰梅雨。'又闽人以立夏后逢庚日为入梅，芒种后逢壬日为出梅。"

⑨早衙金钱，入暮即批允。（明·沈德符《野获编·工部·工部管库》）

【进】

"进"表示前进、向前。如：

①车徒皆作，遂鼓行，徒衔枚而进。（《周礼·夏官·大司马》）

汉代"进"与同义词"入"连用,"进入"表示到某个空间处所或某个范围。如:

②高曰:"高固内官之厮役也,幸得以刀笔之文进入秦宫,管事二十余年,未尝见秦免罢丞相功臣有封及二世者也,卒皆以诛亡。"(《史记·李斯列传》)

③乃渡击秣陵,破笮融、薛礼,转下湖孰、江乘,进入曲阿,刘繇奔走,而策之众已数万矣。(《三国志·吴书·周瑜传》)

④执事无放散之尤,簿书有进入之赢。(汉·蔡邕《黄钺铭》)

中古时期"进"单用,表示与"出"相对的进入义。如:

⑤云欲见秦王子婴,阍者许进焉。(晋·王嘉《拾遗记·秦始皇》)

赣方言有"进梅"(进入梅雨季节)的说法。"进入"表示在某一时期之内,是在近现代的事。如:进入三十年代、进入新世纪等。

又,"进逼"本指向前逼近,是空间位移概念。如:

⑥汉乘利,遂自将步骑二万余人进逼成都。(《后汉书·吴汉传》)

在近现代,"进逼"也用于时间的迫近,体现人静时动的隐喻方式。如:闻一多《什么梦》诗:"黄昏拥着恐怖,直向她进逼。"

【出】

"出"作为位移动词,表示自内而外,与"入""进"相对。如:

①乐正子春下堂而伤其足,数月不出。(《礼记·祭义》)

②蝼蝈鸣,丘蚓出。(《吕氏春秋·孟夏》)

如果把时间看作静止的区域,"出×"指×(或以话语当时为参照,或×本身无须参照)之后的时间。如"出年"指明年(如果把"年"看作年关,则指过了年关)、"出月"指下月、"出梅"指梅雨季节结束。

③邵管家道:"就在出月动身。"(《儒林外史》第二五回)

④贾琏这番进京,若按站走时,本该出月到家。(《红楼梦》第十六回)

吴方言、赣方言(如彭泽等地)有"出梅""进梅"的说法。"出年"在柳州、广州、东莞表示明年。"出年"也表示过了年关。

(七)"迎送"类位移词语

"迎送"类位移词语突出位移涉及的客体(迎送的对象)。迎接及送走义位移词语属于迎送类位移词语。汉语史上进入时间表达,发生过空间—时间隐喻发展的迎送类位移词语有以下这些。

【迎】

《说文·辵部》："迎，逢也。"《方言》卷一："逢、逆，迎也。自关而东曰逆，自关而西或曰迎，或曰逢。""迎"表示迎接的意思。如：

①主人如宾服迎于门外。(《仪礼·士昏礼》)

②以万乘之国，伐万乘之国，箪食壶浆，以迎王师。(《孟子·梁惠王下》)

迎接则意味着面向、正对着。如：

③绝水、迎陵、逆流、居杀地、迎众树者，钧举也，五者皆不胜。(银雀山汉墓竹简《孙膑兵法·地葆》)

由在一定的空间内迎接具体的人或物的到来，隐喻到时间概念，就表示静止的观察者在迎接时间的到来。如"迎春"一词就反映了人们"人静时动"的认知隐喻方式，人们在迎接春天的到来。如：

④立春之日，天子亲帅三公、九卿、诸侯、大夫，以迎春于东郊。(《礼记·月令》)

⑤翠颖陵冬秀，红葩迎春开。(南朝宋·何承天《芳树篇》)

⑥迎春故早发，独自不疑寒。(南朝陈·谢燮《早梅诗》)

"迎冬""迎秋""迎年"皆类此。如：

⑦立冬之日，天子亲帅三公九卿大夫以迎冬于北郊。(《礼记·月令》)

⑧立冬之日，迎冬于北郊，祭黑帝玄冥，车旗服饰皆黑。(《后汉书·祭祀志中》)

⑨立秋之日，天子亲帅三公、九卿、诸侯、大夫，以迎秋于西郊。(《礼记·月令》)

按，"迎冬"，是古代祭礼之一。于立冬日，天子率百官出北郊祭黑帝，迎接冬日到来。"迎秋"则是立秋之日，天子率百官出西郊祭白帝，迎接秋季到来。(参《汉语大词典》第一版第10卷，第745页)

⑩岁暮，家家具肴蔌，诣宿岁之位，以迎新年。(南朝梁·宗懔《荆楚岁时记》)

⑪度腊不成雪，迎年遽得春。(宋·陈师道《早春》)

"迎年"今谓迎接新年。

迎接也就意味着靠近、接近某物，隐喻为时间，则为靠近、接近某时。"迎晨"即黎明，"迎宵"即向晚、傍晚，"迎黑"即天将黑、傍晚。如：

⑫迎晨起饭牛，双驾耕东菑。(唐·储光羲《田家即事》)

⑬新月迎宵挂，晴云到晚留。(唐·韩愈《奉和虢州刘给事三堂新题·西山》)

湖北襄樊"迎黑"表示傍晚。

【送】

"送"表示送行、送别。如：

①之子于归，远送于野。(《诗·邶风·燕燕》)

如果把时间想象为可移动的事物，则时间也可迎来送往。如"送节"指送走旧节候（即季节更换）：

②鸿雁游向送节，凯风翔向迎时。(二国魏·曹丕《槐赋》)

"送年"指辞送旧年，"送岁"谓辞别旧岁。如：

③流苏帐暖，翠鼎缓腾香雾。停杯未举，奈刚要送年新句。(宋·杨缵《一枝春·守岁》)

④残年憎送岁，病眼却逢春。(宋·陈师道《湖上晚归寄诗友》诗之三)

实则送走时间就是度过了日子。如：

⑤浅把涓涓酒，深凭送此生。(唐·杜甫《水槛遣心》)

⑥翰墨游戏，足以送日。(明·王世贞《答包参军书》)

【逆】

"逆"表示迎接、迎候。如：

①虎贲百人，逆子钊于南门之外。(《书·顾命》)

②梁王来朝，上使乘舆驰驷马逆梁王于阙下。(汉·荀悦《汉纪·景帝纪》)

如果把时间看作移动的物体，则时间也可迎来送往。如：

③中春昼击土鼓，歙《豳》诗以逆暑。(《周礼·春官·钥章》。孙诒让正义："逆暑迎寒者，迎其气之至而祭之，与迎春迎夏义同。")

（八）升降类位移词语

"升降"类位移词属于垂直方向的运动。"下（降落）""上（升登）"属于升降类位移动词，因为我们在第一章讨论过"上/下"由动态场景映射到时间域的现象，这里不再涉及。汉语史上发生过空间—时间隐喻发展的其他升降类位移词语有以下这些。

【降】

《说文》:"降,下也。"本指从高处往下走。如:

①陟则在巘,复降在原。(《诗经·大雅·公刘》)

②公降一级而辞焉。(《左传·僖公二十三年》)

"降"又表示降落,落下,后可接空间处所,表示降落于某空间处所。如:

③后间岁,凤皇神爵甘露降集京师。(《汉书·郊祀志下》)

有时"降"后带处所介词"至","降至"后接处所名词。如:

④黄帝降至东阶,西面启首曰:"皇天降兹,敢不承命?"(西汉·刘向《说苑·辨物》)

⑤唯愿大仙降至我国。(唐·义净《根本说一切有部毗奈耶药事》卷第十三)

到近现代,"降至"后可带时间词语,引介终到时间。如:

⑥中国数千年之专制君主亦以诽谤者族,偶语弃市之严刑,为杜绝国事犯之宝训。降至近世,遏禁之手段更见严密。(《浙江潮》第八期之"学术·政法")

⑦其他若说理之文谓之经,纪事之文谓之史,各有专称,不相混淆,降至汉晋,相沿勿衰。(《新青年》第二卷四号之"通信")

按,约在东汉时期,出现"从……以降"格式,表示"自……以来"。南北朝时期"自……以降"已经常见。如:

⑧真人欲乐知天谶之审实也,从太古以降,中古以来,人君好纵酒者,皆不能太平,其治反乱,其官职多战斗,而致盗贼,是明效也。(《太平经·天谶支干相配法第一百五》)

⑨自轩黄以降,坟索所纪,略可言者,莫崇乎尧舜。(《南齐书·高帝纪》)

⑩自兹以降,朝端国右。(南朝齐梁·虞羲《敬赠萧谘议诗》)

⑪自兹以降,迄于孝武,宰辅五世,莫非公侯。(《后汉书·朱景王杜马刘傅坚马列传》)

⑫而太和以降,世历三朝,玄风圣迹,倏为畴古。(《宋书·徐广传》)

(九) 方式类位移词语

"方式"类位移动词或蕴含特定的位移主体,或蕴含特定位移方式

(如或凸显位移的速度，或凸显位移的特殊方式）。汉语史上发生过空—时隐喻发展的方式类位移词语有以下几类。

【走】

"走"本表示疾趋，奔跑。如：

①循墙而走。(《左传·昭公七年》)

②田中有株，兔走，触株折颈而死。(《韩非子·五蠹》)

后来"走"的词义发生转移，由奔跑转移指行走。到近现代，"走"用于时间概念，体现人动时静的认知：走向新世纪。

【赴】

《说文·走部》："赴，趋也。"《史记·滑稽列传》："欲赴佗国奔亡，痛吾两主使不通。"

近现代"赴"也用于时间表达，显示人动时静的认知模式：奔赴二十一世纪。

【驰】

"驰"指车马疾行，又泛指疾走、奔驰。如：

①啬夫驰，庶人走。(《左传·昭公十七年》)

②骐骥骅骝一日而驰千里。(《庄子·秋水》)

如果观察者不动，"驰"也用于泛指物体的急速运行。如：

③覆坠而不反，火驰而不顾。(《庄子·外物》)

④羲和驰景逝不停，春露未晞严霜寒。(《乐府诗集·舞曲歌辞四·晋白纻舞歌二》)

时间也可隐喻为急速运行的物体，从观察者身边快速经过。这一用法在中古始多见。如：

⑤年与时驰，意与岁去。(诸葛亮《诫子》)

⑥华志分驰年，韶颜惨惊节。(南朝宋·鲍照《发后渚》)

【奔】

《说文·夭部》："奔，走也。"本指快跑。如：

①鹿斯之奔，维足伎伎。(《诗·小雅·小弁》)

如果强调目的地，则"奔"表示快速跑向某处。如：

②吴粮绝，卒饥，数挑战，遂夜奔条侯壁，惊东南。(《史记·吴王濞列传》)

也可以表示快速朝某抽象处所，包括时间。如：

③已经是二十来年的夫妻,也奔四十岁的人了。(《红楼梦》第七六回)

【迤】

"迤"表示斜行。如:

①汾水于县左迤为邬泽。《广雅》曰:水自汾出为汾陂……陂南接邬。(北魏·郦道元《水经注·汾水》)

②林公见东阳长山曰:"何其坦迤。"(南朝宋·刘义庆《世说新语·言语》)

近代汉语中引申指时间的延续。如:

③迤及唐初,卢、骆、王、杨大篇诗赋,其文视陈隋有加矣。迤于天宝,其体渐变。(清·冯班《钝吟杂录·论歌行与叶祖德》)

【流】

"流"本指水或其他液体移动。如:

①水流而不盈,行险而不失其信。(《易·坎》)

②辞如川流,溢则泛滥。(南朝梁·刘勰《文心雕龙·熔裁》)

后来又泛指物体移动,变换位置。如:

③武王伐纣,观兵于孟津,有火流于王屋,化为赤乌,三足。(《尚书大传》卷二)

在时间概念,指岁月的流逝。"流年"显示出观察者静止,时间运动的特征。如:

④宿心不复归,流年抱衰疾。(南朝宋·鲍照《登云阳九里埭》)

⑤流年五十前,朝朝倚少年。流年五十后,日日侵皓首。(唐·黄滔《寓言》)

⑥花落流年度,春去佳期误。(元·张可久《殿前欢·离思》)

【赵】

《说文·走部》:"赵,走意。"本指走,引申指太阳西斜。段玉裁注:"今京师人谓日昳为晌午赵。"则是体现了人静时动的隐喻认知。

【盘桓】

表示在一定的空间内徘徊、停留。如:

①承灵训其虚徐兮,仡盘桓而且俟。(东汉·班固《幽通赋》,见《汉书·叙传》)

②过蒙拔擢,宠命优渥,岂敢盘桓,有所希冀?(晋·李密《陈情

事表》)

把时间视为一个地域空间，则"盘桓"表示在一个时间段内停留，或者说停留的时间长度。如：

③揖山有田在东海永泰沙，又偕余往收其息，盘桓两月。（清·沈复《浮生六记·坎坷记愁》）

二 位移起点性介词的空—时表达考察

有几个与位移起点有关的介词，虽然不能归入位移动词，但它们也蕴含位移因素。我们放在这里考察其空—时表达历程。

【自】

甲骨文中"自"就有用为介引动作行为的处所起点的用例。下面三例转引自姚振武（2015：278）：

①贞：其有来艰自沚？（《甲骨文合集》5532正）

②贞：我将自兹邑？（《甲骨文合集》13530）

③自瀼至于膏，无灾？（《甲骨文合集》28188）

"自"引介始发处所的用法后代一直沿用。如：

④不啻如自其口出，是能容之。（《尚书·秦誓》）

⑤绵绵瓜瓞，民之初生。自土沮漆，古公亶父。（《诗·大雅·绵》）

⑥吾自卫攻鲁，然后乐正，《雅》《颂》各得其所。（《论语·子罕》）

殷商时期"自"就用以介引时间起点。姚振武（2015：275）指出"自"字结构引介时间起点只位于动词"至"之前，其中大多数"至"字后有介词"于"，少数"至"后无"于"。如：

⑦自今庚子至于甲辰，帝令雨？（《甲骨文合集》900）

⑧癸酉卜，自今至丁丑，其雨？不。（《甲骨文合集》21052）

姚振武（2015：287）指出到西周时期，表示时间起点的"自"字结构已可前可后，动词也不仅限于"至"了。后代有"自……迄/讫……""自……迄至……""自……徂……""自……及……""自……涉……"等。

⑨继自今，我其立政。（《尚书·立政》）

⑩自古有年，今适南亩。（《诗经·小雅·甫田》）

⑪自安、和已下，迄至顺、桓，则有班、傅、三崔、王、马、张、蔡，磊落鸿儒，才不时乏。（南朝梁·刘勰《文心雕龙·时序》）

⑫自建中之初，迄至今岁，屡经禘祫，未合适从。（韩愈《禘祫议》）

⑬自古迄今，常置重捍，以防塞道。(《水经注·河水》卷三)

⑭自往迄兹，旷年八祀。悠悠我思，非尔焉在！(《陆机集·补遗·赠弟士龙诗十首》)

⑮于是谱十二诸侯，自共和讫孔子，表见《春秋》《国语》学者所讥盛衰大指著于篇。(《史记·十二诸侯年表》)

⑯臣观今岁自春徂夏，霖雨阴晦未尝少止。(《宋史·苏舜钦传》)

⑰自旦及夕，庆孙身自突陈，斩贼王郭康儿。(《魏书·裴延俊传》)

⑱自春涉夏，大旱炎赫，忧心京京。(《后汉书·质帝纪》)

⑲自夏涉玄冬，弥旷十余旬。(《文选·刘桢·赠五官中郎将》)

【繇】

据《汉语大字典》(第二版，第3675页)，按照清代朱骏声的观点，"繇"假借为"由"。在上古时期就用作介词，表示动作行为的起点。如：

①齐子渊捷从泄声子，射子，中楯瓦。繇朐汰辀，匕入者三寸。(《左传·昭公二十六年》)

②以衣涉水为厉，繇膝以下为揭。(《尔雅·释水》)

后代亦见用例。如：

③繇郴逾岭，蝯狖所家，鱼龙所宫，极幽遐瑰诡之观。(《韩昌黎文集·燕喜亭记》)

"繇"作介词，表示时间的起始点。如：

④羽繇是始为诸侯上将军，兵皆属焉。(《汉书·项籍传》)

【起】

《说文·走部》："起，能立也。"本义为起立、站起。如：

①烛至，起；食至，起；上客，起。(《礼记·曲礼上》)

②楚子闻之，投袂而起。(《左传·宣公十四年》)

又指出发、动身。如：

③予蓬蓬然起于北海而入于南海也。(《庄子·秋水》)

④公输盘为楚造云梯之械，成，将以攻宋。子墨子闻之，起于齐，行十日十夜，而至于郢。(《墨子·公输》)

《说文·走部》段玉裁注："起，引伸之为凡始事、凡兴作之称。"表示开始。如：

⑤度之所起，起于忽。(《孙子算经》)

⑥明法度，定律令，皆以始皇起。(《史记·李斯列传》)

"起讫"表示开始和终结。如：

⑦岁远则同异难密，事积则起讫易疏。（南朝梁·刘勰《文心雕龙·史传》）

⑧日月食既有起讫晚早，亦或变常进退。（《隋书·律历志下》）

早在先秦"起"就用作起点处所介词。如：

⑨《墨子·备城门》："百步一桓栱，起地高五丈。"

中古时期"起"用于时间起始的用例不少，常与"讫/讫于""至""终于"连用，如"起……讫于……""起……讫……""起自……讫于……""起……至……""起……终于……"。

⑩今所记三辰七曜之变，起建元讫于隆昌，以续宋史。（《南齐书·天文志上》）

⑪三八二十四，起建元元年，至中兴二年，二十四年也。（《南齐书·五行志》）

⑫起元高祖，终于孝平王莽之诛，十有二世，二百三十年。（《后汉书·班固传》）

东汉以来，有"自……起"的用法，"起"表示开始等义。此后沿用。如：

⑬数从统首日起，算外，则朔日也。[《汉书·志第一（下）》卷二十一下]

⑭十一年四月辛巳朔，去三月戊寅起，而其间暂时晴，从四月一日又阴雨，昼或见日，夜乍见月，回复阴雨，至七月乃止。（《南齐书·五行志》）

近代汉语有"自……起来"格式，表示起点时间。如：

⑮某在漳州，有讼出者契数十本，自崇宁起来，事甚难考。（《朱子语类》卷一一七）

【爰】

"爰"在上古有引进动作的对象或处所的介词用法。如：

①盘庚既迁，奠厥攸居，乃正厥位，绥爰有众。（《尚书·盘庚下》）

②今君称丕显德，明保朕躬，奉答天命，导扬弘烈，绥爰九域。（《三国志·魏书·武帝纪》）

"爰"用以引介终到时间。如：

③后稷创业于唐，公刘发迹于西戎，文王改制，爰周郅隆。（《史

记·司马相如列传》）

④爰兹发迹，断蛇奋旅。（《汉书·叙传下》）

【打】

马贝加（2002：30）认为地点介词"打"最早是表示经由的，萌生于宋代，宋代也看到个别表示起始的用例。按，马说甚是。《汉语大词典》所举唐代用例有误。①

以下三例是马贝加举的例子。

①新柳树，旧沙洲，去年溪打那边流。（辛弃疾《鹧鸪天·戏题村舍》）

②步下新船试水初，打头揽载适逢予。（杨万里《间门外登溪船》）

③郭立前日下书回，打潭州过。（《近代汉语语法资料汇编·宋代卷》之《崔待诏生死冤家》）

此后"打"的处所介词用法常见。如：

④等闲间不敢打园内行，羞得那花朵儿飘零，牡丹愁芍药怕海棠惊。（元·无名氏《集贤宾》套曲）

⑤你打那里来？（《红楼梦》第三一回）

马贝加指出"打"表示时间起始的用例清代始见。如：

⑥主儿打毛线团子似的掇弄到这么大，也不管主儿跟前有人使没人使。（《儿女英雄传》第四十回）

"打""从"同义连用为"打从"，"打从"作为处所介词，元明已见用例。如：

⑦有个大官人打从京中出来的。（《二刻拍案惊奇》卷三）

⑧这花儿，打从何处来？（明·冯梦龙《挂枝儿·戴花》）

表示时间起始的用例清代始见。如：

⑨贾母有了年纪的人，打从宝玉病起，日夜不宁。（《红楼梦》第八九回）

三 小结

运动事件的核心是位移。我们以是否发生位移、是否凸显起点、是

---

① 《汉语大词典》（第一版第6册，第310页）所列"犹自、从"义项的唐·李德裕《代石雄与刘稹书》例句"昨打暮宿寨收得文书云：陈许游奕使贺意密报云：官军二十五日齐进雄牒报，王尚书请勘虚实"理解有误，该句中的"打"是攻打义。

否凸显终点、是否凸显位移的方向、是否凸显位移的跨度、是否凸显以观察者为中心、是否凸显运动方式等要素，根据这些发生过空—时隐喻的位移动词所体现的特征，把位移动词分为"定位""达至""经由""来往""进退""出入""升降""迎送""方式"九类。考察表明，汉语史上，发生过空时隐喻的位移性词语多达 96 个。其中定位类位移词语 6 个（在、当、停、居、次、以）；达至类词语 36 个（及、至、即、就、抵、临、洎、暨、迟、赶、达、迨、逮、迄/讫、到、际、践、遘、臻$_1$、届、靠、薄、迫、逼、侵$_1$、投、向、挨、捱、濒、近、依、旁/傍、擦、逗、于）；来往类词语 13 个（来、臻$_2$、还、返、回、归、往、去、背、徂、逝、适、侵$_2$）；经由类词语 21 个（历、经、过、踰/逾、阅、越、凌、移、徙、行、跨、度、遵、循、却、追、迈、踵、运、随、转）；出入类词语 4 个（入、进、出、涉）；进退类词语 2 个（前、却）；迎送类词语 3 个（迎、送、逆）；升降类词语 3 个（降、上、下）；方式类词语 8 个（走、赴、流、驰、奔、迤、趂、盘桓）。另有 8 个涉及位移要素的介词，它们不能归入以上位移动词的各个类别，它们是"自、繇、起、爰、打、从、由、于"，对它们的空—时表达我们也做了考察。

这些词语中达至、经由类词语共约占总数的 59.3%。来往类词语约占总数的 13.5%。方式类词语约占总数的 8.3%。不同类别的位移动词所体现出来的空—时隐喻的类型及特点各有不同。

需要指出的是，在一些民族语言中，位移动词也常用于时间表达。如汉藏语系壮侗语族壮傣语支的壮语："过"（武鸣 kva^5，龙州 kva^5）/经过（武鸣 kva^5、kiŋ^{1}kva^5、龙州 kiŋ^{1}kva^5）— "去年"（武鸣 pi1kva^5，龙州 pi^{1}kva^3）（曾晓渝、李旭练，2009：71—72）；汉藏语系侗台语族侗水语支的毛南语，"过，经过" ta^6— "去年" ^{m}bɛ^{1}ta^6．（年 ^{m}bɛ^1）（曾晓渝、李旭练，2009：679—685）

第三节　汉语位移动词与汉语时间隐喻认知

目前学界讨论空间运动隐喻时间的文章很多，多数以极个别的位移动词为例来笼统说明。例如前面我们介绍过 Lakoff（1993）提出的空间隐喻时间的两种映射方式，即一般所说的"时间在动的隐喻"（the moving time metaphor）和"自己在动的隐喻"（the moving ego metaphor）。张建理（2003）概括汉语时间系统中的"前""后"的认知方式为两种，一是人静时动，时间迎着静止的观察者扑面而来；二是时间是固定的方位，观察者面向将来移动，时间流动是穿越地域的运动。史佩信（2004）概括汉语"来去式"表达式有两种隐喻方式：第一种隐喻方式是时间移动式，第二种隐喻方式是物质世界移动式。Núñez 和 sweetser（2006）则指出，除了上述"时间的运动隐喻"两个下位类型外，还存在"时间序列"隐喻（Sequence of time in a path）。在"时间序列"隐喻中，重点关注时间单位的先后顺序，无须考虑时间是否运动，不涉及观察者的时间（我们认为按时间序列隐喻实际也是"时间在动"的一个类别）。但是，不同的位移动词各自以怎样的方式隐喻时间，它们在从空间域映射到时间域具有怎样的特征，空间运动是怎样通过位移动词映射到时间域，迄今无人全面讨论。上一节我们根据运动事件中与位移有关的方位、路径、主体、背景，以及国内对位移动词分类的相关研究成果，对发生过空—时隐喻变化的九十多个位移动词做了考察。本节我们讨论这些空间位移类词语在空—时隐喻过程中各自体现出的特点，或者说，这些位移类词语所蕴含的路径、主体、背景信息与时间认知方式的联系。

一　位移动词反映的空—时隐喻类型考察

位移涉及主体、背景、起点、终点、方向、运动方式，有时还涉及是否以观察者为参照点以及动词自身的特点。下面我们以这些位移动词是否发生位移、是否凸显起点、是否凸显终点、是否凸显位移的方向、是否凸显位移的跨度、是否凸显以观察者为中心、是否凸显运动方式等要素，将这些位移动词分为九个类别。这九类位移动词涉及的具体的时间隐喻认知方式见下表。[①]

[①] 有 8 个涉及位移要素的介词，它们是"自、繇、起、爰、打、从、由、于"，因为它们虚化程度高，本书不予讨论。

第二章 汉语空间位移的空—时隐喻表达的发展

位移动词类别	空间域语义特征	时间隐喻认知方式	备注
【定位类】在、当、以、次、即、停、居①	[-位移][-起点][-终点][-方向][-跨度][-观察者中心][+定位][+方式]	1. 主体为静止的人或事物，所在时间是处所；2. 运动的时间停止于某处	以 1 为主；不涉及观察者
【达至类】及、至、即、涉₁②、就、抵、临、洎、暨、迟、赶、达、逮、迄、到、际、践、遘、臻₁、届；靠、薄、迫、逼、侵③、投、逗、擦、依、傍、向、挨、捱、濒、近	[+位移][-起点][+终点][+方向][-跨度][-观察者中心][-方式]	1. 主体为运动的人或事物；终点时间是静止的事物（处所）	
【来去类】【来】：来、臻₂④、还、返、回、归；【去】：往、去、背、徂、逝、适、侵₂⑤	【来】[+位移][±起点][+终点][+方向][+跨度][+观察者中心][-方式] 【去】[+位移][±起点][±终点][+跨度][+方向][+观察者中心][-方式]	1. 时间在动，观察者静止；2. 观察者在动，时间静止，体现历程，时间为有跨度的区域	以 1 为主；2. 有条件使用
【进退类】前、却⑥	[+位移][+起点][+终点][+跨度][+方向][-观察者中心][-方式]	观察者在动，时间静止，往前或往后越过一个有跨度的区域	

---

① 如：（1）岁次降娄夷钟之初，理楫将游于衡岭。（晋·桓玄《南游衡山诗序》）（2）那一刻，时间仿佛停止。

② 如东汉·王符《潜夫论·述赦》："虽蒙考覆，州郡转相顾望，留苦其事，春夏待秋冬，秋冬复涉春夏，如此行逢赦者，不可胜数。"

③ "侵₁"表示接近。如：今已侵夜，更向前道，虑为恶兽所损，幸娘子见容一宵，岂敢忘德。（唐·薛用弱《集异记·邓元佐》）

④ 按，以下用例中的"臻₂"其实相当于"来"，因为是以观察者本身为参照点，眼见到时间从它处来到面前。这时的"臻"可以用于抽象的时间到达，体现时间在动的隐喻。如：眼见寒序臻，坐送秋光除。（唐·欧阳詹《太原旅怀呈薛十八侍御齐十二奉礼》）

⑤ "侵₂"用于表示时光的流逝。如：危虑风霜积，穷愁岁月侵。（北周·庾信《卧疾穷愁》）

⑥ "却"作为位移动词表示退、使退，或者表示推后。如：（1）沛公自度能却项羽乎？（《史记·留侯世家》）（2）上幸上林苑，皇后、慎夫人在禁中尝同坐，及坐郎署，盎却慎夫人席，慎夫人怒，不肯坐。（汉·荀悦《汉纪·文帝纪上》）隐喻到时间概念，表示从说话时往后推一段时间。如：（3）女言：愿父安意，此事易耳。我却七日，自处出门。（《修行本起经·试艺品》）

续表

位移动词类别	空间域语义特征	时间隐喻认知方式	备注
【经由类】历、离、经、过、涉₂①、逾、阅、越、凌、徂、行、跨、度、遵、循、踵、追、运、转、赶、移	[+位移][+起点][+终点][-方向][+跨度][-观察者中心][-方式]	1. 时间是静止的有跨度的区域，主体运动。凸显历程； 2. "移"用于时间运动，无涉观察者	少数经历类位移动词用于时间运动
【出入类】入、进、出、涉₃②	【进】[+位移][-起点][+终点][+方向][-跨度][-观察者中心][-方式] 【出】[+位移][+起点][-终点][+方向][-跨度][-观察者中心][-方式]	1. 时间静止，主体移动； 2. 现代"进"也用于时间在动	以1为主
【迎送类】迎、送、逆	【迎】[+位移][-起点][+终点][+方向][-跨度][+观察者中心][+等候][-方式] 【送】[+位移][+起点][-终点][+方向][-跨度][+观察者中心][+送别][-方式]	观察者主体静止，时间在动	
【升降类】上、下、降	[+位移][+起点][-终点][+垂直方向][+跨度][+观察者中心][-方式]	1. 时间静止，观察者移动； 2. "上""下"体现时间序列，观察者静止	
【方式类】走、赴、驰、奔、迤、流、溯、迈、随、趱	[+位移][-起点][-终点][+方向][-跨度][-观察者中心][+方式]	1. 时间在动，观察者静止； 2. 观察者在动，时间静止	

从上表可知，汉语位移动词涉及的空—时隐喻主要有以下几种类型。

（1）时间是静止的处所，不直接涉及观察者。这主要体现在"定位"类和"达至"类位移动词两类。

（2）时间是运动的主体，观察者为参照点且处于静止状态。"来去""迎送""方式"类多采用这种方式。少数"经历""出入"类也采用这种时间认知方式。

（3）时间是静止的有跨度的区域，观察者穿越该区域。"经历""升降"类全部采用这种时间认知方式；"来去"类在"（自）×以来/来（以去/以往）"格式中采用这种方式；"方式"类多数（如"走、赴、驰、

---

① 如元·宋褧《二十年前入汴州》诗："二十年前入汴州，梵王仙馆涉春秋。"
② 如宋·曾巩《诸庙祈晴文》："曰涉岁以来，自春徂夏，久阴不解，积雨日多。"

奔")可以用于这种时间认知方式。

(4) 时间是运动的主体,观察者仅为旁观者。"定位"类位移动词中的"停止"小类、"来去"类中表示时间序列(如"夜快来")采用这种时间认知方式。

(5) 时间是静止的容器,其他主体进出该容器。"出入"类位移动词主要采取这种时间认知方式。

以上五种时间认知可归结为两大类五小类。第一大类,时间是静止物。内含三个小类:时间静止,观察者运动;时间静止,观察者也静止;时间是静止的容器,其他主体进出该容器。第二大类,时间是运动物。内含两个小类:时间是运动物,不涉及观察者;时间是运动物,观察者为参照中心且静止。具体如下图所示。

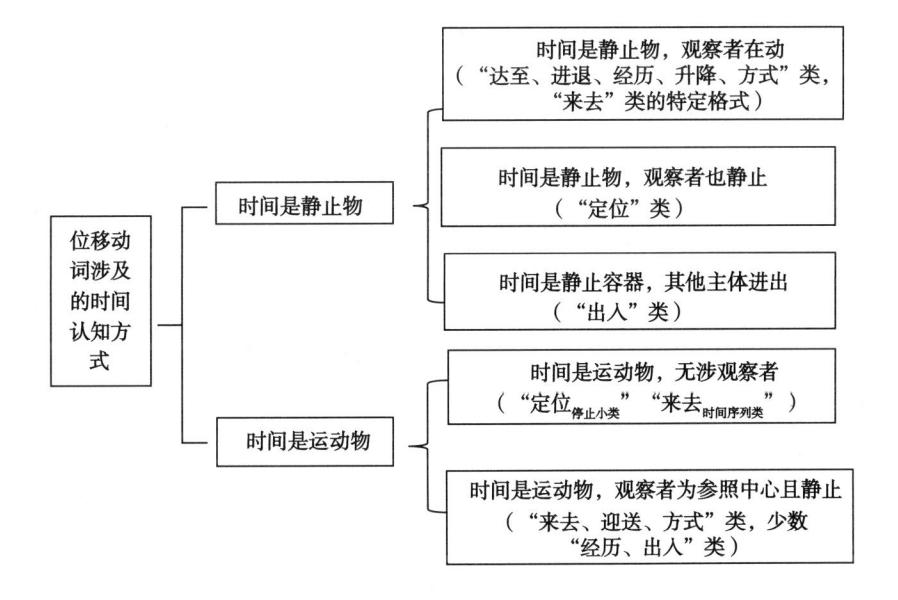

```
                        ┌─ 时间是静止物,观察者在动
                        │  ("达至、进退、经历、升降、方式"类,
            ┌─ 时间是静止物 ─┤    "来去"类的特定格式)
            │           │
            │           ├─ 时间是静止物,观察者也静止
            │           │  ("定位"类)
            │           │
位移动词涉及 ─┤           └─ 时间是静止容器,其他主体进出
的时间认知方              ("出入"类)
式          │
            │           ┌─ 时间是运动物,无涉观察者
            │           │  ("定位停止小类""来去时间序列类")
            └─ 时间是运动物 ─┤
                        └─ 时间是运动物,观察者为参照中心且静止
                           ("来去、迎送、方式"类,少数
                            "经历、出入"类)
```

此外,考察表明,水平位移与垂直位移,隐喻到时间概念,汉语存在横向时间表达和纵向时间表达两种方式,以横向时间表达为主。体现纵向时间表达的仅"上、下、降"三个。纵向时间表达在"(自)×以上/下(以降)"格式中体现时间静止,观察者在动的认知。但是位移动词"上""下"在作方位词构成"上/下+时间成分"(如"上/下午")表达式时,体现的是时间序列。

二 位移动词语义特征与空—时隐喻认知方式的关联

从以上动词位移要素的特征来看，它们与空—时隐喻认知方式的关联体现在以下几方面。

（一）时间域中的位移方向决定于参照点或观察者

位移具有方向性。位移的方向与起点、终点有关，更与参照点有关。位移动词涉及的这几个要素影响到时间隐喻认知方式。

除"定位"类成分外，其余各类位移动词都具有方向特征。Lakoff（2006：79）提出过隐喻的"守恒原则"（invariance principle），即隐喻跨域映射过程并不违反目标域本身意象图式，而且保留来源域与目标域的认知即图式之间的"固定对应"（fixed correspondences）。从空间概念映射到时间概念，这些位移动词保留了方向的特征，时间域中的位移也是有方向的。这个方向的确定与观察者有关，主要体现为两种。

1. 第一种是时间本身就是运动物，时间的位移是有方向的。这里面又有两种次类。

其一，以"来去"类为代表。如果不出现起点和终点，可以用具有内在方向性的位移动词加时间成分来表达，时间本身就是位移的主体，例如"来去"类"来年""来日"①"往年""往日"等词语中，是以观察者自身为参照中心的，"来"是从他处向说话者（观察者）位置位移，"去"是从说话者（观察者）位置离开。"来年""往年"等就体现了时间移动的方向。汉语把向观察者移动但尚未到达的运动的时间视为将来，把已经达到自己所在离开的时间视为过去。这种时间认知方式凸显的是三时时间。

"方式"类位移动词往往与"来去"类位移动词配合使用，反映的也是"来去"类的隐喻认知。如"走"，如果把时间看作移动物，"二十一世纪向我们走来"，则"我们"是静止的，移动的是尚未来到的"二十一世纪"。

"迎送"类与"来去"类相似。这类位移动词也是以观察者为参照中

---

① 朱庆之先生（2013）把类似"来日大难，口燥唇干"的"来日"标注为"来日[B]"，以区别于表示未来时间的"来日[A]"。这类"来日[B]"并不是词，而是一个以"日"为中心成分、动词"来"为限定成分的偏正短语，表示"［某人从某地］来的时候"。

心。所谓"迎",是时间从它处来到观察者(说话者)所在,观察者等候时间的到来;"送"是观察者在所在地送别。"迎送"类与"来去"类本质相通:如"迎春",是观察者等候春的到来,运动的是"春",同时"春"还没来到;"送春",是"春"已经过观察者,观察者送别春天,"春"实际已成过去。只不过"迎送"类凸显的是"等待"与"送别",突出的主体是人。

其二,时间也是移动物,但不以观察者为参照中心。观察者作为一个旁观者看到时间停止,或看到"夜"快来到("夜快来"即傍晚),时间的运动与观察者无关。

2. 第二种是时间为静止的事物,相对于该时间,观察者的移动是有方向的。

一类情况是体现跨度特征。时间是静止的有跨度的区域,观察者穿越该区域。

在时间域中虽不明确出现但隐含起点和终点时,常用位移动词"经""过""逾""移""历"等加时间成分表示位移的历程。如:经岁、经年、经月、经旬、经春;逾年、逾月、逾时;移时、移日;历年、历朝、历时等。"经、逾、移、历"等体现历程性,体现时间相对静止,观察者移动的认知方式。这些位移动词具有[+跨度]特征。"经历"类位移动词总是或隐含或显现起点和终点。例如:

①九年,遣人司马吴汉等击之,经岁无功。(《后汉书·南匈奴传》)

上例表示从"九年遣大司马"开始到话语参照时间,这段时间("经岁")起点明确,终点虽隐含但是是存在的。

有的是表达式本身赋予的[+跨度]特征。当位移的起点和终点都存在时,位移的跨度特征更是明确体现出来。"(自)×以来/来(以去/以往)""(自)×以上/下(以降)"这类表达式因为起点明确,方向明确,虽然终点隐含,但位移的跨度特征得以体现。例如"(自)×以来/来",起点为×,终点为话语当时;"(自)×以上"起点为×,指×以前的时段。这类时间表达式时间是静止的,观察者从起点往终点移动,体现了历程性。

具有[+跨度]特征的只有"进退""经历"类、"来去"类、"升降"类,这几类位移动词在用于"时静人动"时间隐喻方式时,把时间看作静止的区域,观察者穿过这片区域时,也体现了位移的历程性。

另一类情况是，时间是静止的，观察者朝着它行进，不体现跨度特征。

如"方式"类位移动词的"走"，如果时间静止，那么观察者可以朝它移动，走向某个时间。例如"我们走向二十一世纪"。

(二) 水平位移与垂直位移影响时间隐喻认知方式

我们的考察表明，发生过空—时隐喻的位移动词绝大多数是水平位移，垂直位移只有"升降"一类，且只有"上、下、降"三个。升降类位移动词并不罕见，如"陟、陞、腾、升"等，均未发生空—时语义的扩展。

"降"仅出现于"(自)×以降"格式中。汉语"上、下、降"构成时间表达式表明汉语确实存在纵向时间表达。如：

②上不及虞夏之时，而下不修汤武。(《商君书·开塞》)

③上起战国，下终五季，一千三百六十二年之间，贤君、令主、忠臣、义士……靡不具焉。(宋·王盘《兴文署新刊资治通鉴序》)

④自轩黄以降，坟索所纪，略可言者，莫崇乎尧舜。(《南齐书·高帝纪》)

⑤而太和以降，世历三朝，玄风圣迹，倏为畴古。(《宋书·徐广传》)

"上"的时间或次序在前义，"下"的时间或次序在后义，在词汇层面也得到体现。如：上元/下元、上午/下午、上月/下月。

又，"上溯"本指逆水上行。如：

⑥冀灵体之复形，御轻舟而上溯。(魏·曹植《洛神赋》)

时间域中指从现在往上推算。如：

⑦上泝三皇《坟》，旁采百家语。(宋·宋庠《南臣学士与余通书因成感咏》)

⑧禘礼上溯远祖，旁及毁庙，与今满洲所祀者殊多相似。(清·昭梿《啸亭杂录·满洲跳神仪合于禘祭》)

"上"表示在前，"下""降"表示在后。

水平位移的位移动词在时间域如果涉及运动的方向，则根据参考点及运动物体的面向分为前、后横向时间表达。这方面，人们在讨论"来去"及"前后"的时间指向时，都会讨论到横向时间表达问题，此处不赘。

(三) 隐喻过程中位移动词的一些语义特征被过滤

位移动词的运动方式等语义特征在时间隐喻认知过程中被过滤或淡

化。所谓"位移动词的运动方式"是指凸显出的位移动词的独特的运动方式信息。例如"走、赴、驰、奔、迤、迈"凸显运动的速度，它们在时间表达中也凸显了速度的特征而过滤掉如何快速移动的语义特征。例如我们说"我们奔向二十一世纪"，就突出了大步快速的特点。"流"凸显运动的主体（水或液体），在表示时间的流逝时，就消除了它的主体特征，而只保留流逝的特点。总之，这些位移动词在时间表达中，只部分保留了它们的特征。

三 余论

以上考察和分析表明了以下几点。

（一）不能简单地说汉语以哪种时间认知方式为主

9类发生空间—时间概念表达变化的位移动词在几种时间认知方式中所占的比例如下。

主要体现"时间静止、观察者在动"的时间认知方式的是达至类、经历类、升降类、出入类、进退类。这五类约占发生空—时隐喻演变总数的68.54%。

主要体现"观察者静止，时间在动"的时间认知方式的是来去类、迎送类、方式类。这三类约占总数的26.6%。体现观察者静止，时间也静止为处所的是定位类，约占总数的5%。

此外，还有一些位移动词既能体现时间静止、观察者在动的认知方式，也能体现时间在动、观察者静止的时间认知方式。

杨晓红、张志杰（2010）综合国内外的相关研究，指出不同民族、文化、社会的影响，不同语言、文化背景下的人们对两种隐喻的选择可能存在不同偏好。国外的研究表明，无论是在实验室还是在真实情境中使用"时间移动"的被试比使用"自我移动"的被试要花费更长的时间。因此，说英语的人可能存在一个使用"自我移动"的偏好。但是据赖姿吟（2002）的相关研究，在以说汉语的人为被试进行的研究中，却得到了相反的结果，说汉语的人似乎更倾向于使用"时间移动"的隐喻。伍丽梅、莫雷、王瑞明（2005）等通过信号检测理论进行的研究也表明说汉语的人主要以"时间移动"视角来表征时间语言。特别是人们在考察"来去"类时间表达时，总喜欢说"观察者静止、时间在动"是汉语主要的时间认知方式。实际上情况并不如此简单。以上考察表明，从位移动词的数量和类别上看，反倒是"时间静止、观察者在动"的时间认知方式占据优势，"观察者静止、时间在动"的时间认知方式在数量和类别上都处于劣势。

（二）位移动词的原始意义影响到是否发生空—时语义发展

位移动词数量庞大，然而我们的考察表明，发生空—时语义演变的仅仅96个。那么哪些因素决定是否发生从空间到时间的演变呢？

词义不能太过具体狭窄。

以"来往"类位移动词为例，发生空—时隐喻的位移动词"来、臻₂、还、返、回、归、往、去、背、徂、逝、适、侵₂"，他们都凸显观察者参照中心，以从别处向观察者参照点移动为"来"，从观察点参照中心向其他地方移动为"去"，没有凸显其他特别的方式或主体信息。而"招"（以手示意召之使来），因为其语义限定因素多，则没有发生空—时语义演变（按："时间在向我们招手"，是把时间比拟为人，并非我们所说的空间到时间的隐喻）。

又比如同是位移动词，跳跃类动词如"跳""踔""跃""跻"等都表示跳越，因其词义具体狭窄，就未能扩展到时间表达系统。

空间到时间的隐喻映射，并非原封不动地把源域的特征照搬到目标域。在位移动词的空—时演变中，涉及力量、特别的运动形式的位移动词被摒弃在外。如表示举起、上举的"拯""振""扔"；表示推移排挤的"排""推"；表示摆动的"摇"等。

总之，发生空—时语义扩展的位移动词都只凸显起点、终点、参照点、运动方向、位移等信息，过滤或淡化与这些要素无关的诸如位移方式、特定位移主体等。时间的运动涉及位移的方向、速度，但无关力量、运动形式。

（三）汉语垂直型时间认知相对弱势

空间位移的方向主要是垂直和水平，时间的运动也可分为水平和垂直两类。前面的考察表明，九十多个发生空—时语义扩展位移动词中，属于垂直方向的仅"上、下、降"三个，且这三个词语均只体现出时间静止，观察者移动或者仅体现时间序列的时间认知方式。显然无论是数量、类别还是具体的时间认知方式，对时间的表达更多体现在水平运动的位移动词上面。

据徐丹（2016）考察，在各类语言里，横向时间表达法占绝对优势。而纵向时间表达法比较少见，尤其是像汉语那样成系统的表达更少见。并且指出这种"纵向的时间表达"在英语、德语、法语都有零星表达,但都不能成为一种系统。汉语里的"上午、下午、上星期、下星期、上个月、下个月"等呈现出系统的表达方式,且不能用"横向时间表达"替换。实际上,从垂直向位移动词看,汉语垂直型(横向)无论在数量上、还是类型上都处于绝对的劣势。需要指出的是,汉语中的纵向时间表达并非不能用横向时间表达替代。①

第四节 位移动词空—时隐喻语义演变的路径和方式

空间概念是时间概念表达的原型。位移动词是空间位移的最重要的载体。时间隐喻的一个重要表征就体现为"时间是位移"。本节主要讨论位移动词(含空间介词)空—时语义演变的类型,并试图对相关语言现象进行解释。

一 位移动词空—时语义演变的路径

据我们考察,位移动词由表达空间概念到表达时间概念,主要有三大演变类型:空间位移动词>时间位移动词/时间介词;位移动词>空间处所介词>时间介词;位移动词>时间介词>处所介词。

位移动词在一定的条件下语法化为处所介词。根据它们蕴含的位移信息,处所介词分为以下几类:始发处、所在处、终到处、临近处、经由、循由路径六类。从空间处所到时间,这些处所介词与时间介词的对应关系如下:始发处>起点时间、所在处>当其时、终到处>终点时、临近处>临

---

① 且不论"上午"可用"午前","下午"可用"午后"来表达,在方言中更是有很多用横向时间表达上午、下午的概念的例子。如据《汉语方言大词典》,"上午"在万荣、太原、忻州说"前晌",西宁、银川说"前半天"(跟"后半天"相对);哈尔滨、牟平、洛阳说"前晌儿";绩溪、黎川说"前半日"。"下午"在黑龙江佳木斯,吉林通化,辽宁沈阳,北京,内蒙古赤峰、临河、集宁,河北井陉、阳原,山西太原、静乐、大宁、孝义、忻州、广灵、汾西、临猗、永济、吉县、襄汾,安徽界首、亳县,河南洛阳、商丘、林县、济源、安阳,陕西西安、渭南、宝鸡、绥德,青海西宁,宁夏银川,新疆鄯善、吐鲁番、乌鲁木齐,哈密都说"后晌";河北石家庄、山东济宁说"后午",长春、北京、忻州等地说"后半晌"。"上个月",在西宁、南宁平话、东莞说"前个月";广东梅县、惠州、建瓯说"前只月";"下个月"在福建永定下洋、东山说"后个月";广东梅县说"后只月"。

近时、经由>经历、循由路径>时间走向。①

（一）空间位移动词>时间位移动词/时间介词

严格说起来，这种类型的位移动词空—时语义演变实际包括三个小类，即：（1）空间位移动词>时间位移动词>时间介词；（2）空间位移动词>时间位移动词；（3）空间位移动词>时间介词。但实际上介词与动词存在难以区分的情况，二者在本质上是相通的，它们的区别更多在于句法上而不是语义上。因此我们把这三种情况合在一起讨论。以下位移动词我们曾在本章第二节讨论过，这里为说明的方便，简要举例。

【凌】"经历"类位移动词"凌"在上古就用作位移动词，表示度过、逾越空间处所。如：

①虽有江河之险则凌之。（《吕氏春秋·论威》）

南北朝时"凌"出现后接时间词的用法，表示逾越、度过一段时间。后代沿用。如：

②自有凌冬质，能守岁寒心。（北齐·李孝贞《园中杂咏橘树诗》）

"凌"在上古又有登上、升的意义。登上与达到、至有相通之处。南北朝时期"凌"出现迫近义，后接时间词。如"凌旦、凌晨、凌晓"等。如：

③凌旦气寒，不畏消释；霜露之润，见日即干。（北魏·贾思勰《齐民要术·煮胶》）

【追】"经历"类位移动词"追"本为追逐、追赶义。如：

①夏，追戎于济西。（《公羊传·庄公十八年》）

先秦时期"追"已用于表达抽象的时间概念，表示回溯过去。如：

②匪棘其欲，遹追来孝。（《诗经·大雅·文王有声》）

【过】"过"的本义为经过一定的空间。渡过也是一种经过。如：

---

① 马贝加（2002：1—2）把处所介词分为始发、所在、终到、临近、方向、经由、沿途七类，把时间介词分为起始、正当、终到、时点、临近点、时机、经过七类。我们参考了她的分类，但我们的分类以及有些介词的具体归属上与她意见不一致。吴金花（2006）把时间介词分为表示动作行为的起始、动作行为的发生、动作行为的持续、动作行为经过的时间等。我们觉得马氏分类更为精当。另，我们所说的"始发处"指的是空间位移的起始点，"起点时"指的是时间开始延伸的起点。始发处介词及起点时间介词实际上包括"凸显起点，终点隐含"以及"凸显起点和终点"两种情况。"凸显起点，终点隐含"只出现始发处介词或起点时间介词；"凸显起点和终点"则起点介词和终点介词都出现。

①子击磬于卫，有荷蒉而过孔氏门者。(《论语·宪问》)

王凤阳(2011：743)指出，"过"重在对参照物的逾越，泛指超出时间的参照点。"过"指越过一定的时间后进入下一个时间。如：

②年之暮奈何，时过时来微。(三国魏·曹操《精列》)

【过去】"过去"本是一个连动式并列结构，谓离开所在地或经过某地走向另一个地点。东汉有用例。后代沿用。如：

①乃敕属县盛供具，一人皆兼二人之馔，恂乃出迎于道，称疾还。贾复勒兵欲追之，而吏士皆醉，遂过去。(《东观汉记·寇恂传》)

东汉时"过去"表示时间经过观察者，离开自己而去。但整个中古时期多用于介绍佛教教义或与佛教有关的语言环境中。如：

②坐禅数息即时定意，是为今福；遂安隐不乱，是为未来福；益久续复安定，是为过去福也。(安世高译《大安般守意经》)

【降】"升降"类位移动词"降"本指从高处往下走。如：

①陟则在巘，复降在原。(《诗经·大雅·公刘》)

或表示降落于某空间处所。如：

②后间岁，凤皇神爵甘露降集京师。(《汉书·郊祀志下》)

约在东汉时期，出现"从……以降"时间表达格式，表示"自……以来"。南北朝时期"自……以降"已经常见。如：

③自轩黄以降，坟索所纪，略可言者，莫崇乎尧舜。(《南齐书·高帝纪》)

我们认为"从/自……以降"的"降"和"从/自……以来"中的"来"一样，在一定的程度上保留了位移动词的特征，只不过体现的是"时间静止，观察者在动"的认知方式，观察者并未出现。

【际】本指两墙相接处。义指交会、连接。相连接与达到、靠近语义相通。如：

①衰草际黄云，感叹愁我神。(唐·韩愈《暮行河堤上》)

由到达、靠近空间处所，引申到、接近某时间。南北朝始见用例。如：

②侵星出柳塞，际晚入榆溪。(南朝梁·戴暠《从军行》)

【暨】"暨"在上古、中古及近代都可用作位移动词，表示至、到义。如：

①南暨交址，西蹈流沙，东极蟠木，日月所照，莫不底焉，是以建万

国而制九州。(《后汉书·郡国一》)

"暨"用作时间介词,早在南北朝就有用例。如:

②暨桓玄僭逆,倾荡四海。(《宋书·武帝本纪》)

类似的位移动词还有:次、停、至、即、临、靠、薄、迫、侵、逼、投、擦、达、逮、践、遒、挨、捱、濒、臻、近、届、来、还、返、回、归、往、去、背、徂、逝、侵$_2$、前、却、历、依、旁/傍、逾/踰、越、移、徙、行、跨、度、遵、循、赶、迈、踵、运、随、转、入、进、出、涉、迎、送、逆、走、赴、驰、奔、流、趁、迤。

上述词语均为先出现空间位移动词用法,然后作动词或介词用于表达时间概念。

(二) 位移动词>空间介词>时间介词

严格说起来,这种类型的位移动词空—时语义演变实际包括两个小类,第一类是位移动词>空间介词>时间介词;第二类为空间介词>时间介词。

从位移动词而来的空间介词>时间介词的演变主要包括以下几类:所在处>当其时、终到处>终点时、临近处>临近时、经由>经历、循由路径>时间走向。此外有的空间介词来源不明,或者很早就用作空间介词,位移动词用法已不可见。始发处>起点时间就多属于这一类。

1. 位移动词>空间介词>时间介词

以下位移动词经历过位移动词>空间介词>时间介词的语义演变:在、当、及、就、逗、向、著、洎、逮、讫、到、经。下面我们举例说明。

【在】"在"本义为存在。引申指处于一定的空间内。如:

①鲁侯戾止,在泮饮酒。(《诗经·鲁颂·泮水》)

由处于一定的空间内,指处于一定的时间。如:

②在十有二月,惟周公诞保文武受命。(《书·洛诰》)

【洎】"洎"在先秦作位移动词,表示到、到达。如:

①曾子再仕而心再化。曰:"吾及亲仕,三釜而心乐;后仕,三千钟而不洎,吾心悲。"(《庄子·寓言》)

"洎"在南北朝有空间介词用法,表示到、到达。如:

②惠风广被,泽洎幽荒。(张衡《东京赋》)

"洎"有时间介词用法,表示"到""到……时候"。如:

③汉自章、和之后,世多变故,稍以陵迟,洎乎孝灵,不恒其心,虐

贤害仁，聚敛无度。(《三国志·魏书·文帝纪》裴松志注)

【经】"经"在上古作位移动词表示空间上的经过、经历。如：

①经堂入奥，朱尘筵些。(《楚辞·招魂》)

马贝加（2002：93）指出南北朝时期产生地点介词"经由（某处）"的地点介词"经"。如：

②郡有旧道，经牦牛中至成都，既平且近。(《三国志·蜀书·张嶷传》)

"经+时间词语"在中古大量运用，如：

③在路太后房内，经二三年，再呼，不见幸。(《宋书·后妃传》)

④九年，遣大司马吴汉等击之，经岁无功。(《后汉书·南匈奴传》)

2. 空间介词>时间介词

有些具有位移要素的空间介词，其起始义动词不能归入我们界定的位移动词的类别（如"起"），或者我们不能确定它们的来源（如"自、由、繇、爰、打"），但是这些空间介词也遵循着空间>时间的演变路径。其中属于位移起点性介词的有：

【自】甲骨文中"自"介引动作行为的处所起点。如：

①贞：其有来艰自沚？(《甲骨文合集》5532正)

殷商时期"自"就用以介引时间起点。如：

②自今庚子至于甲辰，帝令雨？(《甲骨文合集》900)

后代有"自……迄/讫……""自……迄至""自……徂……""自……及……""自……涉"等。如：

③自春涉夏，大旱炎赫，忧心京京。(《后汉书·质帝纪》)

【繇】"繇"在上古时期就用作介词，表示动作行为的起点。如：

①以衣涉水为厉，繇膝以下为揭。(《尔雅·释水》)

后来"繇"作介词，表示时间的起始点。如：

②羽繇是始为诸侯上将军，兵皆属焉。(《汉书·项籍传》)

【起】"起"本义为起立、站起。又指出发、动身。如：

①予蓬蓬然起于北海而入于南海也。(《庄子·秋水》)

早在先秦"起"就用作起点处所介词。如：

②百步一楼杫，起地高五丈。(《墨子·备城门》)

中古时期"起"用于时间起始的用例不少，常与"讫/讫于""至""终于"连用，如：

③今所记三辰七曜之变，起建元讫于隆昌，以续宋史。(《南齐书·天文志上》)

东汉以来，有"自……起"的用法，"起"表示开始等义。此后沿用。近代汉语有"自……起来"格式，表示起点时间。如：

④某在漳州，有讼田者契数十本，自崇宁起来，事甚难考。(《朱子语类》卷一一七)

【爰】"爰"在上古有引进动作的对象或处所的介词用法。如：

①盘庚既迁，奠厥攸居，乃止厥位，绥爰有众。(《尚书·盘庚下》)

后来"爰"用以引介终到时间。如：

②后稷创业于唐，公刘发迹于西戎，文王改制，爰周郅隆。(《史记·司马相如列传》)

【打】"打"在宋代有个别表示起始的用例。① 如：

①新柳树，旧沙洲，去年溪打那边流。(辛弃疾《鹧鸪天·戏题村舍》)

此后"打"的处所介词用法常见。"打"表示时间起始的用例清代始见。如：

②主儿打毛线团子似的掇弄到这么大，也不管主儿跟前有人使没人使。(《儿女英雄传》第四十回)

另，"打""从"同义连用为处所介词，元明已见用例。如：

③有个大官人打从京中出来的。(《二刻拍案惊奇》卷三)

表示时间起始则清代始见。如：

④贾母有了年纪的人，打从宝玉病起，日夜不宁。(《红楼梦》第八九回)

以上考察表明这些介词是先用于引介空间处所，然后出现引介时间的用法。

3. 位移动词>时间介词>空间介词

这类情况较为少见，只有"抵"1例。

【抵】"抵"在上古有表示到达某处的位移动词用法。如：

①遂从井陉抵九原。(《史记·秦始皇本纪》)

---

① 马贝加（2002：30）认为地点介词"打"最早是表示经由的，萌生于宋代，宋代也看到个别表示起始的用例。

早在汉代,"抵"就用于引介终到时间,但从汉至隋罕见用例。如:

②玄冥陵阴,蛰虫盖臧,草木零落,抵冬降霜。(《汉书·礼乐志》)

马贝加(2002:65)指出唐宋时偶见"抵"用于V后近似于介词的用法。如:

③密等七人皆穿墙而遁,与王仲伯亡抵平原贼帅郝孝德。(《隋书·李密列传》)

唐代以后"抵"后接时间词渐有用例,如"抵暮""抵夜""抵晓"等,然亦不常见。如:

④抵暮但昏眠,不成歌慷慨。(韩愈《朝归》)

需要特别引起我们注意的是存在少数的时间介词>空间介词的现象。主要是"迨""阅""由""以"四个介词。

【迨】"迨"从字形分析,其本义也与空间位移有关,但未能找到早期用例。但早在《诗经》中"迨"就用于引介时间,表示在其时或"趁……之时"。如:

①士如归妻,迨冰未泮。(《诗经·邶风·匏有苦叶》)

但是魏晋时期能看到"迨"用于空间处所的用例。如:

②盍孟晋以迨群兮,辰倏忽其不再。(《文选·班固〈幽通赋〉》)

③三聘迨深泽,一来遇帝庭。(唐·吴筠《严子陵》)

"迨"大约在中古时期开始用于引介终到时间。如:

④迨良期于风柔,竟悲飙于叶落。(晋·陆云《牛责季友》)

"迨"与"及""至"同义连用,有"迨及""迨至"引介终到时间。

【阅】"阅"早在汉代就有经过、经历的用法,但"阅"的经过义罕见用于空间处所,到近代汉语才偶尔一见。如:

①脱身亳宋,中间阅草棘,来见天子,为谏官。(宋·叶适《寄王正言书》)

南北朝已见"阅"用于表示经历一段时间、度过某个时间的用法,但用例不多。"阅"的时间介词用法在唐宋以后多见。有"阅时""阅日""阅月""阅旬""阅年""阅岁"等。"阅""历"连言,表时间的经历。

【由】甲骨文未见"由"表示空间起点介词的用法。但是沈培(1992:155)、张玉金(2001:73)指出甲骨文中"由"有表示时间起点的用法。如:

①乙酉卜，争贞：□告曰：方由今春凡（犯），受有佑？（《甲骨文合集》4597）

在秦汉"由"可表示空间处所的起点，或抽象的起点，也可以表示时间起点。如：

②由命士以下皆漱浣。（《礼记·内则》。郑玄注："由，自也。"）

③由尧、舜至于汤，五百有余岁。（《孟子·尽心下》）

此外，"以"在上古作处所介词表示动作行为的起始点，不过汉代以前罕见其表示空间所在处的用例。值得注意的是"以"引介时间表示所在之时，先秦却已有不少用例。如：其弟以千亩之战生，命之曰成师。（《左传·桓公二年》）

二　位移动词发生空—时隐喻的方式

以上考察表明，发生空—时隐喻的位移动词（包括具有位移要素的处所介词）的最主要路径是空间位移动词>时间位移动词>时间介词（包括三小类：空间位移动词>时间位移动词>时间介词、空间位移动词>时间位移动词、空间位移动词>时间介词），有72个之多；其次是位移动词>空间介词>时间介词（包括两小类：位移动词>空间介词>时间介词、空间介词>时间介词），有17个；位移动词>时间介词>空间介词1个；时间介词>空间介词，共有4个。

很显然，就发生过空—时概念隐喻的位移动词而言，最基本的路径是先出现空间概念的用法，然后出现时间概念的用法。"抵"虽然先出现时间介词用法后出现空间处所介词用法，但其位移动词使用在先。就目前语料所见，只有"迨、阅、由、以"是先出现时间概念的用法然后用于空间概念。这可能是因为我们没能见到更早的材料。

从上面的介绍我们可以看到，位移动词空—时语义演变的形式主要有三种。（1）概念隐喻型。如空间动词到时间动词以及空间介词到时间介词都属此类。因为从空间概念到时间概念，发生了跨域映射。在从空间到时间的概念隐喻中，空间域的部分特征保留到时间域。（2）语法化句法演变。例如由时间动词到时间介词，二者都处于时间概念表达框架内，同属于时间域。它们语义的演变主要是意义由较实在变为较虚，在句法上由主要成分降格为次要成分。这种变化是语法化的结果。（3）隐喻与语法化共同作用。例如从空间动词到时间介词，一方面它们分别属于不同的概念域，二者发生了跨域映射。另一方面，从句法地位看，这个发展也是语法化的结果。这类语义演变是隐喻与句法语法化共同作用的结果。

需要说明的是，如前所考察，"投"先出现临近义的时间介词用法（东汉），后出现临近义动词用法（唐），表明在发生空—时隐喻的词义发展中，某些位移动词的某个意义可能先在时间概念中产生。而介词"自"与介词"从"组合为介词"自从"和"从自"，只能表示时间而不能表示处所、地点，说明并非所有时间介词都直接从空间介词发展而来，或者说有的时间表达式并非直接来自空间表达式。时间表达式可以在已成熟的时间表达的基础上直接类推使用。

从位移成分发生空—时隐喻的基本路径看，显然支持以下观点：跨域映射先在空间概念层产生，随之在语言表达层体现，而随着人们对空间以及时间性质的认识不断深入，其表达形式也在不断的发展演变之中。

第三章

汉语空间距离的空—时隐喻表达的发展

"距离"是空间概念，或作动词，指两处相隔；或作名词，指两处相隔的长度。在汉语中，空间距离常用来隐喻时间的长度。主要有两大类，第一大类是以两端之间的空间距离来隐喻时间长短，大致有四种：以两处相隔，隐喻为两时相隔；以两处之间的距离隐喻为两时之间隔；以空间距离大隐喻时间相隔久；以空间距离小隐喻时间相隔短。第二大类则是以人体动作的幅度来表达时间的长短。这些空间—时间的隐喻主要发生在词汇、短语或小句层面。本章我们主要讨论汉语史上空间距离的表达用于时间表达的发展情况。

第一节 以两端之间的空间距离来隐喻时间

一 两处相隔>两时相隔

表示两处相隔的动词"间""隔""距""离"等，经历了空间相隔>时间相隔的发展。

【间 动词】

前面在讨论方所词语的空时语义发展时，我们讨论过"间"的方所词语的用法，这里我们主要讨论"间"表示间隔的动词用法。先秦时期，"间"表示间隔的如：

①坐于大司成者，远近间三席可以问，终则负墙。（《礼记·文王世子》）

②然而釜鬵间之，水煎沸竭其上，而火得炽盛焚其下。（《韩非子·备内》）

早在秦汉"间"就用于时间概念，表示时间的间隔。如：

③间一岁，郑人杀之。(《左传·宣公六年》)
④其间日作者，何也？(《素问·疟论》)
⑤上陈太祖，间岁而袷，其道应天，故福禄永终。(《汉书·韦玄成传》)

【隔】

"隔"在秦汉用作动词，表示阻隔、间隔。如：

①有擅主之臣，则君令不下究，臣情不上通，一人之力能隔君臣之间，使善败不闻，祸福不通，故有弑之患也。(《韩非子·难一》)
②秦无韩魏之隔，祸中于赵矣。(《战国策·赵策二》)

在东汉我们开始见到"隔"用于时间表达的用例，南北朝之后常见。如：

③治食郁肉漏脯中毒方：郁肉，密器盖之，隔宿者是也。(东汉·张机《金匮要略·禽兽鱼虫禁忌并治第二十四》)
④团曲当日使讫，不得隔宿。(北魏·贾思勰《齐民要术·造神曲并酒》)
⑤徽烈兼劭，柔顺无怨，隔代相望，谅非一绪。(《晋书·列女传序》)
⑥年代已隔，去鲁尤疏。(唐·刘知几《史通·汉书五行志错误》)
⑦来时父母知隔生，重着衣裳如送死。(唐·王建《渡辽水》)
⑧白还海北，见平生亲旧，惘然如隔此人。(宋·苏轼《与谢民师推官书》)

【间隔】

"间隔"最早表示隔绝、阻隔。如：

①自云先世避秦时乱，率妻子邑人来此绝境，不复出焉，遂与外人间隔。(晋·陶潜《桃花源记》)

唐宋时可指在空间上的相隔。如：

②别语寄丁宁。如今能间隔，几长亭？(宋·汪藻《小重山》)

约在元明时期可见到"间隔"用于时间概念的用例。如：

③昔年所言凤翔焦氏之女，间隔了多年，只道他嫁人去了，不想他父亲死了，带个丫鬟直寻到这里。(《二刻拍案惊奇》卷十)

【距】

"距"在先秦用于空间上的相距。如：

①今燕尽齐之河南，距莎（沙）丘巨鹿之囿三百里，距糜关北至于□□者千五百里。(《战国纵横家书》二十一)

但很早"距"就用于时间概念，《国语》有用例。如：

②距今九日，土其俱动。(《国语·周语上》)

【离】

"离"的相距义可能来自离开义。就我们所见，"离"直到近代汉语才见表示相距、距离的用例。如：

①大国长安一座县，唤做咸阳县，离长安四十五里。(南宋《简帖和尚》)

②离这里还有多少路？(《水浒传》第十九回)

③这离三月里也快了。(《儿女英雄传》第一回)

【去】

前面我们讨论过"去"作为位移动词的空—时隐喻用法。"去"还用于空间概念表示距、距离。如：

①夫世愚学之人比有术之士也，犹蚁垤之比大陵也，其相去远矣。(《韩非子·奸劫弑臣》)

②连峰去天不盈尺，枯松倒挂倚绝壁。(李白《蜀道难》)

中古时期有距、距离义的"去"用于时间概念的用例。如：

③古人之文，宏材逸气，体度风格，去今实远；但缉缀疏朴，未为密致耳。(《颜氏家训·文章》卷四)

唐代的用例如：

④正见慈母独坐空堂，不知儿来，遂叹言曰："秋胡汝当游学！元期三周，可为去今九载？"(《敦煌变文·秋胡变文》)

二 两处之间的距离>两时之间隔

空间上的距离隐喻为时间的间隔。前面我们在讨论方所词语时，"间""际"的部分用法就与"两处之间的距离>两时之间隔"这样的隐喻性语义发展有关。这里对相关用法择要简单介绍。

1. 表示两处之间的距离的词

【间】

在"间"构成的场景中，"间"指 A、B 两物之缝隙（两物间之距离）。如：

①彼节者有间,而刀刃者无厚;以无厚者入有间,恢恢乎其于游刃,必有余地矣。(《庄子·养生主》)

由空间距离喻指时间相距。如:

②时之反侧,间不容息。(《淮南子·原道训》)

③扁子入,坐有间,仰天而叹。(《庄子·达生》)

④加减之间,必须存意。(《齐民要术·笨麹并酒》)

【隙】

本指墙壁裂缝。词义扩展,泛指空穴、缝隙。如:

①谚曰:"蠹众而木折,隙大而墙坏。"(《商君书·修权》)

由空间距离喻指时间。如:

②春蒐、夏苗、秋狝、冬狩,皆于农隙以讲事也。(《左传·隐公五年》)

【距离】

"距离"表示空间或时间上相隔是很晚近的事,大约在清末见到用例。

①此时梦霞与女郎之距离,不过二三尺地。(《玉梨魂》第二章)

②梦霞之来也,距梨娘之死,仅二日耳。此二日之距离,以时计之,不过四十八小时。(《玉梨魂》第二十八章)

③出发的村子和铁道之间的距离,至多不过两百里路。(沙汀《涓埃集·闯关六》)

④五年是个长距离,在这个时代。(老舍《黑白李》)

【程】

《说文·禾部》:"程,十发为程,十程为分,十分为寸。""程"本为古代长度单位。东汉时可指以驿站邮亭或其他停顿止宿地点为起讫的行程段落,后代沿用。如:

①苍到国后,病水气喘逆,上遣太医丞相视之,小黄门侍疾,置驿马传起居,以千里为程。(《东观汉记·东平宪王苍传》)

②风光四百里,车马十三程。(唐·白居易《从陕至东京》)

约在唐代"程"泛指一段路程,后世一直沿用。如:

③容易来千里,斯须进一程。(唐·白居易《江州赴忠州,至江陵已来,舟中示舍弟五十韵》)

④我还得走路,将马让与你骑一程,到你上宫,还我马去罢。(《西游记》第三十三回)

唐代"程"又指一段时间。如：

⑤去时日一百，来时月一程。（唐·赵徵明《回军跛者》）

"程"指一段时间的用法一直在用。如：

⑥若是此时说话的在旁边一把把那将军扯了开来，让他每讲一程话，叙一程阔，岂不是凑趣的事。（《二刻拍案惊奇》卷六）

唐代"程期"指特定的日期、时间。如：

⑦风波无程期，所忧动不测。（唐·韩愈《赠别元十八协律》）

"程子"指一段时间的用法在哈尔滨及北京官话都有使用。"那程子"指那段时间，"这程子"指这段时间。如：

⑧那程子事太多，忙得我脚打后脑勺。

⑨你这程子到哪儿去了？[①]

【段】

"段"在魏晋南北朝常表示条形物的一截。如：

①一服，即大下，去数段许纸，如拳大，剖看，乃先所服符也。（《世说新语·术解》）

②有一柱焚之不尽。后三日雷雨，震电霹雳击为数段。（《洛阳伽蓝记·平等寺》）

中古时期"段"就用于表示时间的长度。如：

③此段不见足下……明行集，冀得见卿。（晋·王羲之《杂帖》）

④吾先使卿宣敕答其勿以私禄足充献奉，今段殊觉其下情厚于前后人。（《南齐书·萧惠基传》）

【寸】

"寸"作为长度单位，在不同的历史时期标准是不同的。例如《公羊传·僖公三十一年》："触石而出，肤寸而合。"何休注："侧手为肤，案指为寸。"又《大戴礼记·主言》："布指知寸，布手知尺。"这是以一指宽为寸。《说文·禾部》："十程为分，十分为寸。"则以十分为寸。（《汉语大词典》第一版第2卷，第1245页）王凤阳（2011：303）指出，先秦长度的标准单位只有"寸""尺""丈"，汉以后，"寸"下增"分"，"丈"上增"引"。

无论如何，日常度量长度的单位中"寸"是一个小单位，因而早在汉代就用以表示极小或极短的时间。如：

---

① 以上两例参《现代汉语方言大词典》（六卷本），江苏教育出版社，2003：1567。

①圣人不贵尺之璧，而重寸之阴，时难得而易失也。(《淮南子·原道训》)

"寸隙"本来是表示空间距离的短语，后来也用来作为时间概念表示短暂的闲暇。如：

②畏涂有千虑，劳生无寸隙。(明·薛蕙《对酒》)

以下词语"寸光""寸旬"用以表示短暂的时间。如：

③仰瞻曜灵，爱此寸光。(晋·左思《悼离赠妹》)

④量寸旬，涓吉日，陟中坛，即帝位。(左思《魏都赋》。李善注：《司马法》曰："明不宝咫尺之玉，而爱寸阴之旬。"旬，时也。)

2. 框式短语

所谓框式短语是指由"（起点介词）+起点+（终点介词）+终点"这一结构构成的短语或小句。这个结构的起点和终点可以由处所词语表示，也可以由时间词语表示。这种形式有起点有终点，在空间形成一个封闭的线段，表示的是从起点开始到终点为止的一段距离，隐喻到时间域，表示的是从起点时间开始到终点时间为止的一段时间。

本书第二章介绍过这类框式短语中的起点介词及终点介词从空间到时间的隐喻发展过程，本节只介绍这类框式短语的时间概念的用法，不再举空间概念的用例。

这类框式结构短语主要有以下几种形式。①

起点、终点同时出现。有以下几种情况。

a. 起点、终点介词同时出现。有时该线段式结构后还接有数量式时段，对该时间线段的时间长度加以明示。主要有以下组合：

"自"类："自……及……""自……至……""自……至于……""自……迄……""自……迄于……""自……达……"；"自……以至于……""自……迄乎……""自……至乎……""自……于……""自……逮于……""自……以至……""始自……终于……"。例如：

①自汉铸五铢钱，至宋文帝，历五百余年，制度世有废兴，而不变五铢钱者，明其轻重可法，得货之宜。(《南齐书·刘悛传》)

②自黄初至于青龙，徵命相仍，常以八月赐牛酒。(《三国志·魏书·管宁传》)

---

① 以下分类及例句参何亮（2007：140—145）。

③卒于官，家无余财，自魏迄今为河南尹者莫及芝。(《三国志·魏书·司马芝传》)

④紧役工匠，自夜达晓，犹不副速，乃剥取诸寺佛刹殿藻井仙人骑兽以充足之。(《南齐书·东昏侯本纪》)

"起"类："起……讫于……""起……讫……""起自……讫于……""起……至……""起……终于……"。

⑤今所记三辰七曜之变，起建元讫于隆昌，以续宋史。(《南齐书·天文志上》)

⑥三八二十四，起建元元年，至中兴二年，二十四年也。(《南齐书·五行志》)

⑦起元高祖，终于孝平王莽之诛，十有二世，二百三十年。(《后汉书·班固传》)

"从"类："从……至……""从……至于……"。

⑧若从十月至正月皆冻树者，早晚黍悉宜也。(《齐民要术·黍穄》)

⑨建曰："非但此一门中生，从四十七年以来，至今七死也生，已得四道果。"(《古小说钩沉·冥祥记》)

"于"类："于……迄……"。

⑩于兹迄今，情伪万方。《后汉书·赵壹传》

b. 起点介词不出现，终点介词出现。如：

⑪元徽四年至升明二年三月，日有频食。(《南齐书·天文志上》)

c. 起点前出现介词，终点前不出现介词。如：

⑫自权西征，还都武昌，诏不进见者十余年。(《三国志·吴书·宗室传》)

三 空间距离大>时间相隔久

空间概念中表示距离远的词语主要有"长、远、遐、远、遥、辽、邈、夐、深"等，这些词语都发生了空间>时间的演变。

【长】

"长"指在空间的两端之间距离大。如：

①猗嗟昌兮，颀而长兮。(《诗·齐风·猗嗟》)

②流长则难竭，柢深则难朽。(汉·张衡《西京赋》)

又指远，不近。如：

③顺彼长道，屈此群丑。(《诗·鲁颂·泮水》)

或用作名词，指长度。如：

④必有寝衣，长一身有半。(《论语·乡党》)

"长"早在《尚书》就用于表示时间概念，表示时间概念成为"长"的一个基本用法。如：

⑤汝不谋长。(《书·盘庚中》)

⑥终长夜之曼曼兮，掩此哀而不去。(《楚辞·九章·悲回风》)

⑦春胜长夏。(《素问·六节藏象论》)

⑧不敬则礼不行，礼不行则上下昏，何以长世？(《左传·僖公十一年》)

⑨其君臣上下皆知其资财之不足支长久也。(《国语·越语下》)

⑩看他春归何处归，春睡何曾睡？气丝儿怎度的长天日？(明·汤显祖《牡丹亭·诊祟》)

例⑦、⑧、⑩"长"分别修饰限定时间词语"春""世""天日"，例⑨"长"与"久"连用。

【遐】

《尔雅·释诂上》："遐，远也。""遐"本表示空间概念。如：

①若升高，必自下；若陟遐，必自迩。(《书·太甲下》)

下面的"遐方远方""遐迥辽远""遐修遥远""遐远遥远""遐游远游"的"遐"都表示空间概念。如：

②是以遐方疏俗，殊邻绝党之域，自上仁所不化，茂德所不绥，莫不屦足抗首，请献厥珍。(汉·扬雄《长杨赋》)

③目瞥瞥兮西没，道遐迥兮阻叹。(汉·王逸《九思·哀岁》)

④自魏都而南迈，迄洪川以竭休，想工旅之旌旄，望南路之遐修。(汉·刘桢《黎阳山赋》)

⑤海濒遐远，不沾圣化。(《汉书·循吏传·龚遂》)

⑥忽电消而神遌兮，历寥廓而遐游。(三国魏·阮籍《大人先生传》)

"遐"很早就用于表示时间概念。如：

⑦君子万年，宜其遐福。(《诗经·小雅·鸳鸯》)

以下"遐世久长的年代、遐长久长、遐代远古时代、遐永长久、遐劫佛教指极久远的时间、遐久长久"的"遐"表示长久、久远。如：

⑧夫何英媛之丽女，貌洵美而艳逸，横四海而无仇，超遐世而秀出。

(汉·王粲《闲邪赋》)

⑨爱之如父母,仰之如日月,敬之如神明,畏之如雷霆,此可以卜祚遐长,而祸乱不作也。(汉·袁康《越绝书·计倪》)

⑩今若第随私贵,爵与私富,紊荡经邦,断折民纪,岂可还风中叶,遐听遐代者也。(南朝梁·江淹《萧骠骑让太尉增封表》)

⑪灵算遐永,齐轨常住。(南朝梁·沈约《湘州枳园寺刹下石记》)

⑫蒙报历遐劫,余福值天师。(南朝齐·萧子良《净住子·自庆毕故止新门》)

⑬王光沉默,享年遐久。(汉·刘向《列仙传·介子推》)

【远】

《说文》:"远,辽也。"《尔雅·释诂上》:"远,遐也。""远"本指空间距离大。如:

①近取诸身,远取诸物,于是始作八卦。(《易·系辞下》)

②山川阻且远,别促会日长。(三国魏·曹植《送应氏》)

早在先秦,"远"表示久远这一时间概念。如:

③慎终追远,民德归厚矣。(《论语·学而》)

④音乐之所由来者远矣。(《吕氏春秋·大乐》)

下面"远世久远之年代、远古遥远的古代、远代犹古代、远年近岁过去至现在、长期以来、远纪遥远的年代、远期遥远的时日、远岁长远的岁月"中的"远"都表示时间概念。如:

⑤上比远世,未至绞颈射股也。(《韩诗外传》卷四)

⑥女欲一日遍闻远古之说。(《孔子家语·五帝德》)

⑦夫崇圣祀德,远代之通典。(《魏书·礼志一》)

⑧张郎,将俺那远年近岁欠少我钱钞的文书,都与我搬运将出来,算一算是多少。(元·武汉臣《老生儿》楔子)

⑨惠被远纪,泽演庆世。(南朝梁·江淹《为萧太傅谢追赠父祖表》)

⑩游子苦行役,冀会非远期。(南朝宋·鲍照《送从弟道秀别诗》)

⑪暧遗波于遥绪,飒流馨于远岁。(南朝梁·江淹《宋故尚书左丞孙缅墓志文》)

以上"远"都出现在过去的时间中。值得注意的是,"远"在时间概念中并非只能表示过去时间,实际上"远"只是表示久远、长远,表示过去时间或将来时间,是由话语语境决定的。如下面的"远日"谓一句以外的日子,无涉过去现在未来;"远帐"则指离现时很远的事,所举例指的是很久以后的事。如：

⑫若不吉，则筮远日，如初仪。(《仪礼·特牲馈食礼》)

⑬［末］此子长大，养出孙儿，夫人还是个嫡祖母。［净］一发远帐了。(明·冯梦龙《万事足·高科进谏》)

按：王凤阳（2011：906）认为"遐"与"远"是不同时代的用词，"遐"早"远"后起。因为"遐"是古语，所以用于空间往往指绝远的遐方异域，表时间"遐"常用于长寿、高龄之类的祝祷用语。

【修】

"修"指空间距离大、长、高。如：

①四牡修广，其大有颙。(《诗·小雅·六月》)

②邹忌修八尺有余。(《战国策·齐策》)

又指时间长、久。如：

③释舆马于山椒兮，奄修夜之不阳。(《汉书·外戚传·孝武李夫人传》)

④命之修短，实由所值，受气结胎，各有星宿。(《抱朴子·塞难卷第七》)

【遥】

《方言》："遥，远也。梁楚曰遥。"则"遥"原为方言词。"遥"指空间距离远。如：

①自江至于衡山，千里而遥。(《礼记·王制》)

②鹯鹞之巢，远哉遥遥。(《左传·昭公二十五年》)

"遥"又指时间长。如：

③故遥而不闷，掇而不跂，知时无止。(《庄子·秋水》)

以下词语"遥夕 长夜、遥夜 长夜、遥纪 久远的年代、遥遥 形容时间长"中的"遥"都用于时间概念。如：

④勤思终遥夕，永言写情虑。(晋·何劭《杂诗》)

⑤靓杪秋之遥夜兮，心缭悷而有哀。(《楚辞·九辩》)

⑥伏灵遥纪，闷贶遐年。(南朝宋·鲍照《河清颂》)

⑦遥遥沮溺心，千载乃相关。(晋·陶潜《庚戌岁九月中于西田获早稻》)

【邈】

《广雅·释诂一》："邈，远也。""邈"指空间距离大。如：

①貌蔓蔓之不可量兮，缥绵绵之不可纡。(《楚辞·九章·悲回风》)

②虽则同域，邈其迥深。(汉·王粲《赠士孙文始》)
③然天道邈远，鬼神难明。(晋·葛洪《抱朴子·微旨》)

"邈"又用于表示时间概念，指时间长。如：

④汤禹久远兮，邈而不可慕。(《楚辞·九章·怀沙》。王逸注："言殷汤、夏禹圣德之君，明于知人，然去久远，不可思慕而得事之也。")
⑤观于周室，邈而无祀。(《汉书·武帝纪》)
⑥斯人邈永矣，继之在于今。(明·刘基《送马生游京师》。"邈永"，久远。)

【辽】

《说文·辵部》："辽，远也。"本指空间距离遥远。如：
①楚师辽远，粮食将尽，必将速归。(《左传·襄公八年》)
②眷故乡之辽隔，思纡轸以郁陶。(晋·潘岳《登虎牢山赋》)
③释辽遥之阔度兮，习约结之常契。(三国魏·阮籍《东平赋》)

"辽"又指时间久远。如：
④人生乐长久，百年自言辽。(三国魏·阮籍《咏怀》之八十)
⑤辽哉千载后，发我一笑粲。(宋·苏轼《诅楚文》)

以下词语"辽绝、辽远、辽阔、辽夐"或者表示空间上的遥远，或者表示时间上的久远。如：

⑥关候曰辽绝，如何附行旅。(南朝梁·柳恽《赠吴均》)(遥远)
⑦至师延精述阴阳，晓明象纬，莫测其为人。世载辽绝，而或出或隐。(晋·王嘉《拾遗记·殷汤》)(久远)
⑧楚师辽远，粮食将尽，必将速归，何患焉？(《左传·襄公八年》)(遥远)
⑨篇简湮没，岁月辽远。(《陈书·周弘正传》)(久远)
⑩吾谋适可用，天道岂辽廓。(唐·王昌龄《淇上酬薛据兼寄郭微》)(辽远)
⑪传闻丹成而蜕，驾鹤腾天，一去辽廓，千载寂寞。(唐·孙樵《龙多山录》)(久远)
⑫江途辽夐，家无指信。(南朝·梁武帝《孝思赋》序)(遥远)
⑬吹箫事辽夐，仙迹难寻求。(宋·王禹偁《月波楼咏怀》)(久远)
⑭幸接欢笑，不知日之云夕，道里辽阔，城内又无亲戚，将若之何？(唐·白行简《李娃传》)(辽远)

⑮斯道遁去,辽阔千祀。(唐·柳宗元《上大理崔大卿应制举不敏启》)(久远)

【深】

"深"作为空间概念,可以指从水面到水底的距离大,也可以指从上到下或从外到内距离大。如:

①就其深矣,方之舟之。(《诗经·邶风·谷风》)
②如临深渊,如履薄冰。(《诗经·小雅·小旻》)
③高岸为谷,深谷为陵。(《诗经·小雅·十月之交》)
④晋居深山,戎狄之与邻,而远于王室。(《左传·昭公十五年》)

由距离大而泛指远。如:

⑤深而通,茂而有间。(《礼记·礼运》)
⑥公明至山,瑀指翔鸿以示之曰:"此鸟也,安可笼哉!"遂深逃绝迹。(《晋书·郭瑀传》)

"深"用于时间概念,指历时久、时间长。约在中古时期出现"夜深""深夜",后代沿用。如:

⑦白日短、玄夜深。(《南齐书·志第三》)
⑧慌若迷途失偶,懕如深夜撤烛。(《宋书·颜延之传》)
⑨且古陂废堰,多为侧近冒耕,岁月既深,已同永业。(宋·苏轼《上神宗皇帝书》)

【旷】

"旷"在空间概念中指远。《广雅·释诂一》:"旷,远也。"又表示辽阔、宽大。如:

①匪兕匪虎,率彼旷野。(《诗经·小雅·何草不黄》)
②居于旷林,不相能也。(《左传·昭公元年》)

"旷"在时间概念中指久远。《广雅·释诂三》:"旷,久也。"如:

③与处则不安,旷之而不谷得焉。(《吕氏春秋·长见》)
④行年将晚暮,佳人怀异心。恩绝旷不接,我情遂抑沈。(三国魏·曹植《种葛篇》)

下列词语中的"旷"表示久远、遥远。如"旷古_{远古、往昔}、旷劫_{久远之劫、过去的极长时间}、旷日经年_{久经岁时日}":

⑤臣之所荷,旷古不书;臣之死所,未知何地。(《梁书·袁昂传》)
⑥闭情开照,期神旷劫,以长其心,推而远之也。(南朝宋·朱昭之

《难顾道士〈夷夏论〉》)

⑦旷日经年,靡有毫牦之验,足以揆今。(《汉书·郊祀志下》)

【弥】

"弥"的一个常见义项是空间上的遍、满。如:

①国有大故天灾,弥祀社稷祷祠。(《周礼·春官·大祝》)

②茝兰桂树,郁弥路兮。(《楚辞·大招》)

"弥"也有远义。如:

③以肥之得备弥甥也。(《左传·哀公二十三年》。杜预注:弥,远也。按:"肥"为人名)

④前开唐中,弥望广潒。(张衡《西京赋》)

"弥"从空间上的满、遍义隐喻为数量上的满、达到。用于时间概念的如:

⑤无灾无害,弥月不迟。(《诗·鲁颂·閟宫》)(足月)

⑥饮之醉,弥月乃解。(晋·张华《博物志》卷五)(整月)

⑦永和中,荆州盗贼起,弥年不定,乃以固为荆州刺史。(《后汉书·李固传》)(终年)

⑧弥旬苦凌乱,揆景候阡陌。(南朝梁·何逊《和刘谘议守风》)(满十天)

空间上的满、远,隐喻为时间上的久远、长久。《逸周书·谥法》:"弥,久也。"《广雅·释诂》:"弥,久也。"下面的"弥"有久远义:

⑨容态好比,顺弥代些。(《楚辞·招魂》)

⑩弥霜雪而不凋兮,当春夏而滋荣。(汉·蔡邕《胡栗赋》)

⑪上操约省之分,下效易为之功,是以君臣弥久而不相厌。(《淮南子·主术训》)

⑫济先略无子侄之敬,既闻其言,不觉懔然,心形俱肃。遂留共语,弥日累夜。(南朝宋·刘义庆《世说新语·赏誉》)

⑬靖潜处以永思兮,经日月而弥远。(班固《幽通赋》)

四 空间距离小>时间相隔短

(一) 与空间距离有关的词

【迩】

《说文》:"迩,近也。"《尔雅·释诂下》:"迩,近也。"本指空间距

第三章 汉语空间距离的空—时隐喻表达的发展

离近。如：

①柔远能迩，惇德允元。（《尚书·舜典》）

②其室则迩，其人甚远。（《诗经·郑风·东门之墠》）

③叶公问政，子曰："近者说，远者来。"（《论语·子路》）

在近代汉语时期，有些词语如"迩岁_{近年}、迩日_{近日、近来}、迩年_{近时、近来}、迩时_{近时、近来}"中的"迩"用于时间概念，指时间距离近。如：

④老来钟爱有三儿，迩岁从师得吾友。（宋·王十朋《周仲翔和诗赠以前韵》）

⑤且迩日世途风波，百千其状。（明·卢象升《与蒋泽垒先生书》）

⑥迩年近臣无谓引去以为高，勉留再三，弗近益远，往往相尚，不知其非义也。（《宋史·度宗纪》）

⑦迩时李献吉，气谊高世，亦不免狂简之讥。（明·王世贞《艺苑卮言》卷八）

王凤阳（2011：9—10）指出，"近"除表示距离近、关系近、程度近之外，还常常表示时间近，后代"迩"也有用于"近"的上述意义，但这只是为了在风格上拟古而采用的，不是"迩"古代有这种用法。

【近】

"近"本指空间距离小。如：

①近取诸身，远取诸物，于是始作八卦。（《易·系辞下》）

②庆封为乱于齐而欲走越，其族人曰："晋近，奚不之晋？"庆封曰："越远，利以避难。"（《韩非子·说林上》）

《墨子·经说下》："行者必先近而后远，远近修也，先后久也。"孙诒让认为"'远近修也'，'先后久也'，相对为文，以地之相去而言曰修，以时之相去而言曰久。"早在先秦"近"就指历时短，距今不远。后世沿用。如：

③远不过三月，近不过浃日。（《国语·楚语下》）

④暇豫优歌，远在春秋，邪径童谣，近在成世。（南朝梁·刘勰《文心雕龙·明诗》）

以下表示时间的词语"近日、近世_{近代}、近古_{指距今不远的古代}、近今_{近来、现在}、近代_{指过去不远之时代}、近比_{近来}、近来_{过去不久到现在的一段时间}、近岁_{近年}、近新_{近来}、近时_{最近一段时期}"中的"近"都表示距今不远。如：

⑤凡卜筮日，旬之外曰远某日，旬之内曰近某日，丧事先远日，吉事先近日。（《礼记·曲礼上》）

⑥故厉虽痈肿疕疡,上比于春秋,未至于绞颈射股也;下比于近世,未至饥死擢筋也。(《韩非子·奸劫弑臣》)

⑦近古之世,桀纣暴乱,而汤武征伐。(《韩非子·五蠹》)

⑧信久远之伪,忽近今之实。(汉·王充《论衡·须颂》)

⑨历览前载,逮乎近代,道微俗弊,莫剧汉末也。(晋·葛洪《抱朴子·汉过》)

⑩臣近比为虑其为梗,是以孜孜乞赴京阙。(《北史·魏临淮王潭传》)

⑪近来无奈牡丹何,数十千钱买一颗。(唐·柳浑《牡丹》)

⑫逮乎近岁,又婴沉痼。(唐·韩愈《顺宗实录五》)

⑬望长淮犹二千里,纵有英心谁寄?近新来又报胡尘起,绝域张骞归来未?(宋·王埜《西河》)

⑭近时戚将军筑蓟镇边墙,不勤一人,期月而功就。(明·谢肇淛《五杂俎·地部二》)

"近里近来""近间近来一段时间""侧近"更是直接体现了以空间隐喻时间。如:

⑮近里话也不合题,说着早森森地。(元·王伯成《天宝遗事诸宫调·禄山泣杨妃》)

⑯这近间,敢病番,旧时的衣裉频频攒。(元·王伯成《天宝遗事诸宫调·禄山谋反》)

"侧近"开始用于指附近不远处,如:

⑰天台县远,众所绝意。所得至者,更在侧近,孰不修饰以要所求?(《三国志·魏志·夏侯玄传》)

约在元代开始"侧近"用于表示时间概念,指临近某时。如:

⑱这侧近的佳期休承望!直等你身体安康,来寻觅夷门街巷,恁时节再相访。(《新校元刊杂剧三十种·拜月亭》第二折)

前面在动词的空时隐喻部分介绍过,"近"由空间上的接近、靠近,发展出时间上的接近、靠近。空间上的接近如《韩非子·难二》:"景公过晏子曰:'子宫小,近市,请徙子家豫章之圃。'"时间上的靠近,如唐李商隐《乐游原》诗:"夕阳无限好,只是近黄昏。"

"近目"字面意思是离面前不远的地方,隐喻指现在、目前。如:

⑲九山书会,近目翻腾。(宋·无名氏《张协状元》戏文第二出)

【短】

《说文·矢部》:"短,有所长短,以矢为正。"本指两端之间距离小。如:

①彼其发短而心甚长,其或寝处我矣。(《左传·昭公三年》)

②操吴戈兮被犀甲,车错毂兮短兵接。(《楚辞·九歌·国殇》)

"短"很早就指时间不长。如:

③日短星昴,以正仲冬。(《书·尧典》)

④夜日益短,昼日益长。(《管子·度地》)

以下"短日""短促"中的"短"都指时间不长。如:

⑤阴风搅短日,冷雨涩不晴。(唐·韩愈《燕河南府秀才》。冬季昼短夜长,故称冬令白天为"短日"。)

⑥人生不如意,十事常六七;身今况迟暮,长算屈短日。(宋·范成大《麈居久不见山》。"短日"谓来日不多。)

⑦良会苦短促,溪行水奔注。(唐·杜甫《送高司直寻封阆州》)

"短景"本指日影短,转指白昼不长或将尽。如:

⑧秋云低晚气,短景侧余辉。(北周·庾信《和何仪同讲竟述怀》)

"短景"又由日影短隐喻为时日无多的暮年。如:

⑨白发只闻悲短景,红尘谁解信长生。(南唐·李中《赠重安寂道者》)

"短长"原为空间概念,指短与长,矮与高。如:

⑩尺寸寻丈者,所以得短长之情也,故以尺寸量短长,则万举而万不失矣。(《管子·明法解》)

早在先秦"短长"就隐喻指时间的长久与短暂。如:

⑪左右曰:"命可长也,君何弗为?"邾子曰:"命在养民。死之短长,时也。"(《左传·文公十三年》)

后代也常见用例。如晋·干宝《〈晋纪〉总论》:"故延陵季子听乐,以知诸侯存亡之数,短长之期者,盖民情风教,国家安危之本也。"

【浅】

《说文·水部》:"浅,不深也。"本义指水不深。如:

①深则厉,浅则揭。(《诗经·邶风·匏有苦叶》)

②就其浅矣,泳之游之。(《诗·邶风·谷风》)

词义扩展指从上到下或从外到内距离小。即短、不长。如:

③若夫城郭之厚薄，沟壑之浅深，门闾之尊卑，宜修而不修者，上必几之。(《管子·问》)

④根浅难固，茎弱易雕。(晋·卢谌《赠刘琨》)

⑤根萌未树，牙浅弦急，常恐风波潜骇，危机密发。(晋·赵至《与嵇茂齐书》)

又指狭窄。① 如：

⑥缝衣浅带，矫言伪行，以迷惑天下之主。(《庄子·盗跖》。陆德明："浅带，缝带使浅狭。")

在时间域，由空间距离短隐喻为时间短。早在秦汉时期即有用例。如：

⑦寡人年少，莅国之日浅，未尝得闻社稷之长计。(《战国策·赵策二》)

由从上到下或从外到内距离小隐喻为从开始至某点时间未久，有初、早之义。如"夏浅"指入夏不久，"浅春"即指初春。如：

⑧园林才有热，夏浅更胜春。(南朝陈·徐陵《侍宴》)

⑨献岁春犹浅，园林未尽开。(唐·畅当《早春》)

⑩（张）咏瑞香花《西江月》："浅春不怕嫩寒侵，暖彻熏笼瑞锦。"(明·杨慎《词品·张材甫》)

【促】

"促"有小、狭窄义。如：

①以促中小心之性，统此九患。(晋·嵇康《与山巨源绝交书》)

②江左地促，不如中国。(《世说新语·言语》)

在时间域，"促"表示短、少。如：

③人生不满百，常抱千岁忧。早知人命促，秉烛夜行游。(《乐府诗集·清商曲辞·同生曲》)

下面的词语"促路"原指短途，隐喻为短促的人生；"促促"可指空间的短，也指时间的短；"促景"指短促的光阴。如：

④长筹屈于短日，远迹顿于促路。(晋·陆机《吊魏武帝文》)

⑤山头鹿，双角芰芰，尾促促。(唐·张籍《山头鹿》)（空间）

---

① 或指宽。《荀子·儒效》："逢衣浅带，解果其行。"杨倞注："浅带，博带也。《韩诗外传》作'逢衣博带'，言带博则约束衣服者浅，故曰浅带。"一说为狭。参《汉语大词典》第一版第5册，第1361页。

⑥促促百年,亹亹行暮。(三国魏·曹操《苍舒诔》)
⑦远心惜近路,促景怨长情。(南朝梁·江淹《伤内弟刘常侍》)
(二) 方位短语

除了以上这些原本表示两处距离小的词语入句表示两时相隔短之外,还有一些方位短语也用于表示时间。汉语史及方言中常有眼睛义词语加方位词,表示距离很近,从而转指现在、目前的时间(目前即为靠近现在)。下面"眼底""眼底下""眼前""目下""目前"等语词都有空间意义,也可以表示时间概念。如:

①清泉流眼底,白道倚岩棱。(五代·齐己《寄双泉大师兄》)(空间。眼中、眼睛跟前)

②如何眼底逢佳处,偏许幽人住。(元·王行《虞美人·邹氏隐居》)(空间)

③珊枕剩,绣衾余,落雁沉鱼,眼底知何处?(《全元散曲·醉花阴·秋怀》)(时间。目下、现时)

④他眼睛近视得厉害,书要放到眼底下才看得清楚。(空间。眼睛跟前,形容距离极近)

⑤以后的事以后再说,眼底下的事要先办好。(时间。目下、眼前)

⑥待漏终不溢,嚣喧满眼前。(南朝梁·沈约《和左丞庾杲之病》)(空间。眼睛面前、跟前)

⑦岩栖木石已蟠然,交旧何人慰眼前。(宋·苏轼《次韵参寥寄少游》)(时间。目下、现时)

⑧莫姥心里也有些疑心,不在眼面前了,又没人敢提起,也只索罢了。(《二刻拍案惊奇》卷十)(空间。跟前)

在北京、河北、成都、安徽歙县、浙江嵊县、江西新余、宜春等地,"眼面前"既可以表示眼前也能表示现在。

"眼下"也是以空间距离极近表示目前、现在。如:

⑨眼下营求容足地,心中准拟挂冠时。(唐·白居易《吾庐》)
⑩裔随从目下,效其器能,于事两善。(《三国志·蜀书·杨洪传》)(空间。跟前、身边)

⑪至使尹模公于目下肆其奸慝。(《三国志·魏书·程昱传》)(时间。目前、近来)

⑫谁谓万里别,常若在目前。(唐·白居易《答崔侍郎钱舍人书问因

继以诗》)（空间。眼睛面前）

⑬当身之事，或闻或见，万不识一；目前之事，或存或废，千不识一。(《列子·杨朱》)（时间。当前、现在）

以下词语在现代方言中都以空间距离极近表示目前、现在。如：

眼睛上（绩溪）、眼跟前（山西阳曲、山阴，云南昭通）、眼不前儿（洛阳）、眼门前（上海、苏州、杭州）、眼目下（辽宁、成都、贵州清镇）、眼目前（四川、东北）、眼时下（天津）、眉头前（福州）。

第二节　以躯体动作幅度表达时间

谓词性结构在时间介词后面，或在时间方位词的前面时，它们可以表示时点。何亮（2007：82）认为在没有时间介词、时间方位词的情况下，谓词性结构也具有表达时点的功能。一个事件（表现在句法上是谓词性结构或是一个叙述句），总是有时间因素的，因为一个事件、一个动作总是与现实世界发生联系，它必然存在于一定的时间、空间中，所以时间性是动作行为的必有特性，因而这也是一个谓词性结构能为其他事件提供时间参照的原因。在一个谓词性结构为其他事件提供时间参照时，它实际上就相当于一个时点。

人体要完成一个特定的动作，从开始到结束需要一个过程，动作与时间是伴生的，二者具有高度的相关性而非相似性。因此严格说起来，以人体动作表达时间属于转喻范畴。但是我们这里所说的以人体动作表达时间，是指通过人体某部位移动的距离和幅度大小来表达时间的长度。我们认为，通过人体某部位移动的距离或幅度来表示时间长度，这也在一定程度上体现了空—时隐喻性质，这一时间概念与空间距离有关，因而我们放在以空间距离来喻指时间一章来讨论。

一　脚部、手部运动

【旋踵】

早在汉代就有用例。如"旋踵"本指掉转脚跟。掉转脚跟是一个幅度很小很容易完成的动作，故用以表达时间短促。如：

①夫天怨不全日，人怨不旋踵。(《韩诗外传》卷十)

②受祸之速，过于旋踵。（南朝梁·沈约《七贤论》）

【弹指】【伸臂】【覆手】【翻手】

"弹指"最早出现在东汉译经中，后成为佛家用语。《法苑珠林》卷三引《僧祇律》："二十念为一瞬，二十瞬名一弹指，二十弹指名一罗预，二十罗预名一须臾，一日一夜有三十须臾。"如：

①如弹指顷，即有百千亿万人饭具，而皆足毕。（东汉·支曜译《佛说成具光明定意经》）

②如弹指顷，便到其国。（南朝宋·沮渠京声译《佛说末罗王经》）

③帝释即如伸臂之顷。至南王慈惠殿上。（《六度集经·摩调王经》）

④譬如壮士伸臂顷，即生西方极乐世界。（南朝宋·疆良耶舍译《佛说观无量寿佛经》）

"覆手"指把手掌向下翻，常表示极易办成之事。如：

⑤今兴改善政，易于覆手，而群臣杜口，鉴畏前害，互相瞻顾，莫肯正言。（《后汉书·皇甫规传》）

"覆手"容易办到，所需时间也很少，故用以表示时间短。

⑥劝君莫惜金樽酒，年少须臾如覆手。（唐·温庭筠《醉歌》）

⑦诗人一腹大于蝉，饥饱翻手覆手间。（宋·杨万里《食蒸饼作》）

"翻手"即翻转手掌，后也用来指形容时光迅速。如：

⑧生菹入汤翻手成，芼以姜橙夸缕抹。（宋·黄庭坚《次韵子瞻春菜》）

【捻指】

"捻指"是搓或转动手指，用以指短暂的时间。如：

①（李逵）只顾吃，捻指间把这二斤半肉都吃了。（《水浒传》第三八回）

二 头部运动[①]

以头部的上下、左右移动来表示时间的长度。

[①] 按，"顷""俄"都用来表示短时间，"顷"更发展为时段标志词。它们表示短时义的来历，疑与其本义有关。"顷"指"头不正"，其短时义可能与倾斜的动作有关，"俄"也有倾斜义。《说文解字注·人部》注解"俄，顷也"时说："《玉篇》曰：俄顷、须臾也。《广韵》曰：俄顷、速也。此今义也。寻今义之所由。以俄顷皆偏侧之意。小有偏侧，为时几何？故因谓倏忽为俄顷。……七部曰。顷、头不正也。《小雅·宾之初筵》笺云：俄、倾皃。《广雅》：俄、衺也。皆本义也。……单言之或曰俄、或曰顷。累言之曰俄顷。"王云路先生（2010：1092）也赞成段玉裁的这个看法，认为"俄"和"顷"都是偏侧、倾斜义，而这种倾斜的状态是不能持久的，故引申出表示时间短暂的"须臾"义。我们赞同他们的观点。顷、俄演变为短时义的理据相同。

【俯仰】

"俯仰"本指低头和抬头。如：

①大王俯仰而思之。(《墨子·鲁问》)

低头、抬头是短时间内就能轻易完成的动作，所以用以比喻时间短暂。如：

②夫人之相与，俯仰一世，或取诸怀抱，悟言一室之内；或因寄所托，放浪形骸之外。(晋·王羲之《兰亭集序》)

③去此若俯仰，如何似九秋？(三国魏·阮籍《咏怀》)

【转首】

"转首"原指转头，喻时间短促。如：

①黄鹂啼得春归去，无限园林转首空。(《京本通俗小说·碾玉观音》)

②月明仙掌何处？转首失栖乌。(元·刘应几《忆旧游》)

【举头】

"举头"原指抬头，喻时间短暂。

行者见已，心大欢喜，自见己身，坐莲华台，长跪合掌，为佛作礼。未举头顷，即得往生极乐世界，莲华寻开。(南朝宋·疆良耶舍译《佛说观无量寿佛经》)

三 眼部运动

【瞬目】

"瞬目"义为眨眼。如：

①蹀足循广除，瞬目眺曾穹。(南朝宋·谢惠连《七月七日夜咏牛女诗》)

一眨眼工夫所需时间很少，故用以表示时间短暂。如：

②鳞川林壑，隮云遁雨，瞬目而下者，榛榛沄沄。(唐·柳宗元《晋问》)

【瞥目】

"瞥目"犹转眼，也用以表示很短的时间。如：

凡左太冲十余年极力而赋者，可瞥目而尽也。(宋·李格非《洛阳名园记·环溪》)

【转眼、眨眼】

都用来表示极短的时间。如：

①一转眼选场开,发了愿来年去,直至那长安帝都。(元·无名氏《渔樵记》第一折)

②放心不必是走在别处去,但一眨眼间便不见,才觉得又便在面前。(《朱子语类》卷一〇四)

四 其他所需极少时间的活动

以呼吸活动表示时间。

【息】

"息"指呼吸,一呼一吸谓之一息。《素问·逆调论》:"一呼一吸曰息。"又如:

①武气绝,半日复息。(《汉书·苏武传》)

"息"用以表示时间短暂、迅速。如:

②调其数而合其时,时之变则间不容息。(《文子·道原》)

③将军无失时,时间不容息。(《史记·张耳陈馀列传》)

④追奔电,逐遗风,周流八极,万里一息。(汉·王褒《圣主得贤臣颂》)

⑤百年迅于分嚅兮,千岁疾于一息。(晋·陆云《岁暮赋》)

⑥刘琨去此咫尺之间,狂狷刺客息顷而至。(《晋书·刘聪载记》)

【呼吸】

"呼吸"即呼气和吸气,如:

①岐伯对曰:"人一呼,脉再动;一吸,脉亦再动;呼吸定息,脉五动。"(《素问·平人气象论》)

一呼一吸间隔很短,故用来指短暂的时间。如:

②齐楚远而难恃,秦魏呼吸而至,舍近而求远,是以虚名自累而不免近敌之困者也。(《孔丛子·论势》)

③决胜负于一朝,定成败于呼吸。(《晋书·郗鉴传》)

以人的闪念喻指时间。

【一念】【人意一转】

一个闪念是刹那间的事,故指极短促的时间。如"一念""人意一转":

①一念起关山,千里顾兵窟。(南朝梁·沈约《却出东西门行》)

②由此一念,又不得居此,复堕下界。(唐·陈鸿《长恨歌传》)(一

个念头)

③如一念顷,即生彼国七宝池中。(南朝宋·礓良耶舍译《佛说观无量寿佛经》)

④譬如人意一转顷耳。(《道行般若经·怛竭优婆夷品》)

佛教赋予"一念"特定的时间义。如《仁王般若波罗蜜经·观空品》:"九十刹那为一念。"北魏昙鸾《无量寿经优婆提舍愿生偈注》卷上:"六十刹那为一念。"

顺便提及,人们也经常以完成一个日常生活事件来表示时间,如"摇扇"。

《方言》卷三:"速、逞,摇扇,疾也。"王云路先生(2010:367)指出:"摇扇"是个比喻,用手摇动扇子的动作表示时间的短暂和急速。现代汉语有"瞬间""转身"等动词词组表示极短时间,也是这个道理。王先生所言极是。

有时常常在该事件后加时间方位词。如"一炊"指烧一顿饭的时间,"一碗饭时"指吃完一碗饭的时间,"一盏茶时"饮一盏茶的时间。如:

⑤肥鸭,净治洗,去骨、作脔。酒五合,鱼酱汁五合,姜、葱、橘皮半合,豉汁五合,合和,渍一炊久,便中炙。(北魏·贾思勰《齐民要术·炙法》)

⑥也是不该命尽,再迟一碗饭时,性命也休了。(《警世通言·白娘子永镇雷峰塔》)

⑦大虫去了一盏茶时,方才爬将起来。(《水浒传》第一回)

又如:食顷、一食顷、炊一石米顷、蒸七斗米顷。

值得注意的是,人们经常用以上人体活动的否定式来表示极短的时间。这是因为以上各种人体部位运动本来就只需要很短的时间,加上否定则表示连这样短的时间都不需要,以此表示极短的时间,如"不旋踵""眼不眨"等。

⑧是以三军之众,从令如流,死而不旋踵。(《商君书·画策第十八》)

⑨平原广城,车不结轨,士不旋踵,鼓之,三军之士视死如归,臣不若王子城父,请置以为大司马。(《吕氏春秋·审分览》)

⑩行者见已,心大欢喜,自见己身,坐莲华台,长跪合掌,为佛作礼。未举头顷,即得往生极乐世界,莲华寻开。(南朝宋·礓良耶舍译

《佛说观无量寿佛经》)

本章我们讨论了汉语中以空间距离来隐喻时间的长度的语言现象。

第一大类是以两端之间的空间距离来隐喻时间长短。有四种情况：（1）表示两处相隔的动词"间""隔""距""离""去"等，经历了空间相隔>时间相隔的发展；（2）表示两处之间的距离的词语隐喻为两时之间的间隔，如"间、隙、距离、程、段、寸"等，由空间距离隐喻为时间的长度；（3）空间概念中表示距离远的词语"长、远、遐、远、遥、辽、邈、夐、深"等发生了空间>时间的演变；（4）"迩、近、短、浅、促"等表示两处距离小的词语发生隐喻，表示两时相隔短。

此外，汉语史及方言中常有眼睛义词语加方位词（如"眼底""眼底下""眼前""目下""目前"等）原为空间意义，表示距离很近，后转指现在、目前的时间。框式短语在空间形成一个封闭的线段，表示从起点到终点为止的一段空间距离，隐喻到时间域，表示从起点时间开始到终点时间为止的一段时间。如"自……及……""自……至……""自……迄……""自……达……""起……讫于……""起……至……""起……终于……""从……至……""从……至于……""于……迄……"等。

第二大类则是以人体动作来转喻时间。通过人体某部位的移动，通过移动的幅度大小来表达时间的长度。

一是以人体某部位的移动来表示时间的短暂。如脚部、手部移动（旋踵、弹指、伸臂、覆手、翻手、捻指）；头部移动（俯仰、转首、举头）；眼部运动（瞬目、瞥目、转眼、眨眼）；其他所需极少时间的活动，如以呼吸表示时间（息、呼吸）、人的一个闪念（一念、人意一转）。

这些在本质上都体现了人们以空间距离隐喻时间的认知心理。

第四章

时空隐喻表达式的词汇化

第一节 相关概念的讨论

一 关于合成词与短语的判定

合成词和短语的区分向来是汉语语言学界的一个难题，在古汉语中这一问题尤其突出。黄伯荣、廖序东（2014：207）的论述代表了通常的定义："词是语言中最小的能独立运用的有音有义的语言单位。"在复杂的语言事实面前，这一界定显然捉襟见肘。无论是同形替代法还是扩展法，都存在这样或那样的问题。程相伟（2002）认为判定词或短语，要从语言单位的运用实际出发，尊重语言单位的现实性。在此前提之下，从意义凝聚性、使用整体性、经常性为主要依据，应兼顾词的双音化趋势。

胡敕瑞（2002：20）在其专著《〈论衡〉与东汉佛典词语比较研究》中把意义的融合性、格式的凝固性（结合起来的两个语素经常连用，且中间一般不再加其他成分）、用法的一致性作为确定词语的原则。

何亮（2007：38）在确定中古汉语时点时间词时，参考胡敕瑞提出的三个原则，强调意义的稳定性和使用的经常性。例如有的词语是两个同义语素的连用，有的是介宾结构，鉴于其意义的稳定性和使用的经常性，也认为是词，例如"晨朝""向暮"等就看作词而不是词组。这些原则同样适用于本书。

冯胜利（1996）把双音节音步作为汉语最小的、最基本的"标准音步"，把其他音步形式看作标准音步的"变体"：单音步是"蜕化音步"（degenerate foot）；三音节音步是"超音步"（super foot）。"蜕化音步"跟"超音步"的出现都是有条件的。

蒋绍愚（2015：44—45）指出，"韵律词"跟"短语"和"词"（包括"语法词"和"词汇词")不是一个层面上的。他进一步指出,汉语历史词汇学研究的主要是那些两个或三个音节的韵律词(还有四个音节的成语),至于这些韵律词里面哪些是短语,哪些是词,需要深入研究。

因此,本节我们所说的词语一般指双音节词语,但也涉及少数的多音节词语。

二 关于词汇化与语法化

词汇化问题是当前学界研究的一个热点。截至 2018 年 8 月 27 日,我们以"词汇化"为关键词在 CNKI 检索,篇名中包含"词汇化"文章就多达 777 条。知网上 700 余篇文章中,除少数共时角度的词汇化研究外,其余基本是历时角度的词汇化研究,包括对词汇化相关问题的宏观阐释,更多的是对具体词语的词汇化考察。下面择要介绍与我们的研究相关的研究成果。

(一) 词汇化的含义

董秀芳较早深入研究词汇化问题。她(2011:1—2)指出,词汇化在文献中有多种含义。有一类是从共时的角度提出的,其中最常见的一种是指在语言系统中将概念转化为词的过程,不同的语言类型可能有不同的将概念转化为词的方式;而在形式语法的框架中,词汇化有时可以用来指将功能范畴用语音手段体现出来从而变为显性形式的过程。另一类词汇化则是从历时即语言演变的角度定义的。国内学界成为研究热点的"词汇化"一般是从历时即语言演变的角度定义的。她在《词汇化:汉语双音词的衍生与发展》一书中的"词汇化"就是指从非词汇单位变为词汇单位的过程。

董秀芳(2009)认为"词汇化"这个术语,不仅仅是从音节数量和内部构造上对应于"语法化"这一概念,而且也有意义上的考虑。她说:"正像语法化是指非语法性的(non-grammatical)成分变为语法性的(grammatical)成分或语法性较低的成分变为语法性较高的成分,词汇化指的是非词汇性的(non-lexical)成分变为词汇性的(lexical)成分或者词汇性较低的成分变为词汇性较高的成分。在语法化和词汇化这两类过程中,发生变化的是某个形式(或范畴的)语法性或词汇性的程度,而不是语法或词汇,因此'语法化'(grammaticalize/grammaticalization)和'词汇化'(lexicalize/lexicalization)两个术语中的'语法'(grammatical)

和'词汇'（lexical）都是形容词性的词基（base）。而且用'词汇化'这一术语可以涵盖'习语化'（idiomize/idiomization）这样的现象。"

吴福祥（2003）指出多数语言学家所说的词汇化指的是一个非词汇的语言成分（如音系成分、语义项、句法成分、形态成分以及语用成分）演变为词汇成分的过程，而狭义的词汇化只指语法成分（形态标记、虚词以及结构式）演变为实义词的过程。

刘红妮对词汇化问题也有着深入的研究。除了她的博士学位论文《汉语非句法结构的词汇化》（2009），她的系列论文对汉语的词汇化问题做了全面的研究。如《汉语词汇化研究的发展历程》（2009）、《词汇化与语法化》（2010）、《结构简化与词汇化》（2014）等。

刘红妮（2010）认为总的来看，词汇化经常被用来指两种非常不同的现象：共时意义上的词汇化和历时意义上的词汇化。前者通常是指概念范畴的编码形式；而后者则主要指进入词库，向词库中添加成分或不再具有语法规则的能产性。她把 Brinton 和 Traugott 的词汇化的界定阐释为：词汇化是一种产生新的词汇性形式的历史演变，词汇化的输入端可以是任何形式的总藏，包括构词、句法结构甚至语法性项目，它们一般都具有特定和明确的语义。输出端可以是任何复杂的实义词汇性形式，语言使用者必须习得才能学会。词汇化的演变是渐变性的，经常存在交叠、中间甚至不确定的状态，包括形式的逐渐消减、融合（fusion）以及组构性语义的消失、习语化。词汇化后还可以再发生语音和结构的演变从而进一步词汇化。

刘红妮（2010）概括出历时意义上的词汇化主要有以下几种：①直觉上和最宽泛意义上的词汇化，指的是进入词库，成为词库中储存的规约性成分和整体性的单位；②一般意义上的词汇化，还可指某个特定的形式不再具有规则的语法性规律，这种意义上的词汇化往往在构词法和语法化中被赋予更确切但不一致的界定；③词汇化可指从隐含义到编码、规约义，如从语用到语义的多义性；④词汇化还可指从一般意义演变为固定、实在的意义，尤指与主类相关的实义；⑤词汇化有时还指 Blank（2001）所说的一般意义上的语义演变。

需要指出的是，相对而言，国内从共时的角度对词汇化的研究成果并不多见。近些年的主要成果有罗杏焕（2008）《英汉运动事件词汇化模式的类型学研究》，阚哲华（2010）《汉语位移事件词汇化的语言类型探究》,黄月华、李应洪(2009)《汉英"路径"概念词汇化模式的对比研究》,李福印(2015)《静态事件的词汇化模式》等。例如,韩大伟(2007)认为,在汉语语句中,"路径"含义表达的词汇化模式具有四点特征。首先,汉语中的路径成分可通过四种表层词汇手段来实现,分别为主动词、趋向动词、介词和方位词。其次,每一种表层形式都凸显了一种或多种路径成分,趋向动词"来"仅用于表达指向视点;介词"从"则同时融合了离场矢量和锚点视角;而主动词"出"可同时表达四种路径含义,分别为离场矢量、向外同构、体型维度以及锚点型视点。他认为,尽管汉语中的动词无法直接实现对某些"路径"含义的表达,而需同时借助介词来共同完成,但是,汉语里的介词大多数是从古汉语里的动词演变而来的,有的介词至今还没有完全虚化,仍带有些许动词特征。他认为动词在汉语中对"路径"含义的表达起了决定性的作用。

(二) 词汇化的发生

据王静(2010)概括,学界将制约词汇化的主要原因和条件归纳为如下几个方面:语言接触、语用动因、心理认知动因以及语言内部因素(如语音条件、语义变化、表层结构等)的相互作用。

对语言接触、语用动因引发的词汇化的成果主要体现在对具体的个别的词语的考察上面。我们这里主要介绍语言内部因素及心理认知动因而促成的词汇化的研究成果。

董秀芳(2011:1—3)指出:历时的考察可以发现,汉语双音词有三类主要历史来源,一是从短语降格而来,二是从由语法性成分参与形成的句法结构中衍生出来,三是从本来不在同一个句法层次上但在线性顺序上紧邻出现的两个成分所形成的跨层结构中脱胎出来。其中,从短语降格而来的双音词最多。由每一种方式变来的词在词性上都是多样化的。从短语到词实质上是一个短语特性不断弱化以至最终消失的过程。各类短语的词汇化体现了这样一个规律:只有那些性质上不典型的短语成员才可能成为词汇化的候选结构。

董秀芳(2009)指出,当一个实词的句法功能发生改变时,这个实词与某些词的组合就会失去能产性,最终发生词汇化。她指出"动作+受事"型的定中短语到了现代汉语中具有了或多或少的词汇性。根据词汇性的高低可以排成以下的一个连续统:句法结构—能产的词法词—半能产的词法词—词汇词。从左到右,词汇性和特异性逐渐增强,能产性和规则性逐渐减弱。这正反映了词汇化的渐进特征，也表明词库与句法之间没有一个截然的分界，在意义上具有特异性的词汇性结构与同形的规则性的句法结构实际上形成一个连续统，中间有很多具有不同程度的特异性或规则性的过渡形式。董秀芳（2009）也指出句法演变只是在某些时候与词汇化相关，可能促进词汇化的发生，但并不是词汇化发生的必要条件。

董秀芳（2011：3）认为词汇化的原因主要是认知和语用方面的因素。她说：认知方面的因素包括心理上的组块过程、隐喻、转喻等。心理的组块过程把经常相连出现的两个分立单位组织在一个组块中，这样二者就有可能逐渐变为一个不可再分的单位，这一心理过程要以语言成分的高的使用频率为基础；隐喻和转喻可以使语言形式的透明性和组合性减弱，这为词汇化的发生奠定了语义基础。语用方面的因素包括语境义的被吸收、社会文化的变动、外来语的影响等，这些都可能使旧有的成分获得新的固定的语义，从而发生词汇化。

周启强（2009）认为词义的构建是认知模型语言形式化的结果，可以看作句法结构的固化。与句法结构构建不同的是，词汇化凸显的通常只是一部分论元成分，它们将成为显性的构成成分，而另一些论元成分只是参与词汇化过程，却不会出现在词汇化结果中，它们是词汇化过程中的隐性论元成分。

曹群英（2012）认为词汇化是认知的必然结果。具体地讲，词汇化是认知的相似原则、经济原则和抽象原则相互竞争的结果；词汇按滚雪球的方式发展，其产生和发展源于基本认知域、基本经验和认知心理。曹群英在概括 Deese、Katz 和 Fodor、Miller 和 Johnson Laird 等观点后，认为他们的切入点虽然不一致，但都论证了意义是认知的结果：一个词语意义与另一个意义相参照而存在；意义离不开判断和推理；意义的实现是人认识事物与事物之间关系和内部规律的结果。并且指出，在人们认识事物之间的关系和规律、在词汇化过程中，相似性（Iconicity）和经济性的竞争在此过程中起作用。

（三）隐喻、转喻与词汇化的关系

Lakoff（2006：13，65）在 *Metaphors we Live by* 中指出，隐喻的实质是借由一类事物去理解并体验另一类事物。隐喻存在于人的概念系统中，隐喻很可能就是语言表达式。转喻主要是提示功能，使我们得以用一个实体去替代另一个实体。

王灿龙（2005）认为词汇化是指一个短语或由句法决定的其他语言单位在语言的发展演变中其自身变成一个稳固词项的过程。从认知语义角度来说，词汇化是一种转喻过程，语法化是一种隐喻过程。两者遵循的原则有所不同，邻近（contiguity）是转喻遵循的一个重要原则，相似（similarity）是隐喻遵循的一个重要原则。

周启强（2009）认为从最抽象的层面上说，只要存在两个以上的输入空间将其语义信息投射至合成空间，并在合成空间中整合为一个语义结构，我们就有理由认为发生了概念合成。如果输入空间的语义信息属于不同的认知域，词汇化的结果将会是带有"隐喻"色彩的新词，带给人新颖的感觉。有些词汇化过程还牵涉到跨认知域的语义构建，也就是人们常说的隐喻将参与词汇化过程，这样的词汇化模式称为隐喻式词汇化。

束定芳（2000：73）指出隐喻性有程度之分。隐喻是一个连续体，一端是隐喻性极高的新鲜隐喻，另一端是已经失去隐喻性的死喻。"死喻"是指"隐喻义与该词的原义已经失去联系或已经成为该词的常用意义的一部分"，即隐喻义已经被词汇化了。

刘大为（2004）深入考察了比喻词汇化的完成过程。他认为，死比喻的"死"，暗示了它是由活比喻发展而来的，这一发展过程就是比喻词汇化的过程，死比喻就是词汇化的比喻。他认为所有的活比喻都表现为一个表述单位而所有的死比喻都只是一个词语单位。他认为比喻的词汇化经历了四个阶段。（1）比喻的词语化阶段。所有的死比喻都从一个显明形式的比喻发展而来（这显明形式的比喻可能有过语言形态，也可能只是发生在人们的思维中）。（2）有标记使用阶段。此阶段人们无法确切地了解该词语是不是压缩着一个比喻，是不是一定要从比喻关系出发去理解它，于是就有必要给这些词语加上一个标记。（3）标记脱落阶段。此阶段即使没有标记也不至于与本义相混，标记就会被人们忽视而逐渐脱落。（4）语义泛化阶段。此阶段词义能够不借助比喻关系而直接指向比喻关系带来的新对象。比喻的词汇化使得一个具有表述形态的活比喻，通过四个阶段最终演变成一个具有双层语义结构的词汇成员。

鲁克伟（2007）对死喻的形成机理做了尝试性的探讨。隐喻是在使用过程之中逐渐变成死喻的，该过程有其神经学基础。隐喻变成死喻的过程实际上是该隐喻形成自己相对独立的"神经元"网络的过程；同时，高频使用可以使为理解隐喻所付出的额外认知努力逐渐减少，即认知可及性程度逐渐提高，当这种额外认知努力消失或者说基本消失时，认知可及性程度达到最大化，隐喻变成死喻。在同一过程中，隐喻的高频使用使隐喻的新奇性逐渐消失，在一定的语境下，"隐喻义"受到强化、固化，这一切都使隐喻理解成为常规操作，隐喻义被赋予"常规值"，隐喻被词汇化并以固定的形式储存在记忆库里。

Lakoff 和 Turner（1989）认为隐喻和转喻的区别在于它们利用的是不同的关系：隐喻是相似性而转喻是邻近性。束定芳（2008：201）认为隐喻的一个基本特征是话题和喻体之间有某种距离，话题和喻体之间的相似性应该伴随一种由于它们分属不同的领域而产生的一种差异的感觉；而转喻只涉及一个概念系统，两个事物之间的映射或联系均在同一个领域内。贝罗贝、李明（2008：4）指出："如果只注意演变的结果，那么语义演变如'空间＞时间''时间＞条件'自然像是隐喻（metaphor）；但是如果考虑演变的过程和环境，那么，就会发现从语境中产生的'联想'（association）——即转喻——是演变的主要力量。"

我们认为空间域与时间域的特殊之处在于，一方面我们可以把它们看作两个不同的概念域，另一方面，由于二者的共生性以及时间概念的抽象性，我们完全可以把它们看作一个更大的空—时概念域。空间域与时间域固然是两个不同的具有一定相似性的概念域，但因为空间与时间的不可分离性，它们具有很明显的相关性，因而，从这点来说，空—时隐喻其实也可以看成一种转喻。

(四) 词汇化与语法化的关系

董秀芳（2011：38）指出词汇化与语法化的不同除了它们在演变类型（一个是变为词汇性成分，一个是变为语法性成分）上的差别之外，还有一个不同就是语法化一般发生在特定语境中，如从动词演变到介词的语法化是发生在多动词的句法结构中的，但很难找到具有规律性的诱发词汇化的特定句法环境。

王灿龙（2005）认为从总体上看，语言的演变应该是双向的，既有语法化，也有词汇化。语法化为语言提供功能性的标记成分等，使语法系统日益完善；词汇化为语言提供新词，使词汇系统不断丰富。而且词汇化过程中常常伴随着语法化。

王静（2010）曾对词汇化与语法化的关系做了综述，主要观点如下。(1) 词汇化和语法化互为逆向。国外有些学者认为词汇化与语法化是相反的或者彼此镜像（mirror-image）化的过程，词汇化就是解构语法化，或解构语法化的一部分。（2）语法化包括词汇化。例如董秀芳（2003）指出：从定义上看语法化和词汇化好像是两个截然相反的过程，前者指语法范畴与语法形式形成的过程，而后者是指词汇单位形成的过程，但发展到语法化的很深阶段，这两个过程是可以接轨的。王静（2010）认为语法化与词汇化，二者互有包含，互相补充：语法化为语言提供功能性的标记成分等，使语法系统日益完善；词汇化为语言提供新词，使词汇系统不断丰富，而且词汇化过程中常常伴随着语法化。

刘红妮（2010）对词汇化与语法化做了较全面的概括。她指出一些学者认为词汇化与语法化有交叠、相似之处，具有一定的平行性，但并不是说没有差别。例如 Lehmann（1995、2002）认为词汇化和语法化都包含成分的缩减，二者具有相似的动因和斜坡性。Wischer（2000）认为词汇化和语法化是非常平行的两个过程，都包含缩减，只不过在不同的层面上。另外她还认为二者相同的机制都具有斜坡性，都包括了语音弱化、句法的重新分析、去理据性、固化和规约化，词汇化过程中语义会越来越明确，而语法化语义则会淡化但会残留在新形式中。

刘红妮（2010）概括的其他的主要观点有：Cabrera（1998）指出语法化过程和词汇化过程是相互补充和相互作用的，但同时指出词汇化和语法化可以用一个简单的概念层次区分开，即从语义的角度来看语法化是一个隐喻的过程而词汇化是一个转喻的过程，那么从这个意义上看词汇化和语法化是相反相对的过程。Brinton 和 Traugott（2005）认为词汇化与语法化二者具有一定的平行性，具有一些共同特征，但可能有不同的表现，导致不同的结果。一是二者较强的平行性，主要有以下几方面。（1）渐变性。二者都具渐变性而非突变性。（2）单向性。语法化的单向性比词汇化更具一致性。二者的单向性中都包括融合和聚结，但词汇化的结果是语义更具体实在，而语法化则是更抽象，更具语法功能。（3）融合。指原来形态边界的消失。词汇化的融合是强制性的（词素边界消失）。语法化中的融合经常却并不绝对发生。（4）聚结。指减缩、失去语音片段。词汇化中的聚结会导致音系的弱化和不规则形式；语法化中的聚结则会导致减缩形式。（5）去理据性。指失去语义的组构性。经过演变后变得"习语化"。理据逐渐减弱而难于求索。词汇化失去组构语义易于增加语义的明确性和习语性，语法化则易于增加语义的泛化、虚化。（6）隐喻化/转喻化。隐喻和转喻在词汇化中的界限比较模糊，并不在独立背景下发生而较多由社会习俗和百科知识驱动。二是词汇化与语法化最低程度的平行性，一般是语法化具有而词汇化不具有或很难具有的典型特征。主要有：(1) 去范畴化（也称为非范畴化/降类）（decategorialization），从主范畴到次要范畴，从实到虚。(2) 语义漂白（bleaching）。(3) 主观化，语法化往往伴随着主观化。(4) 能产性，语法化后的语法项往往具有能产性。(5) 频率，语法化后的语项往往比其词汇来源具有更高标记性的使用频率。(6) 类型概括化（typological generality），语法化类型往往具有跨语言共性。

蒋绍愚（2015：84）认为：“词汇化是一个历史演变的过程，总是导致词汇的实义的新形式的产生。”他（2015：85）还指出"没有形式或语义的演变就不是词汇化"，"如果形成的词是透明的，即这个词的意义很清楚地可以从其构成成分推断出来，这也不是词汇化"。

参考众家观点，我们所说的时空隐喻表达式的词汇化是指原本为空间概念的词或短语演变为表示时间概念的词语的过程，属于历时的范畴；但是这个过程本身也是由空间概念转化为时间概念并转化为词的过程，也包含共时的因素。因此我们认为，这些短语由非词到词，由空间概念到时间概念，本身也与隐喻、转喻有关，而这些认知的延伸，既跟历时有关也跟共时有关。因此，本书对时空隐喻表达式中的词汇化研究涉及共时的角度，但主要是从历时的角度出发的。汉语有"时间是空间存在物""时间是空间移动""时间是位移事件"三个以空间为直接基础、处于较高层级的时间根概念隐喻。时空隐喻表达也体现在这几个方面。但是，空间域与时间域固然是两个不同的具有一定相似性的概念域，但因为空间与时间的不可分离性，它们具有很明显的相关性，因而，从这点来说，空—时隐喻其实也可以看成一种转喻。因此下面我们的讨论中，并不严格区分转喻与隐喻，只要原来是空间概念，后来成为时间表达式的，都纳入我们的考查范围。空间概念的最重要表征是位移与方所，因而我们以位移动词参与构成的时空隐喻表达式为重点来讨论时空隐喻表达式的词汇化问题。

另，我们认为在词汇化的过程中语法化有时会起作用。例如表示未来时间的定中式时间词"来日"，其意义由表示即将来到的时间，到指第二天，再表示更抽象的将来，意义由实到虚，词汇化的同时就包含了的语法化因素在内。① 下面我们只讨论时空隐喻表达式的词汇化而不专门讨论语法化问题。

第二节 位移动词类短语的词汇化

在前面我们把发生过空—时隐喻的位移动词分为"定位""达至""经由""来往""进退""出入""升降""迎送""方式"九类。这些位移动词或隐或现地蕴含或凸显运动事件的主体、背景、路径（含位移的起点、终点、路径、方向等）、位移信息。据我们考察，位移动词类短语的词汇化主要有以下几种类型。

一 位移动词类短语词汇化的主要类型

(一) 主谓式

董秀芳（2011：190）指出主谓式复合词是复合词中一种有标记的格式，在三类不能产的动词性复合词中，主谓式复合词又是最不能产的。她（2011：187；192）还指出，主谓短语的词汇化过程非常隐蔽，当一个主谓短语变为词之后其意义往往变化不大。从历时发展来看，主谓式双音词在汉语系统中出现得比较晚，且在双音词总体中一直处于少数地位。从我们的考察看，汉语史上位移类主谓短语形成的时间词确实很少，主要有两个类别。

1. 主语本来就指代时间，主语本身是位移的主体。如"古往（古往今来）"等。②

按，"冬来冬天、古来、近来"一类的"来"董秀芳（2005）看作词缀，但我们认为这类时间词中的"来"不可一概而论。就其来源看，"古来""比来""顷来"等都是缩略而成，因为"古来、昔来、比来、顷来、近来"都有"自×以来"的对应表达式。

需要注意的是，虽然汉语史上"时间词+位移动词"短语形成的时间

---

① 朱庆之先生（2013）详细讨论过"来日"的用法。

② 按，"冬至、夏至、秋至"中的"至"并非位移动词，乃为形容词。《左传·僖公五年》："凡分、至、启、闭必书云物，为备故也。"孔颖达疏："冬之半，夏之半，昼夜长短极。极训为至，故冬夏之半称冬夏至也。"又，"年迈"指年龄，且"迈"指年老，故不在考察之列。

词并不多，方言中这类时间词并不少见。汉语方言中主谓式"×来"时间词语也并不少见，如"明者来（黎明的时候。山西忻州）、晌午者来（午前。忻州）、夜快来（傍晚。江苏宜兴、浙江绍兴）、黄昏将来（傍晚。山西榆社）、黑将来（傍晚。山西太原、定襄、忻州、榆次、朔县）、黑者来（傍晚。忻州）、黑障来（黄昏。内蒙古土默特旗、伊克昭盟）"等。① 不过目前所见都是三音节乃至四音节，《汉语方言大词典》及《现代汉语方言大词典》收录了这些词语。在当地人的语感中，是把它们作为一个单位看待的。（参何亮 2012b）

这类主谓式短语是怎样实现词汇化的？目前学界还缺少相关论述。董秀芳（2011：200）从认知的角度讨论过这类短语词汇化的动因。她指出："由主谓短语变为主谓双音词，一个必要的过程是使主语和谓语之间的句法界限变得模糊以至消失，使本来分立的两个成分融合为一个认知单位。在名词与动词或形容词所组成的主谓短语中，如果其中的名词显著度高，可及性强，容易被提取，那么其独立性就强，这个主谓结构就会在大脑中被分作两个单元来储存。相反，如果名词的显著度低，可及性弱，那么其独立性也就变弱了，整个主谓结构就有可能被作为一个单元储存在大脑中，这就促成了短语的词汇化。"

我们认为汉语中这类时间词语的形成与人们对时间的认知方式有关。赵艳芳（2001：48）指出在人类认知发展的连续体中，空间概念的形成先于时间概念，空间关系及其词语是最基本的，因而最初用于空间关系的词语后来被用来喻指时间等抽象概念。位移动词就广泛地从空间域映射到时间域表示时间概念。如前所述，一般认为人类认知时间主要有"时间在动"和"自我在动"两种模式。"古往今来""晌午者来、夜快来、黄昏将来、黑将来、黑障来"这些词语显然都是把时间看作运动的主体，体现了"时间在动"的隐喻。这种隐喻体现的是时间的序列性，时间是一个个不同个体的有序排列，依次从观察者面前流过。如"夜快来"表示傍晚，其构词理据显然是将时间看作移动的物体，"夜快来"就是"夜晚马上就要到来（的时间）"，"来"位移意味很明显。"夜快来"本来是一个陈述，转指后指称这一陈述相关的时间。又如"黑将来"就是黑

---

① "晌午者来"表示"午前"，并不是晌午的意思；"夜快来"是"傍晚"的意思，而不是"夜晚"义，可见其中的"来"有较为明显的位移义。

夜来到的时间——傍晚。（按，"黑将来"指黄昏、傍晚。"黑"本非时间，但是它们以事件转指时间，由陈述转为指称，"黑将来"成为时间词。）但是，人们对时间的这种认知是潜隐的，存在于人们意识的深处，因而在这类表达中的名词的显著度低，可及性弱，其独立性弱，整个主谓结构被作为一个单元储存在大脑中，这就促成了"时间词+位移动词"一类短语的词汇化。

2. 另一类主语是自然界事物，主语本身并不表示时间。

这类时间词也很少，如"日落、日逐、霜降"等。这类词语原本是对自然现象的描述，后来转指与之相关的时间。严格说起来，这类短语的词汇化是由转喻引起，但因为也涉及空间运动与时间两个不同的认知域，实际也与隐喻密不可分。

董秀芳（2011：195—197）推知历史上主谓短语词汇化的语义条件有以下几点。主语成分的语义限制为：一般为无生名词；是当事而非施事（施事对于谓语部分所表示的动作行为具有意志力和施动力，是动作行为的主动发起者；而当事对于谓语部分所表示的动作行为没有自主意识，不具备控制力）；无指性。谓语成分的语义限制为：非可控（所表示的动作行为是不能由一个主体有意识地加以控制的）；非完成（谓语成分所表示的多是一种持续的动作或状态，其词汇结构中不具有一个内在的终结点）。从汉语史上这类时间词看，"自然界事物+位移动词"确实体现了这些语义特征。

以上词语由空间位移概念转指时间概念，除去共时上的概念实现，在历时方面，应该也有一个由凸显运动事件到凸显与之相关的时间背景的过程。由于历史文献的局限，这个过程已经难以详细描述。

（二）偏正式

偏正式有两类，一类是"定语+中心语"，定语为位移动词，中心语一般为体词性的时间词；一类是"状语+中心语"，中心语即为位移动词。

1. 定中式

出现在定语位置的是"来去"类位移动词，主要有"来""去""往""徂"等。位移的主体是中心语，即中心语是施事（时间）。如《汉语大词典》《古汉语时间范畴词典》及何亮《中古汉语时点时段表达研究》列举的词语有：

来春 (明年春天。甲骨文即见)、来岁 (下一个收获季节，甲骨文即见用例。来年，先秦)、来世

(后世,后代。先秦)、来兹(来年,先秦。今后,汉代)、来年(明年,第二年。先秦)、来代(后代,后世。三国)、来今(现今)、来夏(明年夏天。南北朝)、来秋(明年春天,南北朝)、来日①、来生、来祀(来年,后世。汉代)、来月(下个月。汉代)、来早(明天早晨。唐)、来朝(明天早晨。宋代);②去春(去年春天。南北朝)、去冬(去年冬天。魏晋)、去年(今年的前一年。汉代)、去秋(去年秋天。南北朝)、去日(过去的岁月。魏晋)、去岁(去年。南北朝)、去月(上个月。南北朝)、去夜(昨夜。宋代)、去腊(去年腊月。宋代);往日(先秦)、往时(过去。秦汉)、往世(从前,先秦)、往岁(先秦)、往年(先秦)、往冬(去年冬天。汉代)、往者(从前,汉代)、往代(古代。魏晋)、往秋、往载(往年,南北朝);徂年(过去的岁月。南北朝)、徂岁(往年,.过去的时间。宋代)。③

  董秀芳(2011:144)认为"由于古汉语中的双音黏合式偏正形式与现代汉语的相应结构相比,其短语性质更为突出,因而在对待古汉语中的双音黏合偏正形式时不应轻易将其看成词。双音偏正式的词汇化由于在意义上的变化往往不太显著,所以比较隐蔽,需要仔细分辨才行"。

  以上"位移动词+时间词"施事就是"时间词"本身,这些施事是没有生命的,"来、去、往"的动作性较弱。从意义的融合度来说,在很大的程度上,词义并非语素的简单相加,如"来年"并非仅指将要来到的年份,还专指为"明年、第二天",甚至泛指未来。因此以上定中式表达形式已经达到较高的词汇化程度。

  蒋绍愚(2015:73)指出"词+词→复合词"的生成,有些不一定有凝固过程,而是在线生成的。也就是说,两个词放在一起,一开始就不是一个词组,而是一个复合词。董秀芳(2011:146—150)指出定中式双音词发展得更为成熟,是偏正式双音词中更为原型的、无标记的(unmarked)成员。汉语的定中式双音词都是由黏合式定语与中心语黏合而成的,组合式定语不可能与中心语黏合成词(因为组合式定语与中心语的组合肯定超过两音节),而在句法上越倾向于靠近中心语的定语类别越容

---

  ① 朱庆之先生(2013)把类似"来日大难,口燥唇干"的"来日"标注为"来日^B",以区别于表示未来时间的"来日^A"。这类"来日^B"并不是词,而是一个以"日"为中心成分、动词"来"为限定成分的偏正短语,表示"[某人从某地]来的时候"。

  ② 朱庆之(2013)指出"来古"古今只有一个用例,是不是一个语言词,大可存疑。故不列。

  ③ 晋陶潜《荣木》诗:"徂年既流,业不增旧。"宋陆游《病少愈偶作》:"但恨着书终草草,不嫌徂岁去堂堂。"参《汉语大字典》第 877 页。

易与中心语黏合成词。位移类定中式时间词语较多，也从一个方面证明她的观察正确。

2. 状中式

出现在状语位置的一般是表示状态的副词，出现在中心语位置的主要是"来去"类位移动词，或部分具有陈述功能的时间词。如：

已往、将来、方来、后来、当来、未来、甫来、先来、讨来_{即将，将要}①、落来_{将来，日后}②、俄旋、将曙、将暮、将夕等。

位移动词参与构成的状中式时间词由同形动词性偏正短语直接词汇化而来。这方面的研究成果相对较多，主要集中在"来"类时间词上。

崔达送（2005：58）具体地讨论过位移动词进入表时组合的发展轨迹，他曾讨论过"来"进入表时间组合的情况，指出："'来'从位移动词经过语义衍化，具体位移变为抽象位移，具体方向变为抽象方向，从而进入表时组合。"

梁银峰（2009），陈昌来、张言军（2009）等认为现代汉语中的"将来""后来"是由同形偏正短语发展演化而来；何亮（2006a）从认知的角度认为"未来、当来、甫来"等是因为佛教宣传教义的需要，受汉语时间认知方式的影响，从"将来、方来"类推而来的汉语新造词，是位移动词从空间域映射到时间域的结果。我们认为方言中的"先来、后来、将来、讨来、落来"等也是经偏正短语词汇化而来，体现了从空间到时间的隐喻特征，这里以"先来"为例，从汉语史的角度探讨这类词语的词汇化过程。③

"先来"开始是副词"先"与位移动词"来"的组合，"先+来"一般做谓语，如：

①汉正南北，江河固期，南风新至，江使先来。（《史记·龟策列传》）

②少妇谓长妇曰姒，言其先来，已所当法似也。（《释名·释亲属》）

"先+来"是说"首先来到"，"先"修饰"来"，二者边界很明显。

---

① "讨"在建瓯有"将要"的意义。参李荣《现代汉语方言大词典（全6卷）》，2002：3327。

② "落"在温州有两个意义：下；下去。参李荣《现代汉语方言大词典（全6卷）》，2002：4205。

③ 以下内容参何亮（2012b）。

这个组合及用法后代一直沿用。但从汉末开始，有了新变化，"先来"用作状语，形成"先来+VP"的形式。如：

③建武初，先来诣阙，故得复国。（《后汉书·张曹郑列传》）

④其将张骧、李沈、慕容文等先来降，寻皆亡还，是日复获之，皆赦而不问。（《魏书·太祖纪》）

这类"先来+VP"结构中，表达重点是后面的VP。"先来"强调VP发生顺序在先，这样，"先来"就容易作为一个整体看待。董秀芳（2011：46）认为，"句法单位变为复合词的过程实际上可以看作一个由心理组块造成的重新分析过程。当构成一个句法单位或者虽然不构成一个句法单位但在线性顺序上邻接的两个词由于某种原因经常在一起出现时，语言使用者就有可能把他们看作一体来加以整体处理，而不再对其内部结构作分析，这样就使二者之间原有的语法距离缩短或消失，最终导致双音词从旧有的句法构造中脱胎出来"。这个结构如果强调以前曾经发生过VP，那么"先"的时间性将得到彰显，动词"来"的位移特征就被削弱，这时"先来"就可能发生转指，如下面的例子：

⑤其父先来求子不得，中止一城。（鸠摩罗什《妙法莲华经·信解品第四》）

⑥其母先来奉佛，即然七灯于佛前，夜精心念观世音，愿子得脱。（《古小说钩沉·宣验记》）

"其父先来求子不得""其母先来奉佛"两句并不是说"其父""其母"比别人先来到，"来"的位移意义并不明显。这里的"来"实际上已经处于虚化状态之中，"先来"指动作转指时间，"先"与"来"之间的边界模糊。进一步发展，"先来"就表示"以前、原来、原先"的意思，"先""来"之间的边界消失融合为一体，"先来"不仅语义发生变化，词性也发生转化。如：

⑦当见我时，先来所有于诸法相疑滞之处，我未为说，便得除断。（昙无谶《悲华经·诸菩萨本受记品第四》）

⑧其夫先来常善作鸳鸯之鸣，即入王池，作鸳鸯鸣，偷优钵罗花。（《百喻经》）

特别是当主语为非生命物体时，"先来"中"来"的位移意义已经完全丧失，如：

⑨于时迦摄见此事已，而作是念：其大树先来不屈，今谁低曲？（义

静《根本说一切有部毗奈耶破僧事》)

⑩远公进步向前启白庄曰：此寺先来贫虚，都无一物。(《敦煌变文·庐山远公话》)

除了作状语，"先来"也可以作宾语，这时"先来"可以说已经完成了其由语法结构到凝固成词的词汇化历程。如：

⑪我于先来但见啮毒，至于害毒实未曾见，勿令于夜蜇害于我。(义静《根本萨婆多部律摄》)

"以前、原先"离现在的时间距离究竟多远并不明晰，如果离现在（说话时间）距离不远，那就是"刚才"了，如：

⑫［赛红娘］先来小生心儿闷，见贫女又嫁。(末出接)三分似人，休得要言语诈。(《张协状元》第十六出)

也许由于位移义的"先来"仍然很强势，或者因为表示"刚才"义的同义词很多，作为时间词的"先来"在共同语中并没有保留，今天只在部分方言中使用，例如晋语区的忻州等地。

陈昌来（2009）认为现代汉语时间词"后来"的词汇化机制是转指，是动词性短语指称化的结果。从我们的考察看，汉语偏正式"副词+位移动词"这一类时间词的演化过程差不多都与"先来""后来"相似，是动词性短语指称化的结果。需要指出的是张言军（2015）对时间词"后来"的词汇化历程及其词义演变做了进一步考察，在前人的基础上有所推进。他认为时间词"后来"的形成经历了两个阶段，先由句法层面的同形短语固化为一个普通名词，进而在隐喻引申和句法功能扩张等因素的驱动下由普通名词发展为时间词。在历时发展中，时间词"后来"的词义也经历了一次大的转变，即由指示未来时间转向指示过去时间。实际上正如我们所考察，"后来"在中古表示将来时间，现代方言表示去某一时间之后的时间。我们在进一步考察后认为，实际上"后来"表达的是相对后时概念，从本质上讲，并没有发生由指示未来时间转向过去时间的转变。"后来"之所以被认为表达的是过去时间，是因为它经常出现在追溯性的话语环境中。如果用以参照的相对时间是现在，那么"后来"也可以用于将来。如：

⑬先生曾道："应家学生子和水学生子一般的聪明伶俐，后来一定长进。"(《金瓶梅词话》第五十六回)

⑭乔大户娘子说道："亲家怎的这般说话？孩儿每各人寿数，谁人保

的后来的事!"(《金瓶梅词话》第五十九回)

以上两例的"后来"都是指说话时间之后的时间,指的是将来时间。

董秀芳(2011:147)曾指出,谓语动词是焦点结构中的句法核心,其认知凸显度大,独立性强,因而不容易与其他成分黏合为一个单位,这样由动词参与构成的短语就不容易实现从短语到复合词的转变。状中式成词的一个很大的推动力来自韵律模式,几乎所有的状式复合词都是双音节的,正好是一个标准音步的长度,因而构成一个标准的韵律词。

何亮(2007a)认为中古时期人们更加明确地认识到了汉语时间表达的认知隐喻方式,大量地有意识地运用位移动词来创造新的相对时间词。例如,上古汉语除西汉有少量的"将来""方来"的用例外,其他由位移动词参与构成的相对时点词语结构方式一般都是定中式(即"位移动词+时间成分"),意义相对具体;中古则大量出现了"副词+位移动词"等结构方式,意义更加抽象。从"将来""方来"类推而来的"过去""现在""未来"等词,表明中古时期人们已经有意识地运用更抽象的表达手段来构成相对时点词。可见"已往、将来、方来、后来、当来、未来、甫来、先来"等词语的产生既有汉语双音节词韵律模式的推动,也有社会习俗和百科知识的驱动。

(三) 动宾式

董秀芳(2011:158)指出动宾式双音词在双音词中的比例比偏正式要低得多,而且词汇化程度不很高,因为在动宾式双音词中有相当一部分是词汇化程度比较低的所谓"离合词",即在一定情况下可以拆开、在中间插入其他成分的"词"。但汉语史上由位移动词构成的动宾式短语词汇化而成的时间词数量相当多。初步统计,位移动词参与构成的动宾式时间词语多达160多个。

位移动词参与构成的动宾式时间词,就动词与宾语的隐喻关系看主要有以下几种情况。

1. 由位移动作及于某处隐喻为及于某时

这种情况的位移动词主要是达至类、出入类、定位类位移动词参与构成。如:挨晚儿、逼冬、逼曙、逼岁、逼晚、逼夏、逼夜、迫暮、薄暮、薄晚、薄午、薄夜、迫暮、迫晓、抵暮、拂晓(拂,接近、触到)、拂旦、拂暑、拂晨、侵晨、侵旦、侵晚、侵晓、侵夜、侵早、临年、临期、临时、临晓、凌晨、凌旦、凌曙、凌晓、投里、投明、投暝、投暮、投秋、投晚、至日、至今、至夜、及晡、及辰、及春、及此、及旦、及晦、及昏、及今、及明、及暮、及期、及秋、及时、及夕、及晓、及夜、及兹、迟明、迟旦、迟昕、际晚、际夕、际晓；入梅、入暮、入夏、入夜、涉冬、涉秋、涉旬；在后、在即、在昔、在先、当初、当此时、当今、当来、当日、当时、当午、当先、当夜、当元、即今、即刻、即目、即日、即时、即夕、即夜。

2. 由跨越一个区域隐喻为跨越一个时段

主要是经历类位移动词。如：经冬、经今、经年、经日、经时、经岁、经夏、经宵、经宿、经旬、经月；历朝、历代、历纪、历来、历年、历稔、历日、历世、历祀、历岁；逾春、逾暑、逾期、逾纪、逾刻、逾年、逾秋、逾日、逾时、逾岁、逾个、逾宿、逾旬、逾月；阅日、阅岁、阅旬、阅月；越旦、越日、越宿、越月。

3. 由经过一个静止的参照点隐喻为某参照点之后的时间

主要是经历类位移动词。以经过一个时间点来指称该时间点之后的时间。如：过后儿、过腊、过立、过年、过日、过岁、过天、过午、过中。

4. 由迎送具体对象隐喻为迎接某时的到来

迎送类位移动词。如：迎晨、迎冬、迎宵等。

5. 由奔向一个目标隐喻为以某个时间为起点走向另一时间

这类词语很少。主要是来往类位移动词，以奔向一个目标隐喻向另一个时间靠近，即以说话点为起点奔向另一个时间。如"往后"。

据董秀芳（2011：160—162）研究，动作性弱是动宾式双音词中的动词成分的语义特点。某些动作性强的动词成分的出现一般是由于词义在整体上动作性弱，因为动词成分已不是在其原有的意义上使用，或者在句法功能上发生了转类，或者表示的是一类事件而不是一个具体的动作行为。从这些动宾结构的动词看，"达至类"位移动词主要有"及、至、即、抵、临、迟、迨、际、靠、薄、迫、逼、侵、投、傍、挨"等，"经历类"位移动词主要有"历、经、逾、阅、越、凌、移"等，"出入类"位移动词主要有"入、涉"等，定位类位移动词主要有"在、当、即"等。这些位移动词的主要语义特征主要表现为是否发生位移、是否凸显起点、是否凸显终点、是否凸显位移的方向、是否凸显位移的跨度、是否凸显以观察者为中心、是否凸显运动方式等要素，它们的共同特征是动作性较弱。

董秀芳（2011：162—164）指出动宾式双音词宾语成分的语义特征主要有两点：非具体性（指名词所代表的事物不占据确定的空间）、非个体性和无指性（是不具有个体性的名词，不代表某个特定的实体而只着眼于某类实体的抽象属性）。上述动宾式时间词的宾语都是时间词，具有非具体性、非个体性和无指性的特点。董秀芳（2011：184—185）认为正是动词的较弱的动作性和宾语的非具体性以及二者之间的低影响度促使人们对动宾短语不作分析并将之重新分析为一个单纯的句法单位（即词）。以上种种情况中的位移动词，如达至类"及、至、即、抵、临、迟、迨、际、靠、薄、迫、逼、侵、投、傍、挨"及出入类、定位类位移动词后面均是先有后接空间处所或具体三维空间实体物质的用例，然后语义才扩展到后接时间成分。这一点本书第三章"位移词语的空—时表达考察"有详细考察。这些动词原本是用于空间概念的表示位移的词语，它们从空间域隐喻到时间域的过程本身就是一个词汇化的实现过程。这些动词的动作性较弱，宾语大多为抽象的、非具体的时间词（或与时间关系密切的抽象词语），这使动词和宾语之间的影响度很低。这类动宾式时间词或者将时间看作静止的处所，或者将时间看作静止的区域或静止的有一定跨度的物体，或者看作迎送的对象，而这些观念是隐含在表层表达形式（空间）之下的潜意识（时间），因而促使人们倾向于将这类动宾短语重新分析为一个相对的整体。值得注意的是这些动宾式时间词除极个别的词语外（如以奔向一个目标隐喻时间的"往后"），其他词语表示的时间都无涉三时时间链。这些特点导致这些位移类动宾式短语固化为一个个表示时间意义的词汇成员。

（四）缩略式[①]

位移动词参与构成的缩略式时间词主要体现在"×来"上面。如：古来、昔来、比来、顷来、近来、尔来、从来、由来、自来等。缩略式由源短语缩略而来。

缩略式中"来"保留了"×以来"中"以来"的意义。这种"×来"类时间词中的"来"是时段标志，表示从×开始到说话时为止的过去的一段时间。何亮（2007：186—187）概括时段标志词"来"的形成过程大致如下。

---

① 以下内容参何亮（2015a）。

先秦时"以来/已来"出现在"自×以来/已来"格式中，表示从过去某时到说话时（或某个特定的时间）的一段时间范围——自西汉开始，"以来"前经常不用"自/从"等介词，出现在"×以来"格式中——东汉译经中已有"以来"省略为"来"的用法，有时前面的介词也省用，即出现"自/从×来""×来"的格式——魏晋南北朝时期，"以来/已来"前不用"自/从"等介词、"以来/已来"省用为"来"，已经十分常见，成为"×来"形式。

中古汉语有不少"起点性表时成分+来"一类的时间词。所谓"起点性表时成分"，是指该成分表示起点时间，"起点性表时成分+来"整个表达式表示从该起点时间至说话时间的一段时间。这些起点性表时成分可以是表示起点时间的表达式的缩略形式。如果省略起时介词，则起点性表时成分表现为一个时间词或一个具有内在时间性的动词或名词；如果省略时间成分，则起点性表时成分表现为介词性成分。属于这一类的时间词有：古来、昔来、比来、顷来、近来、尔来；由来、从来等。"古来、昔来、比来、顷来、近来、尔来"可视为省略了起时介词，"由来、从来"等可视为省略了起时时间成分。

但是学界对位移动词参与的缩略式时间词中"来"的性质争议较大。董秀芳（2005）、王云路（2010：290—295）把"古来""由来"等的"来"看作时间词的后附加成分。梁银峰（2009）认为"古来"类由"自/从×以来"缩略为"×来"，"来"最初是时间方位词；"从来、自来、由来"来源于"所×来"，"×"和"来"逐渐跨层词汇化为双音词，"来"最初也是时间方位词。陈昌来、张长永（2009）认为现代汉语"从来"的演化路径是：动词性偏正短语（从……来）→名词性短语（所从来）→名词（从来）→时间词（从来）→时间副词（从来）。"从"和"来"是通过特定的句法操作连接到一起。看来他认为在较早时期"来"是位移动词。匡鹏飞（2010）认为时间副词"从来"的来源应该是由表示时间的短语"从……以来"省略而成的"从……来"短语，如果再省略其中表示时间起点的成分，就词汇化为双音节的时间副词"从来"。可见他对"来"的性质的看法类似于梁银峰。我们赞同梁银峰、陈昌来、匡鹏飞对"古来""从来"中"来"的性质的判断。

董秀芳（2005）指出："汉字具有顽强的表义性，受此影响，汉语语言学研究者们不愿意把那些功能已经衰落的词缀看成无义成分，派生模式中的年代久远的已经死去的派生词仍可能被认为是复合词。如'近来'中的'来'在中古汉语时期发展为一个词缀,'近来'本来是一个派生词,但在现代汉语中由于人们不了解'来'原来的意义,且'近'和'来'又是常用的语素,因此就有可能将'近来'看成是由'近'和'来'组成的复合词。"

我们认为应历史地看这些词中"来"的性质。从近现代汉语的角度看,因"古来""近来""从来"等的内部结构模糊,或可把"来"看作后附加成分。但语言事实表明,"古来""近来""从来"是由以前的句法结构缩略或跨层词汇化而来,"近来""从来"不是派生出来的,"来"还带有一定的实词意义。因而在中古时期它们不宜看作附加式合成词。例如在中古时期,存在"自比以来""自近以来"的用例:

①自比以来,源流清洁,纤鳞呈形。(《宋书·符瑞下》)

②又谓尚书令陆睿曰:"叔翻在省之初,甚有善称,自近以来,偏颇懈怠。岂不由卿等随其邪伪之心,不能相导以义,虽不成大责,已致小罚。"(《魏书·广陵王传》)

整个中古时期正是汉语词汇双音化迅猛发展的时期。由于魏晋南北朝时期"自×以来"省用为"×来"形式非常普遍,"自比以来""自近以来"等缩略为"比来""近来"当是情理之中的事。

"起点性表时成分+来",源自"自×以来"格式,体现的是"时间静止,观察者在动"的时间认知方式,这种认知方式中观察者移动,时间是静止的有边界的区域,且可以度量,因而"起点性表时成分+来"表示从起点时间到说话时间的一个时段。随着中古汉语"(自/从)×以来"的缩略式"×来"的普遍运用,"来"获得了时段标志意义,但仍具有较弱的位移特征。

"起点性表时成分+来"一类的时间语词并不都能固化进而词汇化进入词库。只有当×本身是表示过去时间的成分时,才能固化为时间词。同时因为×与"×来"的语义在一定程度上重合,"来"的时段附加义减弱,"来"具有词缀的性质。当"来"发展为词缀后,一些具有显性时间义的形容词副词等都可以与"来"结合,派生出一批附加式"×来"时间词。"起点性表时成分+来"时间语词中,当"×"是动词或非显性时间义的普通名词时(例如"死来""汉来"),×的时间义是隐含的,"×来"仅体现时间移动的历程,这种"×来"作为一种临时组合,其数量开放,导致它们难以获得足够的使用频率，无法固化成词。

（五）并列式

并列式有两类，一类是两个位移动词并列，如"现在、过去、过往"等，位移动词构成的并列式时间词并不多见。另一类是位移动词转指为时间词，与时间词的并列，如"往旧、往昔、往常、往初、往古、往前"中的"往"已经转指为时间词。后一类并列式其实不属于位移动词的并列，不在我们的讨论之列。

时间词"过去""现在"都始见于东汉译经。何亮（2006a）认为"过去""现在"等是因为佛教宣传教义的需要，受汉语时间认知方式的影响，从"将来、方来"类推而来的汉语新造词。何亮（2006a）曾考察过"过去""现在"的成词理据，主要观点如下。

"过"原是经过义。如《论语·宪问》："子击磬于卫，有荷蒉而过孔氏门者。"如果把时间视为移动的物体，时间经过观察者，离自己远去，则为（已）经过而离去，其运动状态是时间已经经过观察者，时间的运动方式是"去"，离自己远去。离开自己远去（离去）的时间是指已逝的时间，即"过去"。在显示、出现、现今等意义上，今之"现"古代作"见"。如《史记·张丞相列传》："高帝时大臣又皆多死，余见无可者，乃以御史大夫嘉为丞相，因故邑封为故安侯。"这是把时间看作移动的物体，当时间正好经过或处于观察者自己所在的位置，那么这个时候时间的运动状态就是现今正在经历观察者，时间的运动方式是存在，"现在"为时间现今存在之义。

"过往"本是表示空间的位移，如：

①顾见城左，有神祠舍，名曰㵎披。过往跪拜。（东汉昙果共康孟详译《中本起经·须达品》）

魏晋时期可表示时光的流逝，作为谓语中心出现，位移的意味依然较强。如：

②少壮真当努力，年一过往，何可攀援。（三国魏·曹丕《与吴质书》）

但是在唐代已经发生转指，作为时间词出现，可以作为介词宾语出现。如：

③佛言："汝等谛听。非但今时，于过往昔阿那婆达多河边，有一鹅王，名曰提头赖吒。"（唐·义净《根本说一切有部毗奈耶破僧事》卷第

十九）

　　董秀芳（2011：140）勾勒出汉语并列式双音词在词汇化程度加深的过程中所经历的几个常见的环节："并列式双音词，起初可能是由于韵律的需要而把两个同义或近义的成分放在一起，作为与单音节在韵律上互补的一种同义形式来使用。那时，这种并列结构是自由的组配，其先后顺序不固定。其中，有一些并列自由组合的使用频率比较高，人们逐渐倾向于把它们当作一个整体来理解，而不再十分注意两个组成成分之间的意义并立关系以及可能有的意义上的细微差别，这时它们就开始词汇化了。词汇化的第一步就是顺序固定，再进一步就是在与单音同义形式的竞争中取得胜利，其整体意义不再能由其中某个成分来表示了。在此基础之上，意义也可能进一步融合，出现抽象化或专指化，失去了语义的透明性，整体意义与其组成成分的意义之间的关系由直接变得迂曲，词汇化程度进一步提高。"但她（2011：141）也指出，这些可能不完全适合于那些在较晚时期产生的并列式双音词，因为较晚时期的一些双音词是直接按汉语中已经在实践中逐渐成熟起来的构词法（包括并列构词法）构造出来的，"可能在一开始就不带有过多的短语的特性，如没有自由换序的阶段等，因而具有较高的词汇化程度。并列式构词法在汉语的复合词构词法中是发展较早的，所以在汉代以后就可能有一些并列式复合词是构词法的产物而非词汇化的产物了"。从上述并列式时间词"过去""过往"看，它们并没有经历自由换序阶段，从一开始它们的词汇化程度就比较高。

　　（六）人体动作类表时短语的词汇化

　　广为人们接受的一个观点是：隐喻是相似性而转喻是邻近性。我们认为空间域与时间域固然是两个不同的具有一定相似性的概念域，但因为空间与时间的不可分离性，它们具有很明显的相关性，因而，从这点来说，空—时隐喻其实也可以看成一种转喻。张辉（2009）曾指出转喻和隐喻地位相当，转喻甚至比隐喻更为基础。Brinton 和 Traugott（2005）指出隐喻和转喻在词汇化中的界限比较模糊，并不在独立背景下发生而较多由社会习俗和百科知识驱动。我们认为，一方面我们可以把空间域和时间域看作两个不同的概念域，另一方面，由于二者的共生性和相关性，我们完全可以把它们看作一个更大的空—时概念域。因此人体动作转指时间，既是隐喻问题，也是转喻问题。在第三章我们曾全面考察过以人体动作表达时间的种种情况，这里我们主要讨论双音节人体动作类短语的词汇化问题。

以人体动作指称时间的词语主要有两类，一类是动宾式（如转眼、旋踵），另一类是并列式（如俯仰）。鉴于汉语最基本的标准音步是双音节，多音节的形式人们心理上往往倾向于认为是短语，我们只讨论双音节躯体动作类短语。此类动宾式之所以没有放在位移动词构成的动宾式时间词语中讨论，主要是因为它们有着明显的差异：一来"经年""逾年"这一类位移动词已经隐喻化，宾语是表示时间概念的成分；"转瞬""弹指"这一类词语的动词并未隐喻化，而是整体发生转指，宾语往往是人体器官。二来位移动词构成的动宾式时间词语既有时点概念，也有时段概念，且一般表示长时；而人体动作转指的全是时段概念，而且都是表示短时。三是有些人体动作并非直接表示位移概念，如"眨眼"等。

动宾式的词语如：转瞬、转背、转昒、转面、转目、转盼、转首、转头、转眼、反掌、瞬目、眨眼、弹指、还踵、旋背、旋跬、旋踵等。并列式的词语如：俯仰、呼吸、转旋。

这类表达式原先都具有强烈的动词性，具有较强的述谓功能，充当句中的主要成分。因为这些动作的特点是幅度小，极易完成，所以转指为完成这些动作所需要的时间。当它们发生转指后，它们往往成为句子的附加成分，具有指称功能。下面我们以"反掌"为例来简单说明这类形式词汇化的情况。

①诚能用臣乘言，一举必脱；必若所欲为，危如重卵，难于上天；变所欲为，易于反掌，安于太山。（《说苑·正谏》）

②（历生）曰："公但乘舆随后，反掌可得。"（《南齐书·遥光传》）

③亦有方从叛乱，能自徊翔，移吉凶于反掌之间，变祸福于立谈之际。（《旧唐书·僖宗纪》）

例①指反手，喻事之极易，与"安于太山"并列作句子的主要成分。例②即可理解为事情极易，也指所需时间短暂。例③则主要指时间之短暂，其陈述功能减弱。

必须指出的是，以人体动作指称时间的词语，无论是动宾式还是并列式，词汇化的程度还很低。成分之间的边界还清晰可见，在转指时间时也往往需要与时间标志词如"间""顷""际"配合使用。

二　小结

以上考察表明，位移动词参与的表达式集中体现了时空隐喻的词汇化特点。

位移动词参与构成的主谓式时间词语主要是把时间看作运动的主体，体现了"时间在动"的隐喻。这种隐喻体现的是时间的序列性，时间是一个个不同个体的有序排列，依次从观察者面前移动。它们本来是一个陈述，转指后指称这一陈述相关的时间。

偏正式定中型时间词语的定语成分即为位移动词"来、去、往"等，施事就是中心语本身（即相关的时间词），施事没有生命，"来、去、往"等动作性较弱，这些表达形式本身已经实现了词汇化；偏正式状中型时间词语则主要是由同形动词性短语词汇化而成。

动宾式时间词语的动词与宾语的隐喻关系有五种情况。这些动宾式时间词或者将时间看作静止的处所，或者将时间看作静止的区域或静止的有一定跨度的物体，或者看作迎送的对象，而这些观念是隐含在表层表达形式（空间）之下的潜意识（时间），因而促使人们倾向于将这类动宾短语重新分析为一个相对的整体。

缩略式主要体现在"×来"类词语，它们由源短语缩略而来。缩略式中"来"或多或少保留了"×以来"中"以来"的意义。体现的是"时间静止，观察者在动"的时间认知方式，这种认知方式中观察者移动，时间是静止的有边界的区域，且可以度量。

位移动词参与构成的并列式时间词把时间视为移动的物体，时间或已经过观察者，离自己远去（过去、过往），或正处于观察者的位置（现在）。这类时间词是受状中式（如将来）影响而产生的。

汉语中位移动词参与构成的时间词是以空间喻指时间，以具体可感知的运动去映射描述抽象的时间，并且发生转指。这些词人们都已习以为常，体现了隐喻性。我们在第二章第一小节"位移词语的空—时表达考察"详细考察过这些位移动词由空间域进入时间域的表现。这些位移动词后面均是先有后接空间处所或具体三维空间实体物质的用例，然后语义才扩展到后接时间成分。当与它们结合的是单音节成分时，它们构成双音节，正好符合汉语最基本的标准音步。一些位移动词本身的动作性不强，当与之组合的成分是非具体性、非个体性和无指性的成分，或者位移的主体是时间本身时，人们容易形成"组块"（chunking）心理。陆丙甫（1986）指出人们为了减轻记忆的负担，在理解语句时，都是一边听一边及时处理，把能组合在一起的就尽量组合在一起。董秀芳（2011：45）

也指出心理上的组块过程使得原来分立的单位变得互相依赖。如此，这些表达式自产生之时，人们就会倾向于将这些位移动词参与构成的表达式分析为一个复合词。上述主谓、动宾结构中的位移动词进入时间表达范畴，既是语法化，同时本身也是一个词汇化的过程，如果满足汉语韵律词音步的需要，词形固定，意义稳定，经常使用，本身就意味着词汇化的完成。

需要指出的是，这些位移类时间词的词汇化程度并不一致。有的内部词素边界还很分明。主谓式的一些词（如"夜快来"）虽发生转指，但内部词素的边界很分明，这说明这些词语的词汇化程度还不高；相比之下，"先来""后来"之类的偏正词语词素内部界限较主谓式模糊，因而偏正式"×来"时间词词汇化程度要高一些；缩略式"×来"如"一来""自来"等，构词理据已经较为模糊，故这类时间词词汇化程度又高于偏正式。

以上考察表明，上述各类表达式的词汇化实际上有两种类型：一是这些表达式表达的概念不仅由空间概念到时间概念，而且这些表达式内部的语词边界发生变化，意义上发生转指，由短语演变为词（如"将来""近来"）；二是词语本身没有变化，只是发生从空间到时间的演变（如"转眼"）。

第三节 "时间成分+方位成分"时间词语的形成与发展

赵艳芳（2001：51）指出，认知语言学的"人类中心说"认为，一些认知是从认识人自身开始的，又引申到外界事物及时间、性质等。隐喻的结构投射不是凭空产生的，而是基于人们的生理、生活经验以及所产生的结构相关性。人们对时间的认知和表达，就是从自身的身体结构、生活体验以及身边具体事物的认知开始的。

实体物质是人们能感知到的具体事物，总是存在于一定的空间，有其空间位置，人们可以对物体的位置进行指称和描述。方位成分在表示具体空间概念时，是有具体维向的，具有相对确定的定向性。方位标记从空间引申到外界事物乃至抽象事物时，一方面它们会保持基本的定向性。这些方位词或准方位词既可以用于描写事物的位置，也可以用于描写时间的位置。

在前面第二章，我们详细考察了汉语方位成分的空时语义演变，也就是它们从空间隐喻到时间的过程。在汉语史及汉语方言中，有这么一些时间词，它们的构成形式是"×+方位成分"，×本身就是时间成分。这里我们试图解释汉语双音节"×+方位成分"时间词语的来源。

一 "时间成分+方位成分"时间词及其产生的原因

（一）相关词语

汉语史上出现过不少"×+方位成分"的时间词语。如：初间_{当初}、春上_{春天}、春里_{春天}、今下_{眼下、目前}、近里_{近来}、近间_{近来}、年间_{某年代内}、年下_{农历新年时}、秋间_{秋天、秋季}、秋中_{秋季正中}、秋上_{秋天}、日间_{白天}、日里_{白天}、日下_{目前、当天}、晚间_{晚上、夜里}、晚上_{夜里}、午间_{中午}、午上_{中午}、夜间、夜里、夜中_{半夜}、早间_{早上}、早上_{早晨}。

方言中也有不少这样的词语。① 如：

表示春天、春季。春头（武汉，漳平，丹阳）、春里（寿光、淄博、桓台、石家庄、衡水、沧州、西安、万荣、崇明、厦门）、春间（江西玉山）、春上（哈尔滨、徐州、扬州、银川、绩溪、娄底、南昌、黎川）、春上子（江西上犹社溪）、春上头（安徽绩溪、福建武平）、春上里（湖南耒阳）。

表示秋季、秋天。秋头（河北沧州、邯郸）、秋里（石家庄、沧州、衡水、阳原、张家口、邯郸，山东平邑，西安、汾西、万荣、兰州、崇明、温州）、秋上（承德、唐山、沧州、衡水、天津、淄博、桓台、青岛、宝鸡、绥德、岚县、忻州，黎平）、秋下（襄樊）。

表示冬季、冬天。冬间（万荣）、冬下（于都）、冬下里（萍乡）。

表示春节前后。年下（山东博山、梁山、济南，河南洛阳，山西隰县、临猗、永济、运城、吉县、岚县、忻州，湖北武汉，江西瑞金，广东潮州）、年下头（福建连城庙前）、年边（温州）。

表示白天。日里（扬州、武汉、柳州、丹阳、崇明、上海、苏州、宁波、温州、金华、娄底、萍乡）、日上（南昌、黎川）。

表示早晨。早上（扬州、南京、南昌）、早下（河北昌黎）、早头

---

① 以下词语源自《汉语方言大词典》及《现代汉语方言大词典》，不一一注明页码。

(海口、潮阳、雷州、海康,建瓯、福州、福清)、早起里(西宁)、早起头(福州)、晨朝边子(于都)、朝晨头(崇明)。

表示晚上、夜里。夜上(黎川、绩溪)、夜下(安徽安庆、绩溪,江西彭泽)、夜头(云南玉溪、昭通、上海、崇明,江苏南京、扬州、苏州、丹阳、南通、江阴、昆山、宜兴,浙江金坛、绍兴、诸暨,湖南吉首,江西高安老屋周家,福建建宁、清流,广东海康,海南海口)、夜里(哈尔滨、济南、柳州、温州、金华、南昌、南宁平话)、夜间子(长沙)、晚头(溧水、南通、宁波、仙居、黄岩、东莞)、晚上(哈尔滨、扬州、南京、武汉、济南、成都、贵阳、乌鲁木齐、杭州)、晚晨头(惠州)、晚晨间(贵州赫章)、黑里(吐鲁番、鄯善、乌鲁木齐、绥德、阳原、济源)、黑间(北京、河北中部、东部,山西吉县、万荣、离石、文水、隰县、临县,陕西北部)、暗头(泾县、明溪、海口、厦门、邵武、将乐、龙岩、潮阳)、暗上(海南琼山)。

表示黄昏、傍晚。晚边(福建南平、崇安)、晚儿边(浙江云和)、晚边子(长沙)、晚头(江苏海门、启东)①、晚快边(杭州、上海)、夜快头(上海,江苏吴江、江阴、昆山、常州,浙江嘉兴、余姚、宁波)、晏边(浙江苍南金乡)、晏头(广东潮阳)、暗边(浙江文成,福建泰宁、明溪、建阳、将乐、沙县、三明、顺昌洋口)、暗头(福建邵武)、断暗边(福建永定)、临暗头(梅县)、靠夜边(浙江龙游)、靠夜头(浙江浦江、江苏丹阳)、黄昏边(温州)、黄昏头(温州)。

表示中午或将近中午。昼心边子(福建武平)、昼心头(江苏江阴)、晏昼边子(于都)、晏昼头(浙江余姚、绍兴、嵊县崇仁镇)、昼边里(江西新余)、昼头(福建邵武)。

表示今天。今下(江西宜春、高安老屋周家)、今里(山东济宁②、河北涉县)、今儿里(山东济宁、曲阜,河南洛阳、新安、新野)。

(二)"x+方位成分"类词语产生的原因

以上词语,显然体现了方位成分的从空间到时间的隐喻。人们把时间隐喻化,时间是有边界的区域,甚至有深浅。用于空间域的表示容器关系的成分"里、外、中、间、内"等同样用于时间域。这样,一般而言方

---

① "晚头"有的地方指晚上、夜间。如江苏溧水、南通,浙江宁波、仙居、黄岩,广东东莞、宝安沙井。

② 1927年《济宁县志》:"今里犹言今天。"参《汉语方言大词典》"今里"条。

所成分从空间域进入时间域，仍保留了其部分的语义特征，因而空间义相近的方所成分在进入时间域时也共处于一个义域内。例如"中""间""央""里"等就共处于一个时间义域中，表示在某时间范围内的时间。上例"近里""近间""春里""春间""夜间""夜里""夜中"等词语中的方位成分就保留了它们的空间特性：把时间视为有边界有一定空间的物体。因此，我们可以说，隐喻使得人们用表示空间关系和方位的结构和成分用以表示时间，是隐喻导致了"时间成分+方位成分"的产生。

从汉语史的角度来说，我们认为"×+方位成分"这类词语的出现与汉语方所范畴的确立、词语的双音化趋势有关。

在近现代汉语中，普通名词表处所一般要以加方位词为条件。李崇兴（1992：248）指出先秦汉语的名词表处所不以加方位词为条件。在先秦时期，普通名词表示处所和表示具体实体时，形式上没有明显区别，普通名词表示处所时要么位于带处所宾语的动词之后，要么位于介词"于"等之后，这与处所词没有根本的不同。而《史记》里面介接处所补语的"于"字大量脱落，普通名词大多要加上方位词后才能表示处所。何乐士（2005：194）也观察到了这一现象，指出《史记》表处所的短语较多的情况是以名词加方位词构成。例如：

①公子曰："所不与舅氏同心者，有如白水！"投其璧于河。(《左传·僖公二十四年》)

②即使吏卒共抱大巫妪投之河中。有顷，曰："巫妪何久也？弟子趣之！"复以弟子一人投河中。(《史记·滑稽列传》)

③会饮，田乞盛阳生橐中。(《史记·齐太公世家》)

李崇兴（1992：249）指出这种变化是以处所名词同一般名词出现分化的事实作背景的："处所名词同一般名词的分化从带方位词开始发生。名词带方位词虽然最初是出于语义表达上的需要，但一个名词在带上方位词之后，其处所意义也就随之明确。由于表义精密化趋势的推动，名词表处所越来越多地带上方位词，方位词明确处所意义的作用也就越来越显得突出。"

储泽祥先生（2006）指出，要想使方所表达精密化，有两种办法："一是增加前置介词的数量以区别不同的位置和维向，二是用标记区分 N 的位置和维向意义。汉语选择了第二种办法，让方位词附在 N 的后边构成方位短语，来区分具体的不同的位置和维向，这是方位短语丰富的主要的内在原因。同时前置介词不断兴替,没有稳定的发展环境。这为方位短语的发展让出了广阔的空间。也就是说从西汉开始,汉语处所词逐渐发展,方位词使'N+L'的范畴方位化,方位词造就了一个实体空间,并把它的具体维向表现出来。这个空间是受限定、有基准或参照的。"在空—时隐喻映射过程中,同样需要在一个时间成分后添加方位成分,以造就一个空间化的时间概念。开始的时候,方位词在空间的维向是具体的确定的,直接映射到时间域,虽然发生从三维到一维的变化,但其维向也是相对具体的。例如"夜"本来语义完整,但是在汉语史上,由于方所范畴的确立,由于汉语词汇双音化的趋势,"夜"等词语本身需要附加另一个音节。"夜"本是具有跨度的时点,当人们意图突出这个具有跨度的范围时,需要在后面添加方位成分以造就一个概念空间,于是,能够表示跨度空间的方所成分"里""间"等就满足了这一需要,在隐喻的推动下,产生了"夜里""夜间"。

二 "时间成分+方位成分"方位成分的泛化及其原因

(一) 相关词语中方位成分的泛化现象

我们注意到"×+方位成分"这一类别的时间词,在表示同一个时间概念时,不同方言往往采取相同的时间语素,而采用不同的方位成分与该时间语素组合。例如:夜上—夜下—夜里—夜间、春里—春间、冬里—冬间、晏昼边子—晏昼头、昼边里—昼头、夜边—夜头、夜晡边子—夜晡头等等。

我们知道方位词在空间概念里一般有着确定的方位指向。空间方位成分在构建空间—时间的概念框架时也有着确定的具体维向。但是上面的语言现象表明这些方位成分在表示时间时出现维向的混同乃至消失,表现出泛向性。

考察上面的时间语词,这些时间语词中发生泛化的方位词主要在"上—下—里—间""边—头"两组之间。

其实,不仅是方言时间词语中方位词有泛化现象,在空间概念中也有类似现象。例如:

(1)"头"在方言中除表示人或动物的头部外,还有表示空间方位的用法,这些用法有的体现出维向的混同。如:

表示里、里面。如:锅头有了,碗头也就有了。(成都)

表示某物的附近，相当于"边"。如：耳朵头耳朵边。（浙江苍南金乡）

表示某物的表面，相当于"上"。边厢头、马桶头。（浙江苍南金乡）

（2）"里"相当于"上"的用法，如：枱里桌上。丹阳、面里面上。丹阳。

（3）西安的"下"就有用如"上"的用法。如：脸下脸上、墙下墙上、桌子下桌子上。

汉语史的空间概念中也有类似现象。王锳先生（1986：8—11）很早就指出唐宋时期"边"就可以表示中、上、下/底下等。如：

大漠风沙里，长城雨雪边。（高适《信安王幕府》）（中）

苏武天上上，田横海岛边。（李白《奔亡道中》）（上）

日暮望乡处，云边江树秋。（刘长卿《金陵西泊舟临江楼》）（下）

一些表达时间概念的"×+方位成分"的短语结构中也有这类现象，如《敦煌变文集·丑女缘起》："佛在之日，有一善女，也曾供养罗汉。虽有布施之缘，心里便生轻贱。不得三五日间身死。"刘坚先生（1999：84）注云："不得三五日间：时间还不到三五天。间，这里是'后'的意思。"

（二）时间语词中方位成分泛化的原因

认知语言学认为人类概念系统的建构与定义都具有隐喻性质。以空间概念建构时间概念即是其中的一个体现。方位成分"上、下、里、中、间、边"等原表示空间关系的方位词语，经系统性结构映射到时间域，同样体现了这一思维的共性。方位成分在时间语词的表达中的泛化与混同现象，与人们的认知心理有关，也与各自的原始空间义有关。例如"上/下"的概念与"在……里"等同的现象，吴晓彤、闫新民（2005）认为汉语方位名词"上/下"均可用容纳图式来理解。也就是说"上/下"的概念有时可与"在……里"等同起来。我们认为是因为当"上""下"作为图形突出某物之外的部分时，不管是该物之外的高处或低处，"×上/×下"包括一定的范围，因而与"里"有共通之处。这种相通之处，既有认知上的因素，也与"上/下"本身的空间义有关联。这样，表示夜晚，历史上和方言中有"夜上—夜下—夜里—夜间子"等词形。

"边"从空间直接映射到时间域，表示挨近某时的时间。因为挨近本身是个模糊概念，包括×的前和后，所以"×边"也有范围跨度；"头"也是在事物的边缘，这样"头""边"存在维向混同现象，都可以蕴含中、里的意义。

时间词语中方位成分维向的混同，既有认知心理的因素，也跟汉语方位短语的丰富与发展分不开。如前所述，从西汉开始，汉语处所词逐渐发展，方位词使"N+L"的范畴方位化。在空—时隐喻映射过程中，同样需要在一个时间成分后添加方位成分，以造就一个空间化的时间概念。开始的时候，方位词在空间的维向是具体的确定的，直接映射到时间域，虽然发生从三维到一维的变化，但其维向也是相对具体的。但是随着方位成分的发展，它们隐含的本来作为背景知识的一些特点被人们所关注，这导致一些本来并不相同的方位成分的维向之间出现相似性，引起原本不同维向的方位词维向泛化。这样在"N+L"短语中，选用哪一个方位成分，具有相似认知心理的方位词都有可能成为候选成员，这样就造成不同方位词的一定程度上的泛化与混同。例如"春"本是具有跨度的时点，当人们意图突出这个具有跨度的范围时，需要在后面添加方位成分以造就一个隐喻性的空间，"上""下""里"这类本就具有范围内涵的方位成分也就成为候选成员。因此，出现意义相同而后加音节不同的"春上—春里""秋上—秋下""夜下—夜上"也就不足为奇了。

以上现象也说明，不同方言对时间的范畴化模式和范畴化规则不同，所产生的语表形式和含义都有差异，其结果是各方言间相同时间的表现形式各有差异。这种差异一方面体现在对客观存在的时间概念进行范畴化时，各方言会有不同的认识（如对一天内时间的划分）；另一方面，在语言层面，对时间概念的范畴化也有差别。

第五章

汉语时空隐喻的意象图式表征系统及认知策略[1]

本章主要包括两个方面：一是在前面讨论的基础上，探讨汉语时空隐喻的意象图式表征系统及这些表征系统在语表形式上的体现；二是以方言材料为切入点，从方言看汉语"来去"式时间语词的隐喻认知问题。

第一节 汉语时空隐喻的意象图式表征系统及其表达体系

前面几章我们主要从空间方位、空间位移、空间距离等方面讨论了汉语时空隐喻表达式的历时发展与演变，并且讨论了时空隐喻的词汇化问题。本节我们在前面几章的基础上，构建汉语时空隐喻的表征系统及表达体系。

"空间"本身是一个多角度多层次的复杂系统，因而通过空间来表达时间也必然体现在不同的层次、不同的方面。也就是说时间概念是以一个或多个空间化隐喻（spatialization metaphors）组织而成的，"时空隐喻"可以看作一个包含多个子系统的顶级隐喻系统。因此我们需要全面考察汉语时空隐喻系统。我们认为，时间概念的形成与时间隐喻的使用和发展是一体两面，而它们的外在体现就是时间概念的表达形式。认知语言学认为，句法结构与人的认知经验之间有联系。因此，对汉语时空隐喻的概念表达系统进行深入研究，对揭示时间认知的本质和时间概念的形成与发展有重要意义。

Lakoff（2006：79）提出过隐喻的"守恒原则"（invariance

---

[1] 本章主要参见何亮（2015b）。

principle)：即隐喻跨域映射过程并不违反目标域本身意象图式，而且保留来源域与目标域的认知即图式之间的固定对应（fixed correspondences）。就空间概念来说，空间形状、空间关系和空间位移是核心，而空间关系和空间位移主要是以意象图式为表征的。那么，就空间—时间而言，汉民族以怎样的方式对时间概念进行建构？时间作为空间的隐喻，体现为哪些图式，反映在汉语语言上，又以哪些形式表达呢？这些表达形式又经历了哪些发展？

下面我们拟在前面几章的基础上全面考察汉语时空隐喻系统，对汉语时空隐喻的意象图式表征系统及其表达系统进行研究。我们所说的时空隐喻系统，是指通过空间概念系统地构建时间概念的体系。这里的时间概念是指时间本体，即可以指称的、表示时间的位置或时间长短的观念；时空意象图式表征是对时间本体进行表征；时间表达系统是指对这些时间本体进行指称或描述的表达形式体系。

一　汉语以空间为直接基础的时间概念隐喻

齐沪扬（1998：2）曾指出空间系统包括三个复杂的相互交织的子系统，即方向系统、形状系统和位置系统。

空间到时间的隐喻是系统性结构隐喻。因为凸显的侧面不同，空间概念系统的三个子系统在向时间域发生映射时形成各自不同类型的隐喻，但是三个子系统互相勾连，彼此渗透，不同类型的隐喻之间彼此交织。这些不同的隐喻不属于整体呼应（也就是不能合成同一个意象），但作为同一个空—时范畴之下的次类，这三个系统以及它们各自形成的隐喻之间彼此补充从而形成相合关系。从我们的考察看，具体而言，汉语有以下几个以空间为直接基础、处于较高层级的时间根概念隐喻。

（一）时间是空间存在物

实体物质是三维的，要占据一定的体积或面积，与边界、形状有关，具有千姿百态的形状特征。空间的形状系统映射到时间域，需要舍弃空间形状的具体特征，只保留最抽象最基本的元素。比如实体物质作为一个整体由不同的部分构成，有着不同的部位。表示物体部位的词语"首、头、口、心、背、脚、跟、题、颠、末、梢、杪、尾"等舍弃具体形象抽象化以后，泛化为方所词语，并且都可进一步发展用于表示时间。于是，时间作为一种存在物，可以靠近它，可以远离它；时间可以是点、是段，时间也就有长短，如"寸阴""寸隙"等；时间是容器，也就可以进入，可以走出，我们可以说"进入六月"等。

随着视点的不同，物体之间呈现各种各样的方向关系。方向系统本质上是空间关系系统。方向的确定需要有参照点，参考点可以是显性的，也可以是隐性的。齐沪扬（1998：2—3）指出参照点可分为三种：第一参照点，即说话人说话时的位置；第二参照点，即说话人说话时涉及到的物体或处所的位置；第三参照点，即说话人说话时因语言环境而添置的位置。在汉语中，通常以"方向"加"参考点"的方式来表达方向命题。即需要方位标参与表达。参照点加上方位标，人们就能够对事物进行定位，确定其方向。空间域的方向系统映射到时间域，时间也会有空间的一些特性。例如我们在对时间进行描述时，也需要时间参照点，参照点同样有三个：说话的当时、与所涉及话题相关的时间、某一特定时间。参照点加方位标，我们也可以对时间的方向、时间的位置进行描述，常见的时间方位标有"前、后、上、下、里、外、内、间"等。但是空间是三维的，而时间是一维的，空间是对称的，时间是非对称的，如此等等，用以构建时间域的结构特性必然有选择性。东、南、西、北等因人类共有的同一确定性和二维属性，就不能映射到时间域；具有对称属性的左、右等一般也不能与时间域发生映射。[1]

实体物质总是存在于一定的空间，有其空间位置。人们可以对物体的位置进行指称和描述。在语言中，人们常用介词对物体的存在位置进行指称和描述，表示处所的介词也就常常用于时间。前面第二章第二节在"空间位移类时空隐喻表达式考察"中有详细介绍。空间实体物质的位置与方向往往是由参照物加方位标或者事物加上部分准方位标加以体现。[2]本书"汉语空间方位的空—时隐喻表达"一章中，方向类方所成分"上、下、前、前边、后、后边"，位置类方所成分"旁、端、边、间、隙、际、边、底"以及自指类方所成分"处、所、次、当"等就既可以用于描写事物的位置，也可以用于描写时间的位置，都曾用于时间表达。

（二）时间是空间移动

齐沪扬（1998：25）指出空间位置分为静态位置和动态位置。静态

---

[1] 汉语史上出现过"黄昏左侧"之类的表达式，"左侧"表达的是数量概念，相当于"左右"，因而与时间的一维性、方向性无关。对此在前文我们曾有讨论。详见何亮（2012a）。

[2] 准方位标指介于方位标和命名标之间的方所标记形式。

位置指物体在这个位置上相对于参考位置来说是静止不动的；动态位置指物体在这个位置上相对于参考位置来说是运动的，这种运动是有方向的。任何运动都必然涉及空间位置的移动。移动需要满足两个条件：位移的起点、位移的方向。由空间域映射到时间域，时间是从起点到终点的位移。

"时间是空间移动"这一概念隐喻包含两种认知方式：[1] 其一，凸显原点或终点，观察者从起点移动，呈现历程性，时间体现出长度属性，例如"自古以来"等；其二，时间本身是移动的物体，凸显位移，隐藏起点和终点，体现时点属性，如古语中"逝者如斯夫""告诸往而知来者""岁月不居，时节如流""光阴似箭，日月如梭""流光""流年"等，今天所使用的"来年""过去"等（方言中"夜快来黄昏"等也体现了这一认知方式）。齐沪扬（1998：15）指出汉语中，对起点、终点概念的表达主要有两种方式，一是由部分介词加处所词来表示（介词有时隐含），二是由部分动词或趋向动词加上处所词来表示。时间起点和终点概念的表达方式同样主要是两种，一是由时间介词加上具有内在时间意义的成分来表示，二是由位移动词来表示。汉语史上有九类位移动词发生过空间—时间隐喻演变。如定位类的"在、当、以、次、即、停、居"；达至类的"及、至、即、涉₁、就、抵、临、洎、暨、迟、赶、达、迨、逮、迄、到、际、践、遒、臻₁、届、靠、薄、迫、逼、侵₁、投、逗、擦、依、傍、向、挨、捱、濒、近"；来去类的"来、臻₂、还、返、回、归、往、去、背、徂、逝、迶、侵₂"；进退类的"前、却"；经历类的"历、离、经、过、涉₃、逾、阅、越、凌、徙、行、跨、度、遵、循、踵、追、运、转、赶、移"；出入类的"入、进、出、涉₃"；迎送类的"迎、送、逆"；升降类的"上、下、降"；方式类的"走、赴、驰、奔、迤、流、溯、迈、随、趋"等。这些位移动词涉及的空—时隐喻主要有两大类五小类。第一大类，时间是静止物。内含三个小类：时间静止，观察者运动；时间静止，不涉及观察者；时间是静止的容器，其他主体进出该容器。第二大类，时间是运动物。内含两个小类：时间是运动物，不涉及观察者；时间是运动物，观察者为参照中心且静止。具体来说，有以下五种。

（1）时间是静止的处所，不直接涉及观察者。（2）时间是运动的主

---

[1] Lakoff等（2006：77）早就提出了两种时间认知方式："时间静止，我们穿过时间走向将来""时间是移动物，向我们移动"。

体,观察者为参照点且处于静止状态。(3)时间是静止的有跨度的区域,观察者穿越该区域。(4)时间是运动的主体,观察者仅为旁观者。(5)时间是静止的容器,其他主体进出该容器。

(三)时间是位移事件

隐喻是不同认知域之间的投射,是用一种概念表达另一概念。一般的观点,用空间概念表示时间概念,属于隐喻。转喻是相接近或相关联的不同认知域中,一个凸显事物替代另一事物。陈忠(2006:311)认为空间与时间是物质存在和运动的密不可分两个方面,空间的显著度比时间高,因而自然语言倾向于用空间概念来转喻时间概念。我们觉得在很大的程度上,隐喻与转喻存在难以区分甚至彼此融合的情况。两个认知域之间,如果强调相似性则是隐喻,如果强调相关性,则是转喻,二者确实存在交叉地带。人们需要生存活动,因而总会以某种动作作用于外部世界;日月运行、斗换星移,自然界的物体也会以自己的方式显现于世界。动作行为总是发生在一定的空间,并且总会伴随时间的延续。因而事件行为图式与时间之间既体现转喻也与隐喻有关。

人们发出的那些动作性强、有明确的动作起始与终结的自主行为,因其为人所熟知、延续的时间又容易感知,常用来表示时间。有些贴近人们日常生活、常见的自然现象(自然事件),也因为其从起始到结束易于感知而用来表示时间。这些行为动作都带有位移特点,即有由此到彼的内在特征。例如:一眨眼、一抬手、反掌、弹指、俯仰、瞬息、转盼、转景、转烛等。这些生活中的事件常常用以表示时间的长度。

这些其实也与转喻有关。比如"转盼"作为动作,与时间相关联,因而转指时间短暂。但是我们认为,动作必然存在于一定的空间中,因而从本质上讲,也跟隐喻有关。

以上几个概念隐喻都蕴涵于"时间是空间"这一最顶层的隐喻之中,或者说,由它派生而来。因此我们可以统称为空—时隐喻系统。

二 汉语时空隐喻的意象图式表征

(一)汉语时空隐喻的意象图式表征体系

时间概念隐喻体现了空间关系、空间形状和空间位移,而空间关系和空间位移主要是以意象图式为表征的。赵艳芳(2001:73)指出:"所有的意象图式都涉及空间结构,所以凡是涉及形状、移动、空间关系的知识都是以此（意象图式）模式储存的。"Dirk Geeraerts（2012：268）认为，"可以将意象图式定义为对空间关系和空间移动的动态模拟表征（dynamic analog representation）"。陈忠（2006：230）根据 Johnson 的观点认为，为了适应环境、认知和把握客观世界，人们的感知、行为会建立起一定的模式。这些反复出现的模式、程式就形成了意象图式的基础。意象图式主要来源于身体所体验的空间运动以及对物体的操纵经验。

张敏（1998：111）曾列举了 Johnson 和 lakoff 提及的基本的意象图式，包括：容器、平衡、迫动（compulsion）、阻碍、反作用、除阻、使能（enablement）、吸引、不可数物质—可数物质、路径、系联、中心—边缘、环（cycle）、近—远、上—下、前—后、线性序列、刻度、部分—整体、合并、分裂、满—空、匹配、叠加、反复、接触、过程、表面、物体、集群等。

Johnson 和 lakoff 提及的基本的意象图式有 30 余种。根据汉语实际，我们提炼出空—时概念隐喻的 11 种意象图式表征，并讨论其语言表达形式。

1. 整体—部分图式

成分：一个整体，若干部分，一个体现部分如何构成整体的构形。[①]

逻辑：整体由部分构成，部分常常是相邻的。

关于汉语"整体—部分"图式的结构构成，谢信一（2004：253）在《汉语中的时间和意象》中有精辟分析。他指出，由整体—部分关系连接成链的客体在汉语中的语法顺序是把整体放在部分前面，英语则相反。这是因为汉语在描绘客体的位置时，是我们走向客体（英语反之），由于客体位于一个更大的客体或若干个一个比一个大的客体之中，我们得先走近那较大的客体，然后接近那较小的，就是说，我们在经历部分之前先经历整体。

"整体—部分"图式从空间通过隐喻扩展到时间，我们可以对时间进行切分，于是我们可以说"半天""这十天，前五天下雨，后五天晴天"。

"整体—部分"图式能构成历法时间序列，从而表示年份、季节、月份、日期、时刻等的时间。何亮（2007：55—56）指出现代汉语中这类结构总是时间范围大的在前，时间范围小的在后，或者说前一个时间中要

[①] 张敏（1998：112）有所讨论。

包含后一个时间，古汉语也是这样。如：

2013年6月6日下午5点20分；建武四年丁丑岁正月二日。

2. 容器图式

成分：内部、外部、边界。①

逻辑：一个物体要么在容器里面，要么在容器外面，该物体可以进入或走出该容器；容器本身有深浅。

从空间域扩展到时间域，容器图式的基本逻辑不变。可以看到时间是有边界的区域，甚至有深浅。用于空间域的表示容器关系的成分"里、外、中、间、内"等同样用于时间域。这点古代汉语、现代汉语并无不同，只是用以表达的语言成分的历时替换。因此有"深秋""三更中、夜里、七日间、秋冬间、当日内、一年以内、五小时之外"等说法；容器可以进出，我们能说"出梅""出了七月"。又如《古小说钩沉·幽明录》："翁曰：'汝入三月，可泛河而来。'"

3. 中心—边缘图式

基本成分：实体，中心，边缘。

基本逻辑：实体由边缘逐渐向中心过渡。

中心—边缘图式从空间通过隐喻扩展到时间，时间也有中心有边缘。于是我们可以说"六月心里""八月边上"。方言中多有这样的表达。例如"边"：

长沙：晚边子、中秋边子、清明边子。娄底：初十边介。温州：夏至边儿；日昼边儿。(李荣主编，2003：6064)

4. 远—近图式

成分：参照物，相关物体，距离。

基本逻辑：相关物体离参照物总是有距离，或远或近。

"远—近"图式从空间通过隐喻扩展到时间，距离短者指时间间隔短，离参照时间近；距离长的，指时间间隔久，离参照时间远。

我们可以说离某时某事很远，或者离某时很近。我们在"以空间距离隐喻时间"一章有详细阐述。在汉语中，空间距离常用来隐喻时间的长度。除了用以表示空间距离的词语外，一些源自人体的体验也用于表达时间。例如"眼睛""脸面""手"等是我们最熟悉的贴近自己中心部位

---

① 张敏（1998：111）有所讨论。

的器官,常常拿来作为参照点,面前、眼前、手头的距离和我们很近,于是喻指时间很近(无限接近参照点就相当于现在),如:眼前、眼底下、目前、手头上等。

又如,不少汉语方言表示"今天后的第三天"这一时间概念时,常用"外+'后天'"的形式。这里的"外"就体现了"远—近"图式,指距参照时间较远的时间。如:"外后天_{晋语、兰银官话、西南官话、东北官话、中原官话、江淮官话}""外后日_{胶辽官话、江淮官话、中原官话、西南官话、湘语、赣语}""外后朝_{江淮官话、吴语、徽语、赣语}",又如"外后儿、外后个、外后儿个"等。

5. 前—后图式

成分:观察者(参照物),面向、背向。

逻辑:如果一个事物在观察者面向之方向,则该事物面向为"前",背向为"后";如果观察者面向之方向有两个事物,这两个事物与观察者有同样的面向,则距离远者为"前",距离近者为"后"。

"前—后"图式由空间域扩展到时间域,其空间域的结构特性也保留下来。例如观察者观察的时间也有潜在的同样的面向;如果观察者位于现在,则其前为过去,其后为将来;如果观察者要对同方向的两个时间或发生过的两个事件进行比较,则离其较远者为前,离其较近者为后,形成一个序列;对某一个时间段进行观察,则离说话时间(或观察时间)较远的时间、先发生的事件为"前",较近的为"后"。[1] 张建理(2003)指出这"前""后""空—时"语义转换关系为:"前"为"(较)早""(较)先","后"为"(较)晚""(较)迟"。"前""后"单用、"前×""后×"与"×前""×后"等相关结构都可以表示时间。

6. 上下图式

成分:物体,参照点,垂直高低。

逻辑:由于万有引力,也由于万物生长的规律不同,世间万物总是有挨近地面的一面和离地面较远的一面。以相对于地面的距离为参照,于是有了高低上下的现象,人们也由此产生上下意象图式。

由空间扩展到时间,以"上"为"前"是有其经验基础的,当人们抬头往上看,视线所及,物体总是在我们的前方。刘宁生(1993)认为:"'历史长河''时间如流水''光阴流逝'等告诉我们汉语同时将时间看

---

[1] 张建理(2003)、史佩信(2004)等有过类似的论述。

成是一条河流。上游是水流首先经过的地方，所以'上'获得过去的意义而'下'获得以后的意义。"顺序在前、在参照时间以前、早于参照时间的为"上"；顺序在后、在参照时间以后、晚于参照时间的为"下"。因而"上""下"可以表示先后序列和相对时间。如"上旬、下旬""上个月、下个月"。"上""下"表示在某个时间之前或之后的自古有之。我们在第二章有过详细讨论。又如：

①奋乎百世之上，百世之下闻者莫不兴起也。(《孟子·尽心下》)
②唐虞以上，不可记已。(《史记·龟策列传》)
③自桀纣以下，皆以鬼神为不神明，不能为祸福，执无祥不祥，是以政乱而国危也。(《墨子·公孟》)

第二章我们考察过垂直和水平方向的位移动词，发现时间的运动也可分为水平和垂直两类。96个发生空—时语义扩展位移动词中，属于垂直方向的仅"上、下、降"三个，且这三个词语均只体现出时间静止，观察者移动或者仅体现时间序列的时间认知方式。显然无论是数量、类别还是具体的时间认知方式，对时间的表达更多体现在水平运动的位移动词上面。汉语垂直型（横向）无论在数量上、还是类型上都处于明显的劣势。而且汉语中的纵向时间表达并非不能用横向时间表达替代。

7. 路径图式

成分：起点、终点、路径、位移、方向。

逻辑：位移者从一点到另一点具有方向性地移动。

陈忠（2006：232）认为在不同的环境条件下，由于凸显的侧面不同，同一个意象图式会表现为一组既保持联系又彼此略有差异的不同形式变体。在路径图式中，存在四种变体：凸显起点，终点隐含；凸显起点和终点，路径隐含；凸显终点，起点隐含；凸显路径，起点终点隐含。从空间域扩展到时间域，路径图式同样有四种变体。

（1）凸显起点，终点隐含[①]

起点可以是现在，或某一特定时间，格式为"起时介词+起时（现在）+时间方位词"，起时介词古代主要有"自""从""于""缘"等（起点介词常常省略）；时间方位词自古及今主要有"后/之后/以后/厥

[①] 以下"凸显起点，终点隐含""凸显起点和终点"的主要格式及例句参何亮（2007）关于确量时段、约量时段的论述部分，见140—145、155—157页。

后""以往""以降""以还""来/之来/以来""去/以去""起去"等。如"自/从……以后""从……以往""自……以降""从……起去""自……以还""从……/以来"等格式。汉语史上，起时介词和时间方位词相对稳定而又不断发展变化。如：

④自兹以降，风流弥繁，长往之轨未殊，而感致之数匪一。(《后汉书·逸民列传》)

⑤自此以还，鳏贫疾老，详所申减，伐蛮之家，蠲租税之半。(《宋书·孝武帝纪》)

⑥我从生来，无有大过，何故特不听我出家？(《贤愚经·出家功德尸利苾提品》)

（2）凸显起点和终点

这一图式起点和终点都得到凸显。一般由"（起点介词）+起点+（终点标志词）+终点"这一结构构成。起点标志词有"自、起、从、于"等，终点标志词有"及、至、至于、迄、迄于、达、于、逮于、终于"等。如：

⑦起元高祖，终于孝平王莽之诛，十有二世，二百三十年。(《后汉书·班固传》)

（3）凸显终点，起点隐含

这一图式主要凸显终点，不出现起点。汉语史上出现的终点标志词主要有"犁、迟、比、暨、至、迄、于、及、方、当、逮、会"等，今天则多用"到"。如：

⑧迟其至也，宿瘤，骇，诸夫人皆掩口而笑，左右失貌不能自止。(《列女传·齐宿瘤女》)

⑨重耳谓其妻曰："待我二十五年不来，乃嫁。"其妻笑曰："犁二十五年，吾冢上柏大矣。虽然，妾待子。"(《史记·晋世家》)

⑩比九世乱，于是诸侯莫朝。(《史记·殷本纪》)

⑪自商暨周，《雅》《颂》圆备。(《文心雕龙·明诗》)

（4）凸显路径，起点终点隐含

一般认为有"时间相对静止，观察者移动"以及"观察者不动，时间在动"两种情况。其一是不出现起点和终点，用位移动词"经""过""逾""移""历"等加时间成分表示位移的历程；或者用"入、侵、越、投、向、望、薄、靠近"等表示位移的词语体现靠近或进入某时间。如：

经岁、经年、经月、经旬、经春；逾年、逾月、逾时；移时、移日；历年、历朝、历时等。其二是不出现起点和终点，用具有内在方向性的位移动词加时间成分表示时间，时间本身就是位移的主体，如"来年""去年""往岁"等。

"经、逾、移、历"等体现历程性，体现时间相对静止，观察者移动的认知方式。而"来年""去年"等则显示时间本身就是位移的主体，位移具有方向性："来"是从其他地方到说话处，"去"是从说话处去别处。"来年""去年"等体现出观察者静止而时间在动的时间认知方式。

除了词语层面体现位移—路径图式外，句子层面也能体现时间作为主体的位移，如：2013年已经过去，2014年就要来到。

8. 线性序列图式

成分：多个成员，排列规律。

逻辑：不同的成员从头开始按顺序排列。

空间位置上，不同成员会按照一定顺序依线性依次排列。"线性序列"图式从空间通过隐喻扩展到时间，通常会构成同一序列时间的顺序排列。例如"连日""公元元年、公元二年、公元三年"……"甲子、乙丑、丙寅"等。时间的这种线性序列排列，是对空间线性序列的结构象似。

9. 叠加图式

成分：两个或两个以上成分，叠合在一起。

逻辑：两个或两个以上成分，以重叠交加的方式结合在一起。

空间上，相同或不同的物体之间相互可以叠加。扩展到时间，时间概念也可以叠加，例如"累世"。时间上的叠加更常见的是结构上的象似：叠加的时间成分或者并不同指，或者同指但是角度不同，叠加的时间一般作为背景出现。时间表达的重复叠加现象自古有之。[①] 如：

⑫初，宋武公之世，鄋瞒伐宋，司徒皇父帅师御之。（《左传·文公十一年》）

⑬自今日以往，既盟之后，行者无保其力，居者无惧其罪。（《左传·僖公二十八年》）

例12"初""宋武公之世""鄋瞒伐宋"都是作为背景出现，三者叠

[①] 何亮（2007：126）视之为时点表达的羡余。

加。例13"自今日以往"与"既盟之后"叠加。

10. 事件行为图式

成分：动作行为、动作行为关联的对象。

逻辑：动作行为在一定的空间、一定的时间进行，同时伴随着时间的延续。可以说，任何事件都天然和空间、时间相联系。行为动作或事件本身是蕴含时间因素的。

一些事件是由人作为主体发出，是最贴近生活，为人们所熟知的行为动作，这些动作往往用来表示时间的量，如前所述"一眨眼、一抬手、一转身"等。在前面第三章第二节，我们曾专门讨论了以躯体动作表示时间。躯体动作本身就可视为一个事件行为。当然从本质上讲，以人体动作表达时间，是通过人体某部位移动的距离或幅度来表示时间长度。因为人体要完成一个特定的动作，从开始到结束需要一个过程。需要指出的是，事件行为与时间是伴生的，二者具有高度的相关性而非相似性，严格说起来，以人体动作表达时间属于转喻范畴。但我们认为这种事件行为图式也在一定程度上体现了空—时隐喻性质，这一时间概念与空间距离有关。

此外，一些事件固定在某一个时间发生，于是该事件可以表示这一特定时间，如刘文英（2000：65）指出甲骨卜辞中表示早晚的基本词语是"出日""入日"，后世的"鸡鸣""人定"等。

11. 位置图式

成分：物体、存在的位置。

逻辑：我们自己以及任何有形的物体，必将存在于某个位置；任何事件行为必将发生在某个地点。物体存在或事件发生的地点位置是可以指称的。

当人们需要指称某时间或事件行为发生的时间时，人们通常使用位置图式。人们常常把时间看作地点，在这个时点位置上发生事件行为。在语言上的表现，一是时点时间词语本身可以表示定位，可以指称，二是把处所介词用于时间，成为时间介词。在时间介词的标注下，一些具有内在时间性的成分的时间性得到激发，从而具有时点属性，具有表示当时的功能。处所介词往往发展成为表当时的介词，而这些介词自古及今是一个相对稳定但又不断发展的系统。例如"于、以、会、当、临、在、值、用"等。"此、彼、尔、斯、这、那"等原先是空间指代成分，当我们指代时间时，位置图式使得这些指代成分进入表时系统。

三 小结

　　空间系统中最核心的是空间关系、空间形状和空间位移。在时空隐喻系统中，存在"时间是空间存在""时间是空间移动""时间是位移事件"三个根概念隐喻。空间位移有垂直和水平方向的位移，时间的运动也可分为水平和垂直两类。汉语中无论是位移动词的数量、类别还是具体的时间认知方式，对时间的表达更多体现在水平运动上面。汉语垂直型（横向）无论在数量上、还是类型上都处于明显的劣势。而且汉语中的水平型（纵向）时间表达并非不能用横向时间表达替代。

　　在三个根概念隐喻系统中，当我们关注时间的某一方面，我们就会使用相应的隐喻。如果需要同时聚焦时间的某几个方面，就会使用同时显现这几个方面的混合隐喻。例如：

　　⑭美好的未来在前面等着我们。

　　例⑭包含着我们所熟悉的对时间的认知方式：一是在句子的层面，将时间看作静止的事物，我们朝着它移动；二是在词语的层面，将时间看作移动的物体（"未来"），它朝我们而移动。这种认知方式完美地不露痕迹地结合在一起。

　　"时间是空间存在"等三个时间根概念隐喻统合在"空间—时间"这一范畴之下，它们各有不同的凸显面而又互相补充。

　　张敏（1998：99）指出隐喻的心理基础和表现是抽象的意象和意象图式。时空隐喻系统是由 11 种意象图式表征的，即：整体—部分图式；容器图式、中心—边缘图式、远—近图式、前—后图式、上下图式、路径图式、线性序列图式、叠加图式、事件行为图式、位置图式。其中"路径图式"包含四种变体，即凸显起点，终点隐含；凸显起点和终点；凸显终点，起点隐含；凸显路径，起点终点隐含。

　　在"时间是空间存在""时间是空间移动""时间是位移事件"隐喻项下的各种意象图式中，各意象图式凸显的重点不同。有的凸显空间关系，有的凸显空间运动等。如果需要凸显时间的不同方面，就会利用不同的意象图式。各意象图式之间存在相互交织、彼此关联的情况。例如整体—部分图式与叠加图式就是如此：例⑫"初—宋武公之世—郑瞒伐宋"反映了整体—部分图式，同时也是叠加图式的体现。

汉语时空隐喻系统的意象图式表征系统是一个相对稳定的体系，其语言表达形式也是一个相对稳定但不断发展演化的表达体系。陆俭明（2009）曾设想过从感知客观事物、建立认知模式，到用言辞将所感知的客观事物表达出来的过程：通过感觉器官感知客观世界而形成意象——在认知域内进一步抽象由意象形成意象图式（概念框架）——该意象图式投射到人类语言，形成该意象图式的语义框架——该语义框架投射到一个具体语言，形成反映该语义框架的构式——物色具体词项填入该构式，形成该构式的具体的句子。我们的考察表明，古今时空隐喻系统的意象图式表征并无不同，反映这些意象图式的语义框架以及这些语义框架的构式也没有太大的变化，变化的只是填入这些构式中的具体词项，例如起时介词、终点标志词、位移动词的历时替换等。

第二节 汉语"来去"式时间语词的隐喻认知问题[①]

张艳芳（2011：48）指出在人类认知发展的连续体中，空间概念的形成先于时间概念，空间关系及其词语是最基本的，因而最初用于空间关系的词语后来被用来喻指时间等抽象概念。张建理（2008：157）认为时间一方面具有流动性和不可逆性（这涉及时间的位移和方向）；另一方面它又呈现出线性序列和顺序关系。人们对时间特性的理解和表达常常需要借助于物体在空间的运动。表示空间位移的基本词语"来""去/往"等就广泛应用于时间表达。位移动作"来""去"的参照视角不同："来"是从别的地方到说话人所在的地方，凸显的是位移的终点；"去"是从说话所在的地方到别的地方，凸显的是位移的起点。"来""去"应用于时间域，也保留了这些特征。

在吸收国内外既有研究成果的基础上，国内一些学者对汉语"来去"式时间表达式进行了深入讨论，例如史佩信（2004）关于汉语"来去式"隐喻方式的论述就具有代表性。

第一种隐喻方式是时间移动式。在这种隐喻方式中，未来的时间不断地向我们奔来，向我们靠拢；经过我们以后，日子不停地离我们远去，是

[①] 本节参何亮（2013）。

为过去的时间。例如"将来""来年""去年""往日"等。

第二种隐喻方式是物质世界移动式。在这种隐喻方式中，物质世界在时间轴上移动，而说话人与时间轴的相对位置不动。物质世界移动的方向，与时间轴本身的方向正好相反。根据物质世界的移动方向是指向说话人还是离开说话人的不同，人们分别采用"来"或"往"等不同说法。他特别指出，在这种时间表达式中，"来"类表达式一般有一个起始时间 X_1，采用"（从、自、由）X_1 以（而）来"这样一种说法，终止时间是说话人所处的时点，如"自是以来"；如果用"往"，必须以说话者所处的时间点 X_2 为起始点，所指的时间从起点向未来方向移动。如"自今以往"等。

张建理（2003）、刘甜（2009）等也对"来去"表达式的认知问题进行过深入讨论。应该说，学界对"来去"类时间隐喻表达式的认知理论探讨已经相当深入。但我们认为还有一些问题值得讨论。

（1）"来""去"能出现在两种隐喻方式中，那么制约它们出现的条件是什么？为什么"来年""将来"等要采用一个视角，而"自×以来""自×以往"等采用另一个视角？现代汉语共同语中的"来去"类时间词都表示相对时间，但是汉语方言中有不少"来"类词却与过去、将来无关，如"夜快来"（黄昏）、"晚黑来"（晚上）等。这些现象如何解释？

（2）汉语史上既有"自今以来"，也有"自今以去""自今以往"，它们都表示将来。它们采用哪种时间隐喻方式？为什么会有这样矛盾的表达式？为什么"自今以来"这样的表达式会消失？是否如有的人所说，是古今认知时间的方式有变化？

我们认为目前对汉语时间表达的认知分析大都建立在对普通话语言事实基础上，无视汉语史，尤其是现代汉语方言丰富的材料，这不能说不是一个遗憾。中国幅员辽阔，各地方言差别很大。一般认为，现代汉语方言的形成是多层次多来源的，与古代汉语有着密切的联系。我们觉得，必须把汉语史、汉语方言、共同语三者结合起来全面考察，才能更接近事情真相。大型辞书《现代汉语方言大词典》《汉语方言大词典》，以及数量众多的方言论著都收录了大量有关时间概念的词语，这为我们的综合考察提供了可能。

前面第二章我们详细讨论了"来去"类位移动词的空—时隐喻语义发展，下面我们拟考察汉语方言中"来""去/往"类时间语词，结合现代汉语共同语、汉语史,对汉语"来去"类时间语词的认知问题做全面考察,以期得出较为全面的认识。

一 方言中"来""去""往"构成的时间语词

应该指出,方言时间词语中"来""去""往"的语法性质并不一致。它们的性质可根据与之结合的另一语素×的情况来判定。如果一个词语的意义基本由×承担,去掉"来""去""往"不改变主要意义,则"来""去""往"为词缀,因其词义减弱或消失,不能体现由空间域到时间域的映射。如果与×结合的"来""去""往"意义较实在,需要与×配合成义,那它们是词根,能反映由空间域到时间域的映射,体现时间认知的特点。

(一)"来"类时间语词

1. "来"属于词缀

表示过去:夜来昨天、夜来个(科/格)昨天、夜夜来昨晚、黑来个儿昨晚、夜黑来①昨晚;昨来昨天、头年来去年;先上来原先、原来起初;从前;原先、早来从前、头来早先、初上来开始的时候、头首来当初;开头、先来刚才、后来②过去某一时间以后的时间、后边来后来、后半来后来、后慢来后来、后自来后来、后息来后来、后头来后来、后首(手)来③后来,指在过去某一时间之后的时间、后晚来后来、压末来末了;最后、后末来④后来。

表将来:将后来⑤将来、赶明儿来明天、明来明天。

---

① 不少语言和方言中表示"昨天"的词同表示"晚上"的词相同或有派生、同源关系,如威海、即墨、太原、忻州等地把"昨天"说成"夜来"或"夜儿",西安话"昨天"说成"夜个",北京话用"夜儿""夜儿个"表示昨天等。伍铁平(1993)曾有讨论。另,《现代汉语词典》(第六版)为词条"夜来"标注<书>,不妥,当改为<方>。

② 梁银峰(2009)认为汉语史上"后来"由状中式偏正短语直接词汇化而来,是。方言中"先来""后来"的"来"都已词缀化,"后来"表示的是过去某一时间之后的时间。

③ 按:许多方言中"后首"是时间词,表示"后来;以后",指在过去某一时间之后的时间。在东北方言、中原官话、兰银官话、江淮官话、西南官话、吴语等都有。见许宝华、宫田一郎(1999:2086)。

④ 现代汉语共同语中表示过去的"×来"时间词有"古来、本来、比来、迩来、近来、历来、年来、日来、素来、向来、原来"等。凡《汉语方言大词典》《现代汉语方言大词典》未收的,本书不列出。

⑤ "将后"本身即表示将来的意思。

表序列时间：清起来①_{早晨}、清晨、侵起来_{早晨}、明者来_{黎明的时候}；晚黑来_{晚上}、黑来_{晚上}；春来_{春天}、秋来_{秋天}、夏来_{夏天}；小来_{小的时候}、老来_{老年时}、大来_{长大以后}。

表指代时间：甚会儿来_{哪会儿；什么时候}、那当来_{那时}、那空来_{那会儿}、这当来_{这时候}、这空来_{这会儿}。

2. "来"属于词根，有具体意义

表示将来：

"来×"：来日_{明天，次日}、来早_{明天早上；明天}、来年_{明年；以后若干年}、来年子_{明年}、来晏_{明天中午}、来晚_{明天晚上}、来朝_{明天；明天早上}、来后_{后来，以后}、来下年_{明年}、来年_{明年}、来日_{将来}、来生、来世。

"×来"：将来_{现在以后的时间}、讨来_{将来}、落来②_{将来，日后}。

表示过去：×以来、×（以）来、一来_{一直以来}、自来。③

表序列时间：晌午者来_{午前}、夜快来_{傍晚}、黄昏将来_{傍晚}、黑将来_{傍晚}、黑者来_{傍晚，指日落以后星出以前的一段时间}、黑障来_{黄昏}。④

（二）由"去"构成的时间语词

由"去"构成的时间语词，"去"都有具体词义。

1. "去"表示过去

"去×"：去年、去年个、去年子、去年礕、去年暝（冥）、去年个儿、去年辰崀、昨去年。以上都表示去年。

"×去"：年去_{去年}、过去_{现在以前的时间}。

2. "去"用于表未来

从耶去_{从此以后}、从这边走、以后去/朝后去_{往后}、从今以后、耐下去_{往后}、从今以后、落去_{往后、以后}。

---

① 按：在徐州方言中"清起（来）"中"来"可说可不说，又，山西襄汾也作"清起里"，可证"来"义虚化，主要意义由"清起"充当。

② "讨"在建瓯有"将要"的意义。"落"在温州有两个意义：下、下去。"落来"的构词方式与"将来"相同。

③ 从历史来源看，"×（以）来、自来"中的"来"词义较实在。在现代汉语中，因为一般人并不熟悉它们的发展历程，词语内部变得不可分析，有人把它们都看作附加式合成词。

④ 我们说这些语词中的"来"尚未虚化，是因为"晌午者来"表示"午前"、并不是晌午的意思；"夜快来"是"傍晚"的意思，而不是"夜晚"义，可见其中的"来"有较为明显的位移义。余类推。

(三) 由"往"构成的时间语词

由"往"构成的时间语词,"往"都有具体词义。

1. "往"表示过去

"往×":往天_{往日;过去}、往日_{以前的日子,过去}、往两日、往日家_{往常}、往年家_{以往的年头}、往年_{从前,过去}、往年个_{往年,前几年}、往年子_{往年,前几年,以前}、往年(时)_{以往的年头}、往年暝_{往年}、往先_{从前,过去}、往时_{从前,过去}、往常_{过去的一般的日子}、往夜_{旧日的晚上}、往早_{以往}、以□早_{从前}、往早年_{往年}、往每年_{往年}、往常天_{往日,往常}、往常年_{往年;从前,前几年}、往常时_{平昔,往常}、往常日脚_{泛指过去的日子}、往年子家_{往年,过去}、在往前_{以往};往过_{从前,过去,上回}、往回_{上次,往常,以前}、往回子_{往回,过去,前几次}、往回家_{以往,过去,前几次}、往帮_{以前}、往转_{以往}、往次_{往常,从前}、往摆_{昔日,旧时,前次}、往摆子_{以前}、往阵时_{过去,以往,以前}、往阵、往查儿_{过去,从前}。

"×往":过往_{过去}、以往_{过去}。

2. "往"表示未来

表示未来只有"往后"。如:往后、往后起、在往后。①

"往后"有时出现在"从……往后"格式中,如:

从今往后_{从今以后}、从这往后_{从此以后}、今此往后_{从此以后}。

据王云路(2010:290—295)考察,"×来"类时间词在中古形成并发展,时间词后缀"来"也在此期形成。"来"成为词缀后,其位移意义消失,可以附在其他词语后表示时间。因此,要考察"来/去/往"类时间词的隐喻认知方式,应剥离"来""去"等作为词缀的用法。

以上方言时间语词表明,"去""往"词汇意义较强,都属于词根;"来"则既有词根,也有词缀,而词缀均出现于"×来"格式中。考察以上非词缀的"来""去""往"类词语,我们发现"来"表示将来可出现在"来×"和"×来"格式中;"来"表示过去仅出现在"(自/从)×(以)来"及其省略式"一来""自来"等词语中;"晌午者来""夜快来""黄昏将来""黑将来"则表示序列时间(一天中的某一时间)。"去""往"基本表示过去时间,只有极少数表示未来,如"往"只有"往后"表示未来。

---

① 有趣的是,属于胶辽官话的山东牟平用"往前久远"表示"将来、以后的日子"。而徐州表示从今以后可以用"往后",也可以用"往前"。这反映出"前""后"不同的认知视角,与"往"无关。

二 "来去"类时间语词的句法语义结构与认知方式的关系

（一）关于"来""去/往"类时间表达式的认知方式

George Lakoff（2012：215—216）指出，当观察者固定不变，时间为相对于观察者的移动物体（即"时间在动"），此隐喻的蕴含为：如果时间2位于时间1后，那么时间2相对于时间1而言处于未来；当时间是固定的场所，观察者相对于时间而移动（即"观察者在动"），则该隐喻的蕴含为：时间有范围（extension），且可以度量，一个时间段就如同一个空间，可以看作一个有边界的区域。

结合方言以及现代汉语、古代汉语语言实际，我们赞同史佩信等先生的相关论述，即汉语中"来""去""往"类时间语词体现了"时间静止，观察者移动"（即史先生所说"物质世界移动式"）、"观察者静止，时间移动"两种隐喻方式。

1. 表过去时间的"（自/从）×以来"结构及其缩略式"一来""自来""从来"等；表将来时间的"从耶去""以后去/朝后去""耐下去""落去""往后""从今往后/从这往后/今此往后"等，都采用"时间静止，观察者移动"认知方式。这种认知方式中，观察者移动，时间是静止的有边界的区域。观察者想象着从过去面向现在或从现在面向未来移动（或者从相对前时走向相对后时），呈现出历程特征。

2. 表示将来时间的"来日、来早、来年、来晏、来晚、来朝、来下年、来年子""将来、讨来、落来"等；表示过去时间的"往天、往日、往年、往回、以往、过往""去年、去年暝、过去"等，都采用"观察者静止，时间移动"隐喻方式。这种隐喻认知方式中人们感觉时间从将来经现在流向过去，这时向我们迎面而来的是将来，离我们而去的是过去，凸显时间的流动性和顺序性。

值得特别注意的是，方言中有一类时间词语虽然也采用"时间移动"隐喻方式，但与过去将来无关，这种隐喻体现的是时间的序列性。例如"晌午者来、夜快来、黄昏将来、黑将来、黑者来、黑障来"等。这些词语都是指称时间的位移，回答的是"什么时候"，运动主体本身就是时间。时间是一个个不同阶段的个体的有序排列，依次从观察者面前流过，周而复始。观察者不参与位移，既不是参照点，也不是位移主体，如同一个看戏的观众。如"夜快来"就是夜晚快到之前的时间——傍晚，以事件转指时间。这里"时间移动"的"时间"有时表现为这个时间的特征,例如晚上的特征是"黑"等,"黑将来"就是黄昏、傍晚。因为它们是以事件转指时间,突出事件和时间的相关性,我们认为这一表达式也体现了转喻认知模式,是隐喻与转喻的统一。

可见"来/去"式时间表达式所体现的"时间移动"与"观察者移动"两个譬喻并不能形成时空隐喻的整体呼应关系,但能形成整体相合关系。即"时间移动"凸显时间的顺序性,"观察者移动"则凸显历程性和范围性。

(二)句法语义结构与认知方式的相互关系

考察汉语方言、现代汉语共同语及汉语史上"来""去/往"类时间语词,可以发现它们的句法结构与语义关系有相当整齐的对应规律,句法结构、语义关系也与认知方式的选择直接相关。

1. 定中结构,"来""去/往"作定语,中心语为时间成分。"来"用于将来,"去/往"用于过去。例如:

来日、来早、来年(子)、来晏、来晚、来朝、来后、来下年、来年、来日、来生、来世;去年(个/子)、去年甞、去年暝、去年个儿、往天、往日、往两日、往日家、往年(家/个/子)、往年(时)、往年暝、往先、往时、往夜、往早、往过、往回、往转、往次、往阵时、往阵等。

2. 状中结构有两种情况:

一是状中结构中状语表位移的已然或未然情状,位移动词"来"用于将来,"往"用于过去。如:将来、讨来、落来、以(已)往等。

二是状中结构中状语表示位移的起点。"来"用于过去,"去""往"用于未来。例如:

×以来、×(以)来、一来一直以来、自来;从耶去、以后去/朝后去、耐下去、落去;在往后、从今往后、从这往后、今此往后等。

这类结构式的起点有时隐含,例如"往后"实际上隐含了位移的起点"今",因此也可以看作状中结构。

3. 主谓结构,"来"用于表示序列绝对时间。如:

晌午者来、夜快来、黄昏将来、黑将来、黑者来、黑障来。

此外还有并列结构"过往""过去",表示过去时间。

上述情况表明"来去"类时间语词的句法结构与语义关系对采用何种认知方式有密切关系。

有的结构式明确出现了位移主体。有的位移主体出现于主语位置，如主谓结构（谓语部分是状中结构，如"夜快来"等）；有的位移主体出现在定中结构的中心语位置。这两类结构式的位移主体就是时间，当然采用"时间在动"的时间认知方式。

有的结构式没有出现位移主体，例如并列结构、状中结构。

并列结构"过去""过往"，各有两个先后相续的位移动作，位移主体经过观察者之后离开，位移主体不是观察者，当然也是采取"时间在动"的认知方式，表示过去时间意义。

状中结构有两类。状语表示已然或未然情状的那一类，整个结构表明的是位移的状态。状语及位移动词的关系以及"来""去"自身的语义特点决定了该结构采取"时间在动"的认知方式：位移主体尚未到达说话地，动作尚未实现，是为"未来、将来、落来"等；位移主体已经离开说话者，是为"以（已）往"。

而状中结构状语表示位移的起点的那一类，"自/从×（以）来""从这往后"等，该表达式凸显的是位移起点和位移方向。因为起点是固定不动的时间，移动的主体当然是观察者。观察者想象着从起点开始移动。因而该结构采用的是"观察者移动"认知方式。何亮（2007：107）认为如果终点是说话时间，那么"自×以来"表达的就是从×到说话时间为止的过去时间段；如果起点是现在"今"，则"去/往"的语义特点决定了"自今以去/从今往后"等表达的是将来的时间。

讨论"来去式"时间表达式，一个绕不过去的问题是古汉语中"自今以来""自今以去"同表将来时间的问题。我们不赞同史佩信、刘甜先生等认为汉语史上"自今以来"表达式是"时间在动"认知方式的观点。因为"自今以来"没有理由与同类结构的"自×以来""自×以往"采用迥然相反的认知方式。

我们认为"自今以来"与其他"自×以来"一样，都体现了路径图式，采用的仍是"观察者移动"认知方式。观察者想象着从"今"出发，向相对后时移动，此图式中凸显的是起点时间"今"，而其相对后时当然只能是将来了。所以虽然这个表达式用的是"来"，但表达的是将来时间。我们可以把这一格式看作"（自）×以来"的特例。江蓝生（1984）也指出，"若特指其起点，则'以来'就相当于'……时'；若强调以某时为起点，则'以来'含有'……之后'之义"。不可否认，这一表达式中的移动的起点是"今",与"来"的语义不符,于逻辑有抵牾之处。

可见,一个表达式采用何种认知方式,与该表达式的句法结构有关,也与该表达式内部成员的语义关系相关。

三 关于古今"来去"式时间认知方式的异同

史佩信(2004)、刘甜(2009)指出在共同语中"来"表过去在表达形式上比较受限,他们的观察是正确的,方言中也体现出这一特性。我们注意到,在现代方言中这种"来"表过去、"去/往"表将来的时间表达式是有严格限制的。

一是严格说来,如前所析,体现这一认知方式的表达式只能出现在有起点且有明确位移方向的状中式时间表达式中(有的起点隐含或模糊)。如"×(以)来""一来""自来"都有或明确或模糊的起点,从起点到说话时间;"从耶去""朝后去""往后"等则以说话时为起点,从说话时走向未来。

二是应用这种认知方式的词语数量极为有限。方言中"来"类只有"一来""自来"等(应是从"……以来/来"缩略而成。另,汉语史上形成的附加式"×来"类词语中"来"的位移义已消失,不能反映时空隐喻);"去/往"类只出现在"从/朝……去""从/自×往后"等框式结构及其省略式中。

可见,这种"来"用于过去(相对前时),"去""往"用于未来(相对后时)的表达式是受限的、不自由的。史佩信先生(2004)正确地指出:"无论'前后式'还是'来去式',只有一种隐喻方式是基本的,另一种方式只起辅助或补充作用,是一种有标记的方式,人们在理解中能够加以分辨。"方言"来去"类时间语词完全证明了史先生的观点。

那么在汉语史上情况怎么样呢?刘甜(2009)认为:"如果从历史发展的角度观察,在中古可能存在着两种认知来去式的时间认知模式,但随着语言的发展,现代汉语只以一种认知系统为主,即带'去'的词语表示过去的时间,带'来'的词语表示将来的时间。"

我们认为"来去式"的认知方式,中古与现代是一致的,都体现了"路径图式",并未发生改变,都是一种为主,另一种为辅。

我们先看看中古时期"来/去/往"类时间语词的使用情况。

中古"来"表示将来的时间词有"来岁、来年、来世、来日、来月、来兹、来夏、来秋、来劫、来祀、来生、来晨、将来、方来、未来、当来、甫来、甫当来"等。可见能与"来"搭配的词语广泛且不受形式限制，既有"来×"也有"×来"形式。关于中古"来"表示过去的时间语词，我们知道，"（自）×以来"表从过去某时至说话时间这一用法从先秦沿用至今["自今以来"是"（自）×以来"的一个特例]；此外，中古汉语还广泛使用"×来"形式表示过去时段（如"亡来七日""学来积年""江左来无禁也"等，"来"是过去时段标志词），而这种"×来"是"（自）×以来"的缩略式；中古出现的表过去的"间来、昨来、比来、顷来、近来"等时间词，据梁银峰（2009）、王云路（2010）、董秀芳（2002）、何亮（2007）等研究，这些词中的"来"或是词缀，或是从"（自）×以来"缩略而成。就是说，在中古出现的表过去的"×来"时间语词中，如果"来"是词缀，则"来"的位移意义已消失，不能由此分析其时间认知模式；如果这个"×来"是从"（自）×以来"缩略而成，则它表示过去时段的用法自古皆然。

　　中古时期"往""去"表将来只出现在"自今以往/自今以去"格式中。而"往""去"表过去有"往岁、往者、往昔、往古、往年、往日、往时、往世、往代、往载、往秋、去春、去夏、去秋、去冬、去月、去岁、去年、去昔"等差不多20个，足见"往""去"表过去是主要用法。

　　就是说，在中古汉语时期，除了"（自）×以来"及由此缩略而成的"×来"表过去时段外，具有位移意义的"来"不出现在表过去的语词中，"来"主要用以表示未来；除"自今以去/往"外，"去/往"不出现在表将来的语词中，一般只用于表示过去。可见，中古汉语"来去"类时间表达式采用"时间在动"和"观察者在动"两种认知方式，而以"时间在动"为主。

　　对比中古和现代"来/去/往"类时间语词的使用情况，可知"去""来"表达时间的用法古今并无二致，"来去"式时间表达式采用的隐喻认知方式并无不同，古今汉语都以"时间在动"的认知方式为主。

　　至于颇具中古特色的"自今以来""自今以往"这类格式的消亡，我们觉得有以下几方面的原因。

　　首先是因为"自今以来"这一表达式不符合人们的认知习惯。"来"是从别处到说话处来，可这里"别处"就是说话处，这显然有点不合逻辑。我们猜测，"自今以来"是受语言中广泛使用的"自×以来"格式影响而类推出来的、在当时约定俗成的习语。不合逻辑却在语言实际中广为流行的例子比比皆是，例如"差一点没摔到"与"差一点摔倒"，看似一对矛盾体，却能表示同样的意义。但是那些不合逻辑的表达式因与人们的认知经验相矛盾，有一些最终会走向消亡。

其次，我们认为与语言的经济性原则有关。何亮（2007）研究表明，在中古时期以现在为起点，指从今以后的时间，按时间方位词的不同主要有以下几类。

"以后/之后/后"类：自/于/从今以后、而今以后、自今之后、自今而后、自今日后；"去/以去"类：从今去、从/自今以去；"以往"类：自/从今以往、今日已往；"来/以来"类：自/从今以来。

我们认为，同义格式过于复杂累赘，不符合语言经济性要求，因而表义更为明确的"从今以后"逐渐统一了其他的各种格式。不是这种"来""去"式认知方式的衰落消失。

四　结论

全面考察现代汉语方言"来""去/往"式时间语词，结合现代汉语共同语、汉语史，对"来""去/往"式时间语词进行比较、分析，可以看出以下几点。

（1）虽然同是以空间隐喻时间，但"来""去""往"所反映的"空间—时间"的隐喻无法靠单一整体呼应意象（single consistent image）统合。不过它们具有整体相合性（the coherence）。具体来说就是："来""去""往"由空间域映射到时间域，采取"时间移动""观察者移动"两种方式，而以"时间移动"为主。"时间移动"凸显时间的顺序性，"观察者移动"凸显历程性和范围性，二者形成了整体相合关系。同样是"时间移动"隐喻认知方式，方言中"夜快来""黑将来"等的观察者置身于位移之外，仅仅是一个旁观者，因而这一表达式与过去、将来无关。

（2）主谓结构、定中结构的"来去"类时间语词，因为位移主体就是时间，因而体现了"时间移动"认知方式；而位移的情状、位移的参照点、位移方向也会决定该表达式采用何种认知方式。可见一个时间表达式采用何种时间认知方式，与该表达式的句法语义结构密切相关。"来去"类时间语词证明了认知语言学的基本观点，即句法结构与人的认知经验之间有联系。

（3）"自今以来"等表达式表明，句法结构与人的认知经验之间的联系是复杂的，甚至可能以矛盾的形式出现。因为语言表达式相对有限而认知经验相对无限，一种语言表达式往往同时受到多种认知经验的制约。"自今以来"就是这样，它的出现是受到人们习用的表达格式的影响，因类推而出现，但是终因与人们的认知经验相矛盾，还是走向了消亡。

（4）对比中古和现代"来/去/往"类时间语词的使用情况，"来""去""往"所体现出来的时间隐喻认知方式古今并无二致。可见一个民族的认知心理一经形成，将是稳定不易改变的。

结　语

本书以汉语空间隐喻时间的语言表达式为研究对象，对相关词语、结构进行纵横结合的综合研究。时空隐喻在词、短语、句子等语言不同层面均有所体现。词语体现深层的、基本的认知。就相关词语来说，一方面其自身会发生空—时隐喻，另一方面是空—时隐喻导致其入句功能的扩大。因此本书把研究的重点放在词语上面。本书通过对汉语时空隐喻表达式进行历时的研究，勾画汉语时间表达系统的发展轨迹，对不同类型的空间—时间隐喻表达做分门别类的系统归纳，力图探讨汉语时间表达形式中所蕴含的普遍的认知机制。本书主要结论如下。

（一）在"汉语空间方位的空—时隐喻表达的发展"一章，考察了方向类、位置类、自指类方所成分以及空间指代成分由空间进入表时系统的发展。详细考察它们在空间—时间域的场景特点和语表形式。从空间到时间，这些方所成分一方面保留了源域的部分特征，例如参照点、方向等；为适应时间域的一维特征，它们也舍弃了诸如形状等空间特性。方所成分的空时语义演变受词语原始意义影响。只有词义限制较少、使用范围较广的成分才能进入空—时语义演变的行列。

对"前/后""上/下"的时间指向及时间认知方式的研究是学界的一个热点。本书在考察后认为，"前/后"表示空间概念时可以表示动态场景也可以表示静态场景，而动态场景映射到时间域则表现为静态场景。"前/后"映射到时间域，其空间域的结构特性保留下来。汉语"前/后"体现的"时间在动"和"自我在动"两种时间认知方式古今都存在，而以"时间在动"为主，但在表现形式上有所不同。现代汉语在句子的层面更加直白显露地把"人动时静"的特征表达出来，而古代则体现在词汇层面。从这点来说，我们可以认为"人动时静"的认知方式及其表达式有一个由潜隐到显露的发展过程。

"上/下"由空间域映射到时间域,其空间域的结构特性也保留下来。汉语除把时间看作"前/后"水平式运动之外,还有"上/下"垂直式(纵向)运动。二者之间对应转换关系为"前"为"上","后"为"下"。纵向表达时间的方式很早就已存在,但形成系统比较晚。从我们对汉语史及汉语方言的考察,以及我们对汉语位移动词的考察看,汉语垂直型(纵向)无论在数量上、还是类型上都处于绝对的劣势。

考察汉语史上的全部部位词语,发现发生空—时隐喻的部位词的空间概念与时间概念之间大体存在平行对应关系。部位词语在向空间及时间的概念隐喻发展过程中体现出不同的层级。即人或物体的具体部位>其他物体的相应部位>空间方位>时间。

"空间指代词"指能对空间方所有指示作用的指代性词语。空间指代词空间>时间的语义演变由隐喻机制引起。空间指代与时间指代的功能具有相似性,都有指称、定位的功能,具有心理相似性。

借用空间方位词语表示时间概念具有跨语言共性。例如不少语言中空间方位词"前""后"都用于时间词语中,有的与汉语"前""后"从空间映射到时间的隐喻特性一致,但是有的民族语言在对时间概念进行隐喻表征时,因为对所表达时间采用不同的参照点,这导致空间方位词"前""后"映射到时间域后其时间指向和对时间的认知不同于汉语(如毛南语)。

(二)考察汉语空间位移类空—时隐喻表达的发展,我们发现汉语史上发生过空时隐喻的位移动词多达90余个。不同类别的位移动词所体现出来的空—时隐喻的类型及特点各有不同。考察表明,汉语位移动词涉及的空—时隐喻主要有五种类型。(1)时间是静止的处所,不直接涉及观察者。(2)时间是运动的主体,观察者为参照点且处于静止状态。(3)时间是静止的有跨度的区域,观察者穿越该区域。(4)时间是运动的主体,观察者仅为旁观者。(5)时间是静止的容器,其他主体进出该容器。

从动词位移要素的特征来看,这些位移动词与空—时隐喻认知方式的关联体现在以下几方面:(1)时间域中的位移方向决定于参照点或观察者;(2)发生过空—时隐喻的位移动词绝大多数是水平位移,垂直位移只有"升降"一类;(3)隐喻过程中位移动词的一些语义特征被过滤。在位移动词的空—时演变中,涉及力量、特别的运动形式的位移动词被摒弃在外。

研究表明，不能简单地说汉语以哪种时间认知方式为主。"时间在动"与"观察者在动"二者并无强弱之分，只有潜显之别。

本书还考察了位移动词（含空间介词）空—时语义演变的路径和形式。发生空—时隐喻的位移动词的最主要的路径是空间位移动词>时间位移动词>时间介词；其次是位移动词>空间介词>时间介词；比较少见的是位移动词>时间介词>空间介词。

位移动词空—时语义演变的形式主要有三种。（1）概念隐喻型。如空间动词到时间动词以及空间介词到时间介词都属此类。（2）语法化句法演变。例如由时间动词到时间介词，二者都处于时间概念表达框架内，同属于时间域。它们语义的演变主要是意义由较实在变为较虚，在句法上由主要成分降格为次要成分。（3）隐喻与语法化共同作用。例如从空间动词到时间介词，一方面它们分别属于不同的概念域，二者发生了跨域映射；另一方面，从句法地位看，这个发展也是语法化的结果。

（三）考察汉语史上空间距离的表达用于时间表达的发展情况，主要有以下几类。

一是以两端之间的空间距离来隐喻时间长短。（1）一些表示两处相隔的动词经历了空间相隔>时间相隔的发展；（2）一些表示两处之间的距离的词语隐喻为两时之间的间隔，由空间距离隐喻为时间的长度；（3）空间概念中一些表示距离远的词语发生了空间>时间的演变；（4）部分表示两处距离小的词语发生隐喻，表示两时相隔短。此外，汉语史及方言中常有原为空间距离义的词语（如"眼睛义+方位词"）转指现在、目前的时间。一些框式短语表示从起点到终点为止的一段空间距离，隐喻表示从起点时间开始到终点时间为止的一段时间。二是以人体动作来转喻时间。通过人体某部位移动的幅度大小来表达时间的长度。这些在本质上都体现了人们以空间距离隐喻时间的认知心理。

（四）在"时空隐喻表达式的词汇化"一章，考察与空间位移有关的主谓式、偏正式、动宾式、缩略式、并列式、人体动作类表时短语的词汇化。相关主谓、动宾结构进入时间表达范畴，既是语法化，同时也是词汇化的过程。这些位移类时间词的词汇化程度并不一致。大致有两种类型：一是这些表达式表达的概念不仅由空间概念演变到时间概念，而且这些表达式内部的边界发生变化，意义上发生转指，由短语演变为词（如"将来""近来");二是词语本身内部边界没有变化,只是发生从空间到时间的演变(如"转眼")。时空隐喻表达式的词汇化属于历时的范畴,也包含共时的因素。

隐喻导致了"时间成分+方位成分"(如初间、春上、今下、秋中等)类时间词语的产生。从汉语史的角度来说,笔者认为"×+方位成分"类词语的出现与汉语方所范畴的确立、词语的双音化趋势有关。而"时间成分+方位成分"类时间词中方位成分的泛化,既有认知心理的因素,也跟汉语方位短语的丰富与发展分不开。

(五)在前面讨论的基础上,本书探讨了汉语时空隐喻的意象图式表征系统及这些表征系统在语表形式上的体现。本书认为在汉语的时空隐喻系统中,存在"时间是空间存在""时间是空间移动""时间是位移事件"三个根概念隐喻。以上几个概念隐喻都蕴含于"时间是空间"这一最顶层的隐喻之中,我们统称为空—时隐喻系统。汉语的时空隐喻系统是由11种意象图式表征的,即:整体—部分图式、容器图式、中心—边缘图式、远—近图式、前—后图式、上下图式、路径图式、线性序列图式、叠加图式、事件行为图式、位置图式。各意象图式凸显的重点不同。有的凸显空间关系,有的凸显空间运动等。各意象图式之间存在相互交织、彼此关联的情况。汉语时空隐喻系统的意象图式表征系统是一个相对稳定的体系,其语言表达形式也是一个相对稳定但不断发展演化的表达体系。

考察汉语史、现代汉语方言,结合现代汉语共同语,我们专题讨论了汉语"来去"式时间语词的隐喻认知问题。认为"来""去""往"由空间域映射到时间域,采取"时间移动""观察者移动"两种方式,而以"时间移动"为主。"时间移动"凸显时间的顺序性,"观察者移动"凸显历程性和范围性,二者形成了整体相合关系。一个时间表达式采用何种时间认知方式,与该表达式的句法语义结构密切相关。"来去"类时间语词证明了认知语言学的基本观点,即句法结构与人的认知经验之间有联系。而"自今以来"等表达式表明,句法结构与人的认知经验之间的联系是复杂的,甚至可能以矛盾的形式出现,一种语言表达式往往同时受到多种认知经验的制约。对比中古和现代"来/去/往"类时间语词的使用情况,"来""去""往"所体现出来的时间隐喻认知方式古今并无二致。可见一个民族的认知心理一经形成,将是稳定不易改变的。

此外,通过本书的研究,我们还有以下认识。

(1) 对汉语时间表达的认知分析应全面考察汉语史及汉语方言的相关用例，从发展的角度阐释汉语时间语词的构成理据，这样才有助于进一步深化对汉语时间隐喻方式的认识，深化对汉语时空隐喻表达系统的认识，有助于认识人类表达时间概念的基本规律。

　　(2) 空—时隐喻是跨概念域的系统映射，具有系统性，与人们的日常活动紧密相关。空—时隐喻既有普遍共性，不同的语言文化又有其特性。不同语言（包括方言）对时间的范畴化模式和范畴化规则不同，所产生的语表形式和含义都有差异。就汉语来说，其结果是各方言间相同时间的表现形式各有差异。这种差异一方面体现在对客观存在的时间概念进行范畴化时，各方言会有不同的认识（如对一天内时间的划分）；另一方面，在语言层面，对时间概念的范畴化也有差别。

　　(3) 汉语古今时空隐喻系统的意象图式表征并无不同，反映这些意象图式的语义框架以及这些语义框架的构式也没有太大的变化，变化的只是填入这些构式中的具体词项。

　　(4) 对空时隐喻表达的研究，给我们提供了一个新的观察隐喻、转喻的窗口。隐喻、转喻本身存在彼此交融的情况。隐喻、转喻有时与我们关注的焦点不同有关。空间域与时间域的特殊之处在于，一方面我们可以把它们看作两个不同的概念域，另一方面，由于二者的共生性，以及时间概念的抽象性，我们完全可以把它们看作一个更大的空—时概念域。

　　(5) 从方所成分、位移成分发生空—时隐喻的基本路径看，显然支持以下观点：跨域映射先在空间概念层产生，随之在语言表达层体现，而随着人们对空间以及时间性质的认识不断深入，其表达形式也在不断的发展演变之中。即隐喻、转喻→隐喻、转喻的各种表征（意象图式）→各种表征的语言表达式。

　　本书的研究也存在一些不足。

　　(1) 应更多地从类型学角度出发，大范围进行跨语言的调查和比较。虽然本书也在一定程度上结合了世界不同语言来考察，但限于条件，比较的范围不够，更不够深刻。对人类语言空—时隐喻的共性与不同语言的个性认识不够深刻。

　　(2) 以空—时隐喻的表达式为切入点，本应进行历时与共时结合的两种意义上的词汇化研究。限于本人学识，这方面做得很不够，尤其是共时平面上时间概念范畴的编码形式的形成过程研究还远不够。

（3）时空隐喻在词、短语、句子等语言不同层面均有所体现，鉴于词语在空—时隐喻中的核心地位，本书重点考察了词语的空—时隐喻的历时发展问题，而对句子层面的空—时隐喻表达式关注不够。

笔者希望在今后的研究中改进以上不足，把汉语时空隐喻表达式的历时研究放在更为广阔的背景下，在深度、广度上加以拓展，能对时空隐喻问题得出更全面更深刻的研究结果。

参考文献

贝罗贝（Alain Peyraube）、李明：《语义演变理论与语义演变和句法演变研究》，《当代语言学理论和汉语研究》，商务印书馆2008年版。

蔡镜浩：《魏晋南北朝词语例释》，江苏古籍出版社1990年版。

蔡淑美：《现代汉语"前、后"时间指向的认知视角、认知机制及句法语义限制》，《当代语言学》2012年第2期。

曹爽：《方位词"里/内"的语义来源及"N里/内"结构的发展》，《河南理工大学学报》2015年第6期。

曹群英：《认知与词汇化》，《外语学刊》2012年第5期。

陈瑶：《方位词研究五十年》，《深圳大学学报》2003年第2期。

陈瑶：《汉语方言里的方位词"头"》，《方言》2003年第1期。

陈忠：《认知语言学研究》，山东教育出版社2006年版。

陈昌来、张长永：《"后来"的词汇化及相关问题》，《汉语学习》2009年第4期。

陈昌来、张长永：《时间词"将来"的词汇化历程及其指称化机制》，《鲁东大学学报》2010年第5期。

陈昌来、张长永：《"从来"的词汇化历程及其指称化机制》，《上海师范大学学报》2011年第5期。

陈梦家：《殷虚卜辞综述》，中华书局1988年版。

陈振宇：《事件结构的语义学理论研究——兼论论元的语义角色的判定操作》，北京大学博士后研究工作报告2008年。

陈宗振、力提甫·托乎提：《中国少数民族语言简志丛书·卷五》（修订本），民族出版社2008年版。

程相伟：《也谈词和短语的划分标准》，《岱宗学刊》2002年第1期。

储泽祥：《现代汉语方所系统研究》，华中师范大学出版社2003

年版。

储泽祥:《汉语"在+方位短语"里方位词的隐现机制》,《中国语文》2004 年第 2 期。

储泽祥:《汉语处所词的词类地位及其类型学意义》,《中国语文》2006 年第 3 期。

崔达送:《中古汉语位移动词研究》,安徽大学出版社 2005 年版。

戴浩一:《时间顺序和汉语的语序》,《国外语言学》1988 年第 1 期。

戴浩一:《以认知为基础的汉语功能语法刍议(下期)》,《国外语言学》1991 年第 1 期。

邓飞:《商代甲骨文时间范畴研究》,人民出版社 2013 年版。

邓鸥英:《说"中间""之间""间"》,《语言研究》2002 年第 3 期。

丁喜霞:《"最近"的词汇化过程探析》,《语言研究》2008 年第 3 期。

董为光:《"边""旁"使用规则的认知解释》,《语言科学》2006 年第 1 期。

董秀芳:《古汉语中的后置词"所"》,《四川大学学报》1998 年第 2 期。

董秀芳:《论句法结构的词汇化》,《语言研究》2002 年第 3 期。

董秀芳:《汉语词缀的性质与汉语词法特点》,《汉语学习》2005 年第 6 期。

董秀芳:《汉语的句法演变与词汇化》,《中国语文》2009 年第 5 期。

董秀芳:《词汇化:汉语双音词的衍生和发展》(修订本),商务印书馆 2011 年版。

杜翔:《论时间标志词的来源与流变》,《周口师范学院学报》2002 年第 4 期。

段文清:《"次"的时间义及其源流》,《四川大学学报》1991 年第 1 期。

方经民:《论汉语空间方位参照认知过程中的基本策略》,《中国语文》1999 年第 1 期。

方经民:《论汉语空间方位参照认知过程中的语义理解》,《面临新世纪挑战的现代汉语语法研究》,山东教育出版社 2000 年版。

参考文献

方一新：《东汉魏晋南北朝史书词语笺释》，黄山书社1997年版。

冯胜利：《论汉语的"韵律词"》，《中国社会科学》1996年第1期。

冯玉涛：《"以来"的时空转化和汉语词义引申规律》，《宁夏师范学院学报》2007年第1期。

甘露：《甲骨文方位词研究》，《殷都学刊》1999年第4期。

高婉瑜：《论禅籍中表时间的"次"》，"出土文献与古汉语研讨会暨第九届海峡两岸汉语语法史研讨会"论文。重庆，2015年10月24—25日。

郭锡良：《介词"于"的起源和发展》，《中国语文》1997年第2期。

韩大伟：《"路径"含义的词汇化模式》，《东北师大学报》2007年第3期。

韩玉强、刘宾：《汉语空间隐喻时间中的"前""后"认知》，《修辞学习》2007年第4期。

汉语大字典编辑委员会：《汉语大字典》（第二版），四川长江出版集团2010年版。

何亮a：《"过去""现在""未来"》，《语文学刊》2006年第5期。

何亮b：《东汉至隋三时时点表达考察》，《语言科学》2006年第6期。

何亮c：《中古汉语约量时段的表达》，《汉语史学报》（第六辑），上海教育出版社2006年版。

何亮：《中古汉语时点时段表达研究》，巴蜀书社2007年版。

何亮：《从汉语史角度审视"来去"式时间表达的隐喻方式》，《北方论丛》2007年第3期。

何亮a：《表时结构"黄昏左右"与"黄昏左侧"的认知解析》，《泰山学院学报》2012年第4期。

何亮b：《汉语方言"×来"类时间词探析》，《科学·经济·社会》2012年第4期。

何亮：《从方言看汉语"来去"式时间语词的隐喻认知问题》，《语言研究集刊》（第11辑），上海辞书出版社2013年版。

何亮a：《中古汉语双音节"×来"式时间语词再考察》，《励耘语言学刊》2015年总第21辑。

何亮b：《汉语时空隐喻的意象图式表征系统及其表达体系》，《北方论丛》2015年第2期。

何亮:《汉语人体/物体部位词语的空—时语义演变》,《古汉语研究》2016年第1期。

何亮:《汉语部位词的空间及时间概念隐喻的发展层级》,《合肥师范学院学报》2017年第1期。

何亮:《"前""后"的时间指向及时间认知的古今差异》,《重庆师范大学学报》2018年第4期。

何亮:《汉语空间指代词的空—时同指现象》,《汉语史研究集刊》2019年第1期。

何乐士:《〈史记〉语法特点研究》,商务印书馆2005年版。

胡琴:《先秦汉语时间名词隐喻研究》,硕士学位论文,华中师范大学,2006年。

胡敕瑞:《〈论衡〉与东汉佛典词语比较研究》,巴蜀书社2002年版。

黄芳:《方位标"里""内""中"的历时考察》,《甘肃联合大学学报》2007年第1期。

黄伯荣、廖序东:《现代汉语》(增订五版),高等教育出版社2014年版。

黄锦章:《移动动词与上古汉语的类型学特征》,《华东师范大学学报》2008年第1期。

黄月华、李应洪:《汉英"路径"概念词汇化模式的对比研究》,《外语学刊》2009年第6期。

江蓝生:《概数词"来"的历史考察》,《中国语文》1984年第2期。

江蓝生:《时间词"时"和"后"的语法化》,《中国语文》2002年第4期。

蒋绍愚:《汉语历史词汇学概要》,商务印书馆2015年版。

阚哲华:《汉语位移事件词汇化的语言类型探究》,《当代语言学》2010年第2期。

匡鹏飞:《时间副词"从来"的词汇化及相关问题》,《古汉语研究》2010年第3期。

蓝纯:《认知语言学与隐喻研究》,外语教学与研究出版社2005年版。

李慧:《现代汉语双音节词组词汇化基本特征探析》,《语言教学与研究》2007年第2期。

李崇兴：《处所词发展历史的初步考察》，《近代汉语研究》，商务印书馆1992年版。

李崇兴、黄树先等：《元语言词典》，上海教育出版社1998年版。

李福印：《认知语言学概论》，北京大学出版社2008年版。

李福印：《静态事件的词汇化模式》，《外语学刊》2015年第1期。

李捷、何自然、霍永寿：《语用学十二讲》，华东师范大学出版社2011年版。

李荣主编：《现代汉语方言大词典》（合订本），江苏教育出版社2002年版。

李向农：《现代汉语时间参照定位的语表形式——×前/后》，《语言研究》1997年第1期。

李宇明：《空间在世界认知中的地位：语言与认知关系的考察》，《湖北大学学报》1999年第3期。

练雪瑞：《现代汉语方位词的时间表达》，硕士学位论文，安徽师范大学，2007年。

梁银峰：《现代汉语"×来"式合成词溯源》，《语言科学》2009年第4期。

廖秋忠：《空间方位词和方位参考点》，《中国语文》1989年第1期。

廖秋忠：《廖秋忠文集》，北京语言学院出版社1992年版。

刘坚：《古代白话文献选读》，商务印书馆1999年版。

刘瑾：《时间表达式"等明天"和"赶明儿"的认知解析》，《首都师范大学学报》2009年第6期。

刘甜：《时间系统中"前后"和"来去"的认知隐喻分析》，《甘肃社会科学》2009年第1期。

刘哲：《汉语"前""后"的时间指向及其不对称的成因》，《解放军外语学院学报》1992年第2期。

刘百顺：《汉魏六朝"年""月""日"的表达》，《中国语文》1997年第6期。

刘百顺：《古汉语年月日表达法考察》，《语言科学》2004年第5期。

刘大为：《比喻词汇化的四个阶段》，《福建师范大学学报》2004年第6期。

刘丹青：《语法化中的共性与个性，单向性与双向性》，《语法化与语法研究》，商务印书馆 2003 年版。

刘红妮：《汉语词汇化研究的发展历程》，《上海师范大学学报》2009 年第 5 期。

刘红妮：《汉语非句法结构的词汇化》，博士学位论文，上海师范大学，2009 年。

刘红妮：《词汇化与语法化》，《当代语言学》2010 年第 1 期。

刘红妮：《结构简化与词汇化》，《语言科学》2014 年第 5 期。

刘坚、曹广顺、吴福祥：《论诱发汉语词汇语法化的若干因素》，《汉语语法化研究》，商务印书馆 2005 年版。

刘宁生：《语言关于时间的认知特点与第二语言习得》，《汉语学习》1993 年第 5 期。

刘宁生：《汉语怎样表达物体的空间关系》，《中国语文》1994 年第 3 期。

刘清平：《"里""里面（头、边）"的共时历时考察及方位词的双音化效应》，博士学位论文，华中师范大学，2011 年。

刘文英：《中国古代的时空观念》（修订本），南开大学出版社 2000 年版。

刘晓梅：《方位词"里"语义的历时演变》，《吉林省教育学院学报》2014 年第 7 期。

刘云红：《"里""中""内"隐喻意义的认知语言学考察》，《解放军外国语学院学报》2011 年第 3 期。

刘正光、刘润清：《语言非范畴化的意义》，《外语教学与研究》2005 年第 1 期。

柳士镇：《从语言角度看〈齐民要术〉卷前〈杂说〉非贾氏所作》，《中国语文》1989 年第 2 期。

柳士镇：《魏晋南北朝历史语法》，南京大学出版社 1992 年版。

鲁克伟：《死喻形成的多维考察——隐喻是如何被词汇化的》，《暨南大学华文学院学报》2007 年第 4 期。

陆丙甫：《语句理解的同步组块过程及其数量描述》，《中国语文》1986 年第 2 期。

陆俭明：《动词后趋向补语和宾语的位置问题》，《世界汉语教学》2002 年第 1 期。

陆俭明：《构式与意象图式》，《北京大学学报》2009年第3期。

罗思明、徐海、王文斌：《当代词汇化研究综合考察》，《现代外语》2007年第6期。

罗杏焕：《英汉运动事件词汇化模式的类型学研究》，《外语教学》2008年第3期。

罗竹风主编：《汉语大词典》（第一版），汉语大词典出版社1993年版。

吕叔湘：《现代汉语八百词》（增订本），商务印书馆2010年版。

吕兆格：《方位词"里""外"的语义认知分析》，《濮阳职业技术学院学报》2005年第6期。

马贝加：《近代汉语介词》，中华书局2002年版。

马应聪：《空间位移动词的整合词汇化模型研究》，《山东外语教学》2013年第3期。

潘攀：《近代汉语一组时间词》，《武汉教育学院学报》1997年第2期。

潘泰：《现代汉语移动义动词的句法语义研究》，博士学位论文，华中师范大学，2009年。

朴珉秀：《现代汉语方位词"前、后、上、下"研究》，博士学位论文，复旦大学，2005年。

齐沪扬：《现代汉语空间问题研究》，学林出版社1998年版。

邱斌：《古今汉语方位词对比研究》，博士学位论文，复旦大学，2007年。

沈培：《殷墟甲骨卜辞语序研究》，文津出版社1992年版。

沈家煊：《"语法化"研究综观》，《外语教学与研究》1994年第4期。

史佩信：《汉语时间表达中的"前后式"与"来去式"》，《上海师范大学学报》2004年第2期。

束定芳：《隐喻学研究》，上海外语教育出版社2000年版。

束定芳：《论隐喻产生的认知、心理和语言原因》，《外语学刊》2000年第2期。

束定芳：《论隐喻的理解过程及其特点》，《外语教学与研究》2000年第4期。

束定芳：《认知语义学》，上海外语教育出版社 2008 年版。

束定芳：《中国认知语言学二十年》，《隐喻与转喻研究》，上海外语教育出版社 2011 年版。

孙海波：《甲骨文编》，中华书局 1992 年版。

孙宏开、周毛草：《中国少数民族语言简志丛书》（修订本·卷一），民族出版社 2009 年版。

田春来：《〈祖堂集〉句末的"次"》，《长江学术》2007 年第 1 期。

汪洋：《方位词"上、下、里、外"的语义认知研究》，硕士学位论文，四川大学，2007 年。

汪维辉：《方位词"里"考源》，《古汉语研究》1999 年第 2 期。

汪维辉：《东汉—隋常用词演变研究》，南京大学出版社 2000 年版。

王静：《汉语词汇化研究综述》，《汉语学习》2010 年第 3 期。

王娟：《甲骨文时间范畴研究》，硕士学位论文，西南师范大学，2004 年。

王莉：《汉语方位词"前、后、里、外"研究》，硕士学位论文，河南大学，2008 年。

王庆：《说"次"》，《励耘学刊》（语言卷）2010 年第 1 辑。

王舒：《从魏晋南北朝介词"当"看其方所范畴与时间范畴的关系》，《中央民族大学学报》2015 年增刊。

王锳：《诗词曲语词例释》（增订本），中华书局 1986 年版。

王锳：《古代诗词中"就"的介词用法》，《中国语文》1992 年第 3 期。

王锳：《唐宋笔记语词汇释》（修订本），中华书局 2011 年版。

王灿龙：《词汇化二例——兼谈词汇化和语法化的关系》，《当代语言学》2005 年第 3 期。

王凤阳：《古辞辨》，中华书局 2011 年版。

王海棻：《古汉语时间范畴词典》，安徽教育出版社 2004 年版。

王力主编：《王力古汉语字典》，中华书局 2000 年版。

王月婷：《古汉语中位移动词的变读问题研究》，《语言研究》2013 年第 3 期。

王云路：《中古汉语词汇史》，商务印书馆 2010 年版。

温端政、张光明：《忻州方言词典》，江苏教育出版社 1995 年版。

文旭、熊荣敏:《参照点与空间指示》,《外语学刊》2010年第1期。

吴波:《中古汉语介词研究》,博士学位论文,南京大学,2002年。

吴芳:《先秦汉语时间词汇形成发展的认知·文化机制》,博士学位论文,华中师范大学,2009年。

吴云:《认知框架下的空间隐喻研究》,《修辞学习》2003年第4期。

吴福祥:《关于语法化的单向性问题》,《当代语言学》2003年第4期。

吴福祥:《汉语方所词语"後"的语义演变》,《中国语文》2007年第6期。

吴国盛:《时间的观念》,中国社会科学出版社1996年版。

吴金花:《中古汉语时间介词研究》,博士学位论文,福建师范大学,2006年。

吴淑雄:《汉语方位构词的隐喻认知结构》,《面临新世纪挑战的现代汉语语法研究》,山东教育出版社2000年版。

吴晓彤、闫新民:《汉语方位名词上/下的两种意象图式》,《安徽理工大学学报》2005年第2期。

伍铁平:《表示"明天"和"昨天"的词的类型学研究》,《语言教学与研究》1993年第3期。

谢信一:《汉语中的时间和意象》,《语言的认知研究》,上海外语教育出版社2004年版。

徐丹:《从认知角度看汉语的两对空间词》,《中国语文》2008年第6期。

徐丹:《古汉语里的纵向时间表达》,《语言科学》2016年第1期。

徐曼曼:《近指代词"兹""此""这"历时更替考》,《西南交通大学学报》2012年第1期。

许宝华、[日]宫田一郎:《汉语方言大词典》,中华书局1999年版。

闫涛:《空间指示的认知心理过程和语用功能解析》,《外语学刊》2009年第3期。

杨辉:《容器方位词里、内、中、外的空间意义》,《四川教育学院学报》2008年第6期。

杨江:《方位词"里""中""内"的语义认知分析》,《湖南科技大学学报》2007年第6期。

杨逢彬：《殷墟甲骨刻辞词类研究》，花城出版社2003年版。

杨晓红、张志杰：《时间隐喻中的空间参照框架》，《心理科学进展》2010年第1期。

姚文：《位移动词的词义分析》，《广西职业技术学院学报》2015年第3期。

姚占龙：《方位词"里、内"的方位表达及其范畴化》，《汉语学习》2009年第6期。

姚振武：《"认知语言学"思考》，《语言研究》2007年第2期。

姚振武：《上古汉语语法史》，上海古籍出版社2015年版。

游顺钊：《论语言中的时间指向问题》，《视觉语言学论集》，语文出版社1994年版。

余维：《时间指示的语用对比分析》，《世界汉语教学》1997年第2期。

语言学名词审定委员会：《语言学名词》，商务印书馆2011年版。

袁宾、段晓华：《宋语言词典》，上海教育出版社1997年版。

袁毓林：《关于认知语言学的理论思考》，《中国社会科学》1994年第1期。

岳好平、汪虹：《英汉时空隐喻的意象图式观》，《外语与外语教学》2011年第2期。

曾晓渝、李旭练：《中国少数民族语言简志丛书·卷三》（修订本），民族出版社2009年版。

张驰：《方位词"上""下"与相关义词语的中英对比及其汉语国际教学》，硕士学位论文，重庆师范大学，2016年。

张敏：《认知语言学与汉语名词短语》，中国社会科学出版社1998年版。

张敏：《"语义地图模型"：原理、操作及在汉语多功能语法形式研究中的运用》，《语言学论丛》2010年第42辑。

张燕：《论"上—下"空间—时间隐喻》，《连云港师范高等专科学校学报》2010年第1期。

张燕：《语言中的时空隐喻》，语文出版社2013年版。

张成进：《现代汉语双音介词的词汇化与语法化研究》，博士学位论文，安徽大学，2013年。

张辉、杨波:《隐喻和转喻的区分研究现状和分歧》,《外国语文》2009年第1期。

张建理:《汉语时间系统中的"前""后"认知和表达》,《浙江大学学报》2003年第5期。

张建理:《汉语空间—时间隐喻的深层对比研究》,《语言与认知研究》,社会科学文献出版社2008年版。

张言军:《"后来"的词汇化及其词义演变》,《汉语学报》2015年第4期。

张艳丽:《方位词"中""里""内"研究》,硕士学位论文,上海师范大学,2010年。

张玉金:《甲骨文语法学》,学林出版社2001年版。

赵艳芳:《认知语言学概论》,上海外语出版社2001年版。

赵元任:《汉语口语语法》,商务印书馆2001年版。

中国社科院语言研究所古代汉语研究室编:《古代汉语虚词词典》,商务印书馆2001年版。

周榕:《时间隐喻表征研究》,博士学位论文,西南师范大学,2000年。

周烈婷:《汉语方位词"上""里"隐现条件的认知解释》,《面临新世纪挑战的现代汉语语法研究》,山东教育出版社2000年版。

周启强:《词汇化模式的认知阐释》,《四川外语学院学报》2009年第1期。

周统权:《"上"与"下"不对称的认知研究》,《语言科学》2003年第1期。

朱庆之:《对"来日"语的汉语史和文学史考察》,《语言科学》2013年第1期。

宗邦福等:《故训汇纂》,商务印书馆2003年版。

Bernd Heine, Tania Kuteva. *World Lexicon of Grammaticalization*,龙海平、谷峰、肖小平译:《语法化的世界词库》,世界图书出版公司2012年版。

Dirk Geeraerts主编:《认知语言学基础》,邵军航、杨波译,上海译文出版社2012年版。

George Lakoff & Mark Johnson, *Metaphors We Live By*,周世箴译:《我

们赖以生存的譬喻》,台湾联经出版事业股份有限公司 2006 年版。

George Lakoff. The Invariance Hyppthesis: Is Abstract Reason Based on Image Schema? *Congnitive Linguistics* 1 (1) . 1990: 39-74.

Goossens. Metaphtonymy: *The Interaction of Metaphor and Metonymy in Expression for Linguistic Action. Cognitive Linguistics* 1 (3), 1990.

Haser. *Metaphor, Metonymy, and Experientialist Philosophy: Challenging Cognitive Semantics*. Berlin/New York: Mouton de Gruyter, 2005.

Kurt Fcyacrts. *Refining the Inheritance Hypothesis: Interaction Between Metaphoric and Metonymy Hierarchies. In Antonio Barcelona, Metaphor and Metonymy as the Crossroads*, 59-78. Berlin/New York: Mouton de Gruyter, 2000.

Leonard Talmy. *Toward a Cognitive Semantics, Volume* II . Cambridge: MITPress, 2000.

Ning Yu. *The Contemporary Thoery of Metaphor—A perspective from Chinese*. John Benjamins Publishing Company, 1998.

Panther. *Metonymy as a Usage Event. Cognitive Linguistics: Current Applications and Future Perspectives*, 147 - 185. Berlin/New York: Mouton de Gruyter, 2006.

Radden & Kovecses. *Towards a Theory of Metonymy. Metonymy in Language and Thought*. Amsterdam/Philadelphia: John Benjamins, 1999.

Rene Dirven. *Major Strands in Cognitive Linguistics. Cognitive Linguistics: Interal Dynamics and Interdisciplinary Interaction*, Berlin/New york: Mouton de Gruyter, 2005.

William Croft. *The Role of Domains Iun the Interpretation of Metaphors and Metonymies. Cognitive Linguistics* 4 (4) . 1993: 335-370.

后　记

有时，某个轰鸣声甚或卖场里的某个广播声，恍惚之间让我回到东莞的鞋厂；半夜醒来，前一刻似乎在浩山的田间除草喷药，又好像在东升的山坳高声诵读；在公交车轻轨上，我的目光总是越过一闪而过的排排房屋道路，似曾相识又陌生无比。我这是在哪里？它们是如此地真实，又是如此地不真实。这是老了吗？我无数次问自己。看着镜子里花白的头发乃至花白的胡须，真真切切感到时光飞逝，老之将至。"五十知天命，吾其达此生。"在奔五的年龄里，人生已过大半，平生已成定论，一眼可以望到底了。

在冰冷寒湿的冬夜听着或缓或急的夜雨敲窗，在阳光明媚的暮春看着满眼的鲜红的三角梅热烈绽放，在和煦温暖的秋日披着金色的阳光坐在阳台，喝着醇厚乃至苦涩的浓茶，读着《史记》《汉书》，罗杰瑞的CHINESE，我会感到内心的平静。从一个狭隘鄙陋的乡村教师，一路走到今天，虽然依然鄙陋卑微，甚或受到某些人的嘲弄鄙视，但我还是常常为之自豪。因为我一直在克服自我，我一直在成长进步，而这，是因为上天眷顾，让我遇到了许许多多的良师益友。

我觉得我真是一个幸运的人。每到困厄走投无路之时，总有贵人伸出援助之手。2000年时领着三百元的工资眼看工作了八年的彭泽东升高中生源日渐枯竭，行将关门。我体验到东升高中由兴盛至于衰败的痛苦，而一无所有的我又将往何处？考研结果还没出来的那段时间，我常常独自一人整天坐在东升高中旁长满枯草的小河边，看着裸露的河滩，真真切切感到走投无路。结果贵州大学的袁本良先生收留了我。难忘袁老师和邸师母对待学生的一片真情，更难忘记袁先生手把手五遍修改硕士论文的场景。

及至进入南京大学，柳士镇先生、汪维辉先生、何亚南先生的耳提面命，使得我进步多多，至今我还保留柳先生为我批改的写满意见的红红一片的博士论文初稿。

　　来到重庆师范大学，因为自身愚钝加之教学任务繁重，学术研究陷入困境，前途渺渺，回头无路。这时吴福祥先生竟然奇迹般来到重庆师大文学院。感谢吴先生为我指点迷津，细心辅导，使我有了些许进步。

　　其实何止这些贵人向我伸出援助之手！2006 年刚到重庆时，每个月三四千的收入实在入不敷出，有好心人帮我介绍校外的课上，以补贴家用。记得在隆冬的凌晨，我到三峡广场的侧旁坐第一班到北碚的大巴车，车上经常只有两三个人，到了北碚，在一个叫九院的地方下车，再花五元钱坐摩的到重师初等教育学院去上自考训诂学，一上一天，上午四节下午四节。遇上下雨天，坐在摩托车后，冰冷的雨水模糊了镜片打湿了脸庞，脸冻得麻木生疼的感觉仍记忆犹新。也曾给聋哑生上过大学语文，那个教材对他们实在不合适，后来的教学材料都是我从报刊上另外找来给他们，刚开始时网上评教不到 90 分，到后来他们给我 98 分，这也让我在疲惫之余感到欣慰。

　　回想起来 2007—2009 年是我最艰难的几年，能挺过来，真是祖宗保佑。一方面孩子出生，房子要还房贷，每个月的收入常常让人绝望；另一方面，每学期都有新课，压得喘不过气来，数一数，仅本科生，这三年我就上过现代汉语（上过两个不同专业）、古代汉语（三个不同专业的都上过，教材还不一样）、训诂学、汉字学、汉语史、《诗经》语言研究（后来改名《诗经》欣赏），每天备课到凌晨两三点，教学评估那学期我就有四门课。再有，科研方面没有进展，虽然在《古汉语研究》《语言科学》等刊物上发了几篇文章，但申报课题屡屡失败。另外，腰椎也出现了问题，不能坐，不能弯腰，我看书备课用电脑都是跪着的。记得有次深夜妈妈看到我跪在电脑前打字，她说："你日子还长着呢，怎么能这样！"那几年我火气特别大，跟妻子势同水火，家庭岌岌可危。有一次学院搞什么活动，正好和我们教研室的韩子京老师坐在一起，韩老师说何亮你看起来状态很不好，你可要学会调节自己。一路上她都在开导。

　　所谓天无绝人之路，现在我是真相信这句话了。2010 年一次偶然的机会，知道原来准备派往印度尼西亚去的一位老师不知何故不能前往，而派出时间已近。我当时就毛遂自荐，当面请求学院的一个领导给相关部门的领导打电话，推荐我前往。后来我提交了申请，相关部门也对我进行了考察，六七月份又去南开大学参加公派教师培训两个月，九月份前往印尼泗水做汉语教师。在印尼的两年，我认认真真工作，获得了学生和外方的高度好评，圆满完成了任务。最主要的是，那两年的收入是当时国内的两倍（现在看来也还是很低），极大缓解了我的经济压力，而那边单调枯燥的生活，又使我有时间长期趴在床上（医嘱不能久坐不能久站，最好是趴着），我的腰疾也得到极大缓解；长时间趴着，又使我有时间思考学术问题。结果困扰我的几个难题都得到了解决，2011年我获得了一个教育部课题，一个重庆市教改课题；2012年获得了一项国家课题。

为我提供许多切切实实帮助的又何止这些！我是一个害羞内向而敏感的人，不善于跟人打交道，不善于表达感情。然而幸运的是，从高中以来，我都有着一些兄弟般的朋友同学。高中时期刘伟、小明、老邓、佩欣、华宏、光胜……三十年来他们不仅对我个人有过许多帮助，他们对我的家人也非常照顾，我彭泽的亲人们有事找他们，他们每每伸出援助之手。后来我人生的每个阶段，都有知心好友，好同学好同事，我们都相处融洽。硕士同学张振羽，十几年来，我们相互砥砺，情同兄弟。同学何瑛也给了我很多切实的帮助，我2011年的教育部课题申报就吸收了她很多很好的建议。同事葛佳才教授多次热情鼓励，使我有信心坚持时间表达研究。

借此机会，我想特别感谢四川师范大学的老友何文彬。我比他年长一两岁，但实际上，他如同兄长一样对待我。从1989年进入师专起直到今天，他一直影响着我。记得念师专时，他经常如痴如醉地拉着二胡，而我也因此了解并且喜欢上了二胡这一民族乐器。直至今日，我还是会常常沉醉在《江河水》《二泉映月》的动人旋律中。因为家庭都不富裕，那时为了节省开支，我们俩经常合打一份菜来吃，他知道我爱吃辣椒炒肉，他就经常打这菜。说是合吃，实际上总是我吃得更多。我人生的每一个重要的抉择，总会征求他的意见，而他总能给出最实际最正确的建议。记得在申报国家课题时，与他讨论了一晚上才最后确定了题目《汉语时空隐喻表达式的历时研究》。我的不少文章，刊发之前都会发给他看看，而他总能一语中的地指出其中的不足。

"寂寞游子思，瘖叹何人知"。在独处时，在夜半突然醒来时，甚至在大庭广众之下谈笑风生之时，寂寞常常在不经意间爬上来。回乡时，常常行程紧迫，有时没能和老友老同事见面，佩欣说"你怎么不念旧不来和我们见面聊聊"，听到这话，我内心的温暖难以言表。何曾忘记老友老同事？在我心灵孤寂的漂泊中，东升高中的同学和同事是我慰藉温暖的源泉。

已过世的同学胡苏曾对我说，何亮，你总是心怀恐惧。是的，我满怀恐惧。写这篇后记时，浮现到脑海的是"生亦何欢，死亦何苦？……喜乐悲愁，皆归尘土"。记得在 WIDYA KATIKA 的时候，学校有个技术人员 LUGGI，有一天突然对我说："He laoshi, You are an honest man." 我只是老实，并非愚蠢。一个人难得的是在洞悉人性的丑陋的同时，还能保持着对生活的热爱。我的人生态度是积极还是消极？我想，我是以灰暗的心境在积极做事吧。总有那么一些时间，我什么都不想做，然而，绝大部分的时间里，我在以积极的态度做事。"搵食艰难"，我奋力奔跑，才能站在原地。

感谢国家社科基金的支持。本书的部分内容作为前期成果在各类刊物上发表过，有的观点在本书有所订正。感谢学院领导的大力支持，本书才得以出版。中国社会科学出版社的任明老师和李剑老师为本书付出了辛勤的汗水。书中谬误之处不少，恳请方家批评指正。